크리스천
부모와 자녀의
대중문화 읽기

Originally published in the U.S.A. under the title:
The Culture-Wise Family

Copyright © 2007 by TED BAEHR and PAT BOONE
Portions of the material in this book written by Pat Boone
are reprinted courtesy of WorldNetDaily.com Inc.,
Pat's favorite news source (www.wnd.com)
Originally published in the U.S.A. by Regal Books,
A Division of Gospel Light Publications, Inc.
Ventura, CA 93006 U.S.A.

All rights reserved.

This Korean Edition Copyright © 2012 by Timothy Publishing House, Inc.,
Seoul, Republic of Korea

이 한국어판의 저작권은 Gospel Light Worldwide와 독점 계약으로 (주)도서출판 디모데에 있습니다.
신 저작권법에 의하여 한국 내에서 보호를 받는 저작물이므로 무단 전재와 무단 복제를 금합니다.

크리스천 부모와 자녀의 대중문화 읽기

1쇄 인쇄	2012년 10월 10일
1쇄 발행	2012년 10월 25일
지은이	테드 바워 & 팻 분
옮긴이	김희수
펴낸곳	주)도서출판 디모데 〈파이디온 선교회 출판 사역 기관〉
등록	2005년 6월 16일 제 319-2005-24호
주소	서울 강남구 개포동 1164-21
전화	마케팅실 070) 4018-4141
팩스	마케팅실 02) 574-2631
홈페이지	www.timothybook.com

값 18,000원
ISBN 978-89-388-1549-1
Copyright © 주) 도서출판 디모데 2012 〈Printed in Korea〉

크리스천 부모와 자녀의 대중문화 읽기

성경적 가치관으로 조명한 현대 대중문화의 명암

The Culture-Wise Family:
Upholding Christian
Values in a Mass-Media
World

테드 바워 · 팻 분 지음 ─ 김희수 옮김

일러두기

1. 책은 『 』, 방송, 신문, 영화, 잡지는 〈 〉, 미술, 음악은 ' '로 표기하였다.
2. 본문의 소괄호 안 내용 중 번역자 주는 옮긴이로 표기하였고, 저자의 글은 따로 표기하지 않았다. ✢표시로 설명된 부분은 편집자 주이다.

추천사

오늘날 미디어의 영향력은 막강하다. 다양한 미디어를 통해 접하게 되는 영화, 드라마, 음악, 광고, 뉴스, 연예, 오락 프로그램 등의 대중문화에 우리는 24시간 노출되어 있다. 이러한 대중문화 콘텐츠들은 우리의 삶에 지속적이고도 근본적인 영향을 미치면서 현대인들의 세계관을 점유하고 있다. 그러나 폭력과 섹스 등이 상업주의의 논리 아래 미화되고, 상대주의와 다원주의, 소비주의적 가치관들이 지배적 가치로 유통되면서 기성세대는 물론 다음 세대들에게도 매우 부정적인 영향을 미치고 있다. 크리스천들도 예외는 아니어서 이러한 미디어의 부정적인 영향 속에서 신앙의 정체성을 상실해가고 있다. 세속적인 가치관들을 무분별하게 수용하고 있다는 점에서 교회 공동체도 큰 위기에 직면하고 있다.

이러한 상황에서 이 책의 출판은 매우 시의적절한 일이라고 여겨진다. 미디어 전문가로 널리 알려진 테드 바워와 한때 대중음악의 아이콘으로 자리매김했던 가수 팻 분이 공동저자로 참여한 이 책은 오늘날 대중문화를 비롯해 연예 산업들이 전달하는 가치관들과 메시지들을 설득력 있게 분석하면서, 성경적인 관점에서 이러한 영향으로부터 벗어날 수 있는 길을 모색하고 있다. 아울러 단순한 비판에 머물지 않고 미디어를 통해 기독교의 선한 가치관들을 다음 세대들에게 교육하는 길을 탐색한다는 점에서 이 책은 크리스천을 위한 미디어 리터러시 교재로도 유용하다. 급변하는 미디어 환경 속에서 변치 않는 그리스도인의 가치를 찾고 실천하고자 하는 이라면 반드시 주목할 만한 책이다.

임성빈
장로회 신학대학교 기독교와 문화 교수, 기윤실 공동대표, 문화선교연구원장

테드 바워와 팻 분은 우리의 가정에 경종을 울리는 글을 쓰는 데 타의 추종을 불허하는 재능이 있다. 그들은 실상을 말했고 이제 그 해결책은 우리에게 달려 있다.

허먼 베일리(Herman Bailey)
크리스천 텔레비전 네트워크의 〈허먼과 섀런의 시간〉 제작 책임자이자 진행자

내 오랜 친구 테드 바워는 몇몇 통찰력 있는 그리스도인 작가들과 협력하여 현대 문화에 대한 예리하고 시급한 분석을 제시했다. 이 시대는 전례 없이 강력하고 유해한 영향력을 끼치고 있는 대중매체의 도전에 부딪히고 있다. 이 책은 이 시대의 수많은 위험한 사조에 대한 풍성하고, 권위 있고, 예리한 분석을 부모들에게 제공한다. 성경적 세계관의 공고한 기초를 다지는 한편, 우리 시대에 세속화와 다중화가 급속도로 이루어지는 세 가지 분야인 미디어, 연예오락, 공교육 분야에서 표현되고 선전된 여타의 세계관이 내포하는 의미를 설득력 있게 분석한다. 이 책은 도전과 극적인 변화를 겪고 있는 이 시대의 부모들에게 실제적 도움이 되는 풍성한 조언을 담고 있다. 뿐만 아니라 어떻게 하면 우리가 문화에 영향을 미치고, 지금까지 전해진 가장 위대한 이야기를 다른 사람들의 삶에 더 흥미진진하고 영향력 있게 전할 수 있는지에 대한 통찰을 제공한다.

케네스 보아(Kenneth Boa)
리플렉션스 사역 대표, 애틀랜타 조지아 트리니티 하우스 출판사 대표,
뉴욕 대학 박사, 영국, 옥스퍼드 대학 철학박사

〈무비가이드〉를 통해 지혜롭고 유용한 조언을 준 테드 바워 박사는 그리스도인 가정에 주신 하나님의 특별한 선물이다. 이제 테드는 팻 분과 함께 우리가 이 시대의 미디어 문화를 이해할 수 있도록 돕고, 어떻게 이 어두운 문화 속에 그리스도의 빛을 비추는 그리스도인으로서 살아남아 번영할 수 있는지에 대한 훌륭한 작품을 내놓았다.

폴 세다 박사(Dr. Paul Cedar)
미국 선교협회 회장

바워 박사는 문화 전쟁의 핵심 쟁점을 알려 주고 이 전쟁을 기꺼이 싸우려는 그리스도인들이 가장 큰 영향을 미칠 수 있는 급소로 우리를 안내해 줄 저작을 출간했다. 이 책에서 그는 다시 한 번 가장 중요한 핵심을 지적한다. 그것은 우리가 문화 전쟁에서 승리하려면 우리 아이들이 미디어의 쟁점과 전략을 알아야 한다는 것이다. 미국에서 가장 빠르게 성장하고 있는 복음주의 대학교의 총장으로서 나는, 가정에서 이런 쟁점에 대해 배운 학생들은 그렇지 못한 학생들보다 엄격한 학문의 세계에 신앙을 훨씬 수월하게 접목시킨다는 사실을 보장한다. 가정은 서구 문명과 미국을 기독교 국가로 정의할 수 있게 한 모든 것을 잠식하고 있는 것에 맞서 싸우는 하나님의 가장 강력한 무기다. 교회, 학교, 대학은 가정 없이는 결코 그 싸움에서 승리할 수 없다.

데이비드 W. 클라크 박사(Dr. David W. Clark)
팜비치 애틀랜틱 대학교 총장

나는 40여 년 동안 팻 분을 흠모하고 존경해 왔고 지금까지 거의 10년 동안 테드 바워와 여러 가지 프로젝트를 함께 진행해 왔다. 문화와 미디어에 더 지혜롭게 대처하고, 그럼으로써 더 신실한 그리스도인이 될 수 있도록, 도움을 필요로 하는 대부분의 그리스도인들에게 이들보다 더 훌륭한 멘토는 없을 것이다.

조셉 콜슨(Joseph Coleson)
나사렛 신학교 구약학 교수, 뉴리빙성경 번역 위원

21세기 복음주의 그리스도인이 당면한 가장 큰 도전은 문화 전쟁일 것이다. 이 시대 기독교적 가치들은 사상 유례 없는 공격을 받고 있다. 이 책은 우리의 소중한 역사와 유업을 지탱하고 있는 모든 사람에게 큰 도움이 될 것이다. 충심으로 이 책을 추천한다.

래리 루이스(Larry Lewis)
미국 선교협회 국내 조력자

이 책은 모든 가정, 특히 그리스도인 가정에서 반드시 읽어야 할 책이다. 무엇이 우리 생각을 채우고 있는지 알면 그릇된 것들이 들어오는 것을 막기 위해 문을 닫아걸 수 있다. 이 책은 그 방법을 알려 준다.

테리 D. 포터(Terry D. Porter)
미국 작가 협회 . 아가페 프로덕션 에이전트

부패했으며 계속 부패하는 중인 매스미디어는 날마다 그리스도인들을 침략하고 있다. 문화적 혜안을 가질 수 있는 논리정연하고 명쾌하며 강력한 지침으로 우리를 무장시켜 준 바워 박사와 팻 분에게 감사를 전하고 싶다.

주디스 A. 라이스만 박사(Judith A. Reisman, PhD)
미디어 교육 연구소
『킨제이, 범죄와 결과』(Kinsey, Crimes and Consequence)의 저자

그러나 이 모든 일에 우리를 사랑하시는 이로 말미암아 우리가 넉넉히 이기느니라 내가 확신하노니 사망이나 생명이나 천사들이나 권세자들이나 현재 일이나 장래 일이나 능력이나 높음이나 깊음이나 다른 어떤 피조물이라도 우리를 우리 주 그리스도 예수 안에 있는 하나님의 사랑에서 끊을 수 없으리라. 로마서 8:37-39

우리가 육신으로 행하나 육신에 따라 싸우지 아니하노니 우리의 싸우는 무기는 육신에 속한 것이 아니요 오직 어떤 견고한 진도 무너뜨리는 하나님의 능력이라 모든 이론을 무너뜨리며 하나님 아는 것을 대적하여 높아진 것을 다 무너뜨리고 모든 생각을 사로잡아 그리스도에게 복종하게 하니 고린도후서 10:3-5

끝으로 형제들아 무엇에든지 참되며 무엇에든지 경건하며 무엇에든지 옳으며 무엇에든지 정결하며 무엇에든지 사랑받을 만하며 무엇에든지 칭찬받을 만하며 무슨 덕이 있든지 무슨 기림이 있든지 이것들을 생각하라. 빌립보서 4:8

그러므로 사랑을 받는 자녀같이 너희는 하나님을 본받는 자가 되고 그리스도가 너희를 사랑하신 것같이 너희도 사랑 가운데서 행하라 그는 우리를 위하여 자신을 버리사 향기로운 제물과 희생제물로 하나님께 드리셨느니라 음행과 온갖 더러운 것과 탐욕은 너희 중에서 그 이름조차도 부르지 말라 이는 성도에게 마땅한 바니라 누추함과 어리석은 말이나 희롱의 말이 마땅치 아니하니 오히려 감사하는 말을 하라 너희도 정녕 이것을 알거니와 음행하는 자나 더러운 자나 탐하는 자 곧 우상 숭배자는 다 그리스도와 하나님의 나라에서 기업을 얻지 못하리니. 에베소서 5:1-5

지혜 있는 자는 궁창의 빛과 같이 빛날 것이요 많은 사람을 옳은 데로 돌아오게 한 자는 별과 같이 영원토록 빛나리라. 다니엘 12:3

너희는 이 세대를 본받지 말고 오직 마음을 새롭게 함으로 변화를 받아 하나님의 선하시고 기뻐하시고 온전하신 뜻이 무엇인지 분별하도록 하라. 로마서 12:2

그의 위에 여호와의 영 곧 지혜와 총명의 영이요 모략과 재능의 영이요 지식과 여호와를 경외하는 영이 강림하시리니 그가 여호와를 경외함으로 즐거움을 삼을 것이며 그의 눈에 보이는 대로 심판하지 아니하며 그의 귀에 들리는 대로 판단하지 아니하며. 이사야 11:2-3

우리 구주 예수님,
아름다운 아내 릴리,
멋진 네 아이 피어스, 제임스, 로버트, 에벌린에게
이 책을 기쁜 마음으로 바칩니다.
- 테드 바워

지금까지 저를 인도해 주신 사랑하는 하나님,
소중한 아내 셜리,
그리고 우리의 훌륭한 아이들,
체리, 린디, 데비, 로리와 15명의 손자 손녀에게
이 책을 기쁜 마음으로 바칩니다.
- 팻 분

전능하신 하나님,

당신의 장엄한 창조에 감사드립니다.
만물을 다스려 주셔서 감사합니다.
당신의 아들, 예수 그리스도의 보혈로 인해 우리를 구원하시고
당신의 나라에 들어가게 하심을 감사합니다.
문명, 문화, 연예오락, 기쁨과 상상력을 주셔서 감사합니다.
이 책을 읽는 모든 사람에게 복 내려 주옵소서.

우리의 말을 주관하시고 우리의 귀를 열어 주소서.
온전한 자유를 주시는 예수 그리스도께
당신의 백성인 우리의 모든 생각이 사로잡힌 바 되어
우리의 문화와 가족과 친구들을 안목의 정욕,
육신의 정욕, 이생의 자랑에서 해방시킬 지혜를 주소서.
우리 문화에서 선한 것을 선택하고 악한 것을 거부하며
힐책하는 분별과 용기와 지혜를 주옵소서.

이렇게 얻은 분별력을 우리의 친구들과 가족들에게
전할 수 있도록 도와주옵소서.
무엇보다도 성령의 능력을 힘입어 당신의 거룩하신 이름을
높일 수 있도록 도와주옵소서.
우리에게 베풀어 주신 축복에 감사드립니다.
아멘.

차례

서문 _ 이 책에 대한 몇 가지 생각 16

1부 _ 문화와 연예오락 매스미디어의 영향

    1장 이국의 오지에도 미치는 할리우드의 힘 22

    2장 문화 전쟁의 첫걸음, 관심 41

    3장 빛과 소금 58

    4장 우리 문화 엿보기 85

2부 _ 아이들의 발달 단계별 감수성

    5장 아이들의 순진한 눈 120

    6장 사탄의 인형 149

3부 _ 매체와 메시지

    7장 할리우드의 이면 176

    8장 비유의 힘 209

4부 _ 가치, 원칙 그리고 세계관
9장 세계관과 그 너머 *234*
10장 누가 우리 문화를 훔쳤는가? *264*
11장 우리는 어디로 가고 있는가? *277*

5부 _ 분별력을 키우는 방법
12장 미디어의 영향에 대해 올바른 질문하기 *294*
13장 현대 예술과 성경적 믿음 사이의 관계 *323*
14장 아이들에게 하나님의 명령을 깊이 새겨 주기 *337*
15장 주류 미디어는 공정하고 균형 잡혀 있는가? *349*

6부 _ 정답 찾기
16장 넉넉히 이기는 자 *362*
17장 아이들을 위하여 *377*

부록 *381*

주 *385*

서문

이 책에 대한 몇 가지 생각

— 재닛 파샬(Janet Parshall), 미국 전역으로 방송되는 라디오 프로그램 〈재닛 파샬 쇼〉(Janet Parshall's America) 진행자

이 책은 갈수록 혼탁해지는 문화 속에서 살아갈 수 있도록 도와주는 명쾌하고 간명하며 포괄적인 안내서로서 부족함이 없다. 대부분의 책들은 신이교주의가 만연한 사회 속에서 믿는 자들이 당면하는 종말론적 문제와 세속적 뉴스에 관한 신학과 "피를 흘리는 기사라야 주목받는다"는 공포 주문에 초점을 맞춘다. 반면, 이 책은 독자들이 무엇이 문제인지 이해하고 분별력과 지혜를 키울 수 있게 해 준다. 이 지혜는 믿는 사람들이 신이교주의적인 세상 속에서 자기의 신앙과 가치를 지키며 살 수 있게 해 준다. 뿐만 아니라 다른 사람들을 암흑 속에서 구출해 내고, 예수 그리스도에 대한 복음의 빛과 진리로 인도한다. 그럼으로써 궁극적으로 예수 그리스도가 이 문화를 생명이 넘치는 문화로 변화시키는 데 일조하는 승리자들로 만들어 준다.

우리는 역사상 가장 풍요롭고 자유로운 시대이자 폭식과 방종이 만연하

는 시대를 살고 있다. 이 책은 현재의 문화가 붕괴되면서 얼마나 깊은 나락으로 떨어지게 될 것인지를 예견한다. 동시에 성경적인 지혜와 지식, 이해로 다시 돌아가 새롭게 됐을 때의 희망도 함께 고찰한다. 뿐만 아니라 독자들에게 어떤 일을 해야 하는지, 왜 해야 하는지 그리고 어떻게 할 수 있는지를 알려 준다. 이러한 것을 이해하면 유해한 문화의 탁류를 거슬러, 이 시대를 구원하고 우리의 삶뿐만 아니라 가족과 친구들의 삶까지도 변화시킬 수 있다.

테드 바워는 성경에 나타난 문화가 존재했던 방식을 고찰함으로써, 종종 심판 전에는 사회가 번영했음을 보여 준다. 하나님은 우리가 번영하기를 원한다고 말씀하신다. 노숙인들, 고아들, 힘없고 속수무책으로 도움이 필요한 우리 이웃을 우리 몸과 같이 사랑하라는 명령을 따르고, 이기적인 욕망이라는 우상을 섬기지 않으며, 하나님을 사랑하라는 명령을 지킬 때 그분은 우리를 번성하게 해 주신다. 하나님의 말씀을 익히 아는 사람들은 역사의 마지막 이야기는 좋은 소식이라는 것을 안다. 그러나 그 전에 미국의 문화는 쇠퇴하고, 지구의 새로운 지역들에서 부흥이 일어나면서 우리는 핍박과 시련을 당할 것이다.

믿음과 양식을 지닌 많은 사람들은 문화의 붕괴에 대해 깊이 우려하고 있다. 그들은 문화의 붕괴를 탄식하며 자기 자녀들이 세상과 정욕과 악에 물드는 모습을 속수무책으로 지켜볼 따름이다. 그러나 어떻게 해야 자녀의 순진한 눈과 귀를 보호하여 타락한 이 문화 현상에서 거뜬히 이겨내게 할 수 있는지 그 방법은 알지 못한다.

〈미디어를 현명하게 사용하는 가족〉(*Media-Wise Family*)이라는 교재, 테이프, 비디오에 제시된 검증된 원칙들을 토대로 한 이 책은, 우리가 직면한 사회악을 성경적인 관점에서 이해할 수 있게 도와 준다. 또한 매스미디어 연예오락 사업과 이 시대의 문화가 전달하는, 서로 상충되며 유해한 것들로 가득 찬 메시지를 지혜롭게 분별하도록 도와준다. 이 책은 전달되는 내용을 인지하고 판독하는 기술을 독자들에게 가르쳐 주는, 이른바 문화 전쟁보다 한걸음 더 나아간다. 부모, 선생, 믿음과 양식을 가진 사람이라면 누구나 여러 차례 읽고 싶어 할 유용한 책이다.

광범위하게 실시한 조사에 따르면, 비그리스도인들을 포함한 다른 통계 집단들과 마찬가지로 대부분의 그리스도인들과 보수적인 사람들은 미디어 다이어트를 하고 있다. 그리고 그들 중 많은 사람들이 미디어 연예오락 사업에 대해 지속적으로 불만을 표시한다. 기독교 문명으로 알려진 서구 문명은 과거에 잃어버린 자들을 구원하는 사랑과 진리를 설파하고, 병든 자를 치료하며, 굶주린 자를 먹이고, 헐벗은 자를 입히며, 공정하고 사랑이 충만한 창조주를 경배하는 예술을 창작하여 문명을 발전시켰다. 그러나 지금 우리 문화는 여러 가지 측면에서 그런 과거의 사상들을 훼손시키는 매스미디어 연예오락 사업에 의해 형성되고 있다.

이 책은 그리스도인들이 세계관의 충돌과 연예오락 산업의 영향을 이해하고, 미디어에 대해 현명하게 대처할 수 있도록 지혜로운 해법을 제시해 줄 것이다.

이것은 미디어와 문화를 다룬 흔한 책들 가운데 하나가 아니다. 이 책은 우리를 끊임없이 공격하고 있는 부정적이고 중독적인 영향으로부터 우리와 자녀들의 마음을 돌이켜, 하나님과 가족에게 향하도록 도와 줄 것이다.

연예오락과 언론 미디어 문화에 대한 이해력과 분별력을 개발하려면 자녀들을 어떻게 가르쳐야 할지에 대해 차근차근 배우게 될 것이다. 이 교육은 자녀들이 미디어가 주입하는 사고방식에 물들어 헛된 공상과 유혹에 빠지지 않으면서 방송을 청취하고 즐길 수 있게 도와줄 것이다.

이 책의 미디어 접근방식은 30여 년에 걸쳐 어린이들과 부모들을 대상으로 시도되어 왔다. 그리고 그중 90퍼센트 이상의 대다수 사람들이 이 방법이 효과적임을 입증했다.

우리의 가족, 특히 우리 청소년들이 매스미디어의 강력한 영향으로 타락하고 파괴당하고 있다. 심지어 교회들도 교인들, 특히 청소년들에게 우리 사회의 연예오락 문화 속에 내포된 감정에 호소하는 이미지들과 우상들에 대처하는 방법을 적절히 알려 주지 못하고 있다. 사실상 많은 교회들은 교인들이 얼마나 다양한 문제들로 어려움을 겪는지조차 전혀 파악하지 못하고 있다. 일부 교회들은 마구잡이로 문제를 해결하는 방식을 취한다. 결국 어린아이들은 방치되고, 부모들은 이 문제를 어떻게 다뤄야 할지 몰라 혼란에 빠지거나 손을 놓고 있는 경우가 허다하다.

이 문제를 다룬 대부분의 작품들과 마찬가지로 사실 많은 지도자들은 별다른 해결책을 가지고 있지 않다. 부모들에게 집의 가구를 재배치하게 한다든지, TV를 보는 대신 아이들과 글자 맞히기 게임을 하게 하는 정도가 전부다. 그것도 좋은 아이디어이지만 포괄적인 해결책은 아니다.

이 책은 자녀들에게 분별을 가르치는 데 필요한 실제적인 도구들을 분명하게 제시한다. 다른 책들은 문제점을 웅변적으로 제시할 뿐이지만, 이 책은 아이들이 미디어를 포괄적이고 알기 쉽게 사용할 수 있는 방법을 제시한다. 책을 읽다 보면 미디어에 순응하거나 중독되지 않으면서 미디어를 오락이나 정보 활용의 도구, 심지어 교육의 도구로까지 현명하게 사용할 수 있다.

한 친구가 예수 그리스도를 믿게 되면서 이런 말을 했다. "하나님은 내 정신을 돌려 주셨다네." 하나님은 우리가 명료하게 사고하기를 원하시기 때문에 분별력을 키우고, 지혜를 얻으며, 지식을 습득하라고 말씀하신다. 이 책은 연예오락 미디어의 강력한 영향력과 거짓된 집단 압력을 극복하는 성경적 분별 기술을 가르쳐 주고, 미디어에 대한 올바른 지식을 제공함으로써 그 명령을 수행할 것이다.

나는 기쁜 마음으로 이 책을 추천한다.

1부

문화와
연예오락
매스미디어의 영향

1장

이국의
오지에도 미치는
할리우드의 힘

내 사무실은 연예산업의 심장부인 캘리포니아의 할리우드에서 서쪽으로 72킬로미터 떨어진 지점에 있다. 자동차로는 보통 한 시간 정도 걸리고, 교통체증이 심하면 두세 시간 걸리는 거리다.

요즘 나는 폴란드, 인도, 일본, 라오스처럼 머나먼 지역으로부터 강연요청이 밀려들어 전 세계를 돌아다닌다. 비행기에 탑승하면 보통 할리우드 영화와 텔레비전 프로그램을 볼 수 있다. 태국 고지대의 정글에 갔을 때에도 발전기에 피복이 벗겨진 전선으로 연결된 위성접시들이 할리우드의 오락물을 초라한 초가집들로 쏘아 보내는 것을 보았다. 이런 마을에 사는 어린이들도 그들의 우상인 할리우드 스타들처럼 옷을 입고, 음주, 흡연, 난잡한 성생활 외에 별 볼 일 없는 그들의 생활방식을 따라하려고 기를 쓴다.

할리우드는 더 이상 지리적인 한 장소가 아니라 전 세계로 뻗어가는 연예오락 산업이며, 전 세계의 사람들, 특히 청소년들에게 미국을 대변하는 목소리가 되었다. 예수님은 이렇게 말씀하셨다. "입으로 들어가는 것이 사람을 더럽게 하는 것이 아니라 입에서 나오는 그것이 사람을 더럽게 하는 것이니라"(마 15:11). 오락 지향적인 우리 문화의 입에서 나오는 것이란 하나같이 〈킬빌〉(Kill Bill)이나 〈소우〉(Saw) 같은 영화들이다.

나는 영화 시사회에 참석하기 위해 할리우드에 차를 몰고 갈 때마다 영화 제작자들을 방문해 그들이 미국과 전 세계의 어린이들과 손자들에게 어떤 영향을 미치고 있는지 이해시키려고 애쓴다. 기쁜 소식은 그들 중 많은 사람들이 귀를 기울인다는 점이다. 외설적이고 지나치게 폭력적인 R등급의 영화에서 점차 신앙적인 가족 영화—〈네티비티 스토리–위대한 탄생〉(The Nativity Story)*, 〈샬롯의 거미줄〉(Charlott's Web), 〈사자와 마녀와 옷장〉(The Lion, The Witch and The Wardrobe), 〈행복을 찾아서〉(The Pursuit of Happiness)**—로 바뀌고 있다. 심지

---

* 〈네티비티 스토리–위대한 탄생〉 – 2006년에 제작된 캐서린 하드윅 감독의 영화. 이 영화는 성경에 충실하게 만들어져 예수가 잉태되고 탄생하기까지의 과정이 사실적으로 묘사되어 있기 때문에 기독교인, 비기독교인 모두가 '예수 탄생'에 대한 이야기를 자연스럽게 이해하고 받아들일 수 있도록 만들어졌다. 예수가 잉태되어 탄생하기까지 마리아와 요셉이 베들레헴으로 가는 험난한 여정을 그린 영화다.

** 〈행복을 찾아서〉 – 가브리엘 무치노 감독, 윌 스미스, 제이든 스미스 주연의 2006년 영화. 모두가 경제난에 허덕이던 1980년대 미국 샌프란시스코. 아들과 노숙자 시설과 지하철역을 전전하던 크리스 가드너는 주식중개인 인턴과정에 지원한다. 학력도 경력도 내세울 것 없던 크리스는 극한의 어려움 속에서도 사랑하는 아들과 자신의 행복을 위한 마지막 도전을 시작한다.

어는 〈록키 발보아〉(Rocky Balboa)◆도 예수님을 믿게 되었다. 이제 모든 영화 제작사들은 기독교 신앙을 가진 관객들을 의식하고 있다.

그럼에도 불구하고 선혈이 낭자한 문화의 타락한 가치들을 담고 있는 영화들의 잔재가 상당히 많이 남아 있으며, 아직도 상당수의 부패한 영화와 텔레비전 프로그램들이 양산되고 있다. 사회적 관행을 확립하는 데 기여하는 것들이 헤아릴 수 없이 많지만, 할리우드가 인기의 진원지로서 확고히 자리매김하고 있다는 점에는 의심의 여지가 없다. 분명한 사실은 할리우드에서 일어난 일은 할리우드에서 끝나지 않는다는 것이다. 린제이 로한이 입는 옷, 저스틴 팀버레이크가 부르는 노래, 조지 클루니가 한 발언은 미국의 중심부뿐만 아니라 훨씬 더 먼 곳까지 파장을 일으킨다. 실제로 문화 충돌은 미국의 캔자스에서 우크라이나의 키예프까지 확장되고 있다.

충돌하는 문화

때로 연예오락 산업이 먼 나라에 미치는 영향을 보면서, 우리가 세상의 문화에 미치는 영향만큼이나 우리 문화가 가진 문제점과 취약성에 대해 생각

◆〈록키 발보아〉 - 실베스터 스탤론 감독, 주연의 2006년 영화. 최고의 헤비급 챔피언에서 성공한 사업가로 변신한 록키. 어느 날, 어느 유명 스포츠 TV에서 록키와 현재 헤비급 챔피언인 메이슨 딕슨과의 가상경기를 중계한다. 이 가상 경기가 상상 외로 큰 인기를 끌자 딕슨의 프로모터와 언론은 록키와 딕슨의 실제 경기를 록키에게 제안하고 록키는 그 제안을 받아들이기로 한다. 젊은 챔피언 복서 메이슨에 맞서 앞날을 예측할 수 없는 마지막 경기를 펼치는 록키의 도전을 그린 영화로 〈록키〉 시리즈의 완결판이다.

해 보지 않을 수 없다. 최근에 나는 전체주의의 억압에서 벗어난 우크라이나의 키예프라는 도시에서 설교를 했다. 내가 설교한 교회의 목사는 내가 묵고 있는 호텔에서, 자기 아버지가 예수 그리스도에 대한 믿음을 거침없이 말했다는 이유로 고문당한 이야기를 들려주었다. 현재 그 목사는 교인수가 1천 명인 대형교회에서 목회를 하면서 200개 정도의 교회를 개척하고 있다. 그의 친구인 키예프 시장은 신앙이 돈독한 사람이고, 미국 출신의 아내를 둔 대통령은 사려 깊은 그리스도인이며, 그곳의 경기는 호황을 누리고 있다.

그러나 한편으로 우크라이나는 높은 에이즈 감염률, 매춘, 유럽에 노예로 팔려 가는 여성들, 밤이면 거리에 쌓이는 빈 술병 등 숱한 문제를 안고 있다. 1994년에는 에이즈 감염자로 등록된 사람이 183명에 불과했는데 2004년에는 그 수가 68,000명으로 불어났다.[1] 〈뉴욕타임스〉에 "우크라이나는…태국과 필리핀을 제치고 전 세계 여성 인신매매의 중심지로 떠올랐다"는 기사가 게재되기도 했다.[2] 우크라이나가 공산 치하에 있을 때에도 죄는 있었지만 서구의 소비주의가 그 나라의 젊은이들에게 얼마나 악영향을 미쳤는지 여실히 볼 수 있다.

그래서 지금이 키예프 국민들에게는 최고의 시대이자 최악의 시대다. 그들은 그 자체로도 전쟁인, 변화하고 있는 문화의 어지러운 급류를 헤쳐 나가기 위해 나에게 미디어에 대처하는 지혜를 가르쳐 달라고 요청했다. 극동의 공산주의 독재자가 몰락한 후 할리우드의 물질주의적인 포르노그래피가 버젓이 사람들을 유혹하며 그 자리를 차지했다. 두 개의 상충하는 문화적 가치가 하나로 합쳐지면서 문화적 혼란이라는 맹렬한 소용돌이를 만들어 냈다. 이렇게 밀려드는 격렬한 물살이 소중한 다음세대를 위한 밝은 미래를 휩쓸어 갈지도 모른다는 우려를 낳고 있다.

어떻게 이런 문화의 급류를 헤쳐 나가야 할까? 일본의 학교는 아이팟을 사기 위해 어린 소녀들이 몸을 파는 일이 비일비재하게 벌어질 정도로 심각하게 물질주의에 잠식당했다. 지난 몇 년 사이에 이런 학교에서 자녀들을 빼낼 것을 고려하는 가정이 늘어나면서 홈스쿨 컨퍼런스가 눈에 띠게 증가하고 있다. 그런 생각을 가진 일본인들이 지침을 얻기 위해 문화적 지혜에 대한 내 강연을 들으려고 모여들었다.

무슨 일이 일어나고 있으며, 왜 그런 일들이 일어나고 있는가? 연예오락 매스미디어가 주는 메시지는 우리와 우리 아이들, 각 사회 그리고 이 세상 전반에 어떤 영향을 미치고 있는가? 이 문화에 희망이 있기는 한 것일까? 잔잔한 강이 흐르고 푸른 초장이 있는 그리스도의 왕국으로 가는 안전한 길을 과연 찾을 수 있을까?

국가의 쇠퇴

모든 정치적 스펙트럼을 예의 주시하고 있는 전문가들은 지난 세기 동안 문화의 질이 계속 하락했음을 정확히 지적했다. 미국 문화에서 신앙은 약화되었고, 덕목은 방치되었으며, 예절은 서서히 잠식되었다. 우리 문화를 다시 발전시키려면 하나님이 영광을 받으실 수 있도록 올바른 도구를 사용하는 하나님의 지혜가 필요하다.

〈국가의 쇠퇴〉(*The Decline of Nations*)라는 비디오에서 켄 보아 박사와 빌 입센(Bill Ibsen) 박사는 쇠퇴의 세 가지 징후를 제시한다. (1) 사회적 부패―방종의 위기, 경제적 훈련의 실패, 마지막으로 관료주의의 발달. (2) 문화적 부패-교육의 쇠퇴, 문화적 기반의 약화, 전통을 경시하는 풍조의 증가, 만연하는 물질주의. (3) 도덕적 부패-패륜의 증가, 종교적 믿음의 쇠퇴와 인명 경시 현상.

켄 보아와 빌 입센 박사는 "쇠퇴의 징후들은 서로 시너지 효과를 발휘하면서 한 국가를 속속들이 부패시켜 다양한 적들의 공격에 취약하게 만든다"라고 단언한다. 그리고 다음과 같은 중대한 질문을 던진다. "미국의 현재 사회적, 문화적 건강 상태를 진단하기 위해 어떤 객관적인 기준을 적용할 수 있는가?" 이 질문에 대한 답으로 그들은 전임 미국 교육부 장관인 윌리엄 J. 베넷(William J. Bennet)이 1993년 출판한 보고서를 인용한다. 그 보고서는 1960대와 1990년대 사이에 발생한 변화에 주목한다.

- 혼전 동거율 966퍼센트 증가
- 사생아 출생률 523퍼센트 증가
- 강력 범죄 발생률 370퍼센트 증가
- 생활보호 대상 아동 270퍼센트 증가
- 한부모 가족 비율 215퍼센트 증가
- 십 대 자살률 210퍼센트 증가
- 범죄율 200퍼센트 증가
- 이혼율 130퍼센트 증가
- SAT 평균점수 75점 하락

"1990년대에 들어서 범죄율, 복지, 십 대 자살률은 개선되었다"고 보아와 입센 박사는 기술한다. "그러나 가족의 해체는 여전히 우려되는 현상이다.

각종 지표들은 안정된 사회를 유지하는 데 반드시 필요한 요소로 따뜻한 인간관계를 지적하고 있는데, 매스미디어 연예오락이 가족 해체로 인한 공백을 메우는 경우가 많다."[3]

이와 같은 시대에

후세들이 부의 뿌리를 경시하기 시작하면서 하나님이 주신 번영의 축복이 수포로 돌아갈 때가 너무 많다. 미국의 선조들은 하나님이 주신 축복의 씨앗을 뿌려 이 땅에 풍요한 유산을 남겨 주었다. 그러나 하나님께는 손자가 없다. 그분에게는 성령을 따르고, 그분의 은총 안에 살며, 그분의 왕국에 들어가는 1세대들만 있을 뿐이다. 만약 이 자녀들이 이기적으로 변하거나 나태해지거나 타락하면 결국 그 죄의 대가를 치르게 된다. 하나님은 이스라엘 백성에게 이렇게 경고하셨다.

> 네 하나님 여호와께서 너를 아름다운 땅에 이르게 하시나니 그곳은 골짜기든지 산지든지 시내와 분천과 샘이 흐르고 밀과 보리의 소산지요 포도와 무화과와 석류와 감람나무와 꿀의 소산지라 네가 먹을 것에 모자람이 없고 네게 아무 부족함이 없는 땅이며 그 땅의 돌은 철이요 산에서는 동을 캘 것이라 네가 먹어서 배부르고 네 하나님 여호와께서 옥토를 네게 주셨음으로 말미암아 그를 찬송하리라 내가 오늘 네게 명하는 여호와의 명령과 법도와 규례를 지키지 아니하고 네 하나님 여호와를 잊어버리지 않도록 삼갈지어다 네가 먹어서 배부르고 아름다운 집을 짓고 거주

하게 되며 또 네 소와 양이 번성하며 네 은금이 증식되며 네 소유가 다 풍부하게 될 때에 네 마음이 교만하여 네 하나님 여호와를 잊어버릴까 염려하노라 여호와는 너를 애굽 땅 종 되었던 집에서 이끌어 내시고 너를 인도하여 그 광대하고 위험한 광야 곧 불뱀과 전갈이 있고 물이 없는 간조한 땅을 지나게 하셨으며 또 너를 위하여 단단한 반석에서 물을 내셨으며 네 조상들도 알지 못하던 만나를 광야에서 네게 먹이셨나니 이는 다 너를 낮추시며 너를 시험하사 마침내 네게 복을 주려 하심이었느니라 그러나 네가 마음에 이르기를 내 능력과 내 손의 힘으로 내가 이 재물을 얻었다 말할 것이라 네 하나님 여호와를 기억하라 그가 네게 재물 얻을 능력을 주셨음이라 이같이 하심은 네 조상들에게 맹세하신 언약을 오늘과 같이 이루려 하심이니라. 신 8:7-18

하나님의 나라는 영원하며 이 세상을 초월한다. 그러나 한때 기독교의 가치를 수용했던 숱한 문화들이 그 문화의 초석인 하나님의 말씀에 등을 돌렸다. 사람들이 하나님에 대한 사랑을 망각하고 이기적인 욕망의 우상을 따르는 이와 같은 일들이 벌어질 때 그들은 하나님의 축복을 상실한다. 하나님의 말씀을 잘 아는 사람들은 인류 역사가 종말을 고할 때 기쁜 소식이 있다는 것을 안다. 그때까지 기독교 문화는 지상의 모든 지역에서 흥망성쇠를 거듭한다. 그동안 우리는 시련과 핍박을 당할 것이다.

그러나 그렇게 문화가 붕괴되는 동안에도 하나님은 당신의 백성이 전 세계로 모험을 계속해 나가도록 부르셨다는 사실을 명심해야 한다. 하나님은 부딪쳐 격동하는 문화의 물살을 다시 바꾸실 것이다. 그 기쁜 소식을 전파하라고 하나님은 그분의 백성들을 부르셨다. 하나님의 백성들은 그분의 몸된 교회를 이루어 병원, 학교, 고아원, 사랑이 있는 가정들을 건설하고, 사회를 문명화시키기 위해 이교도 신앙과 박해에 맞서 싸워 왔다. 이와 같은 시대를 위해 교회가 세상에 존재하는 것이다.

우크라이나에서 내가 설교했던 교회는 구원받지 못한 자들을 전도하는 길거리 사역, 반항하는 청소년들을 구원하기 위한 청소년 사역, 어린아이들을 암흑에서 구출하기 위한 학교 사역을 하고 있다. 그 외에도 고아와 부랑자들에게 전도하고, 행위 예술가들에게 복음을 전하는 사역을 한다. 잡다한 소음 속에서 하나님의 백성들은 복음을 선포하고 잃어버린 영혼들을 되찾아온다. 적개심이 가득하던 곳에 복음이 뿌리내리면 믿음과 평화가 들어선다. 하나님의 은혜가 회복되면 전쟁으로 찢긴 땅이 아이들과 가족들이 번성하는 푸른 초장으로 변한다.

교황청 평의회 사회홍보부에서 발행한 '소통의 윤리'라는 제목의 논문에 나오는 내용을 인용하자면, "믿음의 관점에서 볼 때 인류 소통의 역사는 소통의 붕괴 현장이자 상징인 바벨탑(창 11:4-8 참조)에서부터 하나님의 아들이 보내신 성령의 능력으로 회복된 소통 방식인 오순절과 방언의 은사(행 2:5-11)로 가는 긴 여정으로 볼 수 있다. 복음을 선포하기 위해 세상에 파견된(마 28:19-20, 막 16:15 참조) 교회는 세상 끝 날까지 복음을 선포할 사명이 있다. 이 시대에서 그 사명을 수행하려면 미디어를 사용해야 함을 교회는 알고 있다."[4]

이미 충분하다!

지난 며칠간 내 메일함에는 〈하나님과의 대화〉(*Conversations with God*)라는 뉴에이지 영화를 칭송하는 소위 복음주의 계열 사람들의 영화평으로 넘쳐났다. 이 영화의 제작자이며 감독인 스티븐 사이먼(Stephen Simon)은 자신이 만든 '영성 시네마 서클'(Spiritual Cinema Circle)이라는 조직을 통해 뉴에이지 영화들을 줄기차게 후원하고 있다. 이상한 것은 〈무비가이드〉에서 고작 별 하나와 −4점을 받은 이 영화가 다른 복음적인 영화 사이트의 평론가들로부터 호평을 받았다는 사실이다. 이런 평가는 다음과 같은 의문을 제기한다. 복음주의 교회가 하나님의 선택받은 냉랭한(God's frozen chosen, 칼뱅주의자들의 별칭-옮긴이) 주류 교파들의 전철을 밟고 있는가?

내가 1970년대 뉴욕에 있는 주류 교파 소속 신학교에 다닐 때, 착한 마녀 힐다(Hilda the white witch)는 뉴욕 주교의 소개로 목요일 저녁에 에큐메니컬 예배를 인도했고, 공중부양을 할 수 있다고 주장하는 인도인 사기꾼 스리 친모이(Sri Chinmoy)는 부활절 예배를 인도했으며, 루시퍼 트러스트(Lucifer Trust)는 세인트 존 더 디바인 성당(St. John the Divine)에 그들의 본부를 차렸다.

대부분의 칼뱅주의자들은 이 사교가 주류 교파의 교회들을 인수하고 있다는 사실을 알아차리지 못했다. 미약한 신앙이나마 가진 이들이 25년 후(너무 늦었다)에야 그들의 교파가 소멸되었음을 깨달았다. 그들은 현재 성경적인 신앙을 다시 살려내고 분파 운동을 시작하였다.

나에게 쇄도한 〈하나님과의 대화〉 같은 악마주의 영화들을 칭송하는 이메일은, 복음주의 교회가 알레이스터 크로울리(Aleister Crowley)가 주장한 것처럼 "당신이 원하는 것을 하라"는 식의 자유방임적 교회로 변하고 있음을 보여 주는 가슴 아픈 데자뷰다. 텔레마코스(그리스 신화에 나오는 영웅 오디세우스와 페넬로페의 아들-옮긴이)처럼 우리가 말할 수 있는 것은 이것밖에 없다. "멈추라! 그리고 복음과 오직 예수 그리스도와 기록된 그분의 거룩한 말씀을 통해서만 얻을 수 있는 구원에 눈을 뜨라."

우리는 무엇을 할 수 있는가?

문화를 형성하는 가장 중요한 요소 가운데 하나인 매스미디어는 커뮤니케이션, 연예오락, 예술의 도구다. 도구를 오용할 가능성은 누구에게나 있다. 그러나 창조하고 규정하고 소비하는 주체인 매스미디어 계통에 몸담은 대부분의 사람들은 그런 오남용의 사실을 인식하고 있기 때문에 올바르게 행동하려는 양심을 가지고 있다. 그러나 이 집단에 속한 사람들은 종종 매스미디어에서 다루는 주제들이 윤리적인 무게를 가지며 도덕적 평가의 대상이 된다는 사실을 망각한다. 그러므로 그들이 올바른 선택을 하려면 분별력과 이해력을 키워야 한다.

예리한 많은 그리스도인들이 문화적 퇴보에 둔감해지고 있다. 많은 이들이 서로 다른 세계관이 초래하는 결과를 인식하지 못한다. 그들은 연예오락 매스미디어의 강력한 영향력을 간과하고 있으며, 어떻게 문화의 격랑을 거뜬히 이겨낼 분별력과 지식과 이해력 그리고 지혜를 개발시킬 수 있는지 알지 못한다. 기쁜 소식은 우리와 우리 가족이 문화와 미디어에 대한 혜안을 얻을 수 있는 효과적인 방법들이 있다는 것이다.

좋은 소식과 나쁜 소식

– 팻 분

　최근 나는 우리 문화의 구조를 바꾸고 변화시키는 문제에 대해서 내가 우려하고 있는 점들을 토로했다. 수많은 미국인들이 나의 우려에 동감하며 엄청나게 많은 이메일을 보내 그들이 생각하는 바를 알려 주었다.

　어쨌든 오늘 참으로 기쁜 소식을 나누고자 한다. 이것은 쉽게 입수할 수 있는 뉴스인데도 당신은 아마 다른 어디에서도 이 뉴스를 듣지 못했을 것이다. 바로 그 부족 의식(tribal rite), 다른 말로는 아카데미상 시상식이 전속력으로 다가오고 있어서, 아무리 애를 써도 우리는 그것을 피할 길이 없기 때문이다. (전화나 TV도 없는 눈 덮인 로키 산 속에 숨어 있어도 지나가는 등산객이 문을 두드리고 올해는 누가 여우주연상을 탔고, 어떤 작품이 최우수 작품상을 탔는지 말해줄 것이다!)

　사실 우리 가운데 많은 이들은 후보로 선정된 영화나 배우들의 연기를 도통 좋아하지 않기에 아카데미상 자체에 점점 흥미를 잃어 가고 있다. 오스카상을 수상한 영화들과 그 영화에 비굴하게 알랑거리는 사람들을 볼 때마다 참으로 당혹스럽다. 그것은 우리의 심기를 심히 언짢게 만든다. 나도 실제로 몇 편의 영화를 제작해 봤고, 몇 년 전에는 그중 하나가 약 10분 정도 박스오피스 10위권 안에 들기도 했었다. 그러나 그것은 어디까지나 가족이 매주 함께 영화를 보러 갔을 때 의자 밑으로 들어가고 싶을 정도로 당황스러운 일이 있으리라고는 아무도 상상하지 못했던 과거의 일이었다. 사람들이 단체로 일어나서 나가 버리는 것은 생각도 못 할 일이었다.

그런데 나는 한 번 그런 적이 있다. 우리 가족은 모두 함께 절찬리에 상영 중이던 〈페인트 유어 웨건〉(Paint your Wagon)◆이라는 뮤지컬 영화를 관람하러 갔다. 그 영화는 멋진 음악으로 브로드웨이에서 대성공을 거둔 유명한 뮤지컬을 영화화한 것으로 클린트 이스트우드가 출연해서 노래를 불렀다! 영화는 할리우드 중심부에 있는 시네라마 돔이라는 화려한 극장에서 상영되고 있었다. 가족 나들이로 이보다 더 이상적인 곳이 어디 있겠는가?

그런데 이렇게 거창한 배우들과 온갖 '멋진 것들'로 가득 찬 대작이 전개되면서 나는 그 영화의 내용이 어느 변경 마을의 원로들이 카우보이들에게 여자 파트너가 필요하다고 생각하여 유곽을 짓고 '아가씨들'을 데려와 그곳을 채우는(!) 내용이라는 것을 알게 되었다. 아가씨들이 역마차를 타고 들어왔다. 거친 카우보이들이 아가씨들을 차지하려고 군침을 흘리는 장면에서 유명한 노래가 흘러나오는 순간, 나는 가족들을 이끌고 극장에서 데리고 나왔다.

그때가 〈텍사스의 연인들〉(Best Little Whorehouse in Texas)◆◆이라는 영화가 놀랍게도 상영허가를 받았을 뿐만 아니라, 상을 받고, 10여 년간이나 재상영되기 몇 년 전이었다. 그런 영화들이 전 세계로 수출되는 우리의 대표 품목으로 선정되는 예가 늘고 있다. 그러나 나는 여러분에게 기쁜 소식도 들려주겠다고 약속했다. 그렇지 않은가? 매년 미국 기독교 영화 및 텔레비전 위원회(CFTC)는 그 해에 상영되는 영화들을 광범위하게 조사하여 무엇이 영화 관객들을 끌어모으

◆ 〈페인트 유어 웨건〉 – 1969년의 미국 뮤지컬 영화. 리 마빈, 클린트 이스트우드 주연, 캘리포니아의 골드 러시를 배경으로 한 뮤지컬을 영화로 만든 작품이다. 미시간의 농장주와 금광을 찾는 탐사자가 함께하는 모험을 그린 것으로, 아내를 사고, 공유하며, 매춘부를 납치하는 등의 소동을 그리고 있다. 음주와 도박, 노래 등 쾌락을 추구하는 당시의 풍경을 보여준다.

는지에 대한 신빙성 있는 자료를 수집한다. 결과가 궁금하지 않은가? 2005년에 가장 인기를 끌었던 10편의 영화들 중에서 80퍼센트의 영화가 도덕적으로 강력하거나 매우 강력한 메시지를 담고 있었고, 매우 포괄적인 관람 등급을 받았다. 게다가 상위 10편의 영화들 중에서 단 한 편 그리고 상위 25편 중에서 단 세 편만이 미국영화협회(Motion Picture Association)로부터 R등급을 받았다. 놀랍지만 기분 좋은 일이 아닌가?

여기에 더하여 CFTC는 나체, 욕설, 폭력이 나오지 않거나 거의 나오지 않는 영화들이 편당 평균 45,001,733달러를 벌었다는 사실을 발견했다. 그런 요소들을 포함한 영화들보다 65퍼센트나 많은 돈을 벌었다! CFTC가 관람 등급을 제한한 영화들은 평균 2,700만 달러 남짓을 벌었을 뿐이다.

영화 제작에 수백만 달러를 투자하려는 사람이라면 누구나 그런 수익을 얻고 싶어 하지 않겠는가? 상식적으로 그렇지 않은가? 그리고 확실한 수익을 벌어들일 수 있는 가장 검증된 방법은 온 가족이 함께 볼 수 있는 영화를 제작하는 게 아닐까? 그러나 할리우드에서는 그렇지 않다. 적어도 대다수의 거물들, 다시 말해 오스카상과 동료들의 칭송을 받으려고 줄을 서 있는 유력인사들은 그렇게 하지 않는다.

이것이 나쁜 소식이다. 대체로 오스카상이 주목하고 비평가들의 찬양을 받는 작품들은 두 카우보이의 동성애에 대한 기묘한 이야기를 담은 2005년의

〈텍사스의 연인들〉 – 1982년 콜린 히긴스 감독. 버트 레이놀즈, 돌리 파튼 주연. 실제 텍사스의 유명한 매춘 상점인 치킨 랜치를 소재로 했다. 뮤지컬에 이어 영화화되었다. 보안관 에드 얼 도드와 치킨 랜치의 소유주인 '미스 모나'가 치킨 랜치를 지키려 TV계의 거물 멜빈 도르프와 맞서 싸우는 내용이다.

〈브로크백 마운틴〉(*Brokeback Mountain*)처럼 암울하고 논란거리가 되며 거부감을 주고 노골적으로 퇴폐적인 영화들이다. 가족이 함께 모여 그런 영화를 본다고 상상해 보라!

나는 외로운 영웅들이 필사적으로 싸워 이기고, 착한 사람들이 언제나 승리하며, 무법자들은 늘 응보를 받는 극적인 이야기들을 다루는 전형적인 서부극의 영웅 클린트 이스트우드가 〈브로크백 마운틴〉의 이안 감독에게 골든글러브 최우수 감독상을 시상하는 것을 보고 마음이 편치 않았다. 나는 내 친구 덴젤 워싱턴이 바로 그 형편없는 이야기가 골든글러브 최우수 작품상을 수상했음을 선포하면서 당혹스러워하는 모습을 지켜보았다. 존 웨인이 이것에 대해 뭐라고 할지 이 지면에서 말할 수는 없겠지만, 당신과 나 그리고 우리의 동료 시민들은 이 모든 일에 대해서 어떤 결심을 할 수 있다.

우리는 CFTC가 제공한 기쁜 소식에 고무되어, 할리우드의 용감하고 고결한 영혼을 가진 제작자들이 여전히 만들고 있는 가족 친화적인 영화의 표를 살 수 있다. 그리고 여전히 우리를 속여 표를 팔 수 있다고 생각하는 영화 제작자들과 극장 관계자들이 만들고 상영하는 도덕적으로 문제가 있는 외설적이고 저속한 영화를 보지 않거나 관심을 보이지 않을 수 있다.

자, 이제 그들이 만들어 낸 나쁜 소식으로는 아무런 이익이나 어떤 관심도 얻을 수 없음을 알려 주자. 그것만이 그들에게 우리의 진의를 이해시킬 수 있는 방법이다.

미디어를 대하는 지혜의 기둥

뉴욕시립대학교에 있는 텔레비전 센터의 국장으로서 나는 1970년대 말에 최초의 미디어교육(media literacy) 과정을 개발하는 일에 도움을 주었다. 그때부터 수년에 걸친 연구결과, 미디어교육을 가르치는 가장 좋은 방법에 대한 분명한 생각이 정립되었다. 특히, 문화를 지혜롭게 대하는 가족이 되는 데 도움이 될 다섯 개의 기둥이 있다.

1. **기둥 1: 자녀들에게 미치는 미디어의 영향을 인식하라.** 콜럼바인 고등학교의 총기 난사 사건이 발생한 직후 CBS 사장 레슬리 문베스(Leslie Moonves)는 이 사건에 대해 매우 직설적인 발언을 했다. "이 사건과 미디어가 아무 상관도 없다고 생각하는 사람이 있다면 그는 바보다."[5] 폭력물을 많이 보는 사람들일수록 공격적인 태도와 행동을 더 많이 보인다. 주요 의사협회들은 그 사실에 의심의 의지가 없다는 결론을 내렸다. 물론, 미디어는 문제—지혜로운 성경의 명령으로 요약될 수 있는 문제—의 일부분에 불과하다. "속지 말라 악한 동무들은 선한 행실을 더럽히나니"(고전 15:33). 청소년 폭력에 관한 수천 건의 연구결과가 보여 주듯이, 폭력적인 미디어물을 시청하는 청소년들은 폭력적인 사건을 일으킨다. 갱단이든, 또래집단의 압력이든, 폭력적인 텔레비전 프로그램이든 나쁜 친구는 선한 성품을 타락시킨다.
2. **기둥 2: 자녀들의 지적 발달 단계마다 그들의 감수성을 확인하라.** 어린아이들은 각각의 발달 단계마다 미디어를 보는 시각이 다를 뿐만 아니라, 아이들마다 자극을 민감하게 받아들이는 정도도 천차만별이다.

수년 전에 실시된 미국 국립정신건강센터의 연구결과가 보여주듯, 어떤 아이들은 미디어 폭력을 모방하고 싶어 하고, 어떤 아이들은 또 다른 미디어의 영향에 민감하며, 어떤 아이들은 두려워하게 되고, 많은 아이들은 그 결과에 둔감해진다. 알코올 중독자가 맥주 광고에 보통 사람보다 더 큰 유혹을 받듯이 특정한 부류의 미디어가 특정한 발달 단계에 있는 당신의 자녀를 유혹하거나 어떤 영향을 미친다.

3. **기둥 3: 자녀들에게 미디어가 어떤 식으로 메시지를 전달하는지 가르치라.** 어린아이들이 인생에서 처음 14년 동안 독해를 위해 문법을 배우듯이, 아이들은 그들을 겨냥해 프로그램으로 만들어지고 있는 메시지들을 비판적으로 수용할 수 있도록 21세기의 매스미디어 문법을 배워야 한다.

4. **기둥 4: 자녀들에게 기독교 신앙의 기본 요소들을 가르치라.** 어린아이들이 믿음과 도덕적 가치를 문화와 연예오락 매스미디어에 적용시킬 수 있도록 기독교 신앙의 기본 요소들을 배워야 한다. 물론, 대체로 부모들은 개인적인 신념을 자유롭게 논의할 수 있기 때문에 선생님들보다는 이 점을 다루기가 한결 수월하다. 대중문화와 미디어 교육과 가치 교육이 학계에서 가장 빠르게 성장하고 있는 두 영역이라는 사실은 주목할 만하고 흥미로운 점이다. 그것은 아마도 교육자들 역시 무언가가 잘못되고 있음을 깨닫기 시작했을 가능성이 높다는 점을 시사한다.

5. **기둥 5: 자녀들이 올바른 질문을 하는 방법을 배울 수 있도록 도우라.** 아이들이 올바른 질문을 하는 법을 알면 연예오락 매스미디어에 의해 야기된 문제점들에 대해 올바른 답을 얻을 수 있다. 예를 들어서 영화

에 나오는 주인공이 상대방을 죽이고 절단냄으로써 승리를 쟁취한다면, 당신의 자녀는 그 주인공이 아무리 호감을 주는 인물일지라도 주인공의 행동에 의문을 제기할 수 있는가?

마음 교육

테오도어 루즈벨트는 인간의 정신을 교육하면서 마음은 교육하지 않는다면 교양 있는 야만인을 키우게 될 것이라고 말했다. 문화와 미디어에 대한 혜안을 얻으려면 마음이 바른 결정을 할 수 있도록 마음을 교육해야 한다. 그렇다면, 어떻게 당신 자녀들과 손자들의 순진한 시선을 보호할 수 있을까? 어떻게 문화를 구원할 수 있을까?

뒷장에서 우리는 이 질문(그리고 다른 질문들)에 대한 답을 찾아보고 문화와 연예오락 매스미디어의 유해한 영향을 극복하고 이겨낼 수 있는 지혜를 키우는 데 필요한 토대를 쌓아 볼 것이다. 우리는 분별력 있고 현명한 선택을 하는 데 도움이 되는 도구들을 살펴볼 것이다. 도덕적인 영화, 텔레비전, 연예오락 프로그램은 명예, 진리, 충절, 용기에 초점을 맞춘다. 우리는 올바른 질문을 던짐으로써 그 사실을 당신이 이해할 수 있도록 도울 것이다. 또한 당신이 판타지와 신화의 본질과 모든 종류의 예술과 연예오락에 대해 올바른 지식에 근거한 판단력을 키우는 데 필요한 다양한 비판 도구들을 이해할 수 있도록 도울 것이다. 매스미디어 연예오락이 우리 문화에 미친 영향을 생각해 볼 때, 이 책은 당신과 당신 가족과 당신의 교회에 참으로 중요하고 유용한 도구가 될 것이다.

오직 예수 그리스도 안에만 확실한 소망이 있다는 진리는 높은 곳에서 외쳐야 할 중대한 소식이다. 하나님의 백성들은 그분의 은혜를 드러낼 멋진 기회를 가지고 있다. 그러나 먼저 문화적인 사안들에 대해 상황을 파악해야 한다. 문화를 다듬는 작업에는 하나님이 영광을 받으시도록 올바른 도구를 사용하는 하나님의 지혜가 필요하다.

2장

문화 전쟁의
첫걸음,
관심

고대 사람들은 관습과 의식, 윤리와 법, 가치와 제도, 언어와 사회의 특성에 영향을 받아 고유의 문화를 형성하였다. 이 시대에는 매스미디어를 통해 전달받은 메시지로 이런 모든 요소가 어느 정도 형성된다. 동시에 우리의 태도, 이상, 믿음도 문화의 영향을 받는다. 언어를 정의하는 자가 세상을 정의한다는 존 로크의 심오한 통찰을 요즘 말로 바꾸면 미디어를 지배하는 자가 곧 문화를 지배한다.

대부분의 사람들은 물질세계의 면면이 얽힌 복잡한 그물 속에 갇혀 있다. 매스미디어를 포함하여 그 그물의 영향력은 사람들이 통제하기 어려운 수준이다. 그러나 삶의 모든 영역 속에 얽힌 유해한 영향으로부터 사람들을 자유롭게 하시는 성령님은 그 그물 위에 계신다. 거듭난 사람들은 하나님의 섭리가 작용하고 있는 것을 본다. 볼 수 있는 눈을 갖지 못한 자들은 연예오락 매스미디어가 자신의 편견과 가치와 욕망에 맞추어 현실을 표현하는 세상의 영향을 받는다.

수차례에 걸친 여론조사 결과는, 사람들이 가족에게 미치는 문화의 영향에 대해 우려하고 있음을 보여 준다. 하지만 그러면서도 그들은 어떻게 해야 이 문화를 능히 이길 수 있는 분별력과 이해력과 지혜를 갖출 수 있는지 모른다. 속담에 나오는 냄비 속 개구리처럼, 사람들은 연예오락 매스미디어가 불을 피워 점점 과열시키는 유해한 문화를 속수무책으로 받아들이고 있다.[1]

금지된 생각

옛날 우리 조부모님들은 저녁 식탁에서 종교, 성, 정치 이야기만 빼고 무슨 말이든 할 수 있다고 자녀들에게 가르치셨다. 이 주제들은 개인의 의견이 깊이 반영된 주제였기 때문이다. 그렇지만 요즘엔 저녁 식탁이나 다른 어느 곳에서도 성적 선호나 성도착 또는 종교적인 견해에 대해 논의한다고 눈살을 찌푸리는 일은 거의 없다. 오늘날 사람들을 정말 반목하게 만드는 논쟁은 선호하는 대중가요나 영화 또는 텔레비전 프로그램과 같은 주제들이다!

어쩌면 이렇듯 연예오락을 지나칠 정도로 중요하게 생각하거나, 특정 영화나 노래, 텔레비전 프로그램에 대한 개인의 입장을 옹호하려는 욕구는 어느 정도 칭찬할 만한 일이다. 왜냐하면 이것은 사람들이 영화, 텔레비전 그리고 다른 연예오락 매스미디어의 힘을 이해하고 있다는 뜻이기 때문이다. 위대한 시인 윌리엄 셰익스피어는 "펜은 칼보다 강하다"라고 말했다. 500년을 고속으로 감아 21세기로 넘어오면 연예오락 매스미디어가 16세기에 쓰인 글보다 더 강력하다는 것을 알 수 있다.

그렇기 때문에 〈그리스도 최후의 유혹〉(The Last Temptation of Christ)이 개봉되었을 때 특별히 그리스도인들과 보수적인 공동체 내에서 가열되기 시작한 논란이 〈해리 포터〉 첫 번째 영화로 이어졌다가 〈반지의 제왕〉(The Lord of the Rings) 첫 번째 에피소드와 〈패션 오브 크라이스트〉(The Passion of Christ)를 거치면서 점차 격렬해졌고, 마침내 〈다빈치 코드〉(The Da Vinci Code)가 개봉되자 들끓기 시작했던 것은 놀랄 일이 아니다.

그리스도인들이 걱정해야 하는가?

세계관에 관한 이슈와 우리 문화에 미치는 미디어의 영향에 대한 이해를 돕기 위해 1997년 처음 개봉된 J. K. 롤링 원작의 〈해리 포터〉 시리즈에 관한 사례 연구를 고찰해 보도록 하겠다.

〈해리 포터〉 시리즈의 책과 영화에 대한 많은 논란의 중심에는 마법이 있다. 한쪽은 수백만 명의 어린이들이 마녀와 마법사가 되고 싶다는 유혹에 빠질 것이라는 생각에 경악하는 반면, 또 한쪽에서는 그런 우려를 고리타분한 종교재판관 같은 태도라고 치부했다. 이 점에 있어서는 사람들이 악마에 대해서 두 가지 실수를 범할 수 있다고 한 C. S. 루이스의 말을 염두에 두는 게 현명하다. (1) 악마에 대해 지나치게 심각하게 받아들이는 태도, (2) 악마를 충분히 심각한 것으로 받아들이지 않는 태도. 두 극단 중 한쪽은 초자연적 세계를 무시하고 있으며, 또 다른 쪽은 예수 그리스도가 십자가 위에서 악마와 사탄을 물리치셨다는 사실을 과소평가하고 있다.

우리는 성경적 세계관이 없는 사람들이 마법에 대한 우려를 비웃는 이유를 이해할 수 있다. 그들은 이 문제에 대한 하나님의 가르침을 모르기 때문이다. 그러나 더 염려스러운 것은 이런 우려를 비웃는 그리스도인들이다. 하나님은 분명히 말씀 속에서 마법을 죄라고 선포하셨기 때문이다. 신명기 18장 10-11절에는 이렇게 쓰여 있다. "점쟁이나 길흉을 말하는 자나 요술하는 자나 무당이나 진언자나 신접자나 박수나 초혼자를 너희 가운데에 용납하지 말라." 사무엘상 15장 23절은 "이는 거역하는 것은 점치는 죄와 같고"라고 쓰여 있다.

어떤 그리스도인들은 마법이나 마술에 대한 성경의 금지 명령은 구약 시대의 유대인들에게만 적용된다고 생각한다. 그래서 〈해리 포터〉에 나오는 마법에 대한 우려를 심각하게 받아들이지 않는다. 그러나 사실, 마법에 대한 하나님의 혐오와 정죄는 성경 전반에 퍼져 있다. 그 사실은 사도행전에서 사도들이 마술사 시몬을 정죄한 장면에서도 볼 수 있으며, 요한계시록 21장 8절에서 사도 요한의 말을 들어보면 더 분명해진다. "그러나 두려워하는 자들과 믿지 아니하는 자들과 흉악한 자들과 살인자들과 음행하는 자들과 점술가들과 우상 숭배자들과 거짓말하는 모든 자들은 불과 유황으로 타는 못에 던져지리니 이것이 둘째 사망이라." 요한계시록 22장 15절에서 요한은 또 이렇게 말한다. "개들과 점술가들과 음행하는 자들과 살인자들과 우상 숭배자들과 및 거짓말을 좋아하며 지어내는 자는 다 성 밖에 있으리라."

누구를 위한 성경해석인가?

오늘날 이 성경구절들을 적용시키려고 할 때 겪는 어려움 가운데 하나는 해석학적 문제다. 또는 성경을 읽는 방법에 관한 신학적 이해가 부족하다는 점이다. 그것을 해결하는 열쇠는 수세기 동안 교회가 익숙해 있던 해석 방법을 교정하는 것이다. 독자들은 본문에서 자기의 생각을 읽지(자의적 해석) 말고 본문 자체가 말하고 있는 것을 읽어야 한다(주해). 본문은 문맥 속에서 읽어야 하며, 성경을 해석하기 위해서는 성경을 사용해야 한다. 더욱이 성경 원칙의 적용이나 어떤 이슈에 대한 분석은 성경에서 도출되어야 한다. 성경 원칙은 성경 지식을 근거로 실행되어야 하지, 그 반대가 되어서는 안 된다. 오늘날의 세상은 사람들이 원하는 행동을 취하고, 그것을 새 전통으로 만들어 어느 정도 정당화시키면 받아들여질 것이라고 추정하는 경우가 많다.

포스트모던 시대에 이 분석적 접근방식의 진가를 이해하기 위해서는 그것에 대해 곰곰이 생각해 보아야 할 것이다. 신학은 하나님에 대한 지식이다. 성경은 우리가 하나님을 알리려면 그분을 알아야 한다고 명령한다. 그러므로 그리스도인이라면 누구나 어느 정도 신학자가 되어야 한다. 이것은 하나님과 우리 삶을 향한 그분의 뜻을 아는 데 필요한 정신적 도구를 습득하고 개발시킬 때에만 가능하다. 이것은 하나님을 사랑하고 그분이 마지막에 상 주실 것을 믿는 모든 사람이 가져야 할 목표다. 우리는 은총으로 구원받는다는 것 그리고 예수 그리스도의 복음이 자격 없는 우리를 구원하신다는 사실을 마음에 새겨야 한다.

존재론: 존재의 바탕

〈해리 포터〉에 대한 논란이 한창일 때 나는 복음주의 기독교 학교에 다니는 한 말레이시아 여인과 함께 차를 마신 적이 있다. 기독교와 힌두교가 사람들의 관심을 끌려고 경쟁하는 지역에서 성장한 이 멋진 말레이시아 여인은 존재론에 대한 간략한 설명을 들은 후에 〈해리 포터〉나 〈반지의 제왕〉 같은 영화들 사이의 차이점을 이해하게 되었다.

존재론은 간단히 말해 '존재의 바탕'이다. 존재의 바탕이란 다름 아닌 우리가 살고 있는 세상의 본질, 또는 특성이다. 힌두교도들이나 많은 신비주의자들에게 우리가 살고 있는 세상은 허상의 세계, 즉 환상이다. 마르크스주의자들의 관점에서 보면 우리는 물질적인 세계 속에서 살고 있다. 그리스도인들은 눈에 보이지 않는 초자연적인 세계를 믿는 동시에, 실제의 고통과 실제의 구세주가 모두 존재하는 물리적(눈에 보이는) 세계 속에 살고 있다.

〈해리 포터〉의 세계는 실재는 아무것도 없는 마법에 의해 조종당하는 세계다. 그러나 그리스도인에게 물질은 실재한다. 낭떠러지에서 떨어지면 죽는다. 그러므로 행위에는 결과가 따른다.

무슨 차이가 있는가?

이것은 엄청난 차이를 낳는다. 테레사 수녀는 콜카타의 길거리에서 죽어 가는 가난한 사람들을 실제 사람들로 보았기 때문에 그들을 길거리에서 데려와 보살피기 시작했다. 어떤 힌두교인들은 그들을 한낱 마야(Maya), 즉 환상의 세계일 뿐이라고 생각했기 때문에 테레사 수녀가 그들을 데려갔을 때 심히 언짢아했다. 유물론자들에게 가난하고 죽어가는 자들은 무가치한 존재이기 때문에 그냥 죽게 내버려둬야 한다.

눈에 보이는 세계와 눈에 보이지 않는 세계를 만드신 창조주는 가난하고 죽어가는 자들을 구원하고 그들에게 새 생명을 주시기 위해 그리스도를 보내셨다. 그분은 예수 그리스도의 복음을 통해 사람들을 대속하고, 구원하며, 회복시킬 계획을 가지고 계신다. 그리스도인의 세계에서 생명은 의미를 가진다. 그것은 단순히 상충하는 이데올로기가 아니다. 그것은 영원한 결과의 문제다. 그리스도를 믿는 사람들에게 소망이 있는 이유는, 주님이신 그리스도가 그들을 대신하여 죽으심으로 속죄하셨고 부활하셨기 때문이다.

이런 논의들이 치열해지고 있는 이유는 많은 교회들이 이 성경의 진리에 대해 미온적이 되어 가고, 온갖 교리들을 절충하여 수용하게 되었기 때문이다. 교회는 성경해석학에 대한 견실한 이해, 성경적인 존재론, 독특한 기독교 세계관에서 점점 멀어졌다. 이로 인해 그리스도인들은 그리스도의 신성과 속죄와 삼위일체를 부인하게 되었다. 영혼을 위한 전쟁과 선과 악 사이의 전쟁은 사실상 성경적인 진리를 위한 싸움인 것이다.

성경이 무오한 하나님의 말씀임을 부인하거나, 성경이 사실이 아니라고 주장하는 사람들도 인간사에 적용할 수 있는 진리와 가능성을 가진 성경의 독특한 세계관과 신학의 장점을 분명히 인정한다. 궁극적으로 하나님, 성경, 진리, 예수 그리스도, 존재의 본질(존재론), 선과 악 등에 관한 한 진정한 의미의 중립이란 존재하지 않는다. 우리는 모두 우리가 취하고 있는 세계관과 태도에 책임을 진다. 결과적으로, 우리는 세 가지 질문을 피할 수 없다. (1) 무엇을 믿을지 어떻게 결정해야 하는가? (2) 어떤 권위에 근거해서 믿어야 하는가? (3)

어떤 기준에 의해 믿어야 하는가?

　　사도 바울이 디모데후서 3장 10-17절에서 말한 바와 같이 성경은 놀라운 권위를 가지며, 읽고 연구할 때 올바른 사고를 할 수 있도록 방향을 제시해 주고 모든 선한 일을 행할 능력을 갖추게 해 준다. 성경은 우리에게 확신을 주며 우리의 죄를 깨닫게 한다. 성경은 혼령이나 사탄을 화나게 할까 봐 두려워하여 위축되는 원주민이나, 소를 숭배하는 힌두교인처럼 되기보다 테레사 수녀처럼 되는 편이 훨씬 낫다는 것을 의심의 여지없이 보여 준다. 그것이 그리스도인과 비그리스도인과의 근본적인 차이점이다.

십 대와 마법

　　'아무 제동 없이 대부분의 가정과 교회로 퍼지고 있는 〈해리 포터〉의 영향'이라는 제목으로 2006년 5월 1일 발표된 바나 리서치 그룹의 연구결과는 미디어가 점령한 문화 속에서 성장해 〈해리 포터〉에 푹 빠져 있으면서 하나님을 믿는다고 말하는 십 대들과 같은 숫자의 십 대들이 마법과 심령술에 빠져 있다는 사실을 보여 주었다. 그 논문은 왜 마법과 심령술이 잘못된 것인지를 아이들이 이해할 수 있도록 도움을 준 교회들이 극소수에 불과했다는 사실을 지적했다. 논문은 계속해서 이렇게 보고했다.

　　　　교회에 출석하는 십 대들의 4분의 3(77%)과 거듭난 그리스도인 십 대들의 4분의 3(78%)이 〈해리 포터〉 영화를 보았거나 책을 읽었다. 〈해리 포터〉 이야기가 널리 퍼져 많은 십 대들이 접하였음에도 불구하고 마법사

전설 속에 담겨 있는 영적 주제에 대해 교회에서 배우거나 토론을 한 적이 있다고 대답한 십 대는 극히(4% 정도) 드물다. 거듭난 십 대들 중에서도 소수(13%)만이 <해리 포터> 속에 담긴 영적인 주제에 대해 교회에서 조언을 들었다고 회상한다. 여덟 명 중 한 명(12%)의 십 대가 <해리 포터> 시리즈를 보고 마법에 대한 관심이 커졌다고 답했다. 그 말은 근 3백만 명에 달하는 청소년들이 마법에 관심을 가졌다는 뜻이다.[2]

2006년에 바나 리서치 그룹이 실시한 '십 대와 초자연적 현상'이라는 제목의 또 다른 연구에 의하면, 13세에서 18세까지의 대다수 미국의 십 대들(71%)은 정통 기독교의 하나님에 대한 관점, 즉 전지전능하고 세상의 창조주이신 하나님의 개념을 받아들인다고 대답했다. 그러나 동시에 73퍼센트는 마술을 포함한 심령술이나 신비 현상에 참여한 경험이 있다고도 말한다. 다음에 그 연구결과가 나와 있다.[3]

내용	십 대들의 비율
천사를 믿는다.	89%
죽음 이후의 삶을 믿는다.	82%
전지전능하고 완전무결하신 하나님을 믿는다.	71%
천국은 있다.	61%
사탄은 하나님의 원수다.	58%
별점을 본 적이 있다.	80%
심령술이나 신비체험을 적어도 한 가지 이상 해본 적이 있다.	73%
천사, 악마, 또는 다른 초자연적 존재를 만난 적이 있다.	35%
위자 보드(Ouija Board)*를 사용해 본 적이 있다.	33%
위카나 마법에 관한 책을 읽은 적이 있다.	33%

점을 본 적이 있다.	27%
마술이나 요술게임을 해 본 적이 있다.	25%
강신술 집회에 참석한 적이 있다.	10%
죽은 사람과 대화를 나눠 본 적이 있다.	10%
영매나 영적 안내자를 찾아간 적이 있다.	9%
심령술사와 상대해 본 적이 있다.	9%
주문을 외우거나 마법의 약을 만들어 본 적이 있다.	8%

✦위자 보드 – 옛날 서양에서 귀신과 대화할 때 사용하던 물품으로, 어린이를 위한 보드게임으로 개발됨.

다림줄이 없다면

　다문화 사회가 으레 그렇듯 관용과 다양성이 넘쳐나는 미국 문화 속에서 사무엘상 28장에 나오는 엔돌의 신접한 여자 이야기는 이해하기 힘들다. 사울이 다가올 전투의 결과를 알고 싶어 하는 것이 뭐가 잘못일까? 왜 다른 세계와 연결되어 있다고 주장하는 영매를 찾아가면 안 될까? 하나님은 어떻게 마법사와 상담했다는 이유만으로 사울을 책망하시고 전쟁에서 왕국을 빼앗기고 죽게 하는 벌을 내리실 수 있단 말인가! 왜 하나님은 죽은 자의 영혼을 불러내는 것과 같은 하찮은 일로 그렇게 진노하시는가? 왜 하나님은 성경을 통틀어 마술과 마법을 혐오한다고 말씀하시는가?

　그 대답은 C. S. 루이스의 나니아 연대기 두 번째 책인 『사자와 마녀와 옷장』에 분명하게 나타나 있다. 이 책을 보면 하나님이 피터, 수전, 에드먼드, 루시 이 네 아이를 나니아 왕국의 왕과 여왕으로 미리 지명해 놓으셨다는 사실이 분명하다. 그런데 에덴동산에서 뱀이 아담과 하와에게 하나님과 같이 될 기회(하나님의 형상대로 창조된 그들은 이미 하나님의 모습을 가지고 있었다)를 제안했던 것처럼 하얀 마녀의 모습을 한 사탄이 에드먼드에게 나니아의 왕자가 될 기회를 주겠다고 제안한다. 아담과 하와는 하나님의 말씀을 신뢰하기보다 뱀의 말에 귀를 기울이는 쪽을 택했다.

사울은 하나님을 신뢰하지 않고 블레셋 사람들과의 전쟁에서 승리하리라는 확증을 다른 곳에서 찾았다. 그럼으로써 그는 하나님의 권위를 부정했다. 그는 아담과 하와가 그랬던 것같이 미래를 알고 자신의 노력으로 하나님처럼 되려고 했다. 흥미로운 점은 사무엘이 이미 사울에게 장차 어떤 일이 일어날 것인지, 하나님이 어떤 결말을 예정해 놓으셨는지 말했다는 사실이다. 그런데도 사울은 하나님을 신뢰하지 않았고, 엔돌의 마법사와 상의함으로써 사탄의 속임수에 넘어가게 되었다.

교회에서 성장한 그리스도인들은 종종 초자연적인 세계의 힘을 과소평가하여 이런 종류의 상황에 스스로를 노출시키는 것이 영적으로 얼마나 위험한 일인지 깨닫지 못한다. 그러나 비기독교 가정에서 성장하면 다른 관점을 갖게 된다. 우리 부모님은 배우셨는데 미래를 알 뿐만 아니라 미래와 다른 사람들을 은밀히 지배하기 위해 마인드 컨트롤과 강신술에 몰두하셨다. 부모님은 하나님 행세를 하기 위해 거듭 고투하셨지만, 궁극적으로 하나님 한 분만이 하나님이시기에 부모님은 실망과 좌절과 실패만 얻으셨다.

28세의 늦은 나이에 나는, 하나님이 그분의 독생자 예수 그리스도의 피를 흘리게 하심으로써 그분의 왕국에 나를 양자로 들이기 원하신다는 복음의 진리를 발견했다. 나는 하나님을 하나님으로 인정하고 그분의 종이 됨으로써 인간의 이해를 초월한 평화를 얻을 수 있음을 깨달았다. 내가 이 진리를 깨달았을 때 마법이 얼마나 두려운 것인지 너무나 명료해졌다. 자기의 이익만을 도모하는 관점에서 시작되는 마법은 하나님의 사랑과 권위와 능력을 부인한다.

마법은 항상 무언가를 원하지만 절대 성취하지는 못한다. 마법을 행하는 사람들은 그들이 얻을 수 있는 것을 끊임없이 찾고 있다. 하나님을 하나님으로 인정하면 우리는 헤아릴 수 없이 많은 유업을 물려받는다. 정욕에서 자유로워지고, 진정으로 사랑하고 싶은 마음을 갖게 되며, 기꺼이 베풀고 나누게 된다.

마법의 힘과 하나님이 그것을 싫어하신다는 사실을 부인하는 교회와 사역자들은 그들이 맡고 있는 십 대들을 사탄의 속임수와 사악한 영들의 영향력에 방치시킨 채 하나님으로부터 영원히 단절되는 운명에 빠트릴 수도 있다. 예수님은 이렇게 말씀하셨다. "누구든지 나를 믿는 이 작은 자 중 하나를 실족하게 하면 차라리 연자 맷돌이 그 목에 달려서 깊은 바다에 빠뜨려지는 것이 나으니라"(마 18:6).

관심이 유일한 도전이다

이 책의 서론에 해당하는 이 장에서 우리는 성경해석학, 존재론, 성경적 세계관이라는 초석을 놓았다. 뒷장에서는 우리 문화와 전 세계에 미치는 연예 오락 미디어의 심리적, 사회적, 정치적 영향에 대해 고찰해 보기로 하자.

미디어, 그 문제와 근시안

– 팻 분

　　미국의 연구기관 중에서 갤럽여론조사라고 하면 대개 신뢰를 얻는다. 대부분의 미디어는 다음과 같은 사실을 잘 보도하지 않는다. ⑴ 주류 미디어를 '꽤' 신뢰한다고 말한 미국인들은 30퍼센트 정도다. ⑵ 국회를 신뢰한다고 말한 사람들은 20퍼센트 정도다. ⑶ 공적인 신임을 얻어야 하는 기관들 중에서 국회보다 신임도가 낮은 기관은 HMO(Health Maintenance Organization, 회비를 지불하고 가입하는 종합 건강관리기관)와 대기업들뿐이다. (미군은 73퍼센트로 가장 높은 신임도를 얻었는데 이 또한 많이 보도되지 않을 것이다.)[4]

　　미디어와 국회가 모두 중요하게 여겨야 할 것을 무시하고 무시해야 할 것을 중요하게 생각했기 때문에 이런 불명예를 얻었다. 그러나 희망은 있다. 미국영화협회는 과도한 내용을 문제 삼아 〈믿음의 승부〉(*Facing the Giants*)◆(잘 만든 가족영화다)에 R등급을 주었다. 〈죠스〉가 폭력적인 내용으로 인해 같은 등급을 받았으므로 〈믿음의 승부〉에 담긴 기독교적 내용 때문에 그런 등급을 준 것은 적절한 조치로 받아들여졌다. 이 사실로 미루어 우리는 할리우드가 선교적 열

◆〈믿음의 승부〉(Facing the Giants) – 2006년 작품. 알렉스 켄드릭 각본, 연출, 제작, 음악, 편집. 〈믿음의 승부〉는 '2007년 가장 놀라운 흥행작'이라는 찬사를 들으며 기독교계와 일반 평단 양쪽에서 호평을 받았다. 인생 최대의 위기를 맞이한 샤일로 기독학교의 미식 축구팀 감독 테일러가 이기든 지든 하나님께 영광을 돌리기 위해 팀과 함께 목적을 세운 후부터 일어나는 놀라운 변화를 그린 영화다.

심으로 대중들에게 세속적 광기를 수용하도록 강요한다는 사실을 기억해야 한다. 대중적 항의로 등급은 수정되었다. 다행히도 미국의 민주주의 유권자들은 폭력이 아닌 기독교적 가치가 건강한 문화를 조성한다는 사실을 분명하게 인식하고 있었다.

사회적으로 널리 알려진 살인사건 희생자의 아버지가 자기 딸에게 일어난 일에 대해 국회에서 연설한다면 정규 뉴스뿐 아니라 시사에 민감한 온갖 쇼들이 그 사실을 다룰 것이라고 생각할 것이다. 그렇지 않은가?

그런데 그렇지 않다. 콜럼바인 고등학교 총기난사 사건의 희생자 레이첼 스콧의 아버지 데릴 스콧이 국회 앞에 섰을 때 이 감동적인 순간은 국회와 모든 주요 미디어의 주목을 받지 못했다. 왜일까? 그가 한 말 때문이었다! 그런데 암암리에 그 일에 대한 소문이 크게 퍼지면서 TruthOrFiction.com에 기사가 실렸다. "스콧 씨의 증언은 너무나 감동적이어서 많은 사람들은…사실인지 의심할 정도였다. 그러나 그것은 사실이었다. 그의 연설은 1999년 5월 27일 국회법사위원회의 범죄 소위원회 앞에서 이루어졌다."[5]

그의 증언을 들은 사람이라면 누구라도 절대 잊지 못할 것이다. 그의 말은 지금까지 수년째 내 개인 이메일을 통해 퍼져 나가 미국의 헌법제정자들이 가장 중요하게 여긴 가치를 똑같이 중요하게 여기는 사람들에게 깊은 감명을 주고 있다.

폭력의 도덕적 측면에 대한 더 심도 깊은 언급은 콜럼바인 고등학교 총기난사 사건의 희생자 레이첼 스콧의 아버지인 스콧 씨를 통해 들어 보기로 하자. 그가 1999년 국회위원들에게 했던 연설을 그대로 옮겼다.

천지창조 이래로 사람들의 마음속에는 선과 악이 존재해 왔습니다. 우리는 모두 자비의 씨앗과 폭력의 씨앗을 품고 있습니다. 우리의 착한 딸 레이첼 조이 스콧의 죽음과 한 선생님의 영웅적인 죽음 그리고 다른 11명 아이들의 죽음이 헛되이 낭비되어서는 안 됩니다. 그들이 피를 흘릴 수밖에 없었던 이유를 알려 달라고 그들은 외치고 있습니다.

최초의 폭력은 들판에서 가인이 동생 아벨을 살해한 사건으로 기록되어 있습니다. 그 악은 가인이 사용한 무기도 아니고 무기협회도 아니었습니다. 가인이 살인자였습니다. 그리고 살해의 동기는 오로지 그의 마음속에서 찾을 수 있었습니다.

콜럼바인 참사가 발생했을 때 그렇게 빨리 전미소총협회 같은 단체로 비난의 화살이 향하는 것을 보고 저는 무척 놀랐습니다. 저는 총기협회의 회원도 아니고 사냥꾼도 아닙니다. 더욱이 저는 총기는 한 기도 소지하고 있지 않습니다. 저는 총기협회를 옹호하거나 대표하려고 이 자리에 선 것이 아닙니다. 저는 그들에게 내 딸의 죽음에 대한 책임이 있다고 생각하지 않습니다. 그러므로 그들이 자신을 방어할 필요도 없다고 생각합니다. 만약 내 딸이 살해당한 것에 그들이 조금이라도 영향을 미쳤다고 생각한다면 저는 그들을 가장 혐오하는 반대자가 될 것입니다. 저는 오늘 여기에 다음과 같은 내용을 알리기 위해서 왔습니다. 콜럼바인 사건은 그냥 일어난 비극이 아니라 진정한 책임이 누구한테 있는가를 찾지 않을 수 없게 만드는 영적인 사건이라는 것입니다! 대부분의 책임은 바로 여기, 이 방 안에 있습니다. 대부분의 책임은 손가락질하는 고발자들에게 있습니다.

저는 바로 나흘 전에 제 감정을 적나라하게 표현한 시를 썼습니다. 이것은 제가 오늘 이곳 국회 법사위원회에서 연설하리라고는 상상도 못했을 때 썼던 시입니다.

당신들의 법은 우리들의 근본적인 필요를 무시하고 있습니다.

당신들의 말은 허탄합니다.

당신들의 법은 우리의 아름다운 유업을 앗아가 버렸습니다.

당신들의 법은 우리의 소박한 기도마저 금지시켰습니다.

이제는 총성만이 교실에 가득 찼습니다.

우리의 소중한 자녀들이 죽어 가고 있습니다.

당신들은 다른 곳에서 해답을 찾고 있습니다.

그리고 "왜 이런 일들이 일어나는가"라고 묻습니다.

당신들은 법이면 만능이라는 믿음을 가지고 더욱 엄격한 법을 만듭니다.

그러나 당신들은 모르고 있습니다.

우리에게 필요한 것은 하나님임을!

사람은 세 부분으로 이루어져 있습니다. 그것은 몸과 혼과 영입니다. 세 번째 부분인 영을 무시하면 우리 내면에 공백이 생기고, 그 결과 모든 악과 편견과 미움이 우리 속에 밀려들어와 가공할 파괴적인 사건들이 발생하는 것입니다. 미국의 역사를 돌이켜보면 교육제도 속에 항상 영적인 교육이 포함되어 있었습니다. 현재 미국의 거의 모든 유수한 대학들이 신학교에서부터 시작되었다는 것은 주지의 사실입니다. 이것이야말로 너무나도 확실한 역사적인 사실입니다. 그러나 우리나라에 어떤 일들이 일어났습니까? 우리는 하나님 섬기기를 거부했습니다. 지금도 그렇게 하고 있습니다. 그렇게 함으로써 우리 마음속에 미움과 폭력이 활개치며 들어오도록 문을 활짝 열어 놓았습니다. 그러면서 콜럼바인 사건 같은 참혹한 일들이 발생하면 정치가들은 재빨리 국내 총기협회 같은 희생양을 찾는 데 혈안이 됩니다. 입법자들은 발 빠르게 개인의 자유를 침해하는 더 엄격한 법을 통과시키려고 합니다. 우리에게 필요한 것은 더 엄격한 법이 아닙니다.

금속탐지기로는 에릭과 딜런(콜럼바인 총기사건의 범인들—옮긴이)을 막을 수 없습니다. 총기단속법이 아무리 많아도 이와 같이 수개월 동안 계획한 대량학살 음모를 막을 수는 없습니다. 진정한 적은 우리 마음속에 있습니다.

학교 도서관 책상 밑에 있던 내 아들 크레이그는 두 친구가 눈앞에서 살해당하는 순간 조금도 망설이지 않고 그 자리에서 기도했습니다. 그 아이가 학교에서 기도할 수 있는 권리를 부정하는 어떠한 법이나 정치가도 저는 경멸합니다. 저는 1999년 4월 20일 콜럼바인 고등학교에서 시작하여 미국의 학교에 기도가 다시 돌아왔다는 사실을 미국과 전 세계의 젊은이들이 깨닫기를 바랍니다. 그 학생들이 했던 기도가 헛되지 않게 합시다. 하나님과 교통하라고 그분이 주신 권리를 부정하는 법률에 맞서 싸우겠다는 거룩한 사명을 가지고 새천년을 향한 대장정의 발걸음을 힘차게 내디딥시다. 이 문제의 책임을 미국총기협회에 전가하는 여러분에게 진지하게 도전합니다. 돌을 던지기 전에 자신의 마음을 먼저 돌아보십시오!

사랑하는 내 딸의 죽음은 절대로 헛되지 않을 것입니다! 이 땅의 젊은이들이여, 다시는 이러한 불상사가 일어나지 않게 합시다![6]

스콧 씨, 당신에게 나의 공감과 경외와 감사를 보냅니다. 링컨 대통령이 게티즈버그 연설에서 무엇이라고 말했는가? "세상 사람들은 우리가 여기서 한 말에 주목하지도, 오래 기억하지도 않을 것입니다…." 정말 그럴까? 링컨의 그 연설은 오늘날 모든 이의 마음속에 기억되고 있다.

3장

빛과 소금

하나님은 교회에게 빛과 소금이 되라고 하셨다. 유사 이래로, 그리스도의 몸인 교회가 이 명령에 부응했을 때는 정제된 사상, 바른 예절, 예술적 취향이 융성한 문화가 꽃피었다. 그러나 교회가 사회의 부패를 억제하는 영향력을 행사하지 못했을 때 문명은 도덕적 기준을 내팽개치고 야만스러워졌다. 이는 예수님이 제자들에게 말씀하신 바와 같다.

너희는 세상의 소금이니 소금이 만일 그 맛을 잃으면 무엇으로 짜게 하리

> 요 후에는 아무 쓸 데 없어 다만 밖에 버려져 사람에게 밟힐 뿐이니라 너희는 세상의 빛이라 산 위에 있는 동네가 숨겨지지 못할 것이요 사람이 등불을 켜서 말 아래에 두지 아니하고 등경 위에 두나니 이러므로 집 안 모든 사람에게 비치느니라. 마 5:13-15

바나 리서치 그룹은 2002년 실시한 한 연구결과에서 이런 결론을 내렸다. "지난 20년 동안 미국의 신학적 관점은 서서히 성경에서 이탈해왔다. 미국인들은 스스로를 아직은 성경을 믿고 경외하는 백성이라고 생각하고 싶어하지만 실제로는 그 반대의 증거들이 제시되고 있다. 그리스도인들은 이슬람교, 마술 숭배, 세속적 인본주의, 동양 종교를 비롯하여 그 외의 다른 영적인 관점들을 점점 더 많이 수용하고 있다. 우리 사회가 대체로 성경에 무지하기 때문에 많은 다른 신앙의 관점을 맹목적으로 융합시키는 제설 혼합주의로 가고 있다는 사실을 알아차리는 사람도 별로 없고, 그것에 대해 경각심을 갖는 사람은 거의 없다."[1]

이 외에도 깜짝 놀랄 정도로 많은 미국인들이 세상에 오신 예수 그리스도가 죄를 범했다고 믿고 있다는 사실이 이 조사를 통해 밝혀졌다. 그것은 십자가에서 돌아가신 예수님이 죄 없는 희생제물이 아니셨다는 의미다. 예수님이 죄를 범하셨다고 주장하는 사람들은 대부분이 38세 이하로, 공립학교에서 기도와 신앙교육을 금지한 대법원 결정의 영향을 받은 바로 그 세대다.

앞서 말했듯이, 교회는 한때 기독교 국가로 알려진 서구 문명을 형성했다. 교회의 목적은 병든 자들을 치유하고, 굶주린 자들을 먹이며, 헐벗은 자들을 입히고, 이 세계를 지으시고 운행하시는 공의롭고 사랑이 충만한 창조주를 경배하는 방법을 창조하는 것이었다. 이제 우리 문화는 연예오락 매스미디어에 의해 형성되고 있다. 그 결과 우리 사회는 기껏해야 혼란에 빠지고, 최악의 경우 사악한 이교주의에 물들게 되었다. 예수님을 우리 죄를 대속할 희생 제물로 인식하지 못할 때, 또는 죄를 대속받아야 할 것으로 인식하지 못할 때 영원한 죽음으로부터의 구원은 미결 상태로 남게 된다.

실제로, 일상생활 속에서 벌어지는 인간관계를 보면 의인은 없다는 성경 말씀이 진리임을 알 수 있다. 그러나 사람은 누구나 자기의 행위를 변명할 수 있기 때문에 성경의 율법만이 우리의 죄성을 드러낼 수 있다. 성경은 우리에게 분명하게 희망을 제시하고 있다. 구세주이신 예수 그리스도를 통해서만 죄 사함을 받을 수 있고 그 안에서 안식을 누릴 수 있다는 것이다. 안타깝게도, 이 시대에 복음을 전하는 사람들은 음탕한 욕망을 용서하는 희석된 복음을 전하고 있다.

현대 성인의 40퍼센트는 "성경, 코란, 몰몬교의 경전은 모두 같은 영적 진리를 다양하게 표현한 것"[2]이라고 잘못 믿고 있다. 이 경전들은 다른 길을 배제하면서 제 나름대로 구원의 길이 있다고 주장하고 있음에도 불구하고, 대부분의 성인들과 십 대들은 진리란 상황에 따라 상대적으로 변할 수 있다고 여긴다. 이는 원래 나쁜 것은 아무것도 없다는 주장을 낳는다. 진리란 단지 견해의 문제일 뿐이라는 게 공통적인 법규가 된 것 같다.

착한 것만으로는 충분하지 않다

요즘 영화에서는 반영웅이 부각되기 시작했다. 이런 현상이 벌어지는 한 가지 이유로는 만연한 도덕적 상대주의를 들 수 있다. 예를 들어 〈오션스

11〉(Ocean's 11)의 주인공들은 거짓말하고, 사기치고, 도둑질한다. 그럼에도 그들은 영웅 대접을 받고 관객들은 당연하게도 그들이 이기기를 응원한다.

〈굿 뉴스 퍼블리셔〉(Good News Publishers)는 50년 전에는 70퍼센트의 어린이들이 복음을 듣고 성경을 잘 알았다는 점에 주목했다. 현재 성경을 잘 아는 아이들의 수치는 4퍼센트에 불과하다.[3] 교회의 영향력이 몰락한 다른 나라들이 그렇듯, 몰락의 속도를 늦추려고 지푸라기라도 잡는 심정으로 낯선 비기독교 협력자들과 동맹을 맺는 복음주의 교회를 믿는 사람들이 많이 있다.

하나님은 우리가 암흑 속에서 무익한 인생을 살기를 원치 않으신다. 오히려 우리는 성령님과 평화로운 연합을 유지하기 위해 모든 노력을 다해야 한다. 하나님은 각 사람에게 예수 그리스도가 나누어주신 분량대로 하나님의 은총을 주셨다. 사도 바울은 다음과 같이 말했다.

> 그가 어떤 사람은 사도로, 어떤 사람은 선지자로, 어떤 사람은 복음 전하는 자로, 어떤 사람은 목사와 교사로 삼으셨으니 이는 성도를 온전하게 하여 봉사의 일을 하게 하며 그리스도의 몸을 세우려 하심이라 우리가 다 하나님의 아들을 믿는 것과 아는 일에 하나가 되어 온전한 사람을 이루어 그리스도의 장성한 분량이 충만한 데까지 이르리니 이는 우리가 이제부터 어린 아이가 되지 아니하여 사람의 속임수와 간사한 유혹에 빠져 온갖 교훈의 풍조에 밀려 요동하지 않게 하려 함이라 오직 사랑 안에서 참된 것을 하여 범사에 그에게까지 자랄지라 그는 머리니 곧 그리스도라 그에게서 온 몸이 각 마디를 통하여 도움을 받음으로 연결되고 결합되어 각 지체의 분량대로 역사하여 그 몸을 자라게 하며 사랑 안에서 스스로 세우느니라. 엡 4:11-16

진리와 은혜의 성령을 따르지 않고 하나님의 자녀가 되기란 불가능하다. "빛의 자녀로 행"할 것을 바울은 에베소의 신자들에게 상기시켰다. "너희가 전에는 어둠이더니 이제는 주 안에서 빛이라 빛의 자녀들처럼 행하라 빛의 열매는 모든 착함과 의로움과 진실함에 있느니라 주를 기쁘시게 할 것이 무엇인가 시험하여 보라"(엡 5:8-10).

완고해야 할까?

전미종교방송인 연합회(National Religious Broadcasters) 앞에서 지성과 유머를 겸비한 스티브 앨런(Steve Allen)은, 관용은 그리스도인들이 언제나 가져야 할 덕목이 아니라고 주장하며 그 이유를 이렇게 설명한 적이 있다. 그는 청중들에게 물었다. "만약 하나님이 여러분에게 친히 말씀하고 계시다는 사실이 분명한 징조인 불타는 가시덤불을 보았다고 해 보십시오. 그리고 그것을 보고 너무 놀란 나머지 그분 앞에 엎드러졌는데 하나님이 여러분에게 당신은 질투하시는 하나님이라 나 외에 다른 신들을 두지 말라고 하시면서 그분께 순종하지 않을 때 어떤 심판을 받게 될지 말씀하신다면, 여러분은 어떻게 하시겠습니까?" 다시 말해서, 기독교는 물론이거니와 유대교의 율법도 때로는 관용을 매우 단호한 태도로 배제한다. 모든 선택을 다 단순한 견해의 문제로 여길 수는 없다. 절대적인 진리만이 우리를 자유롭게 한다. 주님의 영이 있는 곳에 자유가 있다(고후 3:17을 보라).

지혜, 지식, 이해를 추구하라

예일대 신학교 교수인 H. 리처드 니버(Richard Niebuhr)는 그의 저서 『그리스도와 문화』(Christ and the Culture)에서 그리스도인들이 역사적으로 세상에 대해 취한 다섯 가지 관점의 차이를 이렇게 구분했다.

- 관점 1: 니버는 첫 번째 관점을 "반문화적인 그리스도"라고 일컬었는데, 문화로부터의 퇴행이라고 부를 수 있다. 이런 전통을 가장 확실하게 보여 주는 예는 격리되어 그들만의 공동체를 형성하고 있는 메노나이트와 아미시 공동체를 들 수 있다.
- 관점 2: 니버가 "문화적 그리스도"라고 표현한 두 번째 관점은 창조와 구속을 동등한 것으로 보는 시각이다. 그리스도를 현존하는 문화 속에서 완벽한 사회를 제시하는 도덕적 본보기로 여긴다.
- 관점 3: 니버가 "문화 위의 그리스도"라고 부르는 세 번째 관점은, 세상 속에서 살지만 세상에 속하지 않은 중도파들의 관점이다. 이런 중도파들은 반문화적 급진주의자들이나 문화에 그리스도를 순응시킨 자들의 견해를 모두 거부한다.
- 관점 4: 네 번째 전통은 "역설적 관계 속의 그리스도와 문화"로서, 문화를 거부하거나 문화와 기독교를 혼동하는 것 모두를 거부한다. 그들은 문화와 그리스도는 서로 다르지만 대립하지는 않는 영역이라고 생각한다. 세상을 창조하시면서 하나님은 인류에게 일, 봉사, 기쁨, 정부, 가족을 주셨다. 인류를 구속하시면서 그분은 인류에게 교회, 말씀, 성만찬(신성한 서약)을 주셨다. 전통적으로 역설의 관계에 있는 그리스도와 문화를

따르는 그리스도인들은 인간 실존의 한 측면으로서 문화에 참여한다.
- **관점 5:** 마지막 전통은 모든 피조물과 인생의 모든 면을 관장하시는 하나님의 주권을 강조하는 "문화의 변혁자 그리스도"다. 니버는 그리스도를 "육신이 된 말씀"으로 묘사한 요한복음을 이 관점의 본보기로 내세웠다. 그리스도가 구속의 제사장일 뿐만 아니라 창조주라는 관점이다. 이것은 칼뱅과 아우구스티누스가 표방한 것으로, 그리스도인들은 문화 속에서 리더십을 발휘할 뿐만 아니라 복음도 제시할 잠재력을 가지고 있다는 의미다.[4]

하나님은 세상의 각 사람은 물론이거니와 이 세상도 사랑하신다(롬 8:20-23을 보라). 그리스도를 문화 변혁자로 보는 사람들은 문화를 그리스도의 보편적인 다스림을 받는 한 분야, 즉 관련이 있으면서도 독립적인 분야로 본다. 자신의 소명을 깨달은 그리스도인들이 하는 일은 그것이 어떤 것일지라도 모두 하나님 나라를 구속하는 행위에 포함될 수 있다. 왜냐하면 그 일들은 창세기의 앞장에서 우주의 창조주에게 받은 문화 명령이기 때문이다. 인간의 행위로는 절대 구원을 이룰 수 없다. 그러나 그리스도인들이 비그리스도인들을 복음으로 이끄는 빛이 되고, 인간관계에 문명사회의 공정함, 정의, 긍휼의 본을 보임으로써 사회를 보존하는 소금이 되어, 그들의 소명을 분별하고 존중하며 살아갈 때에 분명한 변화의 요소가 될 수 있다.

교회가 문화로부터 퇴행한 20세기 중엽은 교회 신자들이 사회에서 목격한 도덕적 타락에 저항하는 문화 전쟁의 함성을 높였던 시대의 다음 시대였다. 이제 교회는 문화를 구속하기 위한 예수 그리스도의 대사로서 행동을 개시하고 있다. 그리스도인이 어떤 문화적 관점을 취하든지 상관없이 신앙은 올바른 것을 추구하는 분별력, 지혜, 지식, 이해를 보여 주는 행동을 요구한다. 기록된 바와 같이 행함이 없는 믿음은 죽은 것이다(약 2:17을 보라). "하나님이 우리에게 주신 것은 두려워하는 마음이 아니요 오직 능력과 사랑과 절제하는 마음이니"(딤후 1:7).

연예오락 프로그램이 거룩해질 수 있을까?

알다시피, 드라마는 중세시대에 글을 모르는 대중에게 복음을 이해시키기 위해 교회에서 만든 것이다. 성직자들은 기적극으로 알려진 이런 드라마들 때문에 자신들의 설교가 퇴색되고 있다고 의심의 눈초리를 보냈다. 교황 이노센트 3세가 드라마를 법으로 금지하면서 극작가들은 뒷골목과 선술집으로 밀려나게 되었다. 그 바람에 그들은 하나님이 주신 재능을 하나님이 뜻하시지 않은 방향으로 발휘하게 되었다.

15세기에 개신교가 성장할 수 있었던 것은 상당 부분 신교도들이 적극적으로 인쇄술을 받아들여 성경을 인쇄했기 때문이었다. 반면에 로마 가톨릭 교회는 신기술을 거부했다. 이와 비슷한 예로, 에디슨은 자기가 속한 기독교 교단에 활동사진 기술에 대한 권리를 양도하려 했지만 거절당했다. 최초의 라디오 방송국은 피츠버그의 한 교회에 있었는데, 그 교회의 담임목사는 젊은 부목사에게 방송국을 폐쇄하라고 지시했다.

리젠트 대학 시각커뮤니케이션의 저명한 전임학장이자 영화학 교수인 테리 린드볼(Terry Lindvall)은 『하나님의 침묵』(The Silence of God)이라는 저서에서 연예오락 산업과 교회와의 관계의 이면을 연대순으로 기록하고 있다. 그 책은 차타쿠아 태버내클(Chautauqua Tabernacle)의 교인들이 1900년 6월 22일에 한 편의 영화를 상영했던 역사적 사건에서 시작하여 얼마나 많은 영화가 교회에서 상영되었는가에 대한 논의로 이동한다. 그러나 극장주들이 영화사 측에 교회에서 영화를 상영하면 극장에서 그들의 영화를 상영하지 않겠다고 위협하면서 그 일은 중단되었다.[5]

1908년에서 1925년까지의 팸플릿, 잡지 기사, 설교와 그 외 다른 자료들을 보면 교회와 미디어 간에 일종의 협력관계가 이루어졌음을 알 수 있다. 그 때 이후로 교회가 영화와의 관계를 청산하게 된 까닭은 할리우드의 스캔들, 안식일 개혁운동, 대체 커뮤니케이션 기술의 출현 등 문제가 발생했기 때문이다. 원래는 교회가 전도, 교육, 사회계몽을 위해 활동사진의 잠재력을 이용하려고 했었고, 그 잠재력은 아직도 무궁무진하다.

시장에서 외치기

신약성경에서 '설교'(preaching)로 번역된 헬라어 단어는 다섯 가지다. 예수님이 가장 많이 사용하신 '케리소'(*kerysso*)라는 단어가 있는데, 이는 '시장에서 선포하는 것'이라는 뜻이다. 예수님의 설교를 듣던 사람들은 매일 아침 시장으로 달려와 황제가 전하는 소식을 외치던 로마의 전령들에게 익숙했다.

그리스도인들이 사상의 시장에 나가는 것은 예수님의 명령에 순종하여 복된 소식을 전하기 위해서다. 종교개혁과 한국의 복음화 운동에서 한 번 더 교회는 복음을 선포함으로써 성장하고 번영했다. 그리스도인들이 시장에 나서지 못하면 교회는 위축되고 고난을 받는다.

옛날에는

조지 산타야나(George Santayana)는 말했다. "과거를 잊으면 그 일을 다시 겪게 된다." 그리스도인들은 종종 교회가 1933년부터 1966년까지 연예오락 산업에 큰 영향을 미쳤다는 사실을 망각한다. 이 33년 동안에는 로마 가톨릭 교회, 남침례 교회, 프로테스탄트 필름 오피스의 대표들이 모든 대본을 읽었다. 이들의 임무는 영화 제작 강령(Motion Picture Code)에 따라 영화를 평가하는 것이었다. 만약 영화가 그 강령을 통과하면 확인 인장을 받고 배포되었다. 통과하지 못하면 극장들은 그 영화를 상영할 수 없었다. 영화 제작 강령을 간략히 소개하자면 다음과 같다.

- 인간 생명의 기본적 존엄성과 가치가 존중되고 유지되어야 한다. 생명을 죽이는 행위의 묘사는 제한한다.
- 악, 죄, 범죄와 비행이 정당화되어서는 안 된다.
- 잔인한 행위, 가혹 행위, 폭력, 고문, 학대를 상세하고 길게 보여 주어서는 안 된다.
- 신체를 추잡하고 과도하게 노출해서는 안 된다.
- 부정한 성관계가 정당화되어서는 안 된다. 상식적인 기준에서 품위를 해하는 성행위가 묘사되어서는 안 된다. 변태적인 성의 표현은 제한적이고 조심스럽게 해야 한다.
- 외설적인 말이나 몸짓이나 행동은 금지된다. 과도한 신성모독은 표현될 수 없다.
- 종교를 모욕해서는 안 된다.

- 편견이나 혐오감을 부추기는 인종, 종교, 국가를 경멸하는 말이나 상징을 사용해서는 안 된다.
- 동물에 대해 지나치게 잔인한 행동은 묘사될 수 없으며, 동물들이 무자비하게 다뤄져서도 안 된다.[6]

영화 제작 강령이 있던 시기에는 영화에 노골적인 성, 폭력, 불경, 신성모독적인 내용이 나오지 않았다. 대부분의 영화와 텔레비전 프로그램들은 진실하고, 선하고, 아름다운 것을 전했다. 1966년에 교회가 자발적으로 연예오락 산업에서 발을 뺐다. 미디어에 종사하는 엘리트들 가운데 많은 이들이 교회의 후퇴를 안타까워했다. 어떤 이는 이렇게 예언했다. "고기에 소금이 없으면 고기는 부패할 것이다." 많은 영화사 경영자들은 교회가 참여하면 미국의 많은 그리스도인 관중들에게 접근할 수 있다고 생각했으며, 그리스도인들이 영화 제작 강령 코드 승인이 없는 영화를 보지 않을 것이라고 믿었다.

검열? 또는 관객 주권?

관객 주권이란 할리우드에서 주창된 것으로서, 전통적으로 표를 사는 행위를 통해 사람들이 어떤 영화를 보기 원하거나 원치 않는지를 결정하는 것이 관객의 권리라는 뜻이다. 교회가 손을 떼자 미국영화협회(MPAA)는 MPAA 등급 제도를 만들어 영화 제작 강령을 대체했는데, 이는 고양이에게 생선을 맡긴 꼴이었다.

지금은 그리스도인들이 아니라 여권운동가, 마르크스주의자, 동성애자

단체들이 대본을 검열한다. 이 단체들은 그들의 관점을 전달하는 영화와 텔레비전 프로그램에 상을 주고, 그들의 생각에 동의하지 않는 영화나 텔레비전 프로그램을 비난한다. 예를 들어, 한 텔레비전 방송은 동성애 예술가 연합의 심기를 건드렸다는 이유로 텔레비전 영화를 다시 찍어 편집하는 데 수십만 달러를 써야 했다.

미디어의 파괴력

이들 반성경적인 단체들의 영향으로 영화와 텔레비전 프로그램들은 부도덕과 신성모독, 반항의 제공처가 되어왔다. 〈달콤한 자유〉(*Sweet Liberty*)♦라는 영화에서 앨런 알다(Alan Alda)는 관객들을 끌어 모으려면 영화 속에 반드시 자동차 추격 장면 같은 재물이 파괴되는 장면이나 권위에 대한 반항과 부도덕한 성이 담겨야 한다는 사실을 지적했다. 그가 염두에 두고 있는 관객이란 떼 지어 영화를 보러 오는 십 대와 청소년들이었다. 이것이 칼 마르크스의 『공산당 선언』에 나오는 네 가지 목표-재산의 폐지, 가족의 폐지, 국가의 폐지, 종교와 도덕의 폐지-와 얼마나 비슷한지를 보면 흥미롭다.

매스미디어의 파괴적인 위력은 유명한 '원숭이' 재판 사건을 극화한 유명

♦〈달콤한 자유〉 – 1986년 작품. 앨런 알다 감독, 앨런 알다. 마이클 케인, 미셸 파이퍼, 밥 호스킨 출연. 혁명전쟁에 관한 책을 쓴 후, 영화 판권을 판 마이클이 영화를 제작하면서 겪는 소동을 그린 영화. 배우들은 자신들이 맡은 인물 캐릭터를 변경시키고 싶어 하고, 감독들은 전쟁 장면을 바꾸고 싶어 하는 등, 영화 제작 팀이 도착하면서 온갖 골치 아픈 일에 휩싸인다.

한 영화 〈침묵의 소리〉(Inherit the Wind)*를 1988년 텔레비전 영화로 리메이크한 작품에서 여실히 드러났다. 윌리엄 제닝스 브라이언은 재판에서 클레런스 데로우를 이겼지만 H. L. 멘켄의 악의적이고 반기독교적 보도는 이기지 못했다. 그때 이후로 많은 논란을 겪으면서 그리스도인들은 싸움에서 이기는 것은 무의미하며 미디어와 힘겨루기를 하면 질 수밖에 없다는 사실을 깨달았다.

원숭이 재판에서 언론은 반기독교적 의견을 개진했고, 여론은 그 편견을 수용하여 그리스도인들이 법적으로 유리한 위치였음에도 불구하고 그리스도인들에게 반대하는 쪽으로 기울었다. 미디어가 하나님의 자비와 은혜를 기뻐하지 않는 한 복음은 수치스러운 행위로 영광을 얻는 부도덕한 영웅들을 찬양하는 소리에 묻혀버릴 것이다.

그리스도인들은 사람들의 마음속에서 전쟁이 벌어지고 있다는 사실을 망각하고 있다. 그 싸움은 우리의 문명을 이루고 있는 사람들의 영혼을 차지하려는 영적 전쟁이다. 우리는 우리의 마음을 지배하기 위해 모든 가능한 전략-물질주의, 인본주의 그리고 기독교와 대립하는 모든 다른 '이즘'(ism)-을 사용하고 있는 적과 싸우고 있다. "우리가 육신으로 행하나 육신에 따라 싸우지 아니하노니 우리의 싸우는 무기는 육신에 속한 것이 아니요 오직 어떤 견고한 진도 무너뜨리는 하나님의 능력이라 모든 이론을 무너뜨리며"(고후 10:3-4).

---

* 〈침묵의 소리〉 – 실제로 있었던 1925년의 유명한 법정 다툼을 배경으로 만든 영화. 학생들에게 찰스 다윈의 진화론을 가르친 과학교사가 체포되면서 벌어지는 이른바 '원숭이 재판'에 대해 그린 작품이다.

추한 미국인

많은 사람들이 미합중국을 세상에서 가장 부도덕한 나라라고 생각한다. 영화를 미국 시장에서 개봉할 때에는 더 많은 성과 폭력 장면을 삽입하여 재편집하는 경우가 많다. 예를 들어, 〈스노위 맨〉(*Return to Snowy River*)이라는 영화가 호주에서 상영되었을 때에는 남녀 주인공이 결혼을 하는데 비해, 미국에서 개봉되었을 때에는 결혼하지 않고 함께 살기 위해 떠난다.

2003년 1월, 보스턴 대학의 연구원들은 전 세계의 십 대들이 미국에 대해 얼마나 부정적인 관점을 가지고 있는지를 보여 주는 충격적인 연구결과를 내놓았다. 연구는 그 외에도 미국인들에 대한 급증하는 반감이 미국에 대한 부정적 묘사가 그 부분적인 원인임을 제시하였다. 2001년 9월 11일 발생한 세계무역센터 폭발 사건이 그 분명한 증거다. 연구는 다음과 같이 추정했다.

> 부정적인 사태가 발생했을 때 사람들의 집단적 비난은 난데없이 나타나지 않는다. 일반적인 원칙에 의하면, 부정적인 사태는 널리 퍼진 분노를 결집시켜 유명한 쟁점으로 바꿀 수 있는데, 그렇게 되기 위해서는 필요조건이 성립되어야만 한다. 그 조건이란 이런 것이다. 그 특정한 사건으로 형성된 감정의 기저에는 이미 미국에 대한 부정적인 믿음과 태도가 분명히 깔려 있다.[7]

그 연구는 또 영화와 텔레비전 프로그램에 묘사된 미국인들의 부정적인 모습이 다수의 조사 대상자들의 믿음에 영향을 주었다는 사실을 발견했다. 아무리 미국이 전반적으로 좋은 나라이며 다른 나라들에게 많은 도움을 제공했다는 사실을 보여 줄 수 있다고 해도, 과거에 미국이 한 기부로 현재 다른 나라들의 불만을 잠재우는 대차대조표는 존재하지 않는다는 것이다.

그 연구는 십 대들에게 초점을 맞추고 있다. 연구원들이 주목한 바와 같이, "그들은 테러 행위를 하도록 훈련받고 무장된 사람들이다…9·11 당시 여객기를 조종했던 이들은 청년들이었고, 그들의 신앙은 분명 그보다 더 일찍, 즉 십 대 때에 형성되었을 것이다."[8]

조사 대상자들은 미국인들과 직접 접촉한 경험은 거의 없었지만 미국의 텔레비전 프로그램, 영화, 팝 음악 등을 접했고, 그 경험을 토대로 대다수의 십 대들이 미국을 폭력적이고, 범죄를 잘 저지르며, 성적으로 문란하다고 생각했다. "이러한 결과는 외교정책보다 오히려 대중문화가 반미주의의 진정한 공범임을 보여 준다"고 한 연구원은 말했다. "우리 사회의 지도자들은 지금 할리우드가 훼손시키고 있는 것에 대한 책임을 최소한 요구라도 해야 한다."[9]

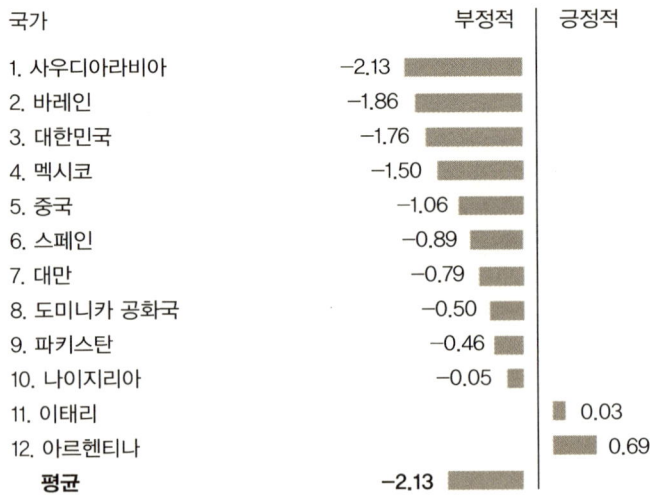

미국인에 대한 일반적 태도

국가	부정적	긍정적
1. 사우디아라비아	−2.13	
2. 바레인	−1.86	
3. 대한민국	−1.76	
4. 멕시코	−1.50	
5. 중국	−1.06	
6. 스페인	−0.89	
7. 대만	−0.79	
8. 도미니카 공화국	−0.50	
9. 파키스탄	−0.46	
10. 나이지리아	−0.05	
11. 이태리		0.03
12. 아르헨티나		0.69
평균	−2.13	

출처: 보스턴 대학교, 2003

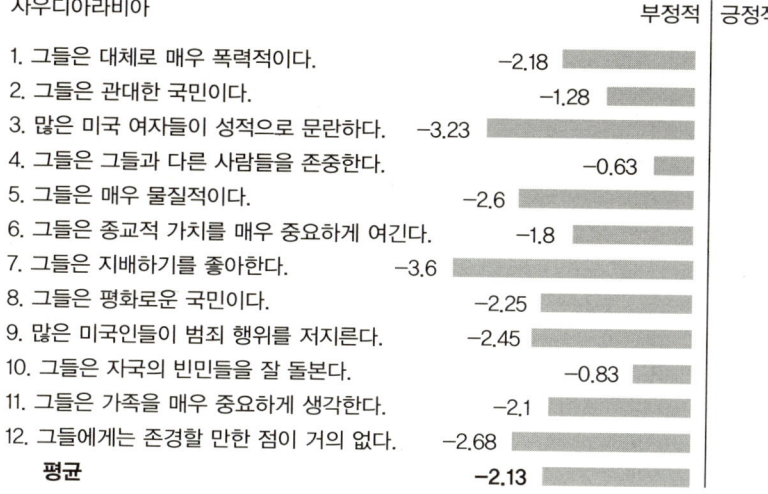

영화는 소통의 도구

미디어의 각 매체는 나름대로 유리한 점과 불리한 점을 가지고 있다는 사실을 이해하는 것이 중요하다. 어떤 것이 어떻게 보이는지를 전달하는 데 한 장의 사진은 천 마디 말의 값어치를 가진다. 그러나 어떤 사건의 진정한 본질을 전달하는 "말씀이 육신이 되어 우리 가운데 거하시매"(요 1:14) 같은 단 몇 마디의 말은 천 장의 사진보다 더 많은 의미를 전달한다.

각각의 매체는 하나 혹은 그 이상의 기능을 해낼 수 있는 소통의 도구가 될 수 있다.[10] 도구 자체는 선하지도 악하지도 않다. 그것은 우리가 어떻게 사용하느냐에 따라 달라진다. 우리가 그 도구를 원래 의도된 기능대로 사용하면 기능을 제대로 발휘하듯이, 소통의 도구는 우리 문화에 올바른 메시지를 전달하는 데 사용되어야 한다.

'호객'을 중단하라

옛날에 '야바위꾼'은 축제 때 사람들의 흥미를 유발시키기 위해 어떤 상품에 대해 험담을 하라고 고용된 호객꾼이었다. 유감스럽게도 교회는 할리우드의 호객꾼이 되어 버렸다. 실제로 기독교 단체들은 마법을 다루고 있는 〈해리 포터〉 영화를 판촉하기 위해 돈을 받았고, 할리우드는 예수 그리스도의 부활과 신성을 명백히 부정하는 영화 〈다빈치 코드〉를 선전하기 위해 기독교 단체들에게 돈을 지불했다.

교회는 교회가 가져야 할 지식, 지혜, 이해를 잃어 가고 있으며 돈에 팔리고 있다. 교회가 진정으로 미디어를 현명하게 대처하는 데 있어서 되돌리기 어려울 정도로 늦어 버린 것은 아니다. 사람들은 신성한 구세주를 알아야 한다. 할리우드가 교회를 찾고 있는 이때에 우리에게는 예수님 편에 서는 교회가 필요하다.

교회는 타락하고 있는가?

얼마 전, 어떤 사람이 일곱 달 동안 거의 하루도 빠짐없이 마켓캐스트 (MarketCast, 인터넷 비즈니스, 마케팅 정보 센터)의 연구 내용을 이메일로 우리 단체에 보내왔다. 그것은 그리스도인들이 진보주의자들보다 폭력적인 영화나 R등급 영화를 더 많이 보러 가는 상황을 보여 주는 연구에 관한 것이었다. 이 책의 편집자 톰 스나이더(Tom Snyder) 박사는 그 연구 팀에게 그리스도인들이 어떤 영화를 보고 있는지 알려 달라고 요청했다. 그는 〈패션〉(The Passion), 〈아미스타드〉(Amistad), 〈데드맨 워킹〉(Dead Man Walking)이나 악과 싸우는 폭력이 담긴 영화들을 예상했는데, 뜻밖에도 〈킬빌〉(Kill Bill)이나 〈아메리칸 파이〉(American Pie) 같은 혐오스러운 영화들이 포함되어 있다는 사실을 알게 되었다.

이 연구의 본질은 그런 영화들이 겉보기보다 그렇게 어둡지만은 않다는 식으로 해석될 수 있다. 그러나 성경은 악한 것은 그 겉모양이라도 취하지 말라고 한다. 우리가 그런 영화를 보러 간다면, 주요 영화사들을 위해서 일하는 마켓캐스트는 그것이 의미하는 바를 그대로 전달할 것이다. 보수적이고 복음주의적인 그리스도인들은 가장 나쁜 영화에 표를 던지는 위선자들이라고 말이다. 그러므로 영화가 아무리 겉보기보다 나쁘지 않더라도 그 저변에는 매우 심각한 문제가 깔려 있다. 그리스도인들은 문화를 다듬어 나가는 일에 참여해야 하며, 문화가 그들의 믿음을 타락시키지 않도록 주의해야 한다. 그리스도인들은 변화되는 자들이 아니라 변화를 일으키는 자들이 되어야 한다.

반짝인다고 다 금은 아니다

갈수록 영화는 믿음을 가진 관객들을 겨냥하고 있다. 일부 영화 제작자들은 영화 제작에 관한 한 최고의 실력자들이다. 더러는 최고의 영화학교 출신들이다. 그렇지만 아무리 그렇더라도 그들이 만든 영화에서 신학적인 오류나 모호한 내용을 보면 그들 (그리고 그들에게 기만당한 교인들) 역시 신학과 비판적 사고를 공부하는 게 그들 스스로를 위해서 좋을 것 같다.

〈에밀리 로즈의 엑소시즘〉(*Exorcism of Emily Rose*)이라는 영화에서는 예수님의 이름이 충격 요법으로만 효력을 발휘한다. 결국 예수님의 이름은 현대의 치료약보다 효력이 없는 것으로 밝혀진다. 유감스럽게도 이 영화의 홍보를 맡은 마케팅 담당자는 그리스도인이었다.

근래에 속출하고 있는 신앙에 바탕을 둔 영화들 속에 나오는 신학적 과실 중에는 더 실망스러운 것들도 있다. 예를 들면 고대 아리아 인들의 이설을 바탕으로 한 영화들로, 예수님이 세상에 태어나셨을 때 신성을 포기하셨다는 것이다. 영화 제작자와 관객은 약보다도 무능한, 인간에 불과한 신은 절대 신이 아니라는 사실을 알아야 한다.

교회를 대상으로 대규모의 마케팅이 벌어지고 있는 와중에 일부 이런 영화 제작사들은 가장 성공적인 복음주의 연합회의 협조를 얻어냈다. 우리는 미디어에 대해 깨어 있어야 한다. 영화를 보러 가거나 주요 복음주의 연합회들이 홍보하는 시사회에 가기 전에 그 영화가 신학적으로 건전한지 점검해야 한다. 반짝인다고 다 금은 아니다.

눈 감은 파수꾼

주님을 진심으로 사랑하는 믿음과 가치관을 가진 사람들은 항상 깨어 있으라는 부름을 받았다. 하나님은 에스겔 선지자에게 이렇게 말씀하셨다.

> 인자야 내가 너를 이스라엘 족속의 파수꾼으로 삼음이 이와 같으니라 그런즉 너는 내 입의 말을 듣고 나를 대신하여 그들에게 경고할지어다 가령 내가 악인에게 이르기를 악인아 너는 반드시 죽으리라 하였다 하자 네가 그 악인에게 말로 경고하여 그의 길에서 떠나게 하지 아니하면 그 악인은 자기 죄악으로 말미암아 죽으려니와 내가 그의 피를 네 손에서 찾으리라 그러나 너는 악인에게 경고하여 돌이켜 그의 길에서 떠나라고 하되 그가 돌이켜 그의 길에서 떠나지 아니하면 그는 자기 죄악으로 말미암아 죽으려니와 너는 네 생명을 보전하리라. 겔 33:7-9

이 말씀은 과격하게 들리지만 사실은 그렇지 않다. 낭떠러지를 향해 차를 몰고 가는 사람을 멈추게 할 수 있었는데 하지 않았다면 우리는 그 사람의 죽음에 책임이 있다. 하나님은 사람들에게 경고하라고 우리를 부르신다. 의로운 사람들이 권력의 자리에 있는 사회는 번영했지만, 책임을 맡은 사람들이 그들의 소명을 무시하면 그 사회는 이교주의, 전쟁, 기근, 파괴의 난국으로 빠져들었다. 분명하게 입장을 견지하지 못하는 태도는 독일에서 나치 깃발을 휘날렸던 교회들처럼 공공연하게 드러날 수도 있고, 소련에서 스탈린주의나 공산주의의 악에 대항하는 목소리를 높이지 않은 것에 대해 솔제니친이 맹비난했던 사람들처럼 겉으로 드러나지 않을 수도 있다.

『다빈치 코드』의 작가 댄 브라운(Dan Brown)은 스탠리 큐브릭(Stanley Kubrick) 감독의 〈아이즈 와이드 셧〉(Eyes Wide Shut)*에 나오는 악마적 성 의식을 특별히 인용했는데, 이는 그 책의 핵심 내용인 성 의식 속에 그가 말하고자 하는 것이 정확하게 표현되어 있기 때문이다. 브라운의 혐오스러운 책의 내용을 보면 신전의 창녀와 갖는 성행위 속에서 경험되는 찰나의 엑스터시를 통해서만 영원의 세계를 잠깐 경험할 수 있다. 브라운은 또 찰나의 구원에 이르는 방법으로 신 영지주의와 세습적 엘리트주의를 선전한다. (고대 영지주의는 브라운의 작품에서처럼 예수님을 인간이 아닌 신으로만 만들었다.) 이는 예수 그리스도의 복음을 말도 안 되게 손상시키고 있을 뿐더러 인간의 원초적 본능을 미화한다.

그런 와중에 기독교 단체 지도자 몇 명이 댄 브라운의 이교적 시각에 동의했다. 이 일부 타협자들은 자기들은 막상 아무것도 하지 않고, 『다빈치 코드』의 내용이 뭔지도 전혀 모르면서 그 책을 읽고 영화를 보라고 말한다! 다시 말해서 그들은 다른 사람들이 낭떠러지로 몰고 가는 차를 저지시킬 만큼 관심도 없고 알려고 하지도 않는다!

---

* 〈아이즈 와이드 셧〉 –1999년 작품. 스탠리 큐브릭 감독, 톰 크루즈, 니콜 키드먼 주연. 뉴욕의 젊은 의사 윌리엄 하포드와 그의 아내 앨리스는 화려하게 차려입고 윌리엄의 환자며 친구인 억만장자 빅터 지글러가 주최하는 호사스런 크리스마스 파티로 향한다. 파티에 도착한 윌리엄은 오랜 친구인 피아니스트와 환담을 나누며 두 명의 요염한 모델로부터 유혹을 받고, 샴페인에 취한 앨리스는 나이든 남성과 춤을 추는 가운데 유혹을 받지만 물리친다. 다음날 밤, 앨리스는 마리화나에 취한 채 윌리엄에게 상황만 허락했다면 모든 것을 버리고 혼외정사를 가질 뻔했다고 고백한다. 앨리스의 고백에 충격을 받은 윌리엄은 집 밖으로 나선다. 뉴욕의 아름답고 부유한 부부를 주인공으로 권태에 빠진 상류층의 변태와 욕정, 위험한 인간의 쾌락을 다루고 있다. 환각과 집단혼음 등 자극적인 요소들로 물질주의의 향락에 빠진 현대인들의 난잡한 삶을 묘사했다.

최근에 한 기독교 대학에서 동성애자들과 복음주의자들을 초대해 토론을 벌였다. 동성애자들은 감정과 마음에 호소했고, 복음주의자들은 성경과 이성에 호소했다. 양측의 논쟁을 다 들은 한 학생이 친구에게 자기는 이제 동성애를 지지하며 어쩌면 동성애자가 될지도 모르겠다는 말까지 했다. 이렇게 분별력이 모자란 사람들은 민주주의가 이스라엘의 팔레스타인 지역에 평화를 가져올 수 있다고 말한다. 실제로는 대다수가 테러리즘을 지지하고 있는데도 말이다. 이러한 그릇된 추론은 소아성애자들에게 희생당한 아이들을 위해 일하는 사회복지사들을 교육시키려고 아동 포르노를 보여 주는 것과 하등 다르지 않다. 분별과 지혜는 단박에 얻어지는 것이 아니라 적절한 행동을 취하기 위한 신중한 분석의 결과다.

나는 『다빈치 코드』가 전달하는 메시지는 가증스러우며, 아무도 그 책을 읽거나 영화를 봐서는 안 된다고 생각한다. 매스미디어가 정치적으로 정당한 이슈에 대해서 자주 외치는 것처럼 우리도 "'No'라고 말하자." 나는 차라리 예수 그리스도의 복음을 읽으라고 강력히 권한다.

진짜 예수를 찾아서

최근에 한 무슬림 작가가 쓴 책에는 예수님이 수피교도로 나온다. 일부 기독교 신문이 그 책을 호평했지만 거기에 묘사된 예수님은 우리의 구세주가 아니었다. 예수님은 구세주가 아니라 천국에서 마호메트와 걸어 다니며 이야기를 나누는 영적 안내자로 나온다. 예수님은 우주의 창조자가 아닌 천국에 사는 한 남자일 뿐이었다. 어머니가 크리스천 사이언스에 취미 삼아 나가시는 비기독교 가정에서 나는 성장했다. 크리스천 사이언스에서 말하는 예수님은 신적인 지성, 누구나 얻을 수 있는 더 높은 차원의 의식이었다.

그렇다면 어디서 진짜 예수님을 찾을 수 있을까? 그리스도는 상충하는 의견의 불협화음에 불과한가? 우리는 복음서에서 진짜 예수님의 모습을 발견한다. 마태, 마가, 누가, 요한의 설명 속에서 우리는 무법과 율법주의에 분연히 대항하셨던 예수님을 발견한다. 그분은 완전한 하나님이자 완전한 인간으로 존재하는 분이셨다. 역사적으로 실존하는 이 예수님은 세상을 너무도 사랑하사 세상을 위해 죽으셨다가 부활하여 그분을 믿는 모든 사람을 구원하셨다. 행위로도 아니요, 명상으로도 아니요, 비밀의 지식으로도 아닌 오직 십자가의 죽음을 통해 죄에 대해 승리하심으로써.

이것이 그분을 가장 잘 알았던 제자들이 묘사한 예수님이다. 이것이 신약성경에 진실하고 정확하게 기록된 그리스도다. 이 문헌들은 예수님의 행하심과 가르치심에 대한 가장 초기의, 가장 신뢰할 수 있는 기록이다. 이 문헌들에 나오는 가르침은 분명하고 정확하다. 그러므로 예수님에 대한 다른 어떤 문헌이나 가르침, 특히 하나님이자 인간이신 그분을 직접 보고 증거한 원래의 내용과 상충되는 것은 필요 없다.

무슬림 작가가 쓴 글이나, 크리스천 사이언스의 주장이나, 뉴에이지 철학자들이 예수님에 대해서 말한 것을 읽지 말고, 모든 생각이 그리스도께 사로잡힌 바 되도록 성경을 공부하는 데 시간을 집중하는 게 훨씬 낫다. "이는 하나님의 사람으로 온전하게 하며 모든 선한 일을 행할 능력을 갖추게 하려 함이라"(딤후 3:17).

선하고 진실하고 아름다운

빌립보서 4장 8절은 선하고 진실하고 아름다운 것을 보라고 말한다. 그래서 우리는 모든 시대를 초월해 가장 인기 있는 책, 성경을 읽어야 한다. ACLU(American Civil Liberties Union, 미국민권자유연맹)를 포함한 일부 사람들이 성경에 대해 갖고 있는 반감은, 그것이 단지 인기 있는 책이라서 읽어야 한다고 생각하지 않는다는 사실을 증명한다.

인생은 짧다. 우리가 아무리 이 시대 물질주의의 망상에 사로잡혀 있어도 우리는 모두 죽을 것이고, 하나님의 심판을 받게 될 것이다. 그렇다면 어떻게 우리에게 주어진 시간을 지혜롭게 사용할 수 있을까? 성경이야말로 가장 좋은 출발점이다. 그리고 그 말씀 안에 우리의 시간을 어떻게 사용해야 할지에 대한 좋은 제안이 들어 있다. 빌립보서 4장 8절은 이렇게 말한다.

> 끝으로 형제들아 무엇에든지 참되며 무엇에든지 경건하며 무엇에든지 옳으며 무엇에든지 정결하며 무엇에든지 사랑 받을 만하며 무엇에든지 칭찬 받을 만하며 무슨 덕이 있든지 무슨 기림이 있든지 이것들을 생각하라.

예수 그리스도의 영원한 지위는 차치하고라도 그분은 역사의 중심인물이시므로 그분이 누구신가를 정확히 아는 것은 반드시 필요하다. 이성적으로 정확히 이해하고 나면 우리는 그분이 하나님의 말씀이 육신이 되어 하나님의 사랑, 은혜, 자비를 나타내신 자로서 칭송받지 못하고 타락한 인간 본성의 흥미를 끌기 위해 왜곡당하고 계신 것을 분별할 수 있을 것이다. 하지만 우리를 구원하는 것은 우리 자신이 아닌 예수 그리스도시다.

헛된 것과 하나님의 이름

– 팻 분

십계명의 세 번째 명령은 문자적으로 번역하면 "네 주 하나님의 이름을 헛되이 일컫지 말라"(출 20:7)이다. 이 명령은 욕설을 하는 것과는 거의 관련이 없다. 그것은 분명히 하나님의 이름을 오용하는 것에 대해 말하고 있다. 그러나 거기에 내포된 의미는, 우리가 물리적 행위나 논쟁을 하나님이 승인하신다고 주장할 때 하나님의 이름을 모독할 위험이 있다는 것이다.

만약 우리의 행위가 하나님의 뜻과 다르다면 어떻게 될까? 또는 명백한 죄까지도 하나님의 뜻으로 돌리면 어떻게 될까? 우리의 지나친 행위를 독실한 신심에서 나온 것이라고 주장한다면 사람들에게 있는 하나님을 향한 본능적 갈망을 저버리게 만들 수도 있다. 예를 들어, 극소수의 반낙태주의자들이 낙태를 시술한 의사들을 살해했다. 나는 임신 중절 합법화에 적극적으로 반대하지만 하나님의 이름으로 의사들을 살해하는 것은 하나님의 이름을 망령되이 일컫는 것이며, 낙태가 용인되어서는 안 되는 것과 마찬가지로 살인 또한 용인되어서는 안 될 일이다.

이 세 번째 명령은 이렇게 이어진다. "이는 주가 자신의 이름을 헛되이 사용하는 자를 죄 없다 하지 아니할 것(글자 그대로는 '깨끗하게 하지 않으실 것')임이라." 이보다 더 가혹한 대가가 주어지는 명령은 없다.

믿는 자들이 신약을 개인의 구원 문제를 해결하는 분명한 지침으로 보는 것과 달리, 근래에는 사람들의 심기를 건드리지 않으려고 신약의 가르침을 보편적으로 적용할 수 있는 추상적 개념으로 격하시키고, 그리스도인들을 무력하게 만드는 세속주의자들이 점점 더 많아지는 것 같다. 예를 들어, 주님이 "너희가 여기 내 형제 중에 지극히 작은 자 하나에게 한 것이 곧 내게 한 것이니라"(마 25:40)는 말씀은 정부의 정책 개선을 위한 말씀이 아니었다. 주님은 천국을 추구하는 이들을 위해 일종의 기준을 제시하신 것이었다.

세속주의자들은 이 성경말씀을 보편적으로 적용할 수 있는 시적인 가르침으로 희석시키려 한다. 그들은 정부가 제공해야 한다고 믿는 어떤 사회적 선에 대한 지지를 이끌어내기 위해 우리 주님의 이름을 망령되게 이용한다. 유인물에서부터 노동조합 지지, 죄 용서에 이르기까지 그런 경향이 있다.

그리스도인이 하나님의 심판이라는 개념을 너무 성급하게 제기하면 보통은 신앙이 성장하는 데 장애물로 작용해 내적 갈등을 일으킬 수 있다. 그러나 미국의 그리스도인들은 대체로 하나님이 그들의 주장을 지지하신다고 말하는 것에 대해 신중을 기했던 여느 종교집단만큼이나 신중해진 것 같다. 성경구절을 선별하여 자기가 앞장서서 외치고 있는 편을 지지하기 위해 일반적이고 보편적으로 적용하는 것은 주님의 이름을 망령되이 일컫는 것과 비슷한 행위다.

요즘 나는 탐욕스러운 산업의 시상식을 볼 때마다 흠칫 놀란다. 초자연적인 성적 기량 등을 다룬 얼빠지고 시건방진 음반으로 젊은 래퍼나 로큰롤 천재들은 예외 없이 상을 받는 것 같다. 수상한 아티스트는 무표정한 얼굴로 전 세계 사람들이 지켜보는 가운데 무대 위에 서서 그런 쓰레기를 작곡하고 부를 수 있는 능력을 주신 하나님께 감사한다. 나는 번개가 쳐서 무대가 반으로 갈라지고 천둥 같은 목소리가 울리기를 고대한다. "나는 그것과 아무 상관이 없다. 거기에 내 이름을 갖다 붙이지 말라!"

반라의 모델이나 심지어는 포르노 배우까지도 종교라는 보석을 여봐란듯이 과시한다. 신나치주의 스킨헤드 족처럼 보이는 사람이 우리를 자기 형상대로 창조하신 하나님은 미국에 유대인이나 유색인종들이 아닌 백인 아리아인 "그리스도인들"만 살기를 바라신다고 주장한다. "하나님이 당신을 증오하라고 말씀하셨다"라고 쓰인 티셔츠를 파는 웹사이트도 있다. 하나님의 이름이 수많은 수상쩍은 행위에 어떤 식으로든 갖다 붙여지고 있으며, 이것은 더 많은 혐오스러운 예 중 일부일 뿐이다.

모세가 아직 이스라엘 백성들을 광야에서 이끌고 있을 때 몇몇 반역자들이 모세에게 자리를 내놓으라며 자신들이 무리를 이끌겠다고 주장했던 것을 기억하는가? 그들은 하나님의 음성을 들었다고 주장했다! 그들은 어떻게 됐는가? "그가 이 모든 말을 마치자마자 그들이 섰던 땅바닥이 갈라지니라 땅이 그 입을 열어 그들과 그들의 집과 고라에게 속한 모든 사람과 그들의 재물을 삼키매"(민 16:31-32). 하나님은 그런 자들을 오래 참지 않으신다.

아 잠깐, 십계명의 세 번째가 뭐였더라?

4장

우리 문화 엿보기
– 팻 분

최악이 '최고'가 될 때

나는 가수다. 알고 있었을지도 모르겠지만.

지금까지 50여 년 동안 노래하고 작곡하면서 멋진 삶을 살았고 경이로운 인생을 즐겼다. 운 좋게 첫 음반을 발표했을 때 음악계에서는 새로운 일이 일어나고 있었다. 사람들은 그것을 '로큰롤'(Rock and Roll)이라고 불렀다.

록이 인기를 얻기 전에 대중음악을 듣고 음반을 구매하는 대다수는 팝 음악 애호가들이었는데, 그들은 곡조가 아름답고, 감명을 주며, 기억에 남는, 잘 만들어진 노래들을 좋아했다. 뉴욕의 '틴 팬 앨리'(Tin Pan Alley)라는 작은 구역에는 수백 명의 작곡가들과 가수들이 살았는데, 거기서 만들어진 음악들이 모두 히트하는 바람에 그곳은 미국 문화를 대표하는 곳이 되었다.

사실, 초기의 록 음악은 대부분이 리듬 앤드 블루스-R&B 또는 '레이스 뮤직'(race music, 대부분이 흑인 음악가들에 의해 만들어졌고 주로 흑인들이 좋아했기 때문에 그렇게 불렸다)-였다. R&B는 조악하고 단순해서 '틴 팬 앨리'의 음악들과 비교하기에는 너무 원시적이었다. 섬세하지도 멋있지도 않았다. 솔직하고 직설적이고 매우 관능적이었다. 반복적이고, 강요적이고, '매끄럽지' 않았다. 마치 즉석에서 만들어진 것처럼 자발적이고 즉흥적이었고, 뉴욕의 브릴 빌딩에서 작업하는 작곡가들의 음악보다 더 시끄럽고 자극적이었다.

나는 우연찮게 바로 그 시기에 데뷔했다. 내 첫 앨범은 리듬 앤드 블루스의 팝 버전이었다. 이미 R&B 시장에서 히트를 쳤지만, 많은 팝 음악 애호가들에게는 아직 알려지지 않았었다. 6개월 후에 엘비스 프레슬리 또한 'Hound Dog', 'That's Alright Mama', 'One Night with You' 등을 비롯해 이전에 히트했던 많은 R&B를 개작하여 나왔다. 내 노래 중에서 'Ain't that a Shame', 'Tutti Frutti', 'I Almost Lost My Mind'를 개작한 노래들은 순식간에 백만 장이 넘게 팔렸다. 팝 시장에서뿐만이 아니었다. R&B 차트에도 아홉 개의 음반이 올랐는데, 이는 내가 정통 리듬 앤드 블루스 가수로 인정받았음을 의미했다.

이 새로운 음악이 전 세계를 휩쓸고 미국 문화에 대해 전반적으로 새로운 이미지가 형성되고 확장되고 있는 동안, 틴 팬 앨리 뒷골목의 작곡가들은 열심히 일하고 있었다. 누구보다도 그들은 무슨 일이 벌어지고 있는지를 보았고, 그 한가운데에 있고 싶어했다. 캐럴 킹(Carole King), 닐 다이아몬드(Neil

Diamond), 닐 세다카(Neil Sedaka), 리버 앤드 스톨러(Lieber and Stoller), 엘리 그리니치(Ellie Greenwich)와 같은 작곡가들은 그 정신과 비트에다 멋진 가사와 풍부한 상상력을 더했다. 그것은 아직 로큰롤에 많이 가까웠지만 더 기교가 섞이고 지적이고 다양한 내용을 담고 있었다. 'Up on the Roof', 'Stand by Me', 'You've Lost That Loving Feelin', 'Spanish Harlem' 등이 떠오르는데 그 외에도 수백 곡들이 더 있었다.

그리고 그 새 음악 중 일부는 당연히 영화에 삽입되었다. 그러나 여전히 미국이 독점하고 있는 연예오락 산업-영화라는 마법의 세계-에서는 우아하고 아름다우며 수준 높은 음악이 득세했다. 매년 오스카상 시상식에서 영화예술과학아카데미는 우리가 만들 수 있는 최고의 영화와 음악에 상을 주었고, 전 세계는 우리가 어떤 사람들인지, 이야기로 만들어진 우리 사회가 어떤 모습인지에 대해 나름대로 의견을 형성했다.

나는 여러 후보곡들과 'Friendly Persuasion', 'Exodus', 'April Love', 'Days of Wine and Roses'와 같은 수상곡들을 녹음하는 특권을 누렸다. 비록 처음에 로큰롤 가수로 알려지긴 했지만, 나는 미국 창의성의 품격과 질과 우수성이 대중음악 속에서 희석되는 과정을 분명하게 볼 수 있었다. 매년 록 음악 산업은 대중들, 특히 젊은이들 사이에서 번창했다. 그사이 오스카상은 러너 앤드 로위(Lerner and Lowe), 버트 바크락(Burt Bachrach), 디미트리 티옴킨(Dimitri Tiomkin), 앨런 앤드 마릴린 버그만(Alan and Marilyn Bergman), 어니스트 골드(Ernest Gold), 레너드 번스타인(Leonard Bernstein)과 같은 작곡가들과 그와 동급인 콜 포터(Cole Porter), 새미 칸(Sammy Cahn), 리빙스턴(Livingstone), 에반스(Evans), 폴 프랜시스 웹스터(Paul Francis Webster), 새미 페인(Sammy Fain), 조니 머서(Johnny Mercer), 헨리 만시니(Henry Mancini)와 같은 사람들에게 주어졌다.

놀랍게도 세상 사람들은 'Tutti Frutti'를 만들어 낸 문화가 'Moon River', 'Evergreen', 'The Sound of Music'도 내놓을 수 있다는 것과 그 차이도 식별하는 것을 목격했다. 록 음악들이 골드레코드상을 타는 동안 영화음악들은 황금상을 차지했다. 그리고 영화음악은 미국에 대해 좋은 면을 보여 주었다.

물론, 2006년 아카데미상은 미국의 영화음악 작곡가들이 최고라고 선포한 노래에 그 황금상을 수여했다. 그것은 전 세계에 우리가 어떤 사람들이며 어떤 사람들이 되려고 하는지에 대한 성명서나 마찬가지다. 나는 시상식에서 후보곡들의 공연을 지켜보다가 그 음악이 후보에 올랐다는 사실에 기가 막혀 텔레비전을 꺼버렸다. 그리고 그것이 수상작으로 선포되었을 때에는 소름이 끼쳤다.

라스베이거스 최고의 연예인 중 한 사람이며 가수인 내 친구 넬슨 사르델리(Nelson Sardelli)가 두 노래의 가사 샘플을 나에게 보내왔다. 하나는 우리 사회 최고의 모습을 보여 주는 일종의 영속적인 기준이었고, 또 다른 것은 올해 수상작으로 선정된 곡의 일부였다. 이것이 우리 문화에 대해 무엇을 말하고 있는지 그리고 세상 사람들이 우리에 대해 어떻게 생각할지 판단해 보라. 첫 번째는 〈스윙 타임〉(*Swing Time*), (1936)에 삽입되었던 'The Way You Look Tonight'이라는 오스카상 수상곡이다.

언젠가 기분이 우울하고
세상이 차갑게 느껴질 때
오늘밤 당신 모습을
떠올리기만 해도

따뜻한 온기를 느낄 거예요.[1]

이제 〈허슬 앤드 플로우〉(*Hustle and Flow*)라는 영화 삽입곡인 2006년 오스카상 수상곡 'It's Hard Out There for a Pimp'를 보자.

잠깐만, 나에겐 초짜도 있고 흑인 여자도 있어
돈만 제대로 내면 그 애들이 너에게 해줄 거야
그게 이 바닥이 돌아가는 이치지, 돈 없인 국물도 없지
이 여자들을 교대로 돌려 쥐어짜야지, 그렇고말고[2]

나머지는 생략하겠다. 더 심했으면 심했지 조금도 나아지지 않는다. 믿기지 않지만 'It's Hard Out There for a Pimp'는 이제 'Moon River', 'Over the Rainbow', 'White Christmas'와 동일한 반열에 오를 것이다. 가장 추한 것이 가장 훌륭한 것으로 영원히 명시될 것이라고 할리우드가 제멋대로 선포하고 있는 현실이 슬프지 않는가?

우리는 여전히 하나님을 숭상하는 국가인가?

나는 독립기념일을 좋아한다! 미국인들은 국군의 날, 노동절, 추수감사절, 성탄절을 포함해 매년 열한 번 국기를 게양하게 되어 있다. 그러나 나는 묻고 싶다. 독립기념일보다 더 성조기를 달고 싶은 날이 언제인가? 아마 없을 것이다.

그러나 주의해야 한다. 우리는 이 자유를 당연한 것으로 생각해서는 안 된다. 우리 집에 게양된 성조기가 아름다운 색채를 휘날릴 때 충성서약을 외우지도 못하게 하고, 서약문에서 "하나님 아래서"라는 말을 삭제하려는 사람들이 있다. 불과 몇 년 전만 해도 그런 생각은 상상할 수도 없었을 것이다. 지금은 아니다. 지금 그것은 진지하고 열띤 논쟁의 주제다. 미국 역사에서 어쩌다 이렇게 오도된 시대를 맞이하게 되었을까?

다행히도 얼마 전 미국 대법원은 아홉 살짜리 딸에 대해 법적 친권이 없는 무신론자 아버지 마이클 뉴도우에게 그의 딸이 학교에서 충성서약 암송을 중단시킬 수 있는 법적 권리를 부여한 진보적인 하급법원의 판정을 뒤집었다. 뉴도우는 서약문에 있는 "하나님 아래서"라는 말이 국교를 금지하는 헌법에 위배된다고 주장했다.

친권자이며 교회에 정기적으로 출석하고 있는 그 소녀의 어머니는 어린 딸이 "하나님 아래서"라는 말을 포함하여 그 서약을 암송하는 것을 전혀 문제 삼지 않았다. 여론 조사 기관 AP에 의하면 그 문제에 대해 거의 90퍼센트의 미국인들이 지금의 서약문 그대로 "하나님 아래서"라는 말을 사용하기를 원했다.[3] 이 소동으로 다음과 같은 사실이 분명해졌다. 우리의 충성서약에 있는 두 마디 말이 거슬린 이기적인 한 무신론자가 제9순회법원의 허락을 받아 다른 모든 미국인들의 입을 다물게 하려 했다는 것이다! 이것은 민주주의가 아니다.

뉴도우와 제9순회법원의 몇 사람은 학교 이사회와 학생들이 자발적으로 1954년 이래로 미국인들이 해 왔던 대로 충성서약을 하기로 결정했다는 사실은 무시하고, 마치 국회가 그 서약을 강제로 하게 함으로써 '국가종교'를 제정하기라도 했다는 듯 헌법수정 제1항을 계속 인용하고 있다. 앨런 키이스(Alan

Keyes)가 재치 있게 지적했듯이, 헌법수정 제1항 자체가 국교의 제정을 금지하고 있기 때문에 국교제정과 관련된 어떤 법도 존재하지 않는다. 국회는 종교에 대한 어떤 법도 제정할 수 없는 것이다!

무신론 자체도 하나의 종교다. 신이 존재하지 않는다는 증명할 수 없는 전제를 바탕으로 만들어진 신앙체계다. 모든 종류의 유신론은 창조자인 신이 존재한다는 전제-증거는 도처에 많이 있다-를 바탕으로 한다. 워싱턴, 제퍼슨, 프랭클린, 애덤스, 먼로, 링컨을 포함한 모든 미국의 헌법제정자들은 이 사실을 알고 있었다. 그리고 미국 50개 주의 모든 헌법이 하나님을 인정하고 있다. 여기 몇몇 예가 있다.

- 알래스카(1956): "우리 알래스카 주민은 하나님께 감사하며…"
- 아이다호(1899): "우리 아이다호 주민은 전능하신 하나님께 감사하며…"
- 매사추세츠(1780): "우리 매사추세츠 주민은 우주의 위대한 입법자의 선하심을…인정하며…"
- 미주리(1845): "우리 미주리 주민은 우주의 통치자에 대한 깊은 경외감을 가지고…"
- 사우스캐롤라이나(1778): "우리 사우스캐롤라이나 주민은 하나님께 감사하며…"

이해가 되는가? 미국의 헌법제정자들, 헌법을 만들고 자유를 수호했던 그들은 우리가 하나님께 의지하고 있다는 사실을 결코 부끄러워하지 않았다. 사실, 그들은 그 권리를 쟁취하기 위해 싸웠다! 그런데 우리는 무엇을 하고 있는가? 최근의 매들린 머레이 오헤어나 마이클 뉴도우 같은 격분한 무신론자들이 뜻을 관철시킨다면 우리가 잃는 것은 단지 충성서약의 "하나님 아래서"라는 말뿐이 아닐 것이다. "하나님의 가호 아래 이 나라는 지상에서 결코 사라지지 않을 것입니다"라는 유명한 링컨의 게티즈버그 연설문을 암송하는 것도 금지될 것이다. 그게 다가 아니다. 제퍼슨의 독립 선언문에서 "우리의 창조주가 부여한"이라는 구절도 삭제해야 할 것이다.

미국인들이여 그냥 앉아서 소수의 사람들이 우리에게 그들의 뜻을 강요하게 둘 것인가? 어느 누구도 뉴도우나 그의 아홉 살짜리 딸에게조차 그들이 원치 않는 것을 말하게 하지 않는다. 그런데 우리는 그가 우리를 막도록 놔둘 것인가?

벤과 T. J.의 '도덕적 가치'

"고결한 사람들만이 자유를 누릴 수 있다. 국가가 부패하고 타락할수록 지배할 사람들이 필요하다."

제리 폴웰(Jerry Fallwell)? 아니다. 팻 로버트슨(Pat Robertson)? 아니다. 루이스 페러컨(Louis Farrakhan)? 아니다. 마이클 무어(Michael Moore)? 천만의 말씀이다.

이것은 미국 헌법제정자인 벤자민 프랭클린(Benjamin Franklin)이 1787년 4월에 쓴 글이다. 그는 유쾌하고 원만한 성격에 포도주를 좋아하고, 여자들을 사랑하고, 교회에 출석했던 사람이다. 같은 해 6월 18일 그는 전혀 진전될 기미 없이 답보 상태에 있던 헌법제정회의에서 매일 심의가 시작될 때 기도로 시작할 것을 강력히 제안하기 위해 일어섰다. 그는 심지어 인근의 목사를 초빙해 그들이 미국 사회 전체의 근간이 될 이 문서를 작성하는 동안 설교를 들어야 한다고 말하기도 했다.

언제 어디서든, 공적이든 사적이든, 거의 모든 상황 속에서 설교와 기도는 도덕적 가치를 띠고 있다. 잘 모르겠는가? 교회와 국가의 분리를 외쳤던 T. J.(토머스 제퍼슨)가 1798년에 했던 말을 들어보라. "미국의 헌법은 종교의 자유를 어떤 형태로든 제한하지 않는다." 이것이, 유일하게 이것만이 그가 1802년 댄버리의 침례교회에 보낸 편지에서 썼던 "교회와 국가의 분리"라는 그 유명한 말에 해당하는 경우다. 제퍼슨은 영국 교회가 대영제국에서처럼 공식적인 종교가 되지 않을 것임을 교인들에게 확인시켜 주려고 했던 것이다. "나는 엄숙한 경외심을 가지고 심사숙고하고 있습니다." 그는 이렇게 썼다. "미국 국민 전체가 의회가 국교를 정하거나, 자유로운 종교 행위를 금지하는 법(저자 강조)을 제정해서는 안 된다고 선포하는 것, 그럼으로써 교회와 국가를 분리하는 벽을 세우는 것에 대해서 말입니다."

"글쎄," 많은 사람들은 이렇게 말할 것이다. "제퍼슨은 교회를 상대로 말하고 있었잖아. 자기들 건물 안에서야 그들이 원하는 대로 예배드리라고 해. 하지만 공적인 생활이나 국유재산과 종교는 분리되어야 해!" 안됐지만 제퍼슨 대통령은 그런 생각을 지지하는 사람들을 엄하게 처벌했을 것이다. 1802년 제퍼슨 대통령은 수권법(Enabling Act)에 서명했고, 그로 인해 오하이오가 주로 승인되었다. 이 법령은 이 새 주정부가 "좋은 정부를 만들고 인류의 행복과 교육에 반드시 필요한 세 영역, 즉 종교, 도덕, 지식은 영원히 권장할 거라는 북서부국토조례를 따를 것"임을 표명했다.

아직도 잘 모르겠는가? 잘 들어 보라. 토머스 제퍼슨은 대통령으로 임직하는 동안 컬럼비아 특별구의 교육위원회 위원으로도 활동하면서 워싱턴 시가 최초로 채택한 교육계획안을 제정했다. 그렇다. 워싱턴 시였다. 그가 제정한 이 계획안은 학생들의 읽기 학습교재로 성경과 아이작 와츠(Isaac Watts)의 시편, 찬송가와 영가를 채택했다. 공립학교에서 성경 읽기를 가르친 것이다!

잠깐, 이게 다가 아니다! 토머스 제퍼슨 대통령은 주일마다 국회의사당 안에서 열린 예배에 참석했다. 그리고 거기 참석하는 동료들과 함께 인도 사람들에게 복음을 전하는 선교사들에게 보낼 기금을 세금으로 충당했다! 그는 의회와 군대에서 사역하는 목사들에게 재정 지원을 하는 법안을 승인했을 뿐만 아니라, 1806년에 제정된 전시군법에서도 "모든 장교와 사병들에게 예배에 성실히 참석할 것을 적극적으로 권장했다." 분명히 제퍼슨은 헌법을 이해했고 모든 사람의 표현의 자유와 권리를 옹호했다. 거기에는 그리스도인들의 자유와 권리도 포함되어 있다.

놀랍게도, 미국의 헌법제정자들은 이 공화국을 설립할 때 도덕적 가치를 다른 어떤 것보다 중요하게 생각했다.

"그렇지만 이봐요." 어떤 이들은 소리칠 것이다. "우리도 도덕적 가치를 안다고요. 최저임금 인상, 사회복지, 교육, 가족의 중요성, 이런 거 아닌가요?" 아니다. 그런 것들은 물론 매우 중요한 것이지만 물질적 가치에 불과하다. 여기서 말하고 있는 주제는 도덕적 가치, 개국 이래로 지금까지 우리의 사고와 선택과 우선순위를 이끌어 온 교훈과 사상과 약속들이다. 그리고 최근의 선거에서 증명되었듯 아직도 대다수의 미국인들은 도덕적 가치가 안전, 테러리즘, 경제, 교육보다 더 중요하다고 생각한다. 무엇보다도, 사람들이 우리나라의 도덕적 정체성을 지키고 보존하지 못한다면 그 밖의 다른 것들이 정말 중요할까?

분명히 말하지만, 물질은 당신이 먹고 입고 운전하고 쓰고 세금을 내는 것이다. 도덕은 당신이 느끼고 인지하고 믿고 소중히 여기고 그것에 의해 사는, 혹은 그것을 위해 죽을 수도 있는 것이다.

그리고 무엇보다도, 대부분의 미국인들은 여전히 결혼이 남자와 여자 사이의 언약으로 정의되어야 한다고 생각하며, 1973년 이래로 4천만 명의 태아가 낙태됐다는 통계에 혐오감을 나타낸다. 그들은 충성서약에서 "하나님 아래서"라는 말을 할 권리를 요구하며 모든 공공건물이나 정부청사, 다른 모든 곳에 새겨진 하나님이나 성경에 관련된 말을 모조리 긁어 없애는 현실에 분개한다. 그들은 호전적인 소수의 불가지론자들이 대다수의 자유를 강탈하고 있다고 생각하며 그것을 지지하지 않을 것이다.

교회에 출석하고 성경을 믿는 다수의 사람들(유대인, 그리스도인, 무슬림을 포함하여)은 슈퍼볼 하프타임 쇼에서 벌어진 자넷 잭슨(Janet Jackson)의 노출이나 먼데이 나이트 풋볼 개막일에 라커룸에서 니콜레트 쉐리든(Nicolette Sheridan)이 터렐 오웬스(Terrell Owens) 앞에서 수건을 떨어뜨렸다거나, 하워드 스턴(Howerd Stern)이 무지한 젊은이들에게 음담패설과 신성모독적인 말들을 쏟아내는 것으로 시리우스 라디오로부터 1년에 1억 달러를 받는다는 등의 '사건들'에 진저리를 친다.

제발 그만! 수백만의 미국인들은 지금도 토마스 제퍼슨의 말에 동의한다. "나는 지금까지 인류가 들었던 가르침 중에서 가장 순수하고 자비롭고 숭고한 예수님이 친히 가르쳐주신 교훈을 따른다." 그리고 우리는 제퍼슨 기념관의 대리석에 새겨진 그의 말에 동의하며 그에게 존경을 표한다. "전능하신 하나님이 자유로운 정신을 창조하셨다. 일시적 형벌이나 부담을 줌으로써 그

정신을 지배하려고 하는 어떤 시도도 우리 종교를 창시한 거룩하신 분의 계획을 저버리는 것이다."

이와 마찬가지로, 우리는 벤자민 프랭클린이 1778년 3월 프랑스 내각에 쓴 글에도 동의한다. "공적인 업무에 기본적인 기독교의 원칙들을 도입하는 사람은 세상을 변화시킬 것입니다." 그리고 그는 이런 말도 했다. "모두 성경과 신문을 공부하고 그것의 가치를 인정한다면, 모든 가정에 성경과 신문을, 모든 지역에 좋은 학교를 보급하는 것이야말로 미덕과 도덕과 시민의 자유를 확립하는 기본적인 토대입니다."

프랭클린 박사님과 제퍼슨 교수님 감사합니다. 수업을 마친다.

국민의 종…정말로?

〈스미스 씨 워싱턴에 가다〉(*Mr. Smith Goes to Washington*)라는 영화에 나오는 지미 스튜어트(Jimmy Stewart)를 기억할 만큼 나이를 먹은 사람이 있는가? 만약 그렇다면 당신도 나처럼 공석인 미국 상원의원석을 채우도록 임명받고, 그 소명을 매우 진지하게 받아들인 소도시의 정직한 한 시민을 기억할 것이다. 그는 자기가 이웃들과 그들의 이익을 대변하기 위해 선출되었음을 알았고, 그래서 그 일을 하기 위해 워싱턴에 갔다.

오래지 않아 스미스 씨는 정부의 일처리 과정에서 어둡고 부패한 면들을 보게 된다. 거래, 배신, 세금 낭비, 과도한 선심 공세 등등. 그는 줄곧 이런 충고를 듣는다. "협조만 한다면 자네도 이득을 볼 걸세." 영화는 초보 상원의원인 지미 스튜어트가 의사 진행을 방해하면서 목이 쉬어라 외치다가 마침내 의

사당 발코니의 방청석에 있던 시민들에게서 열광적인 박수와 환호를 받는 대목에서 클라이맥스를 이룬다. 관객들은 열정적이고 헌신된 젊은 미국인이 자신이 선출된 목적을 위해 사력을 다하는 모습을 볼 때마다 소름이 돋고 눈물까지 글썽인다. 그들은 진실한 국민의 종이 되고자 하는 사람을 본 것이다. 오늘날 우리나라의 모든 선출된 대의원들은 어떤가?

정말 그런가?

불행히도 그렇지 않다. 아직도 그렇게 앞장서고, 고된 선거유세를 하고, 선거에 이겨 지미 스튜어트가 영화에서 보여 준 그대로 일하려고 워싱턴에 가는 이상주의자들은 있다. 하지만 일단 기존의 체제 속으로 들어가 그것을 터득하고 순응할 뿐 풍파를 일으키지 않는 사람들도 있다. 오래지 않아 그들이 선거구민들에게 했던 약속들은 비현실적인 것으로 일축되고, 거래와 타협이 횡행한다. 만약 그들이 그런 일에 능하면 그들은 명성과 영향력을 쌓게 되고, 심지어는 동료들에게 채권자가 되어 권력의 사다리를 올라가 영향력 있는 위

*〈스미스 씨 워싱턴에 가다〉 – 프랭크 카프라 감독. 진 아서. 제임스 스튜어트 주연의 1939년 영화. 부친의 갑작스런 죽음으로 갑자기 상원의원직을 물려받은 스미스. 그는 청운의 꿈을 안고 정치 1번지인 워싱턴으로 향한다. 총각 상원의원인 그는 뭇 여성들의 인기를 한몸에 받지만 정작 정치권에서는 풋내기라는 이유로 무시당한다. 하지만 스미스는 마을 땅의 소유자인 재벌들의 온갖 압력에도 불구하고 어린이들을 위한 도서관 건립을 추진하면서 인기 있는 정치가로 거듭난다. 프랭크 카프라가 미국의 행정제도에 보내는 찬사인 이 영화에는 특허관련 비리에 대한 신랄한 비판이 담겨 있었기 때문에, 워싱턴 정계인사 몇몇은 세계가 전쟁의 위기에 휩싸여 있던 당시에 개봉을 허락해서는 안 된다고 주장하기도 했다. 카프라는 미국의 행정제도가 제대로 돌아간다는 것을 증명하기 위해, 제도가 어떻게 스스로 문제를 바로잡는지 보여주어야 했다. 공화주의(민주주의가 아니라)는 이 영화에서 한 고집스러운 이상주의자 제퍼슨 스미스의 영웅적인 노력으로 구원된다.

원회에 들어가거나 높은 지위에 오른다. 그 게임에 능하지 못하거나 순진하게 유권자들이 원하는 일을 정말로 실현하기 위해 애쓰다가는 대부분 밀려나거나 아무 힘도 못 쓰기 일쑤다.

그리고 그런 일에 정말로 유능한 자들은 대중의 이목을 많이 받고, 고향 사람들의 환심을 사서 자기 자리를 잘 지켜내며, 다시 선거에 이기기 위한 공약을 만든다. 도저히 이해할 수 없는 점은 그들 상당수가 엄청나게 많은 급여를 받지도 않고 재임을 위해 거주지를 두 개씩 유지하고 있어야 하는데도 불구하고, 많은 부를 쌓고 은퇴한다는 점이다. 이상하지 않은가?

나는 이 모든 것에 대해서 냉소적으로 바라보고 싶지는 않지만 그런 일은 너무나 비일비재하다. 결국 정치란 원래 다 그런 것 아닌가 하는 생각이 든다. 그리고 모든 유효한 투표가 대다수 국민들의 바람을 보여 줌에도 불구하고 선출된 이들은 그 표심을 제대로 읽는 것 같지 않다. 적어도 다음 선거가 다가올 때까지는 말이다. 그러다가 선거 때만 되면 바른 말을 하면서 그들이 유권자들의 권익을 위해 싸워 왔으니 다시 뽑아 준다면 더 많은 일을 할 것임을 유권자들에게 확신시키려고 애쓴다.

그리고 대부분이 재선된다.

학교에서의 자발적 기도? 미국인들이 원하는 바다. 국기 보호 개정안? 미국인들이 원하는 바다. 결혼 보호법? 감세? 균형 예산? 미국인들은 압도적으로 이런 것들을 선호한다. 그러나 이른바 '국민의 종'은 무엇을 하고 있는가? 그들은 국회에서 누가 어디에 표를 던지는지 충분한 관심을 기울이며 점검하지 않을 유권자들을 무시한다. 그들은 대개 정당의 정책 노선을 철저하게 따르며 그들을 선출한 사람들보다 다른 정치가들이나 특별 이익 집단들의 비위를 맞춘다.

우리는 깨어나야 한다. 상원은 소위 말하는 '상속세'를 폐지하는 데 또 실패했다. 우리의 대표자인 하원의원 272명 가운데 162명이 폐지에 찬성했다. 이들은 분명 국민들의 목소리를 들은 것이다. 알다시피, 이것은 세금이 거의 없었던 제1차 세계대전 당시 급박한 상황에서 발의된 몰수적인 세금이다. 이것은 성실한 납세자가 그릇된 판단으로 생명을 끊었을 때 정부가 끼어들어 망자의 자산의 반을 '세금'이라는 명목 하에 강탈해가는 것이다. 소규모 가족 사업이나 농장이나 주택들이 단지 돈을 물 쓰듯이 하는 정치인들의 탐욕을 채우기 위해 매각되는 경우가 왕왕 있다. 60 플러스 어소시에이션(60 Plus Association)*의 짐 마틴(Jim Martin)은 자주 이런 말을 했다. "죽음이 과세 대상이 되어서는 안 된다." 그러나 그런 일이 벌어지고 있다!

일부 책임감 있는 상원의원들을 포함한 많은 미국인들은 죽음에 대한 이 법안을 폐지하기 위한 운동을 활발하게 벌여 왔다. 최근에 대다수 상원의원은 국민들의 바람을 지지하는 표를 던졌다. 그러나 소수이긴 해도 그러한 노력을 허사로 만들기에 충분한 숫자가 그들을 뽑아 준 사람들의 뜻에 반대하는 표를 던졌다. 그들은 여전히 당신이 사망했을 때 이미 세금을 낸 당신 재산의 절반을 국세청에 내주어야 한다고 생각한다. 당신은 어떤 상원의원이 당신을 위해 투표했는지 그리고 누가 하지 않았는지 알아내야 한다.

그리고 다음 선거일에 이것을 기억해야 한다.

* 1992년 창설된 미국 보수진영을 지지하는 그룹으로 버지니아 주 알링턴에 근거를 두고 활동한다.

조류 전염병

드디어, 그것이 왔다. 바로 우리 가운데에서 퍼지고 있다. 그것은 조류 전염병이며 매우 위험할 수도 있다. 예방이 어렵고 치료는 더더욱 어렵다. 사람도 가리지 않는다. 연령, 경제적 배경, 문화적 배경을 가리지 않고 누구나 걸릴 수 있다. 백신도 없다. 그러나 그것과 싸우기 위해 취할 수 있는 방법이 있긴 하다. 그것에 대해서는 나중에 말하겠다.

나는 조류에서 조류로 그리고 인간과 다른 동물들에게까지 전염될 수 있는 가공할 조류독감에 대해서 말하고 있는 게 아니다. 또 다른 고민거리에 대해 말하고 있다. 이것은 젊은이들, 특히 이미 반항, 권위의 부정, 다양한 형태의 분노, 불만, 독선, 거만, 방종 그리고 (물론) 조급증의 성향을 보여 준 젊은이들 사이에서 가장 널리 퍼지고 있는 정신적, 정서적, 언어적 질병이다.

이 열병은 감수성이 풍부하고 지식이 빈약한 젊은이들 사이에서 급속도로 퍼지고 있다. 그들은 대개 어떤 문제에 대해 빠른 해결책을 찾기 바쁘고, 자유처럼 귀중한 것은 값비싼 대가를 치러야 한다는 사실을 아직 배우지 못한 이들이 많다. 대부분의 경우, 이제 막 이 열병에 전염된 이들은, 그들이 중요하게 생각하는 거의 모든 것이 사실상 그들이 비용을 거의 치르지 않았거나, 전혀 치르지 않고 공짜로 주어져 왔던 탓에 당연히 평생 그럴 것이라고 예단한다. 그들은 이런 부류의 인플루엔자에 대해 아무런 면역도 키우지 못했다. 사실상, 그들은 그것을 환영한다!

전염성이 강한 이 질병을 모를 경우를 위해 세 가지 주요 병증을 설명해 주겠다. 첫째는 보통 분노와 좌절이다. 종종 박애주의로 가장하며, 많은 경우 실제 그렇게 나타나기도 한다. 이런 감정들이 곪고 부풀어 오르면서 두 번째 증상으로 옮아 간다. 그것은 바로 충동적이고 유감스럽고 결코 제어할 수 없는 말의 분출이다. 감염자는 충격적이고 공격적인 성향을 띠지만 간혹 다른 사람들의 부정적인 반응에 깜짝 놀란다. 이것은 필연적으로 세 번째 증상으로 이어진다. 그것은 완고한 자기 방어, 다른 관점을 가진 모든 사람에 대한 적의, 이전에 자신이 가한 공격에 대해 정당성을 입증받고 심지어 존경까지 받으려는 태도로, 그들은 이 일에 이성을 상실한 것 같은 열정을 보인다!

이런 증상들과 더불어 대개 이상하리만치 현실을 보지 못한다. 큰 그림을 구성하는 더 중요하고 적절한 다른 요소들은 배제한 채 한 가지 상황에만 집중하는 근시안적 태도를 보인다. 그리고 마지막으로 이 인플루엔자의 말기이자 대개의 경우 돌이킬 수 없는 단계에 이르면 여러 가지 형태의 폭력이 발생한다.

만약 감염자가 노상 버릇없고 응석받이에다 반항적인 성향이라면 그는 극도로 꼴사나운 사람이 될 수 있다. 만약 감염자가 더 조용하면서 약삭빠르고 선동적이며 계략을 꾸미는 성향이라면, 그 사람은 실제로 비슷한 성향의 다른 사람들과 결탁하여 혁명이나 심지어는 폭력까지도 선동할 수 있다. 반대로 만약 다른 사람들과 잘 어울리고 기존의 규범에 순응하는 성향의 사람이라면, 마지막 단계에서 그 가련한 감염자는 더 광포하고 과격한 사람들의 말과 행동을 순진하게 맹목적으로 추종할 수도 있다.

성인들은 물론이고, 심지어 더 나이를 많이 먹은 사람들도 좀처럼 이 병에 대한 면역이 생기지 않는다. 이상하게, 어떤 이들은 여러 가지 면에서 어른이 되어서도 젊은 혈기의 무책임한 태도나 권위를 부정하는 놀라운 퇴행적 반응을 나타낸다. 이유는 확실치 않지만 사람들에게는 미디어와 연예오락에 대한 특별한 감수성이 있는 듯하다. 전쟁과 테러는 일어나지 않을 것이라는 절박한 희망이 널리 퍼져 있고, 그 바람대로 이루어질 것이라는 심히 비현실적인 생각을 한다. 놀랍게도, 사람들은 세계무역센터 폭발 사건을 일회성 사건으로 치부하는 것 같다. 우리가 우리의 적들을 '우호적으로' 대하면 그들이 다시 우리를 공격하지 않을 거라고 생각한다. 더 경악할 일은 비탄에 잠긴 사람들과 소망을 품은 사람들의 지도자들에 대한 불신이 너무나 뿌리 깊다는 것이다. 그래서 사람들은 9·11 사태 이후로 우리 땅에 큰 재앙이 발생하지 않았다는 엄연한 사실을 직시하지 못하는 것 같다! 분명한 것은, 누군가는 일을 잘해 왔다는 사실이다.

이 전염병은 새로운 것이 절대 아니다.

이 병은 미국의 독립전쟁 이전에 발생해서 전쟁 중에도 만연했다. 깜짝 놀랄 정도로 많은 부유하고 영향력 있는 사람들이 예전 것을 그대로 지키고 싶어 했다. 그들은 단순히 영국을 지지한 게 아니었다. 그들은 공공연하게 목소리를 높여 새 공화국 설립에 반대했다. 독립을 쟁취하고 헌법의 초안이 작성된 후에도 이들 중 많은 사람들이 조지 워싱턴 대통령 임기 내내 그를 반대하고 비난했다.

존 애덤스도 이 병 때문에 괴로워했고, 토머스 제퍼슨도 마찬가지였다. 에이브러햄 링컨도 이 병으로 죽었다. 돌이켜보면, 실제로 미국이 전쟁 중이거나 대립 중일 때 집권했던 모든 대통령은 시끄럽고 귀에 거슬리는 말과 비이성적인 저항에 맞서 싸워야 했다. 그들이 지키고자 했던 바로 그 사람들 중 일부로부터 말이다.

예쁘고 재능 있는 젊은 세 여성으로 구성된 딕시 칙스(Dixie Chicks)＊도 그 병에 감염되어 초기에 나타나는 모든 증상을 보여 주었다. 너무나 많은 다른 사람들 역시 그 병에 감염되었다. 연예오락 산업과 미디어에 종사하는 가까운 친구들의 부추김으로, 그린데이(Green Day)**와 펄잼***(Pearl Jam) 같은 그룹들은 미국의 경험 많은 지도자들보다 자기들이 미국의 위기에 대해 더 많이 안다고 목청을 높였다. 그리고 에미넴(Eminem), 핑크(Pink), 카니예 웨스트(Kanye West) 그리고 유감스럽게도 브루스 스프링스틴(Bruce Springsteen)까지도 미국 대통령의 인격, 동기, 능력을 공격했다.

그것이 이 질병의 결과다. 이 병의 감염자들은 단순히 정책과 행정에 반대하고 비판하는 자유를 누리는 것으로 만족하지 않는다. 우리 삶의 방식을 파괴하려는 세력과 우리가 전쟁을 벌이고 있는 동안, 그들은 비열하게 우리 지도자의 명성, 권위, 지도력을 공격하여 명예를 훼손하려고 기를 쓴다!

이 질병에는 물론 국경이 없다. 9·11 사태 직후에 'Let's Roll'이라는 곡을 작곡해 음반을 발표한 닐 영(Neil Young)은 그 곡에서 이렇게 외친다. "악을 급습해…제압해 버려…끝까지 쫓아가 찾아내."[4] 그것은 공격을 부추기는 외침이었다! 그런 후에 그는 그 병에 걸렸다. 이제 닐 영은 새로운 정치적 문구를 제시한다. 'Living with War'에서 그는 다른 많은 래퍼들과 로커들처럼 계속해서 대통령의 탄핵을 요구한다. 그의 선동적인 외침이 특히 더 이해되지 않는 것은 그가 미국인이 아니라 캐나다 시민이라는 점이다. 그는 미국에 40

---

* 딕시 칙스 – 미국 컨트리 뮤직의 상징이자 여성 뮤지션으로서 역사상 최고의 음반 판매량을 기록했으며, 부시 대통령에 대해 거침없이 반감을 표현해 논란을 일으켰다.

** 그린데이 – 빌리 조 암스트롱(Billie Joe Armstrong, 보컬, 기타), 마이크 던트(Mike Dirnt, 베이스), 트레 쿨(Tre Cool, 드럼)로 구성된 록그룹. 이라크 전쟁 당시 미국 정치를 신랄하게 풍자하는 노래를 발표했다.

*** 펄잼 – 전 세계로 6천만 장의 판매고를 올린, 그래미 상을 수상한 얼터너티브 록의 대표적인 밴드.

년 동안 살면서 음악을 통해 부와 명성을 얻었으면서도 여전히 이렇게 노래한다. "대통령을 탄핵하자!" 이 병이 이성을 마비시킨다고 내가 말한 적 있던가?

이 병에는 백신이 없다. 그러나 부모들이 자녀들과 이 나라의 미래에 대해 관심을 가진다면 예방할 방법이 있다. 그것은 아이들에게 합법적인 권위를 존중하는 것—미국이 자유를 쟁취하기 위해 치러야 했던 피와 눈물과 희생을 잊지 않게 할 역사 교육—과 시민의식과 기본적인 예절과 공손함을 고루 진지하게 가르치는 것이다.

가정이 키운 영웅들

나에게는 닉이라는 남동생과 마지와 주디라는 두 명의 누이가 있다. 우리 가족은 유명인사도 아니고 공인도 아니며, 평범하고 소박한 삶을 살아왔다.

비록 닉이 초년에 두어 개의 음반을 내며 가수로 활동하긴 했지만, 그것은 그가 진정으로 원했던 일이 아니었다. 그는 트리시라는 아름다운 여인과 결혼했고, 네 명의 멋진 아이를 두었다. 닉은 얼마 전에 사회학 교수직에서 은퇴했다. 간호사 일을 하던 마지도 최근에 은퇴했는데, 그동안 그녀는 수없이 많은 아기들을 받아냈고 두 명의 자녀를 키웠다. 은행에서 일하고 있는 주디와 수년째 보수 관리 사업체를 운영하고 있는 그녀의 남편 조에게는 주변 사람들이 칭찬하는 아들 하나와 딸 하나가 있다.

분명 그들 각각의 삶에는 더 많은 이야기들이 있지만 글로 쓸 만한 것은 없다. 그런데 누군가 주디의 아들 크리스에 대한 기사를 썼다. 최근에 있었던 에어트랜 항공사의 〈앨티튜드〉(Altitudes)란 잡지에 실린 이야기를 들려주겠다.

에어트랜 항공사 기장이 학생의 생명을 구하다

2006년 4월 7일, 크리스 앨런 기장이 24번 주간 고속도로를 타고 채터누가와 그가 살고 있는 머프리즈보로 중간쯤 왔을 때 그는 온통 집 생각뿐이었다. 애틀랜타에 있는 조종사 훈련센터에서 정기 교육을 받던 3일 전은 그가 에어트랜 항공사의 조종사로 일한 지 꼭 4년째 되는 날이었다. 속도계가 90킬로미터를 넘어가는 것을 보고 고개를 들었을 때 그는 닛산 패스파인더가 고속도로를 가로지르며 미끄러지는 것을 목격했다.

"그 차는 좌우를 가로지르며 이리저리 미끄러지더니 세 번을 굴렀어요." 크리스는 말했다. "길 위에서 두 번을 뒹굴더니 세 번째에 가드레일을 넘어 뒤집힌 채로 멈췄어요."

크리스는 나중에 그 차에 조지아 대학교 학생들 다섯 명이 타고 있다는 것을 알게 되었다.

"위급한 순간이었죠." 그는 말했다. "차를 세우고 나왔어요. 나와 다른 남자 한 명이 차가 전복된 곳으로 뛰어갔어요."

학생들 중 세 명은 트럭에서 나왔다. 그들은 모두 안전벨트를 매고 있었다. 앞 조수석에 앉아 있던 신입생 앤 테일러는 중상이었다. 크리스는 왼쪽다리를 붙잡은 채 오른쪽으로 누워 있는 앤을 발견했다. 정강이뼈가 부러져 있었다. 비골도 골절된데다 왼발의 발등 바로 앞부분이 절단되어 있었고, 오른발은 두어 군데가 부러졌으며 오른쪽 무릎 인대가 찢겨 있었다.

크리스는 신속한 판단을 내려야 한다는 것을 깨달았다.

"그녀를 보고 내 차에 군용 의료장비가 있는 게 생각났지요. 나는 그녀에게 다시 뛰어갔어요." 크리스가 말했다. "그녀를 붕대로 감아 주어야 했어요. 그녀는 내내 침착했어요. 정말 용감했지요. 제일 먼저 할 일은 그녀가 숨을 쉴 수 있도록 해 주는 거였어요. 그녀는 계속 나에게 말을 했어요. 출혈이 꽤 있어서 그녀의 발을 위로 들어주었지요."

그때 크리스는 앤의 발이 절단된 것을 알게 되었다.

"그녀의 발을 붕대로 감아 지혈했어요." 크리스가 말했다. "내가 그녀 다리에 부목을 대기 시작할 무렵 구급차가 도착했지요. 몇몇 사람들도 차를 세웠고요. 다섯 명이 함께 그녀를 언덕 위로 옮겼지요."

그 사고 이후로 크리스는 앤과 앤의 가족들과 계속 연락했고 병문안도 갔다. 지난주에 앤은 왼쪽 다리의 무릎 아래를 절단하는 아홉 번째 수술을 했다. 앤의 가족은 크리스를 앤의 생명의 은인이라고 생각한다.

"크리스는 훌륭한 사람이에요. 그런 기술을 가진 그가 그때 그 자리에 있기까지는 많은 우여곡절이 있었죠." 앤의 아버지 론 테일러는 말했다.

크리스의 생각은 달랐다. 앤이 그의 생명을 구했다는 것이다.

"그 길에서 몇 킬로미터 아래에 토네이도가 닥쳤어요." 크리스가 말했다. "그 사고로 내가 멈춰 서지 않았다면 우리 모두 그 토네이도에 휩쓸렸을 거예요. 바로 그 중간에 있게 되었으니, 우리 둘 모두에게 잘된 일이죠. 우리 둘 다 같은 시간에 있어야 할 곳에 있었던 거예요."

내 조카 크리스는 자기를 영웅으로 생각하지 않는다. 자기 스스로 영웅이라고 생각하는 영웅은 거의 없다. 한 여객기가 워싱턴 D. C. 비행장 인근의 14번가 다리 밑으로 추락했을 때 얼음장같이 차갑고 소용돌이치는 물속으로 뛰어들어 생명의 위험을 무릅쓰고 승객들을 구조한 젊은이를 기억하는가? 렌니 스쿠트닉은 두 손을 내저었다. "저는 영웅이 아닙니다. 물에 빠진 사람들이 있었고, 그들에게 도움이 필요했지요. 저는 제가 할 수 있는 일을 했을 뿐입니다."

그게 바로 영웅들의 모습이다.

나중에 대통령 연두교서에서 레이건 대통령은 그 청년을 발코니로 올라오게 해 치하했고, 거기 모였던 국회의원들 모두가 그가 받아 마땅한 열렬한 경의를 표했다. 그는 영웅이었고 지금도 영웅이다.

크리스처럼 그도 특별할 게 없는 '평범한' 가정에서 자랐을 것이다. 그 참혹하고 예기치 못한 비극의 현장에 그가 '우연히' 있지 않았다면 아무도 그를 몰랐을 것이다.

렌니가 성장하는 동안 그의 부모가 그에게 가르친 것처럼 "다른 사람들을 돕는 사람"이 되라는 도의심 때문에 렌니는 그냥 보고만 있을 수 없었다. 그냥 거기 서서 아무 도움도 주지 않으면서 사람들이 차가운 물속에서 허우적대다가 가라앉는 모습을 지켜보고 있을 수 없었기 때문에 그는 물속으로 뛰어들었다.

마찬가지로 크리스도 차로 뛰어가 응급 의료장비를 가져와 지혈을 해 그 용감한 여성의 생명을 구했다. 그는 자기가 할 수 있는 일을 했다.

수년 동안 나는 공식적인 발언을 할 기회가 있을 때마다 이런 말을 했다. "내 형제자매들은 나에게는 영웅들입니다. 그들은 나보다 조용한 삶을 살고 있지만 날마다 최선을 다해 다른 사람들을 돕고, 자기에게 주어진 일에 책임을 다하며, 시련 속에서도 가족을 부양하고, 청구서와 세금을 지불하며, 교회와 지역사회에서 활발히 활동하고, 종종 고난 중에 있는 사람들에게 도움의 손길을 내밉니다. 그들은 그것으로 인정받거나 상을 받기를 바라지 않습니다. 그들은 오직 하나님만이 점수를 매기고 계시다는 사실을 알고 있습니다. 그리고 그것으로 만족합니다. 그런 그들의 모습이 나에게는 영웅으로 보입니다."

그러나 간혹 내 가족 중 한 사람이나 당신 가족 중에서도 한두 명은 특별하고 극적인 위기의 순간에 '있게' 되어 '평상시와 다른' 어떤 일을 함으로써 많은 주목을 받게 될 수도 있다. 군인으로 복무하고 있는 크리스와 같은 수천 명의 미국 청년들이 있다. 그들은 징병된 것이 아니라 그들이 필요하다는 생각으로 자원한 것이다. 그들은 당신과 나의 가정과 다를 바 없는 가정에서 고국과 그 안에 살고 있는 사람들을 걱정하는 마음을 갖도록 배웠다. 그들은 모두 가정이 키워 낸 영웅들이다.

제발, 결혼을 그냥 두라

우리가 미쳐가고 있는 걸까? 나라 전체가 광우병에 걸린 걸까? 아니면 역사가 230년밖에 되지 않은 나라가 벌써 노쇠해 가고 있는 걸까?

하늘이 무너지고 있다고 생각한 치킨 리틀(2005년 디즈니사에서 만든 애니메이션 〈치킨 리틀〉의 주인공—옮긴이)이 옳았던 걸까?

코페르니쿠스와 이전 시대의 모든 수학자들이 틀렸던 걸까?

우리는 사회와 문화의 DNA, 인류를 구성하는 DNA 구조를 바꿀 수 있는 진화 단계에까지 도달한 것일까?

아니면 인류의 기본적인 구조를 부패시키고 변화시키겠다는 일부 로비 세력의 지칠 줄 모르는 집요한 결심에 너무 둔감해진 탓에 저항을 못 하는 것일까? 나는 마치 잠자고 있던 거인이 난쟁이들에게 결박당해 옴짝달싹하지 못하게 된 『걸리버 여행기』가 현실에서 그대로 이루어지는 것을 지켜보는 느낌이다.

더 심각한 문제는 미국 전체가 도덕적 선모충증을 앓고 있는 것처럼 보인다는 점이다. 잘 알려지지 않은 이 질병은 완전히 익히지 않은 돼지고기를 통해 인체에 들어간 기생충이 근육 속으로 파고들어가 몸이 서서히 쇠약해지다가 결국에는 회복불능의 상태에 이르게 되는 병이다. 감염자는 회복불능 상태가 될 때까지 자각 증상을 느끼지 못하고 그냥 기운과 근력이 떨어진다고만 생각하다가 극도로 쇠약해져 돌이킬 수 없는 상황에까지 이르게 된다.

이와 비슷한 고통이 집요하고 끈덕지게 우리의 결심을 약화시킨다. 그것을 증명하는 것처럼 보이는 많은 증거와 증상들이 있다. 대부분의 성인들은 미국의 헌법제정자들이 하나님에 대한 신심이 깊었다는 사실을 알고 있다. 초기의 미국 대학에서는 성경을 표준 교과서로 사용했고, 독립선언문에서 토머스 제퍼슨은 우리가 얻은 자유는 우리의 창조주로부터 부여받은 것이라는 국가적 확신을 단언했다. 1950년대까지만 해도 미국의 대법원은 미국이 성경적 원칙에 입각해 건립된 기독교 국가임을 인식하고 있었다. 그럼에도 불구하고 우리는 우리 아이들이 학교에서 자유롭게 기도할 권리를 부정당하고 있는 현실에 대해 아무 말도 못 하고 무기력하게 지켜보고만 있다.

미국민권자유연맹(ACLU, American Civil Liberties Union)과 여타 좌익 성향의 로비 단체들은 작은 십자가나 기독교의 상징물이 공공장소에 보이기만 하면 가차 없이 소송을 제기하고 공공건물에 새겨진 성경구절이나 하나님이란 단어를 삭제할 것을 요구하고 있다! 이는 기독교나 성경적인 신앙에 동의하지 않는 극소수 사람들의 감정을 상하지 않게 하기 위해서라는데, 정작 이 극소수의 사람들은 대부분 불만을 토로한 적이 없으며, 오히려 그들은 다른 사람들의 종교적 전통을 언짢게 생각하지 않는다고 말한다. 여기에는 명백히 간악한 계략이 숨어 있다. 그런데 우리는 마치 아무 할 말이 없다는 듯이 그것을 수수방관하고 있다!

현재, 우리가 선출한 상원의원들은 압력 집단들과 의원연합의 압력에 굴복하여 결혼 보호법에 투표하기를 거부했다! 수백만 명의 미국인들을 어안이 벙벙하게 만든 결혼개정법안-결혼이란 제도가 한 남자와 한 여자 사이의 계약으로 제한되고 정의되도록 헌법에 성문화되어야 한다는-에 대한 놀라운 상황은 로마서의 첫 장에 묘사된 말세의 모습이 아닐지는 몰라도 매우 불길한 시대의 징조다.

마지막 때의 사회의 모습을 생생히 묘사한 내용을 읽어 보지는 못했더라도 성경이 그것에 대해 어떻게 말하고 있는지에 관심이 있는 사람이라면 지금 바로 그 자리에서 돌이켜 안전벨트를 단단히 매는 게 좋을 것이다. 성경에 기록된 모습은 연구기관이 조사한 현재 미국의 모습과 똑같다.

일부 국회의원들은 헌법을 수정하는 복잡하고 어렵고 진지한 절차는 불필요하다고 정확하게 지적한다. 어쨌든 그들은 50개 주 중에서 45개 주가 이미 동성 간의 결합을 결혼으로 인정하지 않고 있으니 결과적으로 전통적인 결혼에 대해 정의하고 있다고 말한다. 그중에서 19개 주는 주 헌법을 수정했고, 26개 주는 결혼제도의 변형을 엄격하게 금지하는 성문법을 가지고 있다.

게다가 현실적으로 현재 미국 헌법이 그렇게 수정될 가능성은 거의 없다. 그러나 부시 대통령과 건전한 사고를 가진 사람들을 비롯해 책임감 있는 상·하원 의원들은 그것을 실제로 표결에 부치기 위해 노력하고 있다. 그렇게 하면 미국의 공직자들 중에서 누가 대다수 유권자들의 뜻을 정말로 받들려고 하며, 누가 그냥 사무실에 앉아서 대부분의 유권자들이 그들에게 책임을 묻지 않기를 바라면서 온갖 시시콜콜한 의원연합의 비위만 맞추려 드는지 알게 될 테니 말이다.

테드 케네디(Ted Kennedy) 같은 상원의원이 공적으로 다음과 같은 발언을 한 것은 매우 교훈적이다. "공화당 지도부는 헌법에 편협한 신앙을 써넣는 데 시간을 허비하라고 우리에게 요구하고 있다. 결혼개정법안에 대한 투표는 합법적 동성결혼(합법적이지 않다)과 동성애 부부의 동거(말도 안 된다)에 반대하기 위한 투표이며, 게이와 레즈비언들을 법 아래 평등하게 대하려는 주(州)의 모든 노력에 반대하기 위한 투표다."

내 친구인 상원의원 오린 해치(Orrin Hatch)는 씩씩대며 말했다. "그가 정말 말하고 싶었던 건 미국 상원의원 가운데 반 이상이 고집불통이라는 거 아닌가?"

맞다. 그는 그 말을 하고 있다. 케네디 의원과 그와 뜻을 같이하는 사람들은 동성결혼에 반대하는 사람들을 수천 년간 내려온 도덕적, 생물학적, 사회적 실재의 수호자들이 아니라 고루한 사람들로 매도하려는 것이다. 유권자들은 선거 때 그들의 입장과 거만한 발언을 참작할 것이다. 유권자들은 그들이 인간성을 지키는 가장 기본적인 방법을 수호하려 한다는 이유로 고루한 자들이라고 불리기를 원치 않는다.

가장 최근에 상원에서 이 안건이 상정되었을 때 나는 담대하게 말할 수 있는 용감한 동료 연예인 서너 명과 함께 워싱턴으로 갔다. 결과는 보도된 대로다. 우리는 각자 할 말이 있었지만 한 저명한 흑인 목사의 발언이 가장 기억에 남고 반박하기 힘들었다고 생각한다. 그 목사와 대다수의 미국 흑인들은, 동성애적 성향은 검은 피부처럼 선천적이므로 그들을 가난한 소수자들로 분류하는 것이 정당하다는 주장에 강하게 분개했다. 깜짝 놀랄 만큼 적대적인 언론 집단 앞에서 그 목사는 말했다. "물은 수소 분자 두 개와 산소 분자 하나의 두 가지 요소로 구성되어 있습니다. 우리는 그것을 바꿀 수 없습니다. 그것이 물의 구조입니다. 만약 여러분이 산소 분자 두 개를 수소 분자 하나와 결합시키려고 한다면 할 수는 있습니다. 그러나 그러면 물이 아니라 과산화수소수를 얻게 될 것입니다! 만약 여러분이 동성인 두 사람을 어떤 식으로든 결합시키려 한다면 그렇게 할 수는 있겠지만 그것은 결혼은 아닙니다. 다른 무엇입니다. 여러분이 그것을 무엇이라고 부르든 말입니다."

그때 한 기자가 화가 나서 끼어들었다. "당신 같은 종교인들은 모두 성경과 하나님을 들먹이지요. 그렇지만 성경도 하나님도 믿지 않는 우리 같은 사람들은 어떡할 겁니까? 동성 간의 결혼을 반대하는 다른 논점은 없나요?"

그는 그 목사가 난처해할 거라고 생각했지만 오산이었다.

"물론이지요, 젊은이." 목사는 대답했다. "세상의 사전을 다 찾아보십시오. 결혼은 남자와 여자 사이의 계약이며 연합이라고 정의되어 있을 겁니다. 다른 정의는 없습니다. 하나님을 믿지 않더라도 적어도 웹스터 사전은 믿겠지요!"

그분에게 하나님의 축복이 있기를 그리고 그 '소수자들'이 우리를 완전히 무력하게 만들기 전에 우리가 정신을 차리고 분발하도록 하나님이 우리를 도우시기를!

영혼의 양식: 우리에게는 언제나 그것이 필요하다

당신은 영혼의 양식을 먹을 준비가 되어 있는가? 마음에서 우러나온, 폐부를 찌르는, 솔직담백한 자양분을 섭취할 준비가 되어 있는가? 바로 지금 그것을 주고자 한다.

복음은 영혼의 양식이다. 온갖 우울하고 괴롭고 분노를 자아내는 상상 가능한 이야기로 넌더리가 나는 이때에 우리가 거의 듣지 못하는 놀랍고 고무적인 일들이 일어나고 있다. 의자를 바싹 당겨 앉고 턱 밑에 냅킨을 두르라. 팻 분 셰프가 당신을 위해 김이 모락모락 나는 별미 복음을 준비했다!

요즘 TV를 보는 사람이라면 누구나, 뉴스가 아니라 토크쇼 코미디, 심지어 드라마까지도 700클럽*과 기독교 방송 네트워크의 설립자인 팻 로버트슨이 마치 얼빠진 멍청이처럼 비하되고 비난받고 희화되는 것을 들어보았을 것이다. 나는 그를 알게 된 것을 영광스럽게 생각한다. 그런데 그들의 말을 듣다 보면, 정상적인 아버지 상을 가지고 있는 로버트슨이 마치 날카로운 목소리로 격앙된 웅변을 토하면서 무책임한 고발을 계속 일삼는 하워드 딘(Howard Dean)** 같은 사람인 것처럼 들린다.

---

*700클럽 - 700클럽은 미국과 캐나다 전역에 방송되는 기독교 방송 연합의 대표적인 뉴스 프로그램이다. 1966년에 만들어진 이후로 현재까지 팻 로버트슨, 테리 뮤센, 크리스트 와츠, 고든 로버트슨 등이 진행하고 있다.

**하워드 딘(1948~) - 전 버몬트 주지사 출신의 미국 정치인. 민주당 내의 온건 좌파 정책 노선을 견지하고 있으며, 이라크 전쟁에 대해서도 후보 출마 선언 초기부터 전쟁 반대 입장과 UN을 통한 평화적 문제 해결을 주장해왔다. 이라크 전쟁 당시 부시의 선제공격 정책을 맹공하는 행동으로 주목받기 시작했다. 하워드 딘의 가장 큰 정치적 기반은 인터넷이라고 할 수 있다. 하워드 딘은 민주당 대선 후보 경선주자 중 최초로 인터넷을 통해 백만 달러를 모금하는 기록을 세웠으며, 또한 밋업닷컴(http://www.meetup.com)이라는 인터넷 사이트를 적극적으로 활용하여 그의 지지자들을 전국적으로 조직화하고 있다.

사실인즉슨, 로버트슨은 최근에 이따금 시사 문제를 성경적 관점에서 조명해서 의견을 말하는 자신의 쇼 한 코너에서 이스라엘에 관해 언급했다. 큰 땅덩어리를 적에게 넘겨주는 이슈에 대해 말하면서, 이스라엘이 성경에 기록된 하나님의 뜻에서 이탈하고 있는지도 모른다는 발언을 한 것이다. 간략한 논평 형식의 언급을 통해, 아마도 아리엘 샤론(Ariel Sharon)의 뇌졸중은 하나님의 뜻을 거스른 작은 이스라엘 정책에 대한 결과가 아닐까, 하는 의심을 표현했다. 그것은 그냥 짓궂은 농담에 불과했을 뿐 공식적인 발언이 아니었음을 유의해야 한다. 그런데도 그 말은 공식 발언으로 취급되어 상상할 수 없을 정도의 분노와 질책이 들끓었다. 그 때문에 로버트슨은 자기의 생각을 드러내어 말한 것에 대해 해명하고 사과해야 할 처지에 놓이게 되었다. 그리고 이스라엘 정부는 팻이 이스라엘을 지지하며 깊은 애정을 가지고 있다는 사실을 분명히 알고 있으면서도 공식적으로 그를 비난했다!

어쩌면 당신은 그가 이스라엘을 모욕하는 만화책이라도 출판했나 보다고 생각했을 것이다!

이런 '뉴스'는 식욕을 감퇴시킬 수도 있으므로 당신의 입맛을 되살려 줄 이야기를 들려주겠다. 그것은 팻 로버트슨에 대한 이야기가 아니라 일반적인 그리스도인들에 관한 이야기다. 많은 사역 중에서 팻 로버트슨과 CBN은 훌륭한 인도주의 단체인 오퍼레이션 블레싱(Operation Blessing)을 창설했다. 불과 지난 5년 사이에 이 단체는 다음과 같은 일을 했다.

- 9·11 사태 직후 뉴욕에 들어가 연방재난관리청(FEMA)과 연합하여 트랙터를 제공하고, 트럭 81대 분의 구호품을 희생자들과 자원봉사자들에게 배급했다. 오퍼레이션 블레싱은 그 외에도 트럭 13대분의 식

료품과 구호품을 더 지원했다.
- 2001년 가을 수천 명의 아프간 난민 거주자들에게 음식을 제공했고, 기아 대책, 의료 지원, 건설 공사 등을 통해 전쟁으로 피폐해진 사람들의 삶을 재건하는 일을 계속 돕고 있다.
- 허리케인 찰리, 프랜시스, 아이반, 지니가 지나간 후 약 261,000명의 생존자들의 구호와 재활 활동을 도왔다.
- 전 세계 가난한 사람들에게 252,515톤의 식료품과 구호물자를 배급했다!

그리고 미디어와 반 부시 세력들이 연방재난관리청에 몰려와 허리케인 카트리나로 인한 재난 사태에 나태하게 대처하고 있는 사이, 오퍼레이션 블레싱은 신속히 그곳에 들어가 상주하면서 현재까지 현지에 있는 불우한 이웃을 돕는 214개의 종교단체에 420만 달러의 현금을 지원했다. 오퍼레이션 블레싱은 또 18톤 용량의 크레인을 구입해 나무와 잔해를 치워 22,000여 대의 연방재난관리청 트레일러들이 집을 잃은 주민들에게 구호품을 배달할 수 있도록 길을 터주었고, 구호활동을 계속하기 위해 6개월간 장기 임대 계약을 했으며, 의료 지원이 긴급하다는 판단 아래 국제의사연맹과 연합해서 뉴올리언스에서 매일 평균 9,600명의 환자들에게 처방전을 발행하여 지금까지 2,200만 달러어치의 약품을 무료로 제공했다.

그 '광신자' 팻 로버트슨을 한 번 봐줄 만하지 않은가? 그리고 또 다른 '고집불통' 그리스도인으로서, 이슬람교는 코란의 명령에 기초하고 있기 때문에 코란이 지배하는 사회라면 어디라도 본질적으로 폭력적이 될 수밖에 없다고 신랄하게 비판하는 프랭클린 그레이엄(Franklin Graham)은 어떤가?

사실, 프랭클린 그레이엄은 그냥 평범한 목사이며 빌리 그레이엄의 아들이자 후계자일 뿐만 아니라, 전 세계적인 인도주의 구호단체인 사마리아인의 지갑(Samaritan's Purse)의 창설자이자 열정적인 지도자다. 오퍼레이션 블레싱과 마찬가지로 무척 효율적으로 일하는 이 단체는 위급한 사태가 벌어지는 지구촌 곳곳에 긴급히 투입되어 의료 지원을 하고, 식량과 갖가지 구호품을 배급하면서 전 세계로 퍼져나갔다.

카트리나로 인한 홍수로 물이 아직 빠지지 않았을 때에도 프랭클린은 재난 지역으로 날아가 사마리아인의 지갑 상설지부를 차렸다. 사마리아인의 지갑은 신속하게 (연방재난관리청보다 훨씬 빨리) 100채의 새 이동주택을 구입하여 20개의 지역 교회들과 연계하여 가장 도움이 필요한 사람들에게 나누어 주고, 이들 교회와 그 외의 다른 교회들과 연합하여 교회 체육관에 거주 시설을 마련하는 등, 난민들에게 임시 거처를 마련해 주었다. 뿐만 아니라 중요한 영적 상담과 격려를 계속하면서 수많은 지역 기관과 연계하여 전 재난 지역의 재건을 도왔다.

프랭클린 그레이엄과 사마리아인의 지갑은 연방재난관리청이 도움을 요청할 때까지 기다리지 않았다. 그들은 더 상위의 정보원으로부터 소식을 듣고 즉시 행동에 돌입했다. 그들은 예수님의 이름으로 그 일을 했다. 그들처럼 인정받을 만한 단체는 인정해 주자. 프랭클린과 그의 동료들은 사고하고, 돌보고, 베푸는 그리스도인들이며, 평소에 자신들이 설교하는 대로 실천하는 사람들이다.

자, 이제 기쁜 소식 디저트로 포틀랜드와 시애틀에서 시작된 머시 콥스(Mercy Corps)를 소개하겠다. 앞서 언급한 두 단체와 마찬가지로 머시 콥스는 25년 된 기독교 박애주의 구호단체다. 머시 콥스는 전 세계에서 주로 극심한 기근이나 가뭄, 지진으로 고통을 겪는 피해 지역을 중심으로 일해 왔고, 카트리나가 미국의 해안을 강타했을 때에는 몇 시간 내에 현장에 도착했다.

머시 콥스의 회장 댄 오닐(Dan O'Neill)은 도발적인 발언으로 미디어의 관심을 끌 만큼 한가하지 않았던 덕분에 머시 콥스의 기동력 있는 프로그램들을 운용할 수 있었다. 그 프로그램들은 다음과 같은 것들이다.

1. 7만여 명에 이르는 허리케인 난민 어린이들을 돕기 위한 노력과 막대한 민간 자금 조달.
2. 뉴올리언스에서 효율적이고 입증된 사회봉사 단체들이 재기하여 봉사활동을 다시 할 수 있도록 40만 달러의 보조금을 100개 단체에 지급.
3. 다시 돌아온 지역 사람들이 생활하는 데 필요한 소매업을 재건하기 위해 현금이 필요한 지역들을 조사하여 지원. 초기 할당액 35만 달러로 손해를 입은 사업을 복구하기 위해 1만 달러에서 2만 달러의 자금 지원.

거대한 정부기관들과 의회가 우리가 낸 세금에서 수십억을 할당하는 사이(몇 시간에 걸친 삿대질과 비난과 변명이 오간 후에), 이들 민간 자금으로 운용되는 종교단체들은 페르시아 만에서 수천 명, 전 세계적으로는 수백만 명의 이웃을 성실하고 실제적이고 더할 나위 없이 효율적인 방법으로 돕고 있다. 그리고 그것-"고아와 과부를 그 환난 중에 돌보고"(약 1:27)-이 바로 교회가 해야 할 일이며, 실제로 많은 교회들이 하고 있는 일이다!

설령 기독교 지도자들 중 한 사람이 다른 사람들이 이해하지 못하거나 지지하지 않는 발언을 한다 해도 장기간의 사과 요구에서 면책될 만하지 않을까? 훌륭한 요리를 만든 요리사에게는 발언권이 있다. 이와 같은 지도자들과 그들이 인도하고 있는 단체들은 말 그대로 수십만 명의 굶주린 사람들을 먹였다. 그들의 실언을 비난하는 사람들 중에 칭찬받아 마땅한 그들의 행위에 일말의 관심이라도 보이는 사람이 없다고 해도 지나친 말은 아닐 것이다.

2부

아이들의
발달 단계별
감수성

5장

아이들의
순진한 눈

　　연예오락 매스미디어에 만연하는 부도덕하고 변태적이며 괴상하리만치 폭력적인 이미지들로부터 순진한 어린아이들의 눈을 보호해야 한다. 성경은 더럽고 가치 없는(딛 1:15을 보라) 마음과 양심에 대해 경고하고 있다. 그럼에도 불구하고 아이들은 부모들이 부재중이거나 모르고 있을 때 우리 문화의 가장 나쁜 면을 보도록 방치되어 있다.

　　많은 부모들이 기독교 초등학교는 안전한 피난처일 거라고 단정한다. 나는 이런 학교에서 강연할 기회가 있었는데 그때 이미 1학년 아이들조차도 가장 선정적이고 폭력적인 영화들을 많이 보아 왔다는 사실을 알게 되었다. 텍사스의 한 보수적인 기독교 학교에서 〈미디어 와이즈 패밀리〉 DVD를 녹화하면서 나는 1학년 교실의 어린 학생들에게 그해 가장 폭력적이고 선정적인 영화 가운데 하나인 〈스크림〉(Scream)*을 보았는지 물어 보았다. 40퍼센트가 보았다고 대답했다. 그중 한 남자 아이에게 그 영화에 대해 설명해 보라고 하자 그 아이는 몸집이 풍만한 금발 여인이 살해당하는 장면을 묘사했다. 이것은 영화가 얼마나 우리 아이들을 타락시킬 수 있는지를 보여 주는 한 예에 불과하다.

당신이라면 이런 보모를 고용하겠는가?

몇 년 전, 저녁 뉴스 시간에 텍사스 댈러스에서 자기가 돌보는 아기를 성추행한 보모에 대한 이야기가 보도되었다. 보모를 의심하던 아기 부모가 몰래 카메라를 설치했고 저녁 뉴스에 그 보모가 아기 앞에서 옷을 벗기 시작하는 장면이 나왔다. 그 부모가 어떻게 보모의 신원조회조차 하지 않았는지 수백만 명이 놀라고 경악했다. 뉴스 팀은 이런 식의 학대가 알려진 것보다 훨씬 더 많이 일어나고 있을 것이라는 말로 뉴스를 마쳤다.

*〈스크림〉 – 웨스 크레이븐 감독, 니브 캠벨, 커트니 콕스, 데이비드 아퀘트 주연의 공포영화. 절규하는 모양의 기괴한 가면을 쓴 사람에게 영문도 모르고 사람들이 살해당하는 영화로, 1999년 개봉되어 큰 인기를 끌면서 계속해서 시리즈가 제작되었고, 2011년에는 4G 영화로까지 제작되었다.

그들 말이 맞았다. 수백만 명의 우리 아이들을 끊임없이 학대하고 있는 보모가 있다. 바로 텔레비전이다. 아무도 이 보모를 해고하거나 형사 고발하지 않으며, 갱생시키려고 애쓰는 사람들도 많지 않다. 컴퓨터, 아이팟, 다른 연예오락 매스미디어도 마찬가지다.

우리 아이들의 행동에 영향을 미치는 것에 대해서 매스미디어를 아무리 많이 비난하더라도 이 비극에 몇몇 공범이 있다는 사실을 우리는 인정해야 한다. 부모들에게 어린아이들이 분별력을 가질 수 있도록 가르치는 방법을 지도하지 않은 교회도 이 공범 중 하나다. 또한 아이들을 적절히 감독하지 않고 아이들이 텔레비전을 보게 하고, 극장에 가게 하고, 인터넷을 검색하게 허용한 부모들도 역시 공범이다.

영화에 의한 아동학대

세속 언론들조차도 어린아이들이 폭력적이고 적절치 못한 텔레비전 프로그램과 영화에 노출되는 문제를 인식하고 있다. 〈로스앤젤레스 타임스〉의 한 사설에서 작가 제임스 스코트 벨(James Scott Bell)은 다음과 같이 지적했다.

> 매들린 투구드가 네 살배기 자기 아이를 인디애나의 주차장에서 두들겨 패는 모습을 녹화한 비디오테이프를 보고 온 나라가 의분을 터트렸다. 우리는 그런 학대 행위가 한 아이의 정신 건강에 얼마나 심각한 영향을 미치는지 안다. 그러나 얼마나 많은 미국인들이 아무 생각 없이 이보다 더 심각한 형태의 학대를 자행하고 있는지 알고 있는가? 아이들을 극장

에 데려가는 문제를 말하는 것이다. 나쁜 영화들 말이다.

지난밤에 나는 앤서니 홉킨스(Anthony Hopkins) 주연의 한니발 렉터 시리즈 중 세 번째 영화인 〈레드 드래곤〉(*Red Dragon*)◆을 보았다. 악당 역의 랠프 파인즈(Ralph Fiennes)가 비명을 지르는 기자의 혀를 물어뜯어 입에 피 칠갑을 하고 일어서서, 비위에 거슬리는 신체 기관을 뱉어낼 때 나는 자리에서 움찔할 수밖에 없었다. 나는 앞자리에 앉아 있는 어린 소녀에게 계속 신경이 쓰였다.

그 소녀는 여섯 살 정도로 보였다…두 시간 동안 신체 상해 장면들이 이어졌다. 사람들이 칼에 찔리고 불에 타고 고문당했다. 연쇄 살인범들이 일상 업무를 보듯 살인을 저질렀다. 나는 때때로 앞으로 몸을 기울여 화면을 뚫어져라 쳐다보고 있는 그 소녀를 보았다.[1]

이 문화 독재자는 그들의 커리큘럼에 변태적 성, 탐욕, 정치적 정당성을 부여하는 한편, 전 세계의 많은 어린이들에게는 복음의 빛을 차단했다. 많은 어린이들에게 매스미디어는 가장 대표적인 보모이자 교사가 되었다. 미국영화협회는 미국의 평범한 어린이가 하루 동안 부모로부터 집중적인 관심을 받는 시간은 21분에 불과한 반면, 인터넷과 텔레비전을 보는 데에는 10.25시간을 쓴다고 말한다. 따라서 보통의 미국 어린이는 열일곱 살이 될 때까지 매스

◆ 〈레드 드래곤〉 – 브렛 래트너 감독, 앤서니 홉킨스, 에드워드 노튼 주연의 범죄 스릴러. 2002년 개봉되었고, 유명한 '한니발' 시리즈로 〈양들의 침묵〉, 〈한니발 라이징〉과 같은 시리즈다. 한니발 렉터로 분한 앤서니 홉킨스의 식인 장면이 충격적인 영화다.

미디어를 63,000시간 시청하고, 학교에서 11,000시간을 보내며, 교회에서 보내는 시간은 고작 800시간에 불과하다(그 아이가 태어나서부터 매주일마다 한 시간씩 교회에서 보낸다는 전제 아래서).

이 때문에 대부분의 아이들은 거짓말, 간음, 도둑질이 죄라는 십계명의 중요한 가르침은 모르지만, 상위 10위의 연예인들이나 아이팟에 다운받을 수 있는 상위 10위 곡들은 알고 있다.

아이들은 미디어에 대한 분별력을 갖고 싶어한다

그럼에도 여러 연구에 의하면 대부분의 어린아이는 부모가 그들의 삶에 관여하기를 바라며 미디어에 대한 분별력을 갖기 원한다고 한다. 2001년, 미국 전역의 1,014명의 고등학생을 대상으로 실시한 여론조사 결과를 보면 응답자 가운데 거의 절반이 가족 중 한 사람—인기 연예인이나 스포츠 스타가 아니라—을 역할 모델로 꼽았다. 또한 응답자의 대다수가 가족 가운데 누군가를 신뢰할 수 있다고 말했다. 더 나아가 84퍼센트의 학생들이 장래의 성공은 친밀한 가족 관계를 맺는지에 달려 있다고 답했다. 4분의 1 이상이 학교 폭력이 일어나는 주된 원인은 부모가 자녀들과 너무 시간을 보내지 않기 때문이며, 다른 학생들에게 괴롭힘을 당하는 것은 두 번째 원인에 불과하다고 답했다.[2]

십 대와 그보다 더 어린 아이들과 이야기를 나누어 보면 그들 중 대다수가 미디어와 문화에 대해 지혜로운 결정을 하고 싶다고 말한다. 그러므로 그들이 다니는 학교, 교회와 더불어 부모들은 그들을 도와주어야 한다. 많은 미디어를 올바로 분별하게 해 주는 훈련 과정들은 최근 몇 년 동안 효과가 있는 것으로 판명되었고, 대부분의 기초적인 미디어와 문화 바로 알기 과정은 부모들이 자기 아이들에게 책, 특히 성경을 읽어 주는 것을 포함하고 있다.

미국성경협회가 실시한 최근의 한 설문조사에서 열두 살에서 열다섯 살까지의 설문 대상자들 가운데 70퍼센트가 성경의 메시지를 삶에 적용하고 있다고 답했다. 다른 인종이나 민족 출신의 십 대들보다 미국의 흑인 십 대들이 훨씬 더 많이 성경을 의지하고 있다고 대답했다. 이 조사를 통해 알게 된 또 다른 중요한 사실은 십 대들은 위기가 닥칠 때 성경을 펼칠 확률이 높다는 것이다. 가족이나 친구가 아프거나 죽어가고 있을 때 성경을 읽을 가능성이 많다고 말한 여학생들이 58.9퍼센트였고, 남학생들은 52퍼센트였다.[3]

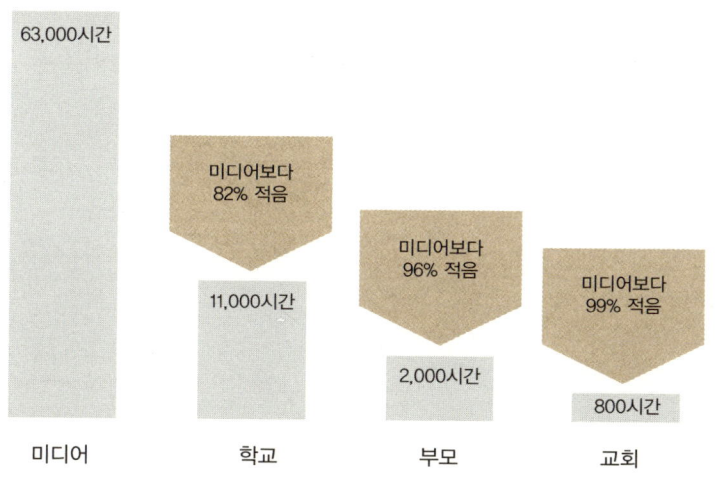

〈무비가이드〉® 2003 제공

미디어 폭력과 사회 폭력

과학자들은 매스미디어의 내용과 사회적 행동, 특히 공격적 행동이 서로 연관되어 있으며 그에 대한 중요한 증거가 있다고 말한다. 따라서 연구자들이 이 상관관계가 형성되는 과정을 좀 더 중점적으로 연구해야 할 때라고 주장한다. 미국 소아학회의 청소년과 대표인 빅터 스트라스버거(Victor Strasburger) 박사는 이렇게 말했다. "우리는 기본적으로 논란은 종식되었다고 주장합니다. 미디어 폭력과 사회의 폭력 사이에는 분명한 연관이 있습니다."[4]

학생들의 성경 지식
50년 이상 96% 감소

70%

4%

1950   2001

〈무비가이드〉® 2005 제공

로버트 리히터, 린다 리히터, 스탠리 로스만, 대니얼 애먼슨으로 이루어진 미디어 연구 팀이 40년 동안의 연예오락 텔레비전에 대해 작성한 보고서에 의하면 황금시간대에 시간당 10여 건의 살인을 포함해 50여 건의 범죄가 방송되었다. 이것은 우리 아이들이 열일곱 살이 될 때까지 텔레비전에서 80

만 번에서 150만 번의 폭력 행위를 보고 19만 2천 건에서 36만 건의 살인을 목격하게 된다는 뜻이다.[5]

다음 세대는 가상현실과 아무 관련이 없는 현실 세계를 감당해야 한다. 리히터와 그의 동료들은 이렇게 지적한다. "1955년 이래로, 텔레비전 속의 등장인물들이 살해당한 횟수는 현실 세계에서보다 천 배나 더 많다." 만약 이와 동일한 살인 발생률을 일반인들에게 적용하면 미국의 전 국민이 불과 50일 안에 모조리 살해당하고 말 것이다![6]

당신이 마흔 살 이상이라면 아마 1년에 극장에서 영화를 보는 횟수가 잘해야 6편 정도일 것이다. 그리고 그 영화들도 대부분이 가족 영화일 것이다. 그런데 이와는 대조적으로 십 대들은 연평균 50편의 영화를 보며, 그중 80퍼센트는 R등급(17세 이하 관람불가)이나 PG 13등급(부모의 주의가 필요함. 13세 이하 아이들에게 부적합할 수 있음)이다. 그 외에도 십 대들은 비디오로 연 평균 50여 편의 영화를 더 본다.[7]

어린이의 인지발달

지난 수년 동안 어린이에게 미치는 문화의 영향에 대한 많은 이론들이 형성되었는데, 그것들은 어린이들의 인지발달 단계를 포함하고 있다. 모든 연령의 발달 단계에는 많은 공통 요소들이 있지만, 어린이가 발달하는 단계에 따라 나타나는 각각의 고유한 특성들도 있다. 따라서 매스미디어 노출에 관해 다른 방식으로 다루고 훈련해야 할 필요가 있다.

어린아이들은 미디어와 세상을 어른들과는 사뭇 다르게 보는 경우가 많다. 부모들은 보통 텔레비전 프로그램을 볼 때 거기서 들리는 말이나 일어나고 있는 일들이 어떤 의미인지 안다. 그러나 아이들은 프로그램에서 보는 행동이나 특수효과를 구문론적(담고 있는 의미는 무시하고 기호 사이의 형식적 관계만을 연구하는 방법)으로 해석한다. 음악을 예로 들자면, 엄마는 아이에게 이렇게 말할 수 있다. "그 끔찍한 노래 가사를 들었니?" 그러면 아이는 이렇게 대답할 것이다. "아, 엄마, 난 가사는 듣지 않아요. 리듬과 박자를 들었어요."

〈로저스 씨네 동네〉(Mr. Roger's Neighborhood)에 나오는 일화가 이런 세대 차이를 극명하게 보여 준다. 로저스 씨가 어린아이들의 교실을 방문했을 때 한 여자아이가 그에게 어떻게 텔레비전에서 나와서 자기들을 찾아왔는지 물었다. 로저스 씨는 자기는 텔레비전 속에 들어간 적이 없다고 대답한 후 텔레비전이 어떤 식으로 작동하는지 상세히 설명했다. 그런 다음 그 소녀에게 자신이 한 말을 이해했는지 물었다. 그러자 소녀는 이렇게 대답했다. "네, 그런데 오늘 오후에 아저씨를 봐야 할 텐데, 어떻게 다시 텔레비전 속으로 들어갈 거예요?"

성장통

인지발달은 많은 경우 매스미디어, 특히 텔레비전에 직접적인 영향을 받는다. 생각은 인지의 한 부분이며, 인지는 철학자들과 신학자들이 '인식론'이라고 부르는 앎의 과정임을 이해할 필요가 있다. 인지발달은 청사진을 보며 한 단계 한 단계씩 집을 짓는 것, 또는 컴퓨터에 운영체제를 설치하여 지시받은 모든 과제를 할 수 있게 만드는 것과 비슷하다. 순서에 따라 각각의 단계를 밟아 가지 않으면 엉망이 되고 만다. 마찬가지로, 인간발달의 각 단계마다 순서대로 진행되어야 할 독특한 특성이 있다.

내가 한 아이비리그 대학의 대학원에서 강의할 때 청중 가운데 있던 한 여자가 비명을 질렀다. 모든 유아가 손에 무엇이든 잡기만 하면 그렇듯이, 그녀의 아이가 날카로운 물체를 들고 입에 집어넣으려 하고 있었기 때문이다. 재빨리 그 위험한 물건을 빼앗은 후 그 엄마는 아이를 야단치기 시작했다. 강의실 안의 걱정스러워하는 파장이 진정된 후 나는 이 아이는 인지발달 단계에서 감각을 통해 배우는 감각단계에 있음을 지적했다. 그렇기 때문에 엄마의 훈계는 아이에게 아무 효과도 없다. 왜냐하면 그 유아는 엄마가 주장하는 논리를 이해할 수 없기 때문이다. 유아들에게는 그들을 위해 현명한 판단을 내려 줄 부모가 필요하다.

인지발달 단계가 한 단계에서 다른 단계로 넘어갈 때 이전 단계는 잊힌다. 여섯 살 난 내 아들 로비가 천둥 때문에 깜짝 놀라자 열한 살짜리 피어스가 로비에게 조용히 하라고 하면서 그를 진정시키려고 했다. 그 방법이 먹히지 않자 피어스는 로비에게 천둥이 치는 것은 하나님이 그에게 화가 나서 그런 거라고 말했다. 물론 이 방법은 로비의 공포심만 더 키웠을 뿐이다. 그래서 나는 피어스에게 로비는 사실과 허구의 차이를 구별하려고 애쓰고 있는 단계에 있기 때문에 천둥소리에 영향을 받는 면이 그와는 다르다는 점을 지적했다. 로비는 인지발달 단계에서 전조작기(前造作期, 외부 세계에 대한 내적 표상 또는 사고를 통하여 환경을 상징적으로 조작하는 단계, 스위스의 심리학자 피아제가 나눈 인간의 지적 발달의 두 번째 단계로, 2세부터 6, 7세까지의 시기다) 단계에 있었다.

피어스는 그가 전조작기 단계였을 때의 일이 생각났다. 피어스는 아홉 살 난 친구와 함께 잠을 잤는데 그 친구가 밤새 악몽을 꾸었다. 내가 다음날 아침 피어스의 친구에게 뭐가 힘들었는지 묻자 그 친구는 자기 아버지가 극장에 데려가 R등급 영화인 〈토탈 리콜〉(Total Recall)*을 보여주었다고 했다. 그 소년은 아놀드 슈워제네거가 자기 아내로 행세하고 있던 샤론 스톤을 총으로 쏘면서 "이걸 이혼이라고 생각해"라고 말하는 장면이 싫었다고 했다.

내가 아이의 아버지에게 전화를 걸어 그의 아들이 무서워했던 것에 대해 말하자 그 아버지는 자기 아들은 남자이며 그들은 많은 R등급 영화를 보았다고 대답했다. 나는 아이에게 이런 영화들을 보여 주는 것은 그를 심리적, 영적 전쟁의 최전방에 세우는 것이라고 설명했다. 그것은 그가 무기를 지닐 만한 나이가 되기도 전에 그를 전쟁터에 내보내는 것과 같은 것이라고 말했다. 몇 달 후 그 아버지는 전화를 해서 자기 아들이 그런 영화들로 인해 불안해하고 있다는 것을 알게 되었다는 사실을 인정했다.

인성과 감수성의 관계

모든 아이는 고유의 성품을 가지고 있다. 따라서 아이의 발달 단계를 조사할 때, 각각의 아이들이 받아들이는 미디어와 문화의 영향도 제 각각임을 명심해야 한다. 그러므로 어떤 아이들은 폭력에, 어떤 아이들은 성에, 어떤 아

---

*〈토탈리콜〉 – 1990년, 폴 버호벤 감독, 아놀드 슈워제네거, 레이첼 티코틴, 샤론 스톤 주연의 SF 액션영화. 미래의 기억 조작과 외계인을 다룬 폭력적인 내용으로 2012년 리메이크되었다.

이들은 마약에, 어떤 아이들은 도박에, 어떤 아이들은 물건을 획득하는 것 등등에 민감하게 반응한다.

핵심 단어는 '민감함'이다. 폭력적이거나 선정적인 텔레비전 프로그램이나 영화를 시청한 대다수 사람들은 그들이 본 것에 영향을 받지 않거나 둔감해지는 것처럼 보인다. 20-30퍼센트 정도의 소수가 자기 자신을 희생자로 생각한다. 7-11퍼센트는 맥주 광고가 됐건, 회심시키려는 목사가 됐건, 강간 장면이 나오는 폭력적인 프로그램이 됐건, 주인공의 행동을 모방하려 한다. 주인공의 특정한 욕구에 민감할 경우에만 상당히 많은 사람들이 주인공을 모방할 것이다.[8]

오계절

인지발달을 포함한 심리학은 어린아이들이 문화와 매스미디어가 전달하는 메시지의 영향을 받는 이유를 이해할 수 있도록 설명해 준다. 1970년대 말에 텔레비전연구원 로버트 모스(Robert Morse)는 매스미디어의 영향을 연구하기 위해 저명한 아동심리학자인 장 피아제(Jean Piaget)의 연구를 사용해 인지 성장 단계를 연결시켰다.[9] 그 연구에 의하면 모든 어린이는 다음의 다섯 단계를 거친다.

1. **감각운동기(대략 0세에서 2세)[10]**: 이 단계의 어린아이들은 오로지 감각을 통해서만 현실을 인지한다. 그들은 자기가 우주의 중심이며, 자기 눈에 보이는 것만 존재하고, 주변의 모든 것이 자기를 위해 존재한다

고 생각한다.

2. 전조작기(대략 2세에서 7세)[11]: 이 단계에서 어린아이들은 언어, 심상(mental imagery), 그림 그리기, 상징 놀이 등과 같은 표현 기술을 배움으로써 어떤 사물을 인지하게 된다. 그러나 그런 기술들은 일차원적인 것에 제한되어 있다. 어린아이들은 상상력이 매우 풍부해서 종종 사실과 허구를 혼동한다. 그래서 텔레비전이나 영화에서 보는 것에 유난히 민감하게 반응한다. 일례로, 네 살인 어떤 소녀는 〈해리 포터와 마법사의 돌〉을 보고 난 후 하늘을 날려고 시도하다가 심한 부상을 당했다. 노스캐롤라이나 쉘비의 당국자의 말에 의하면 그 소녀는 영화를 본 후 부엌 싱크대에 올라가 다리 사이에 빗자루를 끼고 뛰어내렸다.

3. 구체적 조작기(대략 7세에서 11세): 이 단계의 어린아이들은 동시에 두 가지 관점을 인식하는 능력을 습득하여 물체의 양, 관계, 종류를 인지할 수 있게 된다. 이 단계에서 어린아이들의 생각과 현실 사이에는 강력한 상응작용이 일어난다. 어린아이들은 현실에 대한 자기의 생각이 정확하다고 단정하여 자기가 진리라고 믿는 것에 사실을 뜯어 맞추어 왜곡한다. 아이의 나이가 더 어릴수록 불안보다 직접적인 폭력에 더 크게 반응하는데 반하여, 구체적 조작기 단계에 있는 어린아이들은 불안에 더 큰 영향을 받는다. 그러므로 나이가 어린 아이들은 긴장감이 높은 〈조스〉*를 보면서 지루해할 수 있는 반면, 좀 더 나이가 있는 아이들은 그 영화를 보고 정신적 충격을 받을 수 있다.

4. 형식적 또는 반성적 조작기(대략 12세에서 15세): 청소년들의 추상적 사고가 강화되는 단계다. 이 시기의 아이들은 타인의 생각을 개념화하는 능력이 없다. 일례로 다른 사람들이 자기들처럼 그들의 행동과 외모에 집착한다고 단정하는 것도 그 때문이다. 그래서 여전히 분화(分化)가 불완전하다. 또한 그들은 자기 행동의 결과를 개념화하는 것도 잘하지 못하기 때문에 위험한 일을 쉽게 저지를 가능성이 높다. 일례로 〈프로그램〉(*The Program*)**이라는 영화가 개봉되었을 때 몇몇 십 대들이 용기를 과시하려고 도로 한복판에 드러누웠다가 사망하거나 심각한 부상을 당한 일이 있었다. 한 공영 라디오 방송 진행자는 그 아이들이 정말 어리석다고 말했다. 그러나 사망한 십 대들 가운데 한 명은 반에서 1등이었다. 그 라디오 진행자가 몰랐던 것은 십 대들은 가장 충동적이며 자신의 행동이 어떤 결과를 일으킬지 제대로 생각하지 못하는 발달 단계에 있다는 것이다. 대부분의 성인들처럼 그 라디오 진행자는 자기가 인지발달 단계에서 이전 단계에 있었을 때 어땠었는지 기억하지 못했다.

---

*〈조스〉 – 스티븐 스필버그 감독이 1975년 제작한 유명한 공포영화로 식인상어가 사람들을 해친다.

**〈프로그램〉 – 1993년에 제작된 데이비드 워드 감독의 미국 영화. 어려움을 겪던 신생 풋볼 팀이 고교 스타를 감독으로 스카웃해서 강훈련을 통해 강한 팀으로 거듭난다는 내용이다.

5. 관계 조작기: 청소년이 성숙한 성인으로 성장하여 완전한 분화가 이루어지는 단계다. 성인들은 타인들이 자기와 다르다는 것을 이해하고 타인들과 관계 맺는 것을 배우면서 그 차이를 받아들인다. 더 나아가 성인들은 자기 행동의 결과를 개념화할 수 있기 때문에 위험을 줄일 수 있는 방도를 강구한다.

텔레비전과 아기들

터프츠 대학(Tufts University)이 2003년 1월에 발표한 연구에 의하면 텔레비전이 전달하는 메시지는 생후 12개월 된 어린 아기의 행동에까지 영향을 미친다. 그 연구는 10개월에서 12개월 된 유아들에게 한 여배우가 장난감을 놓고 긍정적인 감정과 부정적인 감정을 표출하는 비디오테이프를 보여 주었다. 여배우가 장난감을 무서워하는 태도를 보이자 아기들은 그 장난감을 가지고 놀지 않으려고 했고 근심스러운 표정을 짓거나 심지어는 울기도 했다. 여배우가 그 장난감을 가지고 재미있게 놀자 아기들도 장난감을 더 많이 가지고 놀았다.

터프츠 대학의 아동 행동 전문가인 돈나 뭄(Donna Mumme) 박사는 이 점에 주목했다. "한 살짜리 아이가 20초 동안 본 텔레비전 화면으로부터 그렇게 많은 정보를 수집할 수 있다는 사실에 매우 놀랐다." 뭄 박사는 부모들은 "더 나이가 많은 사람들을 대상으로 만들어진 텔레비전 프로그램을 유아들에게 보여 주기 전에 한 번 더 생각"해 보아야 할 것이라고 결론지었다.[12]

어린이들에게 미치는 시각 공포의 영향

또 다른 연구에서 바버라 J. 윌슨(Barbara J. Wilson), 대니얼 린(Daniel Lynn), 바버라 랜들(Barbara Randall)은 시각적 공포가 어린아이들에게 미치는 유해성을 조사하여 몇 가지 중요한 특성을 발견했다.[13]

- **시각적 위협 vs. 비시각적 위협**: 지각 의존성(perceptual dependence)의 원칙에 의하면, 상대적으로 나이가 어린 아이일수록 마녀나 괴물처럼 시각적으로 무서운 존재가 등장하는 영화나 텔레비전 프로그램을 더 무서워하는 경향이 있다. 상대적으로 더 자란 아이들은 등장인물의 동기 같은 개념적인 것에 더 초점을 맞춘다. 그래서 악에 대해 더 분노하며 상냥하지만 추하게 생긴 인물보다 악하면서 정상적인 외모를 가진 인물이나 눈에 보이지 않는 위협을 더 싫어한다.[14] 어린 아이들은 나이가 많은 아이들보다 오즈의 마법사를 더 무서워하는 반면에, 나이가 많은 아이들은 〈폴터가이스트〉(Poltergeister)*나 〈조스〉 등 눈에 보이지 않는 위협을 다룬 영화들을 더 무서워하는 경향을 보인다.

- **현실 vs. 환상**: 상대적으로 나이가 어린 아이들일수록 현실과 환상을 완전히 구별하는 능력이 부족하다.[15] 대화 가운데 '실제'라는 말과 '가공'

*〈폴터가이스트〉 – 토브 후퍼 감독, 조베스 윌리엄스, 크레이그 넬슨, 베아트리스 스트레이트 주연의 1991년 개봉된 공포영화로, 한 평범한 가족의 집 안에 생기는 초자연적 현상을 다루었다.

이라는 말이 나와도 어린아이들은 이 용어가 뜻하는 바를 이해하지 못한다. 어떤 인물이나 사건이 실제가 아니라는 개념은 어린아이들의 정서에 거의 아무런 영향을 미치지 못한다. 그렇기 때문에 〈해리 포터〉처럼 실제로 일어날 가능성이 거의 없는 사건들을 다룬 판타지 영화들은 나이가 어린 아이들에게 더 큰 두려움을 주고, 〈조스〉처럼 실제로 일어날 수 있는 사건을 다룬 가공의 이야기들은 더 나이가 많은 어린이들과 성인들에게 더 큰 공포를 불러일으킨다.[16]

- **추상적 사건 vs. 실재적 사건**: 실재적인 위협은 분명하고 실체가 있지만, 추상적 위협은 이야기 속에 들어 있는 정보를 통해서 추론할 수 있다. 그러므로 희생자를 공격하는 악당이 분명한 위협이라면, 사악한 음모나 독가스처럼 재앙을 다룬 영화들은 추상적 위협이라고 할 수 있다. 아동의 나이가 어릴수록 오락프로그램에서 뭔가를 추론하는 데 어려움을 느끼며, 이야기 속에 내포된 단서보다 눈에 보이는 것에 더 집중하는 경향이 높다. 그래서 눈에 보이지 않거나 불분명한 위험을 다룬 영화보다 실재적인 위험을 다룬 영화에 더 공포감을 느낀다.[17]

- **위협 vs. 희생자**: 시청자의 참여를 요구하거나 주로 희생자의 정서적 반응에 초점을 맞춘 영화를 볼 때, 나이가 많은 아이들보다 더 어린 아이들이 덜 불편해한다. 〈조스〉가 좋은 예다. 희생자가 보이지 않는 바닷속 상어의 공격을 받을 때, 시청자는 희생자의 상체만을 볼 수 있기 때문이다.

폭력의 정황

어린이들이 시청하는 매스미디어의 공포물이나 폭력물의 양보다도 더 중요한 것이 있다. 그것은 바로 폭력이 표현되는 방법이다.[18] 그러므로 "정황 속에서 여러 차례 나오는 폭력 묘사는 공격적인 행동을 조장하는 중요한 요인이 된다."[19] 윌슨, 린, 랜들에 의하면 이러한 정황적 특징은 다음과 같다.

- **폭력과 관련된 보상 vs. 처벌**: 공격자가 보상을 받는 폭력 묘사는 모방 효과를 만들어 내거나 공격을 지지하는 태도를 조장할 가능성이 가장 높다.[20] 사실, 인물들이 보상을 받지 않아도 폭력적인 행위에 대해 아무런 벌도 받지 않으면 어린 시청자들은 그런 행위를 많이 모방한다.[21] 더구나 등장인물의 독선적인 태도가 자제력이 발휘된 사회적 행동보다 더 성공적으로 보일 때, 특히 그 폭력이 부정적인 결과 없이 그려지거나 가해자나 피해자가 별로 고통당하지 않는 것처럼 나오고, 공격자가 반사회적 행위를 하고도 보상받을 때 어린아이들은 이것을 일종의 보상으로 해석할 수 있다(〈해리 포터〉 영화가 그런 경우다).[22]

- **보상의 타이밍**: 보상이나 처벌의 타이밍 또한 중요하다.[23] 많은 영화에서 악당들은 폭력 행위를 한 후 바로 보상을 받고 마지막에야 처벌당한다. 어린아이들은 장면들을 일관되게 연결시키거나 그것들의 의미를 잘 추론하지 못하기 때문에, 더 나이가 든 아이들보다 상대적으로 폭력을 더 쉽게 받아들일 수 있다.[24]

- **폭력에 대한 현실성의 정도**: 현실적으로 인식된 폭력일수록 모방 가능성이 높고, 행동 지침으로 사용될 가능성도 더 높다. 더 자란 아이들은 현실과 환상을 더 잘 구분할 수 있고, 〈스크림〉처럼 실제로 일어날 수도 있는 사건들을 묘사한 작품에 정서적으로 더 큰 반응을 보인다. 나이가 더 어린 아이들은 현실적으로 묘사된 폭력과, 비현실적이지만 구체적이고 영상으로 묘사된 시각적인 폭력에 모두 반응한다.[25]

- **악당의 본질**: 어린아이들은 매력적이거나 흥미로워 보이는 모델을 모방할 가능성이 높다.[26] 대중매체에 나오는 폭력적인 등장인물들에 강한 일체감을 느끼는 어린아이들은 그런 인물들에게 공감하지 않는 아이들보다 더 공격성을 띨 가능성이 높다.[27] 상대적으로 더 어린 아이들은 그 인물이 '착한지' 또는 '나쁜지'를 결정하는 데 그 인물들이 한 행위의 결과에 초점을 맞출 가능성이 높다. 반면 더 나이가 많은 아이들은 인물의 동기에 더 초점을 맞추는 경향이 있다.[28]

- **폭력의 정당화**: 폭력을 행사하는 것이 정당한 것처럼 묘사되었을 경우 아이들이 폭력을 모방할 가능성이 훨씬 높다.[29] 많은 영화에서 영웅의 탄생은 공통적으로 다루는 주제다. 영웅은 주어진 임무를 수행하기 위해서(〈더티 해리〉의 경우), 또는 적과 싸워야 하기 때문에(〈해리 포터〉의 경우) 폭력을 행사할 수밖에 없는 것으로 그려진다. 설사 지극히 친사회적인 메시지(예컨대, "범죄자가 되지 말라")를 전하고 있다 하더라도 그 교훈은 폭력적인 정황 속에서 전달된다. 어린이들이 미디어에서 받는 혼합 메시지에 대한 어느 실험결과를 보면, 유치원생들은 폭력을

정당화한 만화를 보고 난 후에 친구들을 다치게 할 가능성이 더 높게 나타났다.[30] 나이가 어린 아이들과 어느 정도 나이가 든 아이들 모두, 폭력이 전혀 나오지 않는 상황에 비해 폭력을 정당화한 상황에서 전달되는 도덕적 교훈에 대한 이해도가 더 떨어졌다. 그러므로 어떤 선한 명분 때문에 폭력을 행사하는 영웅은 어린아이들에게 혼란스러운 역할 모델이 될 가능성이 높다.

- **영화의 상황과 등장인물과 시청자 사이의 유사성**: 시청자들은 프로그램에 나오는 역할이 그들의 실제 삶과 비슷할 때 미디어에 나오는 폭력을 모방할 가능성이 더 높다.[31] 또한 어린아이들은 자신과 비슷한 모델을 더 흉내 내려고 한다.[32] 따라서 어린아이들을 폭력적으로 묘사한 영화들이 폭력적인 성인이 등장하는 영화보다 훨씬 문제가 심각하다. 취학 전 아이들과 초등학교 저학년 아이들은 어린 등장인물들의 폭력에 더 초점을 맞추는 반면, 사춘기 직전의 아동들과 십 대들은 공격적인 십 대 인물들에 더 많은 관심을 갖는다.

- **폭력의 양**: 폭력이 묘사되는 방법도 치명적이지만 폭력이 얼마나 많이 얼마나 노골적으로 묘사되었는가 하는 점 역시 시청자의 정서 발달에 중요한 영향을 미친다. 폭력에 과다하게 노출되면 감정적 반응이 둔감해진다. 폭력물을 많이 보는 아이들은 폭력물에 많이 노출되지 않은 아이들보다 폭력에 자극을 덜 받는다. 한 연구에서, 폭력적인 영화나 텔레비전 프로그램을 시청한 아이들은 다른 아이들이 파괴적이거나 폭력적인 행동을 할 때 도움을 요청하려는 경향이 덜하다는 것을 발견

하였다. 따라서 미디어 폭력에 노출되면 현실의 삶에서 일어나는 공격에 잘 반응하지 않게 된다.[33]

위험한 정신

텔레비전과 영화의 문제점 중 하나는 시청자들이 받은 정보를 생각하고 반응하고 재검토할 시간을 주지 않는다는 것이다. 그것은 인지발달에서 절대적으로 필요한 단계다. 텔레비전과 영화를 시청하는 행위 자체가 어린이들의 인지발달에 해로울 수 있으며, 결과적으로 그들의 도덕성, 사회성, 정서, 종교성이 발달하는 데 부정적 영향을 미칠 수 있다. 비디오와 텔레비전은 또한 "성인에게도 추상적 사고를 가능하게 하며, 도덕적 의사결정, 학습, 종교적 성장, 심리적 개별화의 능력과 연관되어 있는 인지기능을 쇠퇴시킨다."[34]

환상 특급

매스미디어의 연예오락 프로그램을 많이 시청하는 어린이들은 창조적 상상력, 집중력, 보상 지연(보상이나 목표를 위해 순간적인 욕구를 참는 것) 능력이 쇠퇴하는 것을 볼 수 있다. 그런 아이들은 머릿속으로 그림을 잘 그리지 못하며 상대적으로 상상 놀이를 덜한다. 연예오락 프로그램을 많이 보는 아이들은 또한 주의 집중력이 현저히 떨어진다. 그들의 보상 지연 능력은 책을 읽거나 다른 활동을 해도 상대적으로 오래가지 못하는 것으로 나타났다.

어린아이의 상징적 기능, 인식, 추상적 사고는 난독증과 유사한 방식으로 훼손된다. 실제로 미국에서 읽기 장애(난독증)가 급속도로 증가하는 것은 과다한 텔레비전 시청 때문일 수도 있다. 텔레비전은 눈의 움직임을 억제함으로써 읽는 기술을 습득하지 못하게 한다. 연구원 로버트 모스는 텔레비전이, 활동을 잘하지 않아 인지 장애를 일으키는 양로원의 현상과 유사하게 인지 능력을 약화시킨다고 믿는다. 한두 시간 동안 텔레비전을 시청한 사람들은 신경질적이고, 화를 잘 내며, 피곤해하고, 쉽게 격분한다.[35] 〈애틀랜타 컨스티튜션〉(*The Atlanta Constitution*)의 기사에서 존 로즈먼드(John Rosemond)는 이렇게 언급했다.

> 다음에 당신의 아이가 텔레비전을 시청하면 화면을 보지 말고 아이를 보라. 그리고 자문하라. "저 애가 무엇을 하고 있는가?" 그보다 더 좋은 질문은 이것이다. "저 애가 무엇을 하고 있지 않은가?"
> 대답해 보자면, 그 아이는 이런 것들을 하지 않고 있다…대근이나 소근 운동 기능 연습하기, 눈-손 협응 연습하기, 두 개 이상의 감각 사용하기, 질문하기, 탐험, 주도권을 행사하거나 상상하기, 도전 받기, 문제 해결하기, 분석적으로 생각하기, 상상력 발휘하기, 의사소통 기술 연습하기, 창조적이거나 건설적이기.
> 그 외에도, 텔레비전의 음흉한 '깜박임'(평균 4초마다 장면이 바뀐다) 때문에 텔레비전은 장시간의 주의 집중에 도움이 되지 않는다.
> 마지막으로 움직임이 끊임없이 변덕스럽게 전후좌우로 바뀌기 때문에…텔레비전은 논리적이고 순차적인 사고를 촉진시키지 못한다.
> 그러면 어떠냐고? 흥미롭게도, 앞에 언급된 결함은 읽기와 쓰기를 하지

못하는 학습 장애 아동들이 보이는 특성이다.[36]

여보, 아이들이 줄었어요

연예오락을 다루는 매스미디어는 인지 장애를 일으키는 원인이 되어 어린이의 도덕적, 사회적, 정서적, 종교적 발달에 유해한 영향을 미친다.[37]

어린아이가 사회성과 정서적 영역이 발달하기 위해서는 연극놀이가 필요하다. 그런데 앞서 지적했듯이 텔레비전이나 영화는 연극놀이를 방해한다. 어린아이는 해 보거나 행동해 봐야 하기 때문에 텔레비전에서 사회적 상호작용을 보는 것으로는 충분하지 않다. 아이는 관찰자로 끝나서는 안 된다. 그러면 아이의 사회성과 정서 발달이 위축된다.

심리적 성숙의 경우, 텔레비전과 다른 매스미디어가 유해한 충동을 만족시키는 역할을 하기 때문에 이롭지 못한 충동을 행동에 옮기지 못하도록 억제하는 기능이 손상된다. 종교적 발달 면에서는, 상징적 기능의 훼손으로 말미암아 "종교적인 것을 인식하게 해 주는 여과장치가 막히게" 되고, 그 결과 아이가 초월적인 경험을 할 수 있게 해 주는 통로가 막힌다.[38] 기독교가 진정한 존재론, 또는 존재의 본질에 그 근거를 두고 있는 반면에, 텔레비전 시청은 시청자들로 하여금 현실이나 존재의 본질(존재론)을 실체가 없는 것으로 전락시킨다. 하나님은 실제 세계를 창조하셨고, 그 세계에서 발생하는 사건들은 우리의 의식이나 상상과는 별도로 벌어진다. 텔레비전은 기독교의 존재론과 세계관을 방해한다.

모델의 행동을 모방하는 아이들

관찰학습 이론에 의하면 어린아이들은 모델이 된 사람의 행동을 모방한다.[39] 연구가들에 의하면, 어린 시청자는 폭력적인 텔레비전 프로그램을 시청할 때 그 행동을 머릿속에 저장했다가 현실에서 비슷한 상황이 발생하면, 전에 보았던 폭력적인 행동을 끄집어내어 흉내 낼 수 있다고 한다. 어떤 어머니는 〈해리 포터〉 시리즈를 좋아하는 자기 아들이, 자신이 시키는 일에 순종하지 않아서 실망했다고 말했다. 그 소년은 해리 포터를 보고 분명한 명령과 규칙을 무시해도 보상을 받는다고 배운 것이다.

빅터 클라인(Victor Cline) 박사는 시청자가 지적이고 상상력이 풍부할수록 시청한 행동을 모방하고 그것에 중독될 가능성이 더 높다고 보고한다. 클라인 박사는 성범죄로 감옥에 간 범죄자들의 대다수가 머리가 좋다는 사실을 발견했다.[40] 처형되기 전 마지막 인터뷰에서 연쇄살인범 테드 번디(Ted Bundy)*는 제임스 답슨(James Dobson) 박사에게 오늘날 대부분의 영화와 텔레비전 프로그램에 나오는 것보다 훨씬 덜 노골적인 1950년대의 포르노에서 시작하여 그가 살인자가 되기까지 거쳤던 중독 단계를 설명했다.

---

*테드 번디 – 본명은 테오도어 로버트 번디(Theodore Robert Bundy, 1946년 11월 24일 ~ 1989년 1월 24일)로 미국의 연쇄 살인범이자 강간범이다. 보통 테드 번디(Ted Bundy)로 알려져 있으며, 과거에는 연쇄 살인의 귀공자로 불리기도 했다. 1974년부터 1978년까지 4년여에 걸쳐 미국 전역에서 엄청난 수의 젊은 여성들을 살인하였다. 피해자의 총 인원 수는 모르지만, 그는 10년간 부인한 끝에 30명을 넘게 살해했다고 자백하였다. 번디는 원형적인 미국의 연쇄 살인마로 고찰되며, 실제로 연쇄 살인범(Serial Killer)이라는 표현이 그를 나타내기 위해서 탄생했다고 할 수 있다. 반사회적 인격 장애를 앓고 있었다고 생각되며 잔인한 살인범이라는 일반적인 평가에 반해, 깔끔하고 지적 능력까지 겸비한 청년이었다고도 전해진다. 1989년, 전기의자에서 사형으로 생을 마감하였다.

태도변용 이론*에 의하면, 텔레비전 폭력물을 많이 시청한 아이들은 공격적인 태도가 발달하며, 폭력적인 행위를 정상적인 것으로 보게 된다.[41] 그 과정에 과다하게 노출된 아이들은 폭력에 둔감해진다.

가상의 반사회적 이상성격자

허위기억증후군**, 해방된 기억, 기억 치료, 국가적 상상력을 자극해 온 여타의 심리적 통찰 등은 어린이와 성인에게 미치는 매스미디어의 영향에 대해 살펴볼 수 있는 또 다른 연구 영역이다. 과학자들은 지나치게 자극적인 메시지에 노골적이고 생생하게 노출될수록, 기억은 암호화되어 머릿속에 저장되며 나중에 다시 떠오를 가능성이 높다는 사실을 발견했다.

몇 년에 걸쳐 젊은이들의 머릿속을 채워 왔을, 엄청나게 많은 영화와 텔레비전에 나온 성, 폭력, 신비주의는 허위기억증후군에 영향을 미칠 수 있는 요인이다. 다른 매스미디어는 여타의 일상적인 행위에 따르는 부적절한 과정 덕분에 왜곡된 이미지들을 주입했다. 반복적이고 지루한 많은 일상의 사건들과 달리, 이런 오락 프로그램들은 설령 충격적이지는 않더라도 보통 때는 기

---

*태도변용 이론 – 광고에 의해 상품이나 기업에 대한 태도가 달라지는 것. 광고의 주목적은 보이기 위한 것이나 파는 것이 아니라 태도변용에 있다고 주장한 다그마 이론(DAGMAR)의 출현 이래 광고계에 대두된 입장이다. 태도는 인지적·감성적·행동적 요소로 구성되어 있으며, 이 요소들에 광고가 영향을 미쳐 구매행동에 이르게 하는 것이 광고의 목적이 되는 것이다.

**허위기억증후군(False Memory Syndrome) – 여태까지 있었던 일이 모두 다 꿈으로 느껴지는 증후군으로, 실제 사건을 실제 사건이라 여기지 않는 증상이다.

억의 틈새에 박혀 있다. 그러다가 아이의 꿈이나 의식 속으로 튀어나올 때를 기다리는 감정적 메시지의 혼합물의 형태로, 강력하고 종종 불협화음을 낸다.

연구는 우리 젊은이들이 현실과 역사를 혼동하고 있다는 점을 지적한다. 영화 〈인디펜던스데이〉(Independence Day)*를 보고 나서 정부가 비행접시를 감추고 있다고 말한 여자, 〈바람과 라이언〉(The Wind and the Lion)**을 보고 이 역사적 사건이 실제 인물들—고대 그리스 이민자들과 모로코의 도둑—에 기반을 둔 것이 아니라, 아름다운 한 여성과 사막의 멋진 두목에 대한 이야기라고 단정 짓는 사람들까지 그 예는 수없이 많다.

기억 치료사들은 성인들이 기억의 편린들로부터 어린 시절의 역사를 꾸며내도록 유도할 수 있다. 불행하게도, 일부 성인들은 이런 거짓 기억을 바탕으로 행동했다. 그것이 치료사로부터 기인한 것이든, 매스미디어로부터 기인한 것이든, 거짓된 기억들은 발달, 추론, 상식을 훼손한다. 허위기억으로 혼란을 겪는 사람은 정신병이나 노이로제에 걸릴 수도 있다. 안타까운 사실은 이런 사람들은 장래에 이상성격자들이 될 수 있다는 점이다. 어떻게 사람들이 사실과 환상의 기억들을 혼동하는지는 의심의 여지가 있다. 그러나 대부분의 사람들이 텔레비전이나 영화의 허구에 근거한 역사적 관점을 견지한 젊은이의 이야기를 알고 있다. '안개 속의 괴물'(The Monster in the Mists)이라는 기사

---

* 〈인디펜던스데이〉 – 롤랜드 에머리히 감독이 제작하고 빌 풀만이 주연한 1996년에 개봉된 SF 영화로, 외계인들의 지구 침략을 다루었다.

** 〈바람과 라이언〉 – 1975년 개봉. 존 밀리어스 감독 제작, 숀 코넬리, 캔디스 버겐, 브라이언 케이스, 존 휴스턴 주연. 모로코에서 전통을 고집하며 살아가는 부족장이 미국 여성을 납치하여 자신의 방식으로 길들이려다가 사랑에 빠지는 내용이다.

에서 월터 라이히(Walter Reich)는 이렇게 꼬집었다.

> 기억이라는 기관은 그것이 얻을 수 있는 최대의 존중과 보호를 받아 마땅하다. 기억이 얼마나 조종당하기 쉬운지를 보여 주는 단적인 예가 있다. 홀로코스트는 너무나 생생한 역사적 사실이라 굳이 되살리려고 애쓸 필요도 없는 사건이다. 충격적인 그 기억을 증언한 생존자들은 수없이 많았다. 그럼에도 불구하고 최근 몇 년 동안, 대학 캠퍼스와 다른 여러 곳에서 홀로코스트를 부인하는 사람들이 강연회를 열고 있다. 그것은 기억을 조작하는 게 얼마나 쉬운지를 보여 준다.[42]

아마도 우리는 "과거를 기억하지 못하는 사람들은 그것을 되풀이한다"고 말한 조지 산타야나의 통찰에서 더 나아가 "과거를 혼동하는 사람들은 현실감각을 잃게 된다"는 더 참담한 깨달음을 얻은 것 같다. 결국, 혼돈을 막는 것은 인간의 기억밖에 없다.

아드레날린과 두뇌 발달

머릿속에서 생명을 위협하는 행동이라는 생각이 들면 우리 몸은 혈관으로 부신호르몬인 에피네프린을 방출하여 아드레날린이 급격히 증가한다. 마찬가지로 성행위나 누드를 보면 인간관계의 부담감을 겪지 않고도 격렬하게 호르몬을 방출하도록 육체를 속일 수 있다. 이러한 심리적 현상은 시청자를 현혹시켜 많은 경우 인위적으로 육체적 희열을 불러일으키는 자극에 더 많이 노출되고 싶어하는 욕구를 일으킨다.

또 다른 연구는 폭력물에 많이 노출된 소년들은 상대적으로 폭력적인 프로그램을 덜 본 소년들보다 새로운 폭력물을 보여 주었을 때 덜 자극받는다는 사실을 발견했다.[43] 이 연구는 매스미디어의 성과 폭력을 즐기는 소비자들이, 동일한 자극을 받기 위해서는 왜 더 음란하고 더 폭력적인 프로그램을 필요로 하는지 설명해 준다. 물론 매스미디어가 제공하는 대부분의 프로그램들은 지적이라기보다 감정적인 것이기 때문에 모두 중독을 일으킬 수 있다.

십 대들은 또래집단의 엄청난 압력을 받는다. 그들은 자신들을 자극하는 영화와 프로그램들을 찾는 성향이 있다. 그리고 나면 거기에 너무 도취된 나머지 삶 속에서도 영화나 텔레비전 프로그램에서 묘사된 감정적인 상황이 일어나기를 갈망한다.

신경과학자들은 그 외에도 사춘기 아이들의 두뇌는 이십 대가 되기 전에는 성숙하지 않는다는 사실도 밝혀냈다. 미국 국립보건원은 위험한 행동을 저지르는 두뇌 영역이 25세 이전에는 완전히 형성되지 않는다는 사실을 제시했다. 실제로, 뇌에서 가장 늦게 성숙하는 부분은 현명한 판단을 내리고 감정 조절을 관장하는 부분이다.[44]

뇌신경의 변화는 십 대들로 하여금 성, 자아, 안전에 대해 혼동을 일으키는 호르몬의 변화와 함께 생긴다. 조울증을 앓는 일부 십 대들은 전혀 적의가 없는 상대에게서 적의를 느끼는 경우가 종종 있다. 이것이 어쩌면 조울증을 가진 아이들이 건강한 아이들보다 더 공격적이고 화를 잘 내며 사회성이 떨어지는 이유에 대한 설명이 될 수도 있다. 실제로, 미국 국립정신보건원의 연구에 따르면 조울증을 앓는 젊은이들은 건강한 젊은이들보다 사람들의 얼굴 표정에 적의가 있다고 오해하는 경우가 더 많다는 사실을 보여 준다.[45]

진실 또는 결과

1966년(교회가 할리우드를 버린 해) 이래로, 미국의 폭력 범죄는 560퍼센트가 증가했고, 사생아 출산은 419퍼센트가 증가했다. 이혼율은 네 배, 한부모 가정에서 자라는 어린이의 비율은 세 배로 뛰었고, 십 대 자살률은 300퍼센트 이상 증가했으며, SAT 점수는 거의 80점 가까이 하락했다. 강간, 살인, 갱단의 폭력은 흔한 일이 되었다. 이런 문화적 쇠락에는 여러 요소가 작용했지만 매스미디어가 사람들의 행동에 상당한 영향을 미쳤음이 분명하다.[46]

스탠퍼드 대학의 국가경제연구소 산하의 연구원들은 미국의 어린이들이 최근 몇 년 동안 1960년대보다 더 뚱뚱해지고, 자살충동이 더 심하며, 표준학력고사에서 더 낮은 점수를 받았다는 사실을 발견했다.[47] 오랫동안 부인해 오긴 했지만, 주요 미디어 경영자들 가운데 87퍼센트가 매스미디어에 등장하는 폭력이 사회 폭력의 원인임을 인정했다.[48] 심지어 어린아이들조차도 연예오락 미디어가 그들의 행동에 영향을 줄 수 있다는 사실을 인식하고 있다.

이렇듯 매스미디어의 폭력과 거리의 폭력 사이에 분명한 연관이 있음에도 불구하고 "이제 그만!"이라고 외치는 사람들은 거의 없다. 매스미디어에 등장하는 무지막지한 성과 폭력에 대해 미국인들이 점점 더 관대해진다는 사실은 서서히 끓는 물속에서 자기의 죽음을 감지하지 못하는 속담 속 개구리를 생각나게 한다. 만약 우리가 그 연구결과를 이해한다면, 연예오락 매스미디어가 우리 아이들을 삶아 버리기 전에 우리가 나서서 그들의 순진한 눈을 보호해야 할 것이다.

6장

사탄의 인형

　어린아이들은 문화 전쟁의 최전선에 있다. 역사를 통틀어 종교와 세계관은 서로 싸워 왔다. 지난 세기에는 많은 적대적인 이데올로기들이 싸움에서 이기고 사회를 개조하기 위한 수단으로 공격의 대상을 어린아이들로 바꾸었다.
　이를테면, 과거에 공산주의자들(국제 사회주의자들)과 국가 사회주의자들은 모두 어린아이들을 목표물로 삼아 학교와 히틀러 유겐트(Hitler Jugend) 같은 다양한 청소년 조직을 통해 어린이들을 재교육시켜, 모든 기독교적인 것에 반대하는 새로운 공산주의자나 사회주의자들로 만들려고 했다. 오늘날에는 다른 이데올로기와 종교들이 이런 일을 하고 있다. 일부는 사상적 이유에서 의식적으로 그 일을 하고 있고, 일부는 돈을 벌거나 대중들을 자기 뜻대로 조종하는 것이 목적이다.

왜 이 집단들은 1930년대 프랑크푸르트 학파*의 마르크스주의자들이 요구했던 것처럼 기독교적인 것이라면 모조리 반대하는 것일까? 기독교는 폭정(전제 정치)과 대척을 이루고 있으며, 전제 정치가 성공하려면 사람들을 하나님으로부터 떨어뜨려 놓아야 하기 때문이다. 기독교는 억압을 가하는 외부 세력에 대한 두려움으로부터 사람들을 자유롭게 할 뿐만 아니라, 정욕과 교만이라는 내적인 세력의 지배로부터도 사람들을 해방시킨다. 그리하여 하나님과 동료 인간들에 대한 사랑—존경과 책임을 강조하는 사랑—을 바탕으로 새로운 문화를 건설하게 하는 것이다.

1983년 영국 런던에서 템플턴 상을 받았을 때 알렉산드르 솔제니친(Aleksandr Solzhenitsyn)은 러시아의 소비에트 사회주의 체제가 새로운 공산주의 사회를 완성한다는 명목 아래 수백만 명을 살해하고 고문하고 억압한 이유를 단도직입적으로 이렇게 말했다.

---

*프랑크푸르트 학파 – '비판 이론'으로 알려진 혁명적, 철학적인 서구 마르크스주의의 한 분파를 발전시키고자 노력한 일군의 독일 지식인들. 이 명칭은 1923년에 세워진 프랑크푸르트 사회조사연구소에서 따온 것이지만, 이 학파의 학자들은 1930년대 동안 미국으로 이주할 수밖에 없었다. 물론 연구소는 그 후 1953년에 프랑크푸르트에 다시 설립되었다. 이 학파의 중심인물은 막스 호르크하이머, 테오도르 아도르노, 허버트 마르쿠제, 에리히 프롬, 발터 벤저민 등이다. 대개 이 학파의 이론가들은 다양한 정치적, 경제적, 문화적 변동의 성과와 결과를 분석하는 일에 관심을 공유했고, 또 그것으로 인해 결합되었는데, 그들은 그러한 변동을 그들 시대의 자본주의 사회에서 기초가 되는 것이라고 규정했다.

내가 아직 어린아이였던 50여 년 전, 러시아에 재앙이 불어닥쳤습니다. 그 거대한 재앙에 대해 많은 노인들은 이렇게 설명했습니다. "사람들이 하나님을 잊었어. 그래서 이런 일이 일어나는 거야." 그때 이후로 나는 거의 50년 동안 러시아 혁명의 역사를 공부해 왔습니다. 그 과정에서 수백 권의 서적을 읽고 수백 명의 증언을 수집했으며, 이미 그 대격변을 겪고 남겨진 잔해를 치우는 노력의 일환으로 여덟 권의 저작을 내놓았습니다. 그렇지만 만약 오늘 6천만 명의 우리 민족을 집어삼킨 파멸을 초래한 혁명의 주요 원인을 최대한 간략하게 말해 달라는 요청을 받는다면 그 말보다 더 정확한 말은 없을 것입니다. "사람들이 하나님을 잊었습니다. 그래서 이 모든 일이 일어난 것입니다."[1]

풍요가 잠재우다

문명의 뿌리는 고작해야 한 세대까지밖에 뻗지 못한다. 만약 한 세대가 역사의 교훈을 이해하지 못하면 그 시대의 경이로운 기술로 인해 윤색된 야만성이 강화되는 결과를 낳을 수 있다. 가장 문화적이고 문명화된 사회에서 국가 사회주의로 나아간 독일의 경우가 그랬다. 성모 마리아의 러시아에서 국제 사회주의로 나아간 러시아의 경우도 그랬다.

현대인들은 연예오락과 물질적 풍요에 의해 무력해졌다. "어린 소녀가 같은 반 친구의 총에 맞아 죽은 게 무슨 상관이죠?" 콜럼바인 총기난사 참사 직후 아이비리그 대학에서 내 강연을 들은 한 학생이 나에게 물었다. 우리는 미국에서 이런 식의 가치관이 최고의 고등교육 기관으로 퍼지고 있는 위태로운 상황에 직면하고 있다.

텔레비전 시청 시간과 폭력의 상관관계

컬럼비아 대학의 제프리 G. 존슨(Jeffrey G. Johnson)과 뉴욕 주 정신의학회가 연구하여 〈사이언스〉(Science) 지에 게재한 한 연구결과에 의하면, 매일 1시간 이상 텔레비전을 시청한 십 대와 청년들은 폭력범죄나 다른 형태의 공격적인 행동을 할 가능성이 높다고 한다.

그 연구는 폭력과 폭력 프로그램뿐만이 아닌 모든 텔레비전 프로그램을 시청하는 것 사이의 상관관계를 밝혀냈다. 일주일에 텔레비전을 7시간 이상 시청한 청소년과 청년들이 훗날 공격적인 행동을 할 가능성이 16-200퍼센트 이상 증가했다. "요컨대 증거는 압도적이다." 존슨은 이렇게 말했다.[2]

갱들의 미화

눈물 자국과 죽음을 남기는 갱 영화들은 폭동과 밀접한 관계가 있다. 경찰은 일부 이런 영화들을 '무책임'하고 '착취적'인 영화라고 불렀다. 갱단의 폭력을 소재로 한 영화가 개봉되는 날에는 몇 사람이 살해되고 부상당했다. 존 싱글턴(John Singleton)이 제작한 영화 〈보이즈 인 더 후드〉(*Boyz in the Hood*)가 개봉되었을 때에는 33명이 부상당하고 2명이 총상으로 사망했다. 〈보이즈 인 더 후드〉가 캘리포니아의 감옥에서 상영되었을 때는 인종 폭동이 일어나 하룻밤 사이에 죄수 14명이 목숨을 잃었다.

〈주스〉(Juice)**의 시사회가 열린 후에는 적어도 8개 주에서 폭력 사태가 발생했다. 얼마 후에는 힉스라는 이름의 한 십 대가 살해 의도와 무장강도 혐의로 유죄를 선고받았다. 검사는 그 사건을 아무 이유도 없는 살인이라고 말했다. 또한 "범죄 가담자인 클레그는 그와 힉스(살인자)가 이 사건이 발생되기 전 주말에 영화 〈주스〉를 보았고, 이 사건은 영화 속에서 벌어진 '묻지 마 살인'의 연장선상에 있다"고 말했다. 클레그는 이렇게 말했다. "나는 힉스가 총을 쏘면서 '아, 그런데 말이야, 빵!' 하고 영화에서 나온 대사를 말하는 것을 들었습니다."³

그럼 연예오락 미디어가 미치는 긍정적인 측면을 보자. 서사 영화인 〈패션 오브 크라이스트〉는 전세계 사람들에게 예수 그리스도를 알렸다. 설교가 피터 마셜에 대한 영화인 〈베드로라 불린 사나이〉(A Man Called Peter)***는 수많은 젊은이들을 강대상에 서게 했고, 〈불의 전차〉(Chariots of Fire)****는 내 친구를 예수님께 인도했으며, 많은 사람들로 하여금 자기 삶에 하나님의 목적이 있음을 알게 해 주었다.

---

* 〈보이즈 인 더 후드〉 - 존 싱글턴 감독이 제작한 1991년 갱 영화. 로렌스 피시번, 아이스 큐브, 쿠바 구딩 주니어 주연. 이혼한 엄마와 살다가 아버지와 살게 된 트레이는 사춘기에 겪는 여러 가지 난관 외에도 총싸움이 하루가 멀다 하고 벌어지는 동네에서 갱들의 싸움에 휘말린다. 지뢰밭 같은 흑인 하층민들의 처절한 삶을 현실적으로 반영했다는 평가를 받았으나 폭력성 때문에 청소년 관람불가 등급을 받았다.

** 〈주스〉 - 어니스트 R. 딕커슨 감독, 오마 엡스, 투팍 샤커 주연의 1992년 영화. 권력과 행복을 추구하는 흑인 청소년들의 탈선과 방황을 그린 영화. 할렘가에서 사는 큐, 비숍, 라힘, 스틸 네 명의 고등학생은 학교를 빠진 어느 날 식품점을 털다가 비숍이 아무 이유 없이 점원을 향해 총을 쏜다. 그 과정에서 싸우다 비숍은 다시 라힘에게 총을 쏜다. 비숍은 이제 무슨 일이 벌어졌는지 알고 있는 다른 친구들까지 제거하려 한다. 나락으로 떨어지기 쉬운 흑인 청소년들의 문제를 객관적으로 그렸다는 평가를 받는다.

*** 〈베드로라 불린 사나이〉 – 스코틀랜드 출신으로 미국으로 이민을 가서 미국 상원회의 소속 목사가 된 피터 마셜에 대한 실화를 기초로 한 영화. 1955년 작품.

**** 〈불의 전차〉 – 휴 허드슨 감독이 제작하고, 니콜라스 파렐, 나이젤 하버스, 이안 찰슨, 벤 크로스가 주연한 1981년도 작품. 영국 육상 국가대표로 선발되어 제8회 파리올림픽 대회에 참가하게 된 유태인 명문 출신 해롤드 아브라함과 스코틀랜드 선교사인 에릭 리델의 감동적인 실화를 모델로 한 작품.

공포영화와 스티븐 킹 소설

어린아이들은 대체로 텔레비전이나 영화 속 사람들을 포함하여 주변 어른들의 행동을 모방하면서 배운다. 그 사실을 모르는 부모는 없다.

가장 유명한 모방 범죄 중 하나는 영국 리버풀에서 일어난 살인사건으로, 판사는 열한 살인 로버트 톰슨과 존 베너블스가 두 살인 제임스 버글러를 살해한 사건이 영화 〈사탄의 인형 3〉(Child's Play 3)*과 관련이 있다고 주장했다. 판사에 의하면 〈사탄의 인형 3〉은 어린 제임스 버글러를 살해한 실제 사건과 섬뜩할 정도로 유사하며, 살인이 발생하기 직전 살인자 중 한 명이 반복적으로 그 영화를 보았다고 한다. 판사는 다음과 같은 점에 주목했다.

- 그 공포영화에는 아기 인형이 소생하고 얼굴에 파란색 페인트가 뿌려지는 장면이 나온다. 죽은 아이의 얼굴에 파란색 페인트가 묻어 있었다.

* 〈사탄의 인형 3〉 – 시리즈로 제작된 공포영화로 3편은 1991년 개봉되었다. 살인마 찰스 리 레이의 혼이 깃들어 있는 인형 처키로부터 벗어난 주인공 앤디가 사관학교에 입학한 후 다시 부활하여 다른 생도의 몸을 차지하려는 처키와 맞서 싸운다는 내용.

- 그 영화에는 납치하는 내용이 나온다. 제임스는 살해당하기 전에 두 소년에게 유괴당했다.
- 영화의 클라이맥스는 두 소년이 기차에서 인형의 얼굴을 난도질하여 죽이는 대목이다. 제임스는 두 소년에 의해 먼저 난도질당하고 둔기로 맞은 후 기차선로 위에 버려졌다.[4]

이 이야기가 전 세계로 퍼져 나갔지만 〈사탄의 인형 3〉과의 연관성은 간과되거나 주요 미디어에 소개되지 않았다. 만약 미디어에 그 이유를 묻는다면 그들의 대답을 통해 많은 것을 깨달을 수 있을 것이다.

1993년 열세 살의 에릭 스미스가 네 살 난 데릭 로비를 숲으로 유인해 바위로 머리를 때리고 강간했다. 그 범죄를 보도한 언론에 의하면 에릭은 스티븐 킹의 소설을 즐겨 읽었고 끔찍한 공포영화―음란하기까지 하면 더 좋았다―를 좋아했다. 배심원들은 에릭 스미스를 2급 살인죄로 판결했다.

텍사스 휴스턴에서는 공포영화와 비술과 헤비메탈 음악에 푹 빠진 열일곱 살의 스콧 에드워드 메이가 첫 데이트 도중에 작별키스를 하려고 눈을 감은 소녀를 칼로 찔렀다. 메이는 이렇게 진술했다. "나는 칼이 좋아요. 영화 보러 극장에 가는 것도 좋아해요. 영화 속에서 수없이 많은 사람들이 칼에 찔리죠. 〈텍사스 전기톱 살인사건〉(Texas chainsaw massacre)*은 정말 재미있었어요. 그

---

*〈텍사스 전기톱 살인사건〉 - 마커스 니스펠 감독, 제시카 비엘, 조나단 터커, 에리카 레어센, 마이크 보겔, 에릭 벌포 주연의 공포영화로 실화를 바탕으로 했으며, 1970년대에 제작되어 엄청난 반응을 일으켰고, 2005년에 리메이크되었다. 여행을 떠난 젊은이들이 살인마들에게 이유 없이 잔혹하게 살해당하는 영화다.

영화에서는 많은 사람들이 칼에 찔렸죠."⁵

식인종 한니발

수년 동안 연예오락 미디어가 만들어낸 허구에서 영감을 받거나 그것을 모방한 끔찍한 범죄들이 헤아릴 수 없이 많이 보도되었다. 매스미디어의 강력한 영향력의 심각성에 대해 주목할 필요가 있다. 모방살인을 양산해 낸 것으로 가장 악명 높은 영화 가운데 하나가 '식인종 한니발'로 알려진 연쇄살인범에 대한 영화 〈양들의 침묵〉(The Silence of the Lamb)◆이다. 1992년에 〈양들의 침묵〉이 아카데미 '작품상'을 수상하던 주에, 자기 어머니의 목을 자르고 경찰에 연행되던 한 청년이 이렇게 소리쳤다. "나는 식인종 한니발이다!"⁶

이와 관련된 다른 사건으로, 브라이언 앨런더는 어느 정신과 의사에게 1992년 1월 밴쿠버에서 한 창녀의 목을 잘라 살해하기 직전에 〈양들의 침묵〉을 보았다고 말했다.⁷ 쉐브렘 로레스비(Shabehram Lohrasbe) 박사는 살인을 저지른 앨런더와 여덟 차례 면담을 가진 후 그에게 어떠한 심각한 정신병이나 성적 일탈의 임상적 징후도 보이지 않는다고 말했다. 그는 앨런더가 자기 어머니를 살해한 요인을 다음의 세 가지로 결론지었다. 1) 친모와의 비정상적

◆〈양들의 침묵〉 – 조나단 드미 감독, 앤서니 홉킨스, 조디 포스터 주연의 1991년도 공포영화. FBI 수습요원인 스털링이 살인사건을 조사하기 위해 독심술의 대가이자 자기 환자 9명을 살해하고 그들의 살을 뜯어먹어 복역 중인 한니발 렉터 박사를 찾아가면서 사건에 휘말리는 내용이다.

관계. 2) 포르노와 관음증에 심취함. 3) 창녀를 차에 태우기 전에 〈양들의 침묵〉을 본 것.

둔감 그리고 혼동

우리 사회가 죄수들에게까지 〈양들의 침묵〉 같은 영화를 보여 주면서 매스미디어가 제공하는 양식을 섭취하게 할 정도로 둔감해지고 혼란에 빠진 것은 이상한 일이다. 나는 최근에 수감 중인 죄수의 정신에 성과 폭력이 어떤 영향을 미치는지를 다른 죄수의 관점에서 예리하게 분석한 글을 받았다.

> 많은 형무소(아마도 대부분)에서…수감자 자문위원회가 영화를 선정합니다…그들이 즐겨 선택하는 영화 장르가 가장 적나라한 정욕이 얽혀 있는 간음, 소름 끼치도록 선혈이 낭자한 살인과 이유 없는 폭력을 담은 영화들이라는 사실을 아신다면 놀라시겠지요?
> 남자들은 보는 것을 통해 성적인 자극을 가장 크게 받습니다…수감된 남자들은 이미 성적인 욕구가 좌절된 상황 가운데 있는데 성적인 생각이나 감정을 자극하는 것은 문제를 악화시킬 뿐입니다.
> 스크린에서 성행위를 보고 정서적으로나 영적으로 악영향을 받지 않을 수 있는…남자는 이곳에 없습니다.
> 단도직입적으로 말씀드리겠습니다. 영화에 등장하는 성과 폭력이 여러분과 여러분의 자녀들에게 미치는 영향이 저와 동료 죄수들에게 미치는 것과는 다를 것이라고 생각한다면 어리석은 일입니다. 얼마 전까지만 해도

우리 중 대다수는 여러분과 마찬가지로 영화 티켓을 사기 위해 줄을 섰던 사람들입니다. 그들은 여러분과 같은 극장에 앉아 같은 영화를 보았습니다. 여러분이 비디오를 빌리는 같은 가게에서 비디오를 빌렸습니다. 이 세상의 시스템은 모든 사람의 삶에 영향을 미치며 모든 사람은 안목의 정욕, 육신의 정욕, 이생의 자랑(요일 2:15-16)이라는 동일한 방법으로 죄에 빠집니다.

바로 지금 바깥세상의 얼마나 많은 사람들의 정신이 감옥에 있는 우리와 합류하게 될 짓을 하도록 세뇌당하고 있을까요? 얼마나 많은 사람들이 둔감해지고, 유해한 역할모델을 따라하도록 정서적으로 조종당하며, 변태적인 성행위를 정상적인 것으로 받아들이도록 길들여지고 있을까요? 얼마나 많은 마음이 돌처럼 딱딱해지고 있을까요?[8]

〈로스앤젤레스 타임스〉의 한 기사는 이런 질문을 던졌다. "왜 비평가들은 이런 혐오스러운 영화들을 좋아할까?" 스티븐 파버(Stephen Farber)는 기괴한 폭력을 좋아하는 평론가들의 취향 덕분에 지침을 찾는 영화 애호가들이 소외당하고 있다고 대답했다. 그는 허무주의적이고 무시무시하며 감정이 배제된 냉담한 영화가 세련됐다고 생각하는 사람이 많아졌다고 말했다. 그는 이렇게 결론지었다. "이 시대의 비평은…균형 잡힌 시각도 전혀 없고, 무엇이 진정 가치 있는 것인지도 분별하지 못한다."[9]

매스미디어의 치명적 무기

마이클 메드베드(Michael Medved)는 우리 사회 반 이상의 어린이들이 아무 감독도 없이 텔레비전을 시청하고 있으며, 40퍼센트는 자기 방에 텔레비전을 가지고 있다는 사실을 지적했다. 게다가 텔레비전은 그들이 섭취하는 오락적 자양분의 일부분에 불과하다. 라디오, CD, 비디오 게임, 컴퓨터 게임, 잡지, 만화, 인터넷은 대다수의 미국 어린이들이 정기적으로 섭취하는 양식에 포함된다.[10] 미국 심리학회의 1992년 보고서는 이렇게 진술하고 있다. "텔레비전은 부정적인 행동을 유발할 수 있으며, 공격성을 행동으로 옮기는 것을 장려하는 가치관을 조성할 수 있다."[11]

담배 회사들은 더 이상 텔레비전에 광고를 할 수 없다. 인간의 생명과 건강에 위협이 되기 때문이다. 그런데 텔레비전과 영화는 망상에 사로잡힌 이 세상의 테드 번디들에 의해 수천 명의 사람들이 불구가 되거나 강간당하거나 강탈당하도록 성과 폭력을 날마다 광고한다. 빅터 스트라스버거의 말을 되풀이하자면 이렇다. "미디어 폭력물과 사회의 폭력 사이에는 분명한 관계가 있다."[12]

PBS의 빌 모이어(Bill Moyers)는 콜럼비아 영화사의 전 사장이자 〈불의 전차〉의 제작자인 데이비드 푸트남(David Putnam)과의 인터뷰에서 그는 일단 사람들이 피와 성이 난무하는 장면을 접하고 나면 그들이 보는 마지막 폭력적 행동이나 성적인 행위로부터 별다른 자극을 느끼지 못하게 된다고 설명했다. 마약 중독자가 최초에 경험했던 '극치의' 황홀감을 계속 추구하듯이 영화에서 묘사된 성과 폭력에 중독된 사람들은 그들의 정욕을 충족시키기 위해, 성과 폭력의 복용량을 점점 더 늘리려고 한다.[13]

영화 속 세계와 현실 세계

할리우드의 가상현실은 우리 아이들의 행동을 다각도로 자극하여 자기 파괴적이거나 무례한 행위를 모방하게 만든다. 영화 속 세계와 현실 세계를 혼동하면 비정상적 공포심이나 불안감이 생길 수 있다.

텔레비전과 영화를 포함한 연예오락 미디어는 현실을 묘사하지 않는다. 그러나 현실에 대하여 어떤 특정하고 의도적인 감정을 묘사한다. 리얼리티 프로그램이나 텔레비전 뉴스조차도 영웅적인 행위나 감정에 호소하는 데 초점을 맞춘다. 할리우드는 종종 동일한 줄거리, 아이디어, 등장인물을 재활용한다. 영화 속 세계가 전달하는 메시지를 분석하고 검토한 로버트 쿠비(Robert Kubey) 박사는 미디어의 대표적 메시지를 정확하게 지적했다.

- 모든 일에는 즉각적인 해결책이 있다.
- 젊을수록 좋다.
- 한가하거나 비어 있는 시간은 용납할 수 없다.
- 폭력은 용인될 수 있다.
- 종교는 용인될 수 없다.
- 성은 혼외 정사여야만 좋다.[14]

우리 아이들이 이런 식으로 세상을 바라보기 원하는가? 세상의 다른 나라들이 우리를 이런 식으로 보기 원하는가? 이 메시지들이 우리 문명의 기초를 잠식하고 있다.

숨을 곳이 없다

매스미디어가 현대 사회에서 없어서는 안 될 부분이라는 사실은 부인할 수 없다. 실제보다 과장된 이미지들, 팝 음악의 감성을 자극하는 비트와 인터넷의 가상현실이 우리 문화를 반영하고 형성한다. 우리는 우리의 재능을 제대로 아시는 하나님의 명령에 순종해 성경적 원칙의 표상이 될 수도 있고, 아니면 시청자들을 도착과 무감각한 폭력에 빠지게 만드는 미디어의 영향을 받는 위험을 감수할 수도 있다.

국립정신건강 연구소에 의해 입증된, 안넨버그 커뮤니케이션 스쿨(Annenberg School of Communications)의 연구에 의하면 텔레비전 프로그램과 영화는 이렇다.

- 영화가 전달하는 메시지에 쉽게 영향을 받아 영화에서 보여 준 성적, 폭력적, 또는 부도덕한 행위가 직접적으로 영향을 미쳐 관객들이 그들의 삶에서 그런 행위를 모방하는 비율은 낮다.

- 문제의 행동을 무서워하게 만드는 것으로 시청자에게 악영향을 미치는 비율이 더 높다.

- 대다수의 시청자들에게 뚜렷한 영향을 미치지는 않으나 반사회적 소재를 장기적으로 시청하게 되면 좋지 않은 결과가 있을 수 있다.[15]

문제점에 대한 이 장황한 이야기의 요점은 미디어와 예술이 우리 사회에 널리 퍼져 있다는 것이다. 문제를 부인하거나 허용하면 그것은 걷잡을 수 없이 커져갈 것이다. 그러나 우리의 무기는 하나님 앞에서 견고한 진을 파하는 강력함이다(고후 10:4을 보라).

텔레비전과 십 대의 성(性)

12세에서 17세의 미국 청소년에 대한 연구에서 성적 내용을 담은 텔레비전 프로그램을 많이 시청한 아이들은 그렇지 않은 아이들보다 그 후에 성관계를 가질 확률이 더 높다는 사실이 밝혀졌다. "성에 대한 이야기만 나오는 텔레비전에 많이 노출되는 것도 성행위를 묘사한 텔레비전에 노출된 것과 동일한 위험성을 가지고 있다"고 그 연구를 시행했던 랜드 연구소의 행동과학자 레베카 콜린스(Rebecca Collins)와 그녀의 동료들은 말했다. "(텔레비전은) 모든 사람이 성행위를 하고도 아무도 책임질 생각은 하지 않고 나쁜 일은 절대 일어나지 않는다는 메시지를 전달한다"고 콜린스는 덧붙였다.[16]

그 연구는 더 나아가 『리모트 컨트롤 차일드후드? 미디어 문화의 위험과 싸우기』(Remote Control Childhood? Combating the Hazards of Media Culture)의 저자인 교육학 교수 다이앤 레빈(Dianr Levin)과 심리학자 빅터 클라인 박사, 스탠리 레크먼(Stanley Rachman) 박사, W. 마셜(Marshall) 박사가 밝혀낸 성적 이미지를 보는 것이 어린아이들과 청소년에게 성적 행동과 강간을 포함한 일탈 행위를 증가시켰다는 연구결과를 확인해 준다.

또한 헨리 J. 카이저 패밀리 재단은 텔레비전에 나오는 성적인 내용이 1998년 이래로 거의 두 배 이상 증가했음을 밝혀냈다. 시트콤, 드라마, 리얼리티 쇼를 보면 에피소드 10편 중 7편에 다소 선정적인 내용이 포함된 반면,

노골적인 성적인 행위는 줄었다. 10퍼센트 정도만이 성행위를 표현하거나 암시했다.

카이저는 현재 텔레비전에서 3,780개의 성적 행위가 담긴 장면을 찾아냈는데 7년 전만 해도 1,930개에 불과했다. 1998년에는 56퍼센트가 성적인 내용을 포함하고 있었는데 지금은 그 비율이 70퍼센트에 달한다. 카이저는 일주일에 텔레비전을 시청하는 시간이 줄잡아 20시간에 달하는 십 대들에게 텔레비전이 성을 쉽게 생각하도록 영향을 미쳤는지에 대해서 집중적으로 연구할 생각이다.[17]

위기에 처한 미국의 십 대들

십 대들은 치명적인 AIDS 바이러스를 포함하여 성관계를 통해 전염되는 질병이나 성병에 굉장히 많이 감염되고 있다. 아메리칸 메디컬 뉴스와 세계가족협회에 의하면 25세가 될 때까지 성적 활동이 활발한 젊은이 두 명 중 한 명이 성병에 전염된다.[18]

최근에 카이저 패밀리 재단이 15세에서 17세의 십 대 500명을 설문조사한 결과, 대부분의 십 대들이 피임약에 대해서는 알고 있지만, 그 가운데 25퍼센트 이상의 아이들이 피임약이 AIDS를 포함한 다른 성병으로부터 전혀 보호해주지 않는다는 사실을 모르고 있다는 사실을 발견했다.[19]

최근의 연구들이 증명한 것처럼 영화, 비디오, 텔레비전 프로그램, 음악, 비디오 게임에 나오는 성에 대한 묘사나 언급이 미국의 젊은이들 사이에 이 위험한 질병을 크게 유행시켰다. 부모들은 더 이상 매스미디어가 자기 아이들에게 무엇을 보고 들을지 지시하도록 방치해서는 안 된다.

비영리 단체인 청소년의 수호자(Advocates for Youth)가 2004년 2월 보고한 내용을 보면, 미국에서 성행위를 통해 전염되는 질병에 걸린 신생 환자의 거의 절반이 15세에서 24세 사이에 분포되어 있다. 그 단체는 그 밖에도 15세에서 24세 사이에서 임질과 클라미디어의 발병율이 1998년 이래 무려 50퍼센트 이상(53.5 퍼센트) 증가했음을 발견했다! 맨해튼의 산부인과 의사인 마가렛 폴라네츠키(Margaret Polaneczky)는 성병이 급증하게 된 원인을 무책임한 성관계 탓이라고 지적했다.[20]

아이비리그의 포르노

미국 젊은이들의 성적 타락상은 예수 그리스도의 복음을 가르치기 위해 설립된 아이비리그 대학들이 지금은 포르노 문학을 출판할 지경이 되었음을 보면 알 수 있다. 2006년 5월 4일 켈시 블로젯은 〈다트머스〉(The Dartmouth) 지에 포르노가 점점 더 사회적으로 용인되고 있다고 주장했다.

교내 포르노 잡지들, 이를테면 예일 대학의 〈예일의 섹스 위크〉(Sex Week at Yale: The Magazine)와 같은 잡지들은 부정적인 반응과 긍정적인 반응을 모두 얻으면서 학생들 사이에 큰 논란을 일으켰다. 시카고 대학 학생들은 그 대학 여학생들의 누드를 특집으로 낸 〈비타 엑소라투르〉(Vita Exolatur)를 발행하여 논란을 일으켰다. 보스턴 대학은 〈보잉크〉(Boink), 〈성관계를 위한 캠퍼스 가이드〉(The Campus Guide to Carnal

Knowledge)를 발행했다. 바사 대학은 〈스쿼〉(*Squirm*)을, 하버드는 아마도 모든 출판물 중에서 가장 노출이 심한 누드를 보여준 〈H 밤〉(*H Bomb*)을 내놓았다.[21]

할리우드 아이돌

주디스 A. 라이스만(Judith A. Reisman)은 자신의 저서 『거침없이 나오는 소프트 포르노물』(*Soft Porn Plays Hardball*)에서 1948년에는 25세 이하의 남성 중에 0.4퍼센트, 35세 이하는 1퍼센트 미만이 발기부전을 경험했다"고 썼다. 1970년 무렵에는 거의 모든 "남자들이 발기부전을 경험한 적이 있었고, 아마도 30-40퍼센트의 남성들이 시도 때도 없이 만성적이거나 반복적인 발기부전을 겪었을 것이다"고 주장했다.[22]

라이스만과 다른 학자들의 연구가 시사하는 바는 주류 매스미디어에 포르노가 증가하면서 남자들이 포르노에 나오는 이미지들에 의존해야 자기 아내와 사랑을 할 수 있게 되었다는 것이다. 포르노야말로 발기부전의 주된 원인이라는 것이다.

마이 스페이스 속의 십 대들

– 캐서린 드브레트(Katherine DeBrecht)

십 대들에게 가장 인기 있는 인터넷 놀이터이면서 사냥꾼들의 구미를 돋구는 MySpace.com의 프로파일들을 훑어보면 어린 소녀들이 취하고 있는 도발적인 자세에서 그들이 "섹시해야 주목받을 수 있다"는 메시지를 받아들이고 있음을 알 수 있다.

십 대 시절은 인정받고 수용되고 있다는 사실이 중요한 시기다. 우리 청소년들에게 어떻게 해야 인정받을 수 있는지를 보여 주는 수단이 노출 수위가 낮은 포르노인가? 부모들은, 할리우드와 광고주들이 시각적이고 언어적인 성적 메시지를 우리 청소년들에게 쏟아붓는 것을 방관하면서 그들을 포식자의 미끼로 만들 것인가?

CBS 뉴스의 기술 분석가인 래리 마지드(Larry Magid)는 "술 마시고 담배 피우고 섹스하는 인생은 재미있고 멋지다"라는 구절이 포함된 15세 소녀의 프로파일을 점검해 달라는 요청을 받았다. 그가 만약 사냥꾼이라면 어떻게 하겠는가라는 질문에 마지드는 말했다. "그 아이를 범죄대상으로 삼겠죠."

불행하게도, 많은 부모들이 MySpace.com에서 실제로 어떤 일이 벌어지고 있는지 모르거나 그 심각성을 무시하고 있다. 할리우드가 부추겨서 폭발적으로 증가하는 우리 청소년들의 성 상품화와 인터넷 포르노는 지옥이 맺어 준 천생연분이라고 할 수 있다. 인터넷 포르노에 빠져 허기진 중독증을 채운 사냥꾼들이 마약을 투약하기 위해 무엇을 하겠는가? MySpace.com에 들어가 먹잇감 사냥에 나선다. 실종, 유괴 아동센터에 의하면 작년 한 해 동안 성인이 인터넷을 통해 어린이를 유혹한 사건이 2,600건 이상이었다.

레스터 대학 강사이자 유명 연예인들에 대한 청소년들의 태도를 연구한 책의 공동 저자인 존 몰트비(John Maltby)는 이렇게 말한다. "유명 연예인을 숭배하는 것은 이제 성장을 가늠하는 중요한 기준점이 되었다. 이것은 애착이 부모로부터 또래집단으로 이행되는 과정의 부분적 현상이다. 또한 과거에는 가족, 친구, 선생님들이 영향력 있는 역할 모델이었던 반면에 지금은 연예인들이 그 역할을 하고 있다."

최정상급 '청소년' 스타 중 하나인 애슐리 심슨(Ashlee Simpson)이 가장 최근 캔디스 걸스(의류, 장신구, 캔디, 가구를 주로 판매하는 미국의 소매 체인-옮긴이)의 모델로 나온 모습을 보자. 침대에서 머리카락을 늘어뜨리고 레이스 달린 브래지어가 보이는 깊이 파인 티셔츠에 허벅지를 드러내고 카메라를 비스듬히 바라보는 자세로 캔디스 하이힐을 신고 있다. 배경에는 곰 인형이 있다.

캔디스 사의 CEO 닐 콜(Neil Cole)은 이 광고를 어떻게 볼까? "다소 야하기는 해도 가릴 것은 다 가렸고 그냥 즐거워하는 모습이에요. 약간 섹시해 보이고요." 콜은 그 광고가 "성숙해 가고 있는 소녀와 그 두 가지의 조합"을 보여 주고 있으며, "많은 소녀들의 방에 곰 인형이 있는 것을 보실 겁니다. 아마 하이힐도 가지고 있을 걸요"라고 했다.

캔디스는 재단을 설립하여 연예인들을 통해 십 대 임신에 대해 터놓고 말하도록 권하면서 "섹시해져라. 섹시하다는 것과 섹스를 하는 것은 별개"라는 문구가 적힌 티셔츠를 보급하고 있다. 우리 아이들을 뒤쫓는 성 사냥꾼들이 우글거리는 세상에서 우리는 진정 십 대 아이들이 이십 대처럼 옷을 입기 원하는가? MySpace.com에서 아이들이 연예인들의 포즈를 흉내 내고 있는 것만 봐도 연예인들이 우리 아이들에게 영향을 미치고 있다는 것은 엄연한 사실이다…

연예인들의 사생아 출산, 이혼, 간통이 미화되고 있지만, 여전히 이런 행위는 대다수 미국 가정에 가난, 십 대 임신, 성병, 우울증과 자살 등등의 불행한 결과를 초래하고 있다.

십 대들은 섹스를 멋진 것으로 보이도록 홀리는 '우상숭배'를 스스로 간파할 수 있을 정도로 성숙하지 못하다. 그들 시기에는 어린 나이에 갖는 성 경험의 무서운 결과를 볼 수 있는 능력이 없다. 그들이 끊임없이 보고 있는 이미지들은 잠재의식 속에 섹스를 지향하도록 세뇌하고 있다. 그런 탓에 그들은 청소년기의 순수함을 건너뛰고 있으며, 성숙하고 건강하게 자라날 수 있는 안전하고 깨끗한 환경을 박탈당하고 있는 것이다.

부모들은 어린아이들이 섹시한 연예인들을 모방하는 것은 시대의 양상이나 징표라고 입을 모아 주장한다. 그러면 우리가 살고 있는 시대를 보라. 넘쳐나는 인터넷 포르노, 컴퓨터 스크린을 통해 가정으로 침입하는 성 사냥꾼들, 강간으로 기소된 교사들…우리 아이들의 학대, 유괴, 강간, 살인이 우리가 받아들여야 할 '이 시대의 징표'나 '양상'인가?

광고대행사인 WPP에 의하면, 10년 전에는 광고 8편당 1편 정도에 연예인이 출연했지만, 지금은 광고 4편당 1편에 연예인이 출연한다. 연예인들에게 자사 제품을 입히는 것이 '필요불가결한' 전략이라고 믿는 정상급 디자이너 브랜드인 델 로자리오(Del Rosario)의 판매와 마케팅 담당부장인 브라이언 설리번(Brian Sullivan)은 이렇게 말한다. "전 세계가 연예인들의 생활방식에 지금보다 더 열광했던 적은 없습니다."

부모들 역시 연예인들을 열심히 모방하고 있는 우리 아이들이 성 사냥꾼들에게 희생당할 위험이 점점 커지고 있는데도, 그들의 십 대 자녀들이 자본가들의 입맛에 맞춰 연예인들이 입은 노출이 심한 옷을 사기 위해 줄 지어 기다리는 것을 허용하고 있다.

　나는 할리우드와 부모들을 각성시키기 위해 하나도 숨김없이 다 터놓고 말해야 한다고 생각한다. 부디 어떤 위험이 있는지 알기 바란다. 사냥꾼들은 줄곧 성적으로 흥분되어 있다. 사냥꾼들의 짐승 본능에 양심이란 없다. 자기의 욕구를 채우려는 만족할 줄 모르는 욕망만이 존재한다. 희생자의 '인격' 따위에는 관심도 없다. 당신은 우리의 순진한 아이들에 대한 책임을 무시하겠는가? 아니면 할리우드가 막대한 돈을 벌기 위해 성을 계속 이용하고 있는데 부모들은 그냥 세태를 따라가면서 최선의 결과가 이루어지기를 바라기만 할 것인가?

　당신이 이런 이미지와 메시지들로부터 아이들을 보호하지 않으면 아이들의 이른 성관계, 강간, 임신, 성병과 그들이 성 사냥꾼들에게 희생당하는 것에 대해 당신이 책임을 져야 한다. 그 사실을 부모와 할리우드가 모두 인식해야 한다.

　요점은 이것이다. 당신은 성이 지배하는 문화 속에 살고 있다. 한편에는 언제라도 사냥할 태세를 갖추고 있는 포식자들이 있고, 한편에는 성적으로 문란한 연예인들을 모방하고 있는 무방비 상태의 어린아이들이 있다. 이 어린아이들을 최전선에서 보호할 사람들은 바로 부모들이다.[23]

증거의 법칙

2001년 네 개의 주요 의학협회는 연예오락에 등장하는 폭력이 아이들을 더 공격적으로 만들었다고 결론지었다. 미국 연방통상위원회는 연예오락 산업이 폭력적인 영화, 음악, 게임들을 어린이들에게 팔고 있다는 사실을 발견했다. 그러므로 부모들이 아이들에게 미디어에 대한 분별력을 갖도록 가르치지 않는 것에 대해서는 어떤 변명도 있을 수 없다.

미국 의학협회, 미국 소아과학회, 미국 심리학회, 미국 소아청소년정신과학회는 공동 발표문에서 영화, 비디오 게임, TV, 랩 음악에 나오는 폭력성이 어린이들을 폭력적인 행동으로 이끄는 원인 중 하나라고 경고했다. "30여 년 동안의 연구를 바탕으로 내린 공중보건단체의 결론은 폭력적인 연예오락물을 시청하는 것이 특히 어린이들의 태도, 가치관, 행동을 더 폭력적으로 이끌 수 있다는 것이다."[24]

폭력이 찬양받거나, 최소한 그럴듯하고 화려하게 표현되고 있는 현실에서 폭력이 발생하는 것은 그리 놀랄 일도 아니다.

바보가 되어 가는 미국

뉴저지에 있는 프린스턴 교육 평가 서비스가 실시한 교육 발전에 대한 최초의 국제 평가에서 6개국의 학생들이 텔레비전의 영향에 대한 검사를 받았다. 결과는 충격적이었다. 텔레비전을 많이 본 학생들일수록 학업 성취도가 낮았다. 미국의 13세 아이들이 텔레비전을 가장 많이 보았고, 수학은 최하위,

과학은 거의 최하위권이었다. 대한민국 학생들이 거의 모든 과목에서 우수한 성적을 받았고 수학은 큰 격차로 앞서 있었다. 그들은 다른 나라 같은 또래들보다 텔레비전 시청 시간이 적었고 숙제하는 시간이 더 많았다.[25]

10여 년 동안 천 명의 아이들을 연구한 결과 텔레비전을 과도하게 시청한 아이들은 심각한 언어장애를 겪었다. 이런 아이들은 자기 이름이나 가족의 이름도 제대로 알지 못했다. 세 살 때 그 아이들은 두 살 아이처럼 말했다. 그 연구 논문의 저자인 샐리 와드(Sally Ward) 박사는 텔레비전에게 아이들의 보모 역할을 맡기는 부모들은 아기들의 의사소통 능력을 망가뜨릴 수도 있다고 경고했다.[26]

텔레비전에 과다 노출되는 것은 아이의 집중력에도 영향을 미친다. 아이가 사물의 이름을 말하면서 그 사물을 가리키는 '매핑'(mapping) 기술은 언어를 가르치는 데 매우 중요하다. 텔레비전의 시각 교화에 익숙한 아이들은 그 외의 다른 것에 집중하기를 어려워한다. 와드 박사는 12개월 미만의 영아들이 텔레비전을 시청하게 해서는 안 되며, 취학 전 유아들은 하루에 1시간을 넘기면 안 된다고 경고했다.[27] 할리우드는 다음 세대가 하나님과 사탄과 우리 자신을 어떻게 보는지를 고쳐 쓰고 있다.

사랑과 평화가 시작되어야 하는 곳

박애주의자이자 1971년 노벨 평화상 수상자인 콜카타의 테레사 수녀는 1994년 낙태 반대를 위한 국가조찬 기도회에서 생명의 소중함에 대해 연설했다. 정곡을 찌르는 그녀의 말 일부를 소개하겠다.

우리 아이들은 모든 것을 우리에게 의존하고 있습니다. 그들의 건강, 영양, 안전, 하나님을 알고 사랑하게 되는 것, 이 모든 것에 대해서 아이들은 신뢰와 희망과 기대의 눈으로 우리를 바라봅니다. 그러나 많은 경우 아버지와 어머니는 너무 바빠서 아이들에게 내어줄 시간이 없거나, 혹은 결혼도 하지 않았거나, 혹은 결혼을 포기했습니다. 그래서 아이들은 거리로 나가 마약과 다른 것에 빠져듭니다.

우리는 아이들을 사랑하는 것에 대해 말하고 있으며, 거기에서부터 사랑과 평화가 시작되어야 합니다.

저는 오늘날 평화의 가장 큰 파괴자는 낙태라고 생각합니다. 왜냐하면 그것은 바로 어머니에 의해서 자행되는 아동을 대상으로 한 살인이기 때문입니다. 그것은 순진한 아이를 직접 죽이는 행위입니다. 어머니가 자기 아이를 죽이는 것을 용인한다면 우리가 어떻게 다른 사람들에게 서로 죽이지 말라고 말할 수 있겠습니까?

어떻게 한 여자에게 낙태하지 말라고 설득할 수 있을까요? 늘 그렇듯이 우리는 사랑으로 그녀를 설득해야 합니다. 그 아이의 아버지가 누가 됐든지, 자기가 상처를 받을 정도로 사랑을 주어야 합니다. 낙태로 인해 그 어머니는 사랑하는 방법을 배우지 못하고, 문제를 해결하기 위해 자기의 아이조차 죽입니다. 그리고 낙태로 인해 그 아버지는 자기가 이 세상으로 데려온 아이에 대해 아무 책임도 질 필요가 없다는 메시지를 듣는 것입니다.

낙태를 허용하는 모든 나라는 사람들에게 사랑을 가르치는 것이 아니라, 원하는 것을 얻기 위해 어떤 폭력이든 사용하라고 가르치고 있는 것입니다. 그렇기 때문에 사랑과 평화의 가장 큰 파괴자가 낙태인 것입니다….

하나님이 우리를 사랑하시며 그분이 우리를 사랑하시듯이 우리가 서로를 사랑할 수 있다는 사실을 기억한다면, 미국은 세계 평화의 상징이 될 수 있습니다. 이 자리에서부터 가장 약한 자, 즉 태아를 보살피는 운동이 전 세계로 퍼져 나가야 합니다. 여러분이 세상의 정의와 평화를 지키는 등불이 된다면 여러분은 이 나라의 설립자들이 표방했던 것을 부끄럽지 않게 할 것입니다. 하나님의 은총이 여러분과 함께하시기를 기도합니다![28]

3부

**매체와
메시지**

7장
할리우드의 이면

연예오락 산업은 〈오즈의 마법사〉와 상당히 닮았다. 마법사는 전지전능하고 무소부재(無所不在)한 존재처럼 믿어졌지만, 토토가 커튼을 젖혔을 때 정작 나타난 것은 왜소한 노인이었다. 그는 사람들을 괴롭히고 두렵게 했던 것에 대해 어린 도로시에게 야단까지 맞았다. 이 장에서는 연예오락 매스미디어의 진정한 본질을 조사하고 누가 문화적 영향력을 조종하고 있는지 검토해보고자 한다.

전문가들은 연예오락 산업이 미국 GNP의 6분의 1을 차지하고 있는데도 연예오락 프로젝트를 제작하고 배급하는 일에 대한 최종 승인을 내리는 사람들은 채 100명이 되지 않는다고 주장한다. 그리고 이들은 미국의 박스오피스, 텔레비전 프로그램, 주류 미디어의 약 98퍼센트를 좌지우지하는 8개의 주요 회사들에서 일한다.

실제로 소수의 운영자, 제작자, 에이전트들에게 권력이 극도로 집중되어 있어서 아무 경험이 없는 제작자는 영화 산업에 끼어들기가 무척 어려운 상황이다. 텔레비전의 경우, 주요 방송사들은 매년 2만 시간을 프로그램으로 채워야 하며, 시청자들을 사로잡고 유지하기 위한 새로운 아이디어에 혈안이 되어 있다.

찬밥이 된 구식 종교

많은 프로그램이 필요함에도 불구하고 텔레비전 프로그램 구매 담당자들은 종교와 거의 접촉점이 없어서 기독교적인 내용을 담은 프로그램을 제작하려는 제작자들은 어려움을 겪는다. 힘들긴 해도 1934년에서부터 1970년대까지 통신보호법이 시행되는 40년 동안은, 종교 프로그램 제작자들이 어느 정도는 방송에 진출할 수 있었다. 방송사들이 공공의 이익과 편리와 필요를 바탕으로 운영해야 한다는 의무감에 일정량은 종교적인 프로그램을 기획했기 때문이다. 그런데 1970년대 말 이후로 연방소통위원회가 방송의 공익적 의무를 완화시키는 바람에 방송사들은 공익적이거나 종교적 성격을 띤 프로그램을 대폭 줄였다.

연예오락 매스미디어의 문화

할리우드의 전성시대에 영화 산업은 제작한 이민자들의 영향을 받았다. 그들은 자신들의 새로운 고향인 미국을 사랑하고 그 사랑을 반영하는 〈성조기의 행진〉(*Yankee Doodle Dandy*)*, 〈스미스 씨 워싱턴에 가다〉, 〈십계〉(*The Ten Commandments*) 같은 영화를 만들었다. 1960년대에 연예오락 산업은 극적인 변화를 겪기 시작했다. 이제 주요 연예오락 회사들은 (소니 같은) 일본 기업들이나 기독교인임을 공언하는 루퍼트 머독(Rupert Murdoch) 그리고 각양각색의 인종과 종교적 배경을 지닌 개인들의 통제를 받았다. 그들에게는 한 가지 공통의 목표가 있었는데 바로 돈을 버는 것이었다. 연예오락 산업에서 그들이 정상의 위치에 오르고 생존할 수 있었던 비결은 그들에게는 특정한 연예오락 산업 스튜디오를 대표하는 팀에 소속되고자 하는 욕망이 간절했기 때문이다.

연예오락 매스미디어에 대한 분별력을 키우려면 그것을 지배하는 규칙을 반드시 이해해야 한다. 다음은 분별력을 키워 줄 연예오락 산업의 주요 측면에 대한 간략한 설명이다.

---

*〈성조기의 행진〉 – 마이클 커티즈와 휴 맥물란 감독이 공동 연출하였고 제임스 캐그니, 월터 휴스턴, 조안 레슬리, 아이린 매닝, 리처드 워프 등이 출연하였다. 제차 세계대전 후의 유명한 작곡가, 가수, 댄서였던 조지 M. 코헨의 인생을 그린 뮤지컬 영화. 전설적이고 애국심을 불러일으키는 노래와 춤의 사나이 코헨의 실화를 영화화하려는 몇 번의 시도가 실패한 후 시나리오 작가 로버트 버크너가 플래시백 구성으로 에피소드들을 중심으로 이야기를 전개한다. 노래, 무용, 페이소스, 구경거리, 떠들썩한 코미디가 담겨 있다. 제임스 캐그니가 재능을 발휘하여 아카데미상 남우주연상을 수상하였다. 또한 아카데미상 녹음상, 뮤지컬 부문 음악상을 수상하였다. 전시의 홍보용 인상이 강한 영화였는데 영화적 완성도가 높다는 평가를 받기도 하였다.

1. 할리우드가 연예오락 산업 시장을 지배한다.

오래전 나는 영화를 제작하기 원하는 한 무리의 부유한 투자자들에게 영화 산업을 이해시키기 위해 모임을 조직한 적이 있었다. 매달 연예오락 산업에 종사하고 있는 최고위급 운영자나 탤런트가 그들에게 소개되었다.

한 투자자가 주요 배급사 사장에게 자신이 평균 제작비의 10분의 1 비용으로 영화를 제작할 수 있다면 자기 영화를 배급할 의향이 있는지 물었다. 그 사장은 반문했다. "왜 그걸 원하겠어요?" 그리고 덧붙여서 이렇게 말했다. "영화를 만들기 원하신다면 우리는 길 건너편보다 임대료가 10배는 더 비싼 스튜디오에 당신 사무실을 차려 줄 겁니다. 그리고 스튜디오 상점은 스튜디오 밖에서 파는 장비보다 10배 더 비싼 가격의 장비를 당신에게 팔 겁니다. 그런 다음 우리가 제작하기로 합의한 영화를 당신에게 맡겨서 당신 돈으로 제작하게 하는 거죠."

나는 그 투자자들에게 영화 배급사는 한편으로 제작사라는 사실을 이해시키기 위해 애썼다. 제작비에는 배급사가 과도하게 쓴 불공평한 모든 비용이 포함되어 있기 때문에, 만약 투자자가 배급사를 끼지 않고 영화를 제작하면 배급사는 음향 스튜디오, 상점들, 인건비와 공공요금을 보상받을 수가 없게 된다. 배급사는 자신들이 만든 시스템 안에서 영화가 제작되는 것에만 관심이 있는 것이다.

영화 배급사를 가진 제작자들은 플랜테이션(주로 동남아시아와 아프리카 및 라틴아메리카에서 이루어지는 농업 형태로, 서양인이 가진 기술력과 자본과, 원주민과 이주노동자의 값싼 노동력으로 이루어지는 농업이다-옮긴이)의 물납 소작인이나 기업에 고용된 노동자와 비슷하다. 남북전쟁 이후, 많은 플랜테이션 농장에서 물납 소작인들에게 농장을 경작하는 데 필요한 오두막과 모든 장비를 빌려주었다. 소작인들이 추수한 곡식을 팔려고 플랜테이션 창고로 가져오면 장비와 필수품을 빌린 대금을 제한 후에 값을 지불했다. 이런 경우 종종 물납 소작인은 사실상 아무것도 남는 게 없었다. 영화 제작자도 마찬가지다. 수익이 돌아왔을 때 모든 비용을 제하고 나면 제작자에게는 부채만 남는 경우가 종종 있다.

2. 할리우드는 부유한 외부인들을 이용하고 남용한다.

주요 배급사들은 영화 제작뿐 아니라 은행과 기관 투자자들로부터—영화 한 편을 제작하고 배급하는 데 평균 1억 달러의 비용이 든다—자금도 조달한다. 할리우드의 역사는 많은 돈을 잃고 치욕스럽게 떠나간 명석하고 돈 많은 외부인들로 가득 차 있다. 2004년 〈로스앤젤레스 타임스〉의 한 기사에서 패트릭 J. 카이거(Patrick J. Kiger)는 할리우드가 돈 많은 외부인들을 어떤 식으로 대하는지 폭로했다.

> "우리는 외부인들을 좋아하지 않아요." 할리우드를 다룬 F. 스콧 피츠제럴드의 마지막 미완성 소설에서 등장인물 가운데 한 사람이 말했다. 그렇지만 그건 잘 모르는 소리다. 할리우드 사람들은 영화 사업에 끼어드는 사람들을 싫어하지 않는다. 외부인들이 지갑을 탕탕 털어서 돈을 대는 한, 그리고 그들이 원하는 것보다 더 오래 머무르지만 않는다면 말이다. 이 시나리오는 경찰처럼 보이지 않는 동료 경찰관 두 명이 익살을 떨면서 범죄와 싸우는 액션 스릴러만큼이나 할리우드에서 자주 되풀이되었다. 다른 사업에서 성공해 기고만장해진 사업가나, 돈 많은 집안의 유산을 투자한 외부인이 제2의 루이스 B. 메이어(Louis B. Mayer, MGM사의

설립자-옮긴이)가 되는 꿈을 품고 뛰어들었다가 2-3년 후 참담하게 실패하여 슬그머니 사라지고 만다. 최근에 가장 세간의 이목을 끌었던 예 - 할리우드에 야심을 품은 시그램(미국에서 정상급 진을 생산하는 주류회사-옮긴이)의 상속자들인 메시에(Messier)와 에드거 브론프만 주니어(Edgar Bronfman Jr.)가 비벤디 사(영화, 텔레비전, 음악, 게임, 출판 등 문화 사업을 하는 프랑스의 기업)와 얽히게 되었던 - 도 윌리엄 랜돌프 허스트(William Randolph Hearst, 미국 최대의 신문 계열사를 창립한 경제인-옮긴이)와 조 케네디(Joe Kennedy)처럼 용의주도한 사람들이 서부로 와서 지갑을 털렸던 할리우드 초창기 사건들의 최신판에 불과하다….

어째서 이런 힘 있고 돈 많은 알파형 남성들이 안락한 영지를 박차고 나와 전혀 익숙하지 않은 사업에 뛰어드는 걸까? 그들이 오만한 태도로 경멸하곤 하는 권모술수가 판을 치는 것으로 악명 높은 영화판에 말이다. 예컨대, 어떤 종류의 집단 최면이 한 독일인 투자가로 하여금 론 허바드(L. Ron Hubbard, 사이언톨로지 창시자-옮긴이)의 〈배틀필드〉(*Battlefield Earth*)*를 칭송하는 영화에 수백만 달러를 쏟아 붓게 만들었을까? 또는 어떻게 영리한 통신계의 거물을 〈80일 간의 세계 일주〉를 쓸데없이 리메이크하는 일에 참여하게 만들었을까? 영화 쪽 일만 제외하면

---

* 〈배틀필드〉 - 로저 크리스천 감독, 존 트라볼타, 베리 페퍼 주연의 2000년도 SF 영화. AD 3000년, 외계인 종족 아시클로의 침략으로 지구는 식민지로 전락한 상태다. 사이클로의 지배 하에 인류는 두 부류(사이클로의 노예인 인간과, 사이클로의 지배를 피해, 불안에 떨며 원시부족을 이루며 사는 인간)로 나뉘어 근근이 생존해 가고 있을 뿐이다. 사이클로는 면도날처럼 날카로운 발톱과 사악한 심성을 지닌, 평균 신장 3미터의 거대한 외계인이다. 식민지 착취에 열을 올린 사이클로는 인간을 가두고 지구의 자원을 갈취하는 중노동에 이용한다. 인간을 지배하고 착취하는 외계인과 이에서 벗어나려는 인간의 싸움을 그린 영화다.

매우 명민한 다른 문화 출신 – 암스테르담이든 피오리아든 – 의 사람들이 오리무중의 영화 산업에 무기력하게 얽혀 드는 이유가 무엇인가? 결국 참담한 실패로 끝나고 마는 첫 상영 후 '시너지 효과'에 대해 혼자서 중얼거리게 되는 증상을 어떻게 설명할 수 있을까?

"그들은 만약 그들이 공구 사업에 참여했다면 당연히 했을 전통적인 사업 분석을 하지 않는다." 다트머스 대학의 경영학과 교수이며 『실패에서 배우는 성공의 법칙』(*Why Smart Executives Fail*)의 저자인 시드니 핑켈스타인(Sydney Finkelstein)은 이렇게 말한다. "다시 말해, 당신이 공구를 만들고 있을 때에는 아카데미 시상식에 영화배우들과 함께 객석에 앉아 있다는 생각에 현혹되지 않는다. 당신이 중대한 실수를 범하는 까닭은 그 화려함에 현혹되기 때문이다." 경험적인 관점에서 보면, 외부인이 특히 영화 사업을 하려는 것은 완전히 미친 짓이다. 왜냐하면 그 경제 모델은 다른 어떤 사업과도 완전히 다르기 때문이다. 영화 산업은 실제로 투자금의 3-4퍼센트 정도의 수익만 얻는데, 이것은 철강 사업이나 출판 사업에 비하면 형편없는 수치다.

설상가상으로, 영화 이윤의 통계 곡선을 보면 전혀 곡선이 아니다…도리어 놀이터의 미끄럼틀에 가깝다. 제작물의 6퍼센트가 90퍼센트의 돈을 벌어들이고, 70-80퍼센트의 제작물은 기억 속에 묻혀 버린다. 이 때문에 경제학자 드 배니(De Vany)는 영화 산업을 '극도의 불확실성'을 가진 산업이라고 말했다. 즉, 성공률은 비정상적으로 낮은데 일단 성공하면 기이할 정도로 엄청난 성공을 기록한다는 것이다. 예를 들어, 영화 〈타이타닉〉은 1997년에 미국 안에서만 6억 달러의 총수입을 올렸는데, 같은 해 영화계의 평균 총수입은 2,300만 달러였다. 이런 결과는 예측이 불가능하다….

여기에 또 다른 복잡한 요소가 있다. 대부분의 산업은 할리우드처럼 배급 시스템이 까다롭지 않다. 할리우드에서는 블록버스터가 될 것 같은 영화가 순식간에 전국의 스크린을 점령해 버리고 경쟁작들은 그 나머지를 차지한다. 이는 한 브랜드의 전자레인지가 거의 모든 대형매장에서 일주일 동안 모든 진열대를 차지하고 있다가 팔리지 않으면 순식간에 사라져 버리는 것과 같은 이치다….

외부인들에게는 언어 또한 문제가 될 수 있다…행동 전문가 크래이머는 "할리우드의 언어는 과장이 너무 심해서 그것을 해독할 수 있어야 한다"고 설명한다. "그렇지 않으면 어떤 사람이 당신의 프로젝트가 환상적이며 당신과 함께 일하면 정말 재미있을 거라고 말할 때, 사실은 조수한테 더 이상 당신 전화를 연결하지 말라는 뜻이라는 걸 이해하지 못할 것이다."[1]

그뿐 아니라, 가진 돈이 없으면 그 세계의 일원이 될 수 없다. 옛날에 내가 모았던 몇몇 투자가들이 연예오락 산업에 대해 배우려고 칸영화제에 가기로 했다. 나는 그들이 돌아온 후에 그중 몇 사람과 점심을 같이 했다. 그들은 요트도 없고 호텔에 투숙하지 않았다는 이유로 칸에 갔던 다른 사람들의 비웃음을 샀다. 요컨대, 배급사들은 당신의 돈이 필요하지 않아도 당신의 재정 상태에 관심을 갖는다.

3. 할리우드는 사교 클럽이다.

사교 클럽에 가입해 본 경험이 있는가? 그렇다면 당신이 친구들을 그곳에 데려가거나 저녁을 대접할 수는 있지만, 회원이 아니면 그들은 다음날 다시 거기에서 식사할 수 없다는 사실을 알고 있을 것이다. 인종이나 신조와는 상관없다. 클럽을 이용하려면 클럽의 회원이 되어야 한다. 클럽은 자기 회원들만 대접한다. 할리우드는 바로 그런 곳이다.

4. 할리우드는 포커 게임이다.

말 그대로, 최고 배급사 경영자들은 매주 포커 게임을 하면서 정보를 나누고 연예 오락 산업에 대해 논의한다. 당신이 그 게임에 참여하고 있지 않다면, 아마도…당신은 외부인일 것이다.

5. 할리우드는 무법천지의 서부다.

한번은 어떤 백만장자가 유명한 영화 배급사를 매입하려 했는데 그의 변호사는 자신이 대리하고 있는 또 다른 경쟁사에 그 배급사의 자산을 팔려고 했다. 그는 그 일로 인해 변호사 자격을 박탈당하겠지만 아무도 할리우드의 도덕성에 문제를 제기하지는 않는다. 매스미디어가 문화를 조성하고 정치가들을 선출하기 때문이다.

6. 할리우드는 가족 사업이다.

수년 동안, 할리우드의 경영자들은 자기 가족과 친구들을 고용하여 중요 직책을 맡겼다. 혈연이 아닌 멤버들은 예외적인 경우에 해당했다.

7. 할리우드는 꿈을 제조하는 공장이다.

지난 100년 사이 할리우드 드림은 미국의 근간이 되는 모든 사람을 위한 자유와 정의에 대한 기독교적 원칙을 완전히 대체했다. 이는 미디어가 수용될 수 있다고 여기는 것을 규정할 수 있다는 전제를 성립시킨다. 그러나 이사야 55장 9절 말씀처럼, 하나님의 방법과 생각은 우리의 방법과 생각보다 훨씬 더 높다. 우리 문화는 잠언 29장 18절에 명기된 올바른 비전-"묵시가 없으면 백성이 방자히 행하거니와"-을 인식해야 한다.

  연예오락 산업의 경영자들은 늘 다음의 큰 꿈이 그들을 지나쳐 가지 않을지, 실패작에 돈을 날리지는 않을지 걱정하며 전전긍긍한다. 그렇지만 어떤 꿈이 팔릴지 누가 알겠는가? 결과를 예측할 수 없는 프로젝트에 대해 힘든 결정을 내리는 것을 회피하려고 경영자들은 검토하겠다고 말하고는 마냥 시간을 끄는 경우가 허다하다. 그들이 그 프로젝트에 대한 권한을 소유하는 한, 다른 곳에 가져갈 수는 없기 때문에 프로젝트 기획자가 달리 그것을 추진할 방도를 찾지 못하면 옴짝달싹할 수 없게 된다.

8. 할리우드는 그들을 바보 취급하는 사람들에게 웬만해선 꿈쩍도 안 한다.

  한 배급사 사장이 신앙인이 만든 독립영화를 받아 배급할지에 대해서 진지하게 고려하는 중이라고 말했다. 그런데 그 사장이 독립영화를 제작하는 그 젊은이에게 영화를 만드는 데 소요되는 비용을 묻자 그는 예산을 부풀려 말했다. 그 사장은 그 남자에게 자신은 매일같이 영화를 만들었고 그 독립영화를 제작하는 데 정확히 얼마가 드는지 안다고 말했다. 감히 누굴 속이려고?

  이와 비슷한 경우를 다른 배급사 사장에게서 들었다. 그는 성과 폭력이 담긴 영화를 제작하려던 신앙 공동체 출신의 제작자와 나눈 대화를 들려주었다. 그 젊은 제작자는 작품이 팔리려면 성과 폭력을 넣어야 한다고 생각했다. 그 사장은 걸어 나가며 그 젊은이에게 먼저 진실된 사람이 되라고 말해 주었다.

9. 할리우드는 그들의 전제에 맞는 영화를 찾는다.

모든 이야기에는 나름의 논리가 있다. 역경을 이겨낸 믿음에 대한 영화는 믿음이 승리하는 것을 보여 주어야 한다. 또 다른 지침은 이야기가 전제로 하고 있는 것과 일치해야 한다는 것이다. 선교사에 대한 어떤 영화는 그 선교사가 왜 원주민을 구하려다 그들에게 죽임을 당했는지에 대한 암시를 전혀 담지 않았다. 신앙을 가진 지 얼마 되지 않았던 그 기독교인 제작자는 믿음에 대한 메시지를 너무 능숙하게 비켜가는 바람에 그 영화에서 어떤 의미도 찾아내지 못했다.

10. 할리우드는 타인의 불행 속에서 재미를 찾는다.

종종 사람들은 자신의 성공보다 다른 사람의 불행을 더 기뻐한다. 다음에 나오는 〈로스앤젤레스 타임스〉의 기사가 말해 주듯 이것은 할리우드에서는 분명한 진리다.

> 독일어에는 이것을 표현하는 'schadenfreude'(샤텐프로이데)라는 단어가 있다. 타인의 불행에서 얻는 기쁨이라는 뜻이다. 할리우드에서 이것은 생활방식이다. 만약 쇼 비즈니스가 종교라면 첫 번째 계명은 이럴 것이다. 네 자신의 성공을 기뻐하지 말고 다른 사람들의 실패를 기뻐하라. 내가 아는 한 제작자는 "O-P-M-F"라는 말을 계속 중얼거리면서 사무실을 돌아다니곤 했다. 해석하자면 "다른 사람들은 실패해야 한다(Other people must fail)"는 뜻이다. 파라마운트와 유니버설 사의 전 사장이었던 네드 테넨(Ned Tanen)은 이렇게 말한 바 있다. "할리우드에 대해 알고 싶다면 이 말만 알면 된다. 그것은 '부정적 태도'와 '환상'인데, 특히

'부정적 태도'가 중요하다."

어째서 할리우드의 많은 사람들은 다른 사람들이 모조리 실패하기를 간절히 원하는 걸까? 시기심과 불안감 때문이라고 할 수도 있다. 할리우드의 영적 공허를 말해 주는 예라고 할 수도 있다. 치열한 경쟁을 부추기는 고립된 문화를 탓할 수도 있다. 이유야 어찌됐든, 'schadenfreude'는 할리우드 문화 속에 깊이 뿌리내리고 있다. "이곳은 시기와 질투로 가득 찬 곳이다." 할리우드의 유명인사이자 <툼 레이더>(*Tomb Raider*)의 제작자인 래리 고든(Larry Gordon)은 이렇게 말한다. "두 종류의 사람이 있다. 더 크게 성공하지 못해서 화가 난 성공한 사람들과 다른 작자가 운이 좋았다고 생각해서 화가 난 성공하지 못한 사람들이다."

방정식은 간단하다. 권력+성공=시기[2]

11. 할리우드는 취약하다.

연예오락 산업은 할리우드 문화의 온갖 부정적인 면 외에도 취약하다는 점에 유의해야 한다. 멜 깁슨은 할리우드의 대다수가 외면했지만 6억 1,100만 달러를 벌어들인 <패션 오브 크라이스트>로 이 사실을 증명했다.[3] 비슷한 예로, 픽사(Pixar)는 전형적인 할리우드 모델을 피하면서 다수의 훌륭한 애니메이션을 제작함으로써 이것을 증명했다. <패스트 컴퍼니>(*Fast Company*) 잡지의 공동 창립자인 윌리엄 C. 테일러(William C. Taylor)와 폴리 라바르(Polly LaBarre)는 "픽사는 절대 할리우드에 속하지 않았기 때문에 할리우드가 시기하는 대상이 되었다"고 진술했다.[4] 우수한 품질, 끈기, 성실성은 승리하기 마련이다.

12. 할리우드는 아무것도 두려워하지 않는다.

로마서 8장 37절은 이렇게 말한다. "그러나 이 모든 일에 우리를 사랑하시는 이로 말미암아 우리가 넉넉히 이기느니라." 그러므로 할리우드건 사자굴이건 두려워할 필요가 없다. 사실, 성경의 모든 책 속에 반복해서 나오는 유일한 구절은 "두려워 말라"이다. 그러므로 하나님의 은혜 안에서 자신감을 갖고 문화를 변화시키라는 하나님이 주신 비전을 추구하라. 고린도후서 2장 14절이 말하듯, 하나님은 항상 우리를 승리로 이끄신다.

할리우드-백 투 더 퓨처

– 톰 플랜너리(Tom Flannery)

1960년대에 워런 비티(Warren Beaty)는 워너 브라더스 사의 대표인 잭 워너(Jack Warner)에게 〈우리에게 내일은 없다〉(Bonnie and Clyde)*를 배급하는 기획 아이디어를 팔려고 했다. 일이 잘 안 되자, 사람들의 속마음을 잘 털어놓게 만드는 것으로 유명한 비티는 그의 영화 배급을 승인해 주도록 까다롭고 나이 많은 영화사 사장을 구슬렸다.

"이 영화는 당신이 1930년대에 제작한 모든 훌륭한 갱 영화에 대한 오마주입니다." 그는 그에게 말했다.

워너는 꿈쩍도 안 했다.

"대관절 그 오마주가 뭔가?" 그는 물었다.

결국 비티는 배급을 성사시켰고 〈우리에게 내일은 없다〉는 미국에서 그때까지 제작된 어떤 영화보다도 고다르와 같은 프랑스 감독의 영향을 지대하게 받은 '뉴웨이브'의 도래를 예고했다.

---

*〈우리에게 내일은 없다〉 – 아서 펜 감독, 워런 비티, 페이 더너웨이 주연, 1967년 작품. 미국에서 1930년대에 있었던 유명한 남녀 2인조 강도의 이야기를 영화화한 작품이다. 차를 훔치는 클라이드와 그에게 매력을 느끼는 차 주인 보니는 급속도로 가까워지고 그들에게 클라이드의 형 벅과 모스, 블랑슈가 합세한다. 점점 대담한 일을 저지르던 일행은 경찰에 포위되고, 포위망을 뚫고 모스의 농장으로 피하기 위해 차를 몬다. 그러나 모스 아버지의 밀고로 이미 농장에서 기다리고 있던 경찰의 기관총 세례를 받는다. 종래의 갱 영화와는 전혀 다른 작품으로, 아메리칸 뉴 시네마(American New Cinema)의 효시다. 1968년 아카데미 시상식에서 여우조연상(에스텔 파슨스)과 촬영상을 수상하였고, 여우주연상 후보에 오른 페이 더너웨이는 세계적인 스타가 되었다.

그런 영화들은 대체로 재능 있는 감독들의 지휘 아래, 브란도와 몬티 클리프트(아마도 역사상 최고의 배우일)가 20년 전 스타덤에 올랐던 이래로 최고의 젊은 배우들-대부분이 액터스 배급사 출신이고, 전설적인 리 스트라스버그(Lee Strasberg) 밑에서 〈메소드〉(The Method)에 출연했던-을 기용한 훌륭한 영화라는 칭송을 받았다.

그러나 이런 영화에는 언제나 미국 영화의 일부였던 매우 중요한 무언가가 결여되어 있었는데, 바로 도덕적 진리라는 기초다.

그 때문에, 비티는 현실의 삶 속에서는 비겁하고 냉혈의 살인자들이었던 파커와 클라이드 이야기를 영화 속에서는 친절하고 사랑스럽게(적어도 은행을 털고 사람들을 죽인 작자들이 묘사될 수 있는 최대한도로) 묘사하고 매우 매력적인 모습으로 각색해서 그들의 범죄 행위를 찬양까지는 아니더라도 대수롭지 않은 것으로 보이게 만들었다.

〈우리에게 내일은 없다〉나 〈이지 라이더〉(Easy Rider)* 같은 새로운 경향을

---

* 〈이지 라이더〉 - 데니스 호퍼 감독, 피터 폰다, 데니스 호퍼, 루아나 앤더스, 루크 아스쿠 출연. 1969년 작품. 와이어트와 빌리, 장발의 두 젊은이는 미국의 의미를 찾고자 미국을 횡단하는 여행을 시작한다. 서부 개척에 대한 반항이라도 하듯 거꾸로 동쪽으로 향한다. 마약을 팔아서 여비를 마련하고 가진 거라곤 달랑 오토바이 두 대뿐. 여행길에서 이들은 목장 주인과 그의 가족, 히치하이커와 히피 공동체 사람들, 또 창녀와 남부의 백인 노동자들 등 독특한 사람들을 만나게 된다. 정착을 싫어하고 자유롭길 원하는 변호사 조지는 이 여행에 기꺼이 합류한다. 조지는 와이어트와 빌리에게 사람들이 그들을 싫어하는 이유는 바로 그들이 누리는 자유 때문이라고 일러준다. 그날 밤 누군지 모르는 이들에게 습격을 당하고 조지는 목숨을 잃는다. 와이어트와 빌리는 허무와 분노를 억누르지 못한 채 환각의 세계에 빠진다. 그러나 그들도 뉴올리언스에서 사육제의 마지막 날에 농부들의 총에 사살된다. 1960년대 아메리칸 뉴 시네마의 대표작으로 영화계에 충격을 던졌을 뿐만 아니라 할리우드 영화계의 흐름까지 바꾸어놓았다는 평가를 받은 작품이다.

띤 초기 영화들이 성공을 거두자, 이유 없는 성과 폭력이 주류 영화들 속에서 걷잡을 수 없이 퍼져 나갔다. 불경하고 신성모독적인 내용을 "있는 그대로를 보여 준다"는 명목 아래 사실상 끊임없이 사용하는 경우도 허다했다.

마약이 유흥의 도구로 남용되고, 종교적 신앙은 신랄한 공격을 받았다. 처음에는 히피와 매력적인 젊은 커플들(〈러브 스토리〉)이나 영웅적인 지도자들이 분노하며 하나님을 비난하는 것(〈포세이돈 어드벤처〉)*으로 무신론을 선포하는 공격이 주종을 이루었다. 그러나 점차 기독교와 그리스도에 대한 온갖 외설적이고 입에 담기조차 힘든 최악의 불경스러운 공격으로까지 이어졌다[〈도그마〉(Dogma)**, 〈세이브드〉(Saved!)***, 물론 〈그리스도 최후의 유혹〉(The Last Temptation of Christ)도 있다].

과거에는 충격적일 만큼 부적절한 내용이 이제는 일상처럼 여겨졌다. 진리는 사라졌고 그나마 우리가 할 수 있는 마지막 일은 어떤 도덕적 기준이라도

---

* 〈포세이돈 어드벤처〉 - 로널드 님 감독, 진 핵크만, 어네스트 보그나인, 레드 버튼즈, 캐럴 린리 출연의 1978년 영화. 뉴욕에서 아테네로 항해 중이던 포세이돈 호는 섣달 그믐 한밤중에 거대한 해저 지진을 만나 전복된다. 파티를 하고 있던 3백여 명의 승객들은 당황한 채 우왕좌왕한다. 이때 스콧 목사가 나서서 사태를 수습하면서 선체 상단으로 올라갈 것을 주장한다. 그러나 대부분의 승객들은 그를 불신한 채 한곳에 남아 있겠다고 버틴다. 스콧 목사 일행이 올라가고 난 뒤 거대한 수마가 덮쳐 나머지 승객들이 몰살당한다. 한편 목사 일행이 몇 번의 죽을 고비를 넘기고 어렵사리 출구에 다다랐을 때는 증기 밸브가 열려 주변이 온통 열기로 가득하다. 스콧 목사가 몸을 던져 밸브를 잠그고 익사한 뒤 나머지 사람들은 구조된다. 공식을 만들어 낸 재난영화의 원형이라는 평가를 듣는다.

** 〈도그마〉 - 케빈 스미스 감독, 벤 애플렉, 조지 칼린, 맷 데이먼, 린다 피오렌티노, 셀마 헤이엑, 제이슨 리, 제이슨 미웨스, 케빈 스미스, 앨런 릭맨, 크리스 록 출연. 1999년 영화. 천국의 계율을 어겨 지상으로 유배당한 두 명의 추락천사, 로키와 바틀비는 못된 짓만 일삼으며 인간 세상을 헤집고 다닌다. 천국으로 돌아가는 계획에 차질이 생기자 급기야 타락하기 시작한다. 예수님의 '마지막 후손' 베서니. 어느 날 밤 기도 중이던 그녀 앞에 천국의 대변인 격인 메타트론이 나타나 그녀만이 두 추락천사를 선도해 인류를 구원할 사람이라고 전한다. 나이가 2천 살이나

된 자칭 예수의 13번째 제자라고 주장하는 건달 사도 루퍼스를 비롯, 지옥으로 떨어졌던 성미 급한 악마 아즈라엘, 천상의 뮤즈 세런디피티, 얼간이 예언자들인 제이 & 사일런트 밥을 만나게 되고 마침내는 각자 내면에 간직하고 있던 신앙심의 본질을 깨닫는다. 종교의 권위를 무시하는 듯한 내용을 담아 공개 당시 교계로부터 상영 금지 압력을 받았다.

✦✦✦〈세이브드〉 - 브라이언 대넬리 감독, 지나 말론, 맨디 무어, 맥컬리 컬킨 주연의 2004년도 코미디 영화. 좋은 기독교 학교에 다니는 메리는 그리스도인 친구 힐러리와 그리스도인 남자 친구를 가진 해맑은 소녀다. 어느 날 남자 친구가 게이가 아닐까 하는 의심을 하기 시작한다. 그녀는 남자 친구를 이성애자로 돌리기 위해 처녀성까지 바치며 갖은 노력을 다하지만, 그 모든 노력은 실패하고 자신의 임신으로 끝이 난다. 임신하여 센터에 들어가서 그동안 자신이 무시하던 친구들을 다른 눈으로 보게 되는데, 완벽한 친구인 줄 알았던 힐러리는 그녀를 따돌린다. 편견에 사로잡힌 기독교계 사람들을 비난하는 영화.

근거로 해서, 누구건 무엇이건 판단하는 것이다. 상황 윤리가 영원한 진리를 대체했고 뉴웨이브 영화들은 반영웅을 숭상했다. 뉴웨이브 예술가들은 옳고 그름의 흑백논리(기껏해야 지루하고 최악의 경우 불쾌한)가 아니라 오히려 도덕적으로 등가인 회색지대에 관심을 가졌다. 그러나 주님을 사랑하는 사람들은 악을 미워한다(시 97:10을 보라).

분명, 과거에도 반영웅들—특히 험프리 보가트—은 존재했으나 그들은 대부분 올바른 도덕적 선택을 했다. 〈카사블랑카〉(Casablanca)✦에서 보가트는 버그만을 깊이 사랑했지만 결국 버그만을 위해서, 그리고 나치주의가 승승장구하던 시절의 세상을 위해서 그녀를 포기했다.

현대의 반영웅은 아마도 〈택시 드라이버〉(Taxi Driver)✦✦에서 드니로가 연기한 트래비스 빅클이 가장 잘 표현했을 것이다. 영화의 어떤 시점에서 그는 특별한 이유 없이 어떤 정치인을 암살하기 직전의 분노를 폭력적인 포주에게로 돌려 한 소녀를 구출한다. 메시지는 우리의 영웅들은 옳고 그름이나 선악에 의해서가 아니라 그냥 무의미한 행동을 하고, 그 결과 정신 나간 살인자가 될 수도

* 〈카사블랑카〉 – 마이클 커티즈 감독, 험프리 보가트, 잉그리드 버그만 주연의 1942년 영화. 중동에 위치한 요지, 모로코의 카사블랑카는 전란을 피하여 미국으로 가려는 사람들의 기항지로 붐비고 있다. 이곳에서 술집을 경영하는 미국인 릭 브레인은 이런 와중에 떼돈을 번 유지. 어느 날 밤, 반나치의 리더인 라즐로와 그의 아내 일리자가 릭의 술집으로 찾아온다. 과거의 이루지 못한 옛 사랑을 위해 일리자를 붙잡아 두고픈 생각에 번민하던 릭은 처음엔 냉대하던 쫓기는 몸인 라즐로에게 일리자가 절실히 필요함을 알고 이들을 도울 결심을 한다. 릭은 끈질긴 나치의 눈을 피하여 경찰서장을 구슬러 두 사람의 여권을 준비한다. 이윽고 이별의 시간이 오고 온갖 착잡한 마음을 뒤로하고 릭과 일리자는 서로를 응시한 채 일리자는 트랩을 오르고 릭은 사라지는 비행기를 한동안 바라본다.

** 〈택시 드라이버〉 – 마틴 스콜세지 감독, 로버트 드니로 주연, 1976년 작품. 베트남 전에 참전했다 돌아온 트래비스는 사회의 악을 쓸어 버려야 한다는 고민 때문에 불면증에 걸린 택시 운전사. 오랜 밤 근무 후에도 여전히 잠들 수 없는 그는 대부분의 시간을 포르노 극장이나 자신의 방 안에서 보낸다. 주위에서 보이는 모든 쓰레기 같은 인생을 욕하고, 언젠가 큰 폭우가 쏟아져 이 거리의 모든 오물을 씻어낼 것이라고 예언하는 것 외에 그가 달리 할 수 있는 일은 없다. 우연히 열두 살 난 어린 창녀 아이리스를 만나게 된 그는 그 아이를 구해야만 한다는 강박관념에 사로잡히고 만다. 그러나 아이리스를 설득하려는 그의 시도는 다시 한 번 실패하고 만다. 무기력함의 끝에 몰린 그는 네 개의 권총을 구입하고 상원의원 팔렌타인을 저격하러 나선다. 치밀한 준비 끝에 머리마저 박박 밀고 나선 그이지만, 정작 현장에서는 허둥지둥 도망치고 만다. 그리고 엉뚱하게도 사창가에서 피비린내 나는 총격전을 벌인 끝에 아이리스를 묶어 두고 있던 포주 스포츠를 살해한다. 이러한 트래비스에게 언론은 집중적인 관심을 보이고, 그는 영웅대접을 받는다. 이 영화를 열광적으로 관람한 존 힝클리라는 청년이 십 대 매춘부로 등장한 조디 포스터의 관심을 끌기 위해 대통령이었던 로널드 레이건을 저격하는 사건을 벌여 다시 한 번 주목을 받았다.

있다는 것이다(사실상 사회 다원주의다).

뉴웨이브 운동은 본질적으로 영화 산업을 정치적 행동주의와 사회적 변화를 위한 수단으로 변화시켰다. 물론 할리우드는 제2차 세계대전을 치르는 동안 많은 선전 영화들을 제작했지만, 그 영화들은 전쟁으로 피폐해진 나라의 사기를 진작시키기 위해 제작된 영화들이었다. 클라크 게이블과 지미 스튜어트 같은 그 시기의 많은 대스타들은 입대하여 전쟁에 참여한 애국자들이었다. 반면에, 1960년대 말에서 1970년대 초에 시작된 선전 영화들은 전혀 친미적이지 않았고 사회의 가장 나쁜 요소들을 찬양했다.

    무엇보다도 가장 우려가 되는 것은, 사상 최초로 미국의 유수 영화사들이 초기 위대한 미국을 건설하는 데 큰 영향을 미쳤던 기독교의 가치들을 체계적으로 잠식하고 있다는 점이다. 영화 사업은 더 이상 연예오락과 관련된 사업이 아니다. 막대한 양의 정당한 정치적 사상과 결합된 수준 낮은 문화(폭력의 남발, 누드, 불경과 신성모독)를 통해 급격한 사회 변혁을 꾀하는 기술이 되었다.[5]

두 번째 뉴웨이브?

작가 피터 비스킨드(Peter Biskind)는 그의 저서 『헐리웃 문화혁명』(*Easy Riders, Raging Bulls*)에서 뉴웨이브의 개혁론자인 영화 제작자들이 영화 사업을 구했지만, 결국에는 예술의 지배권 싸움에서 거대 배급사들에게 졌다고 주장한다. 사실상, 그들이 끼친 손해를 회복하지 못하고 영화 사업을 파멸시킨 책임은 근본적으로 이 개혁론자들에게 있었다.

뉴웨이브 이후로 그 중심에 견고한 도덕적 가치를 담고 있는 영화가 전혀 없었다는 말은 아니다. 분명 그런 영화들도 있었다. 그럼에도, 전통에 반하는 가치를 추구하는 경향은 지금까지 계속되고 있다. 특히 과거 몇 년 사이, 영화 속에서 도덕적으로 왜곡된 정치적, 사회적 해설을 받아들이는 불안한 양상이 나타났다. 전통적인 가족을 뒤틀리고 시대에 뒤떨어진 제도로 끊임없이 공격하는 영화들[〈아메리칸 뷰티〉(*American Beauty*)*, 〈플레전트빌〉(*Pleasantville*)**], 낙태에서부터[〈베라 드레이크〉(*Vera Drake*)〉***, 〈사이더 하우스〉(*The Cider*

---

* 〈아메리칸 뷰티〉 – 샘 멘데스 감독, 케빈 스페이시, 아네트 베닝, 도라 버치, 웨스 벤틀리 출연, 1999년 작품. 미국 중산층 가정의 붕괴와 중년남자의 위기를 다루면서 일상의 아름다움에 대한 깨달음을 역설하였다. 중년의 미국 남성 레스터 번햄은 아내와 딸에게 실패자로 낙인찍히고 직장에서는 해고되기 일보직전이다. 부동산 중개업자인 아내 캐롤린과 습관처럼 결혼생활을 이어가며 하루하루를 무기력하게 살아가던 그가 어느 날 딸의 친구 안젤라를 만나면서 급작스럽게 변하기 시작한다. 회사를 때려치우고 예전에 유행하던 스포츠 카를 사는가 하면 대마초를 피우면서 안젤라가 원하는 멋진 근육질 몸매를 만들기 위해 운동을 시작한다. 미국의 각종 비평가상과 골든글러브상을 수상하고, 2000년 제72회 아카데미상 8개 부문 후보에 올라 작품상을 포함한 주요 5개 부문을 수상하였다.

** 〈플레전트빌〉 – 게리 로스 감독, 토비 맥과이어, 제프 대니얼스, 조앤 앨런, 윌리엄 H. 머시 출연. 1998년 작품. 데이비드는 텔레비전 시트콤 〈플레전트빌〉의 애청자. 어느 날, 여동생 제니퍼와 텔레비전 채널을 두고 다투다 리모컨이 박살난다. 새 리모컨을 작동시키던 데이비드와 제

니퍼는 텔레비전 속 흑백 세상 〈플레전트빌〉로 빨려 들어간다. 자신들의 피부까지도 흑백으로 변해 버린 기가 박힌 사실이 당혹스럽지만 늘 동경하던 파라다이스에 오게 된 데이비드는 흑백 세상 〈플레전트빌〉에 사는 사람들이 반갑기만 하다. 반면, 촌스러운 옷과 헤어스타일, 불에 닿아도 타지 않는 순수건, 표지만 있고 속은 백지인 도서관의 책들, 그리고 키스조차 할 줄 모르는 쑥맥인 사람들을 제니퍼는 이해할 수가 없다. 시간이 지날수록 데이비드는 순진하다 못해 바보 같은 이곳 사람들에게 조금씩 실망을 느끼지만, 스캔들 메이커인 제니퍼는 질서정연하고 조용한 이 흑백 세상에 사랑과 섹스의 욕망을 퍼뜨려 놓는다. 기계처럼 반복되던 이곳의 질서가 깨지고 사람들이 미처 몰랐던 감정들을 깨닫는 순간 사랑, 미움, 분노, 자유가 그 본연의 빛깔을 발산하기 시작한다. 급기야 자신들의 감정을 솔직히 받아들이고 컬러로 변한 사람들과 기존의 질서만을 고집하는 흑백 사람들 사이에 첨예한 대립이 발생하고 평화롭기만 하던 〈플레전트빌〉에 일대 혼란이 일어난다.

*** 〈베라 드레이크〉 - 마이크 리 감독, 이멜다 스턴톤, 리처드 그레이엄 주연의 2004년 영화로 베니스 영화제 그랑프리 황금사자상을 수상했다. 〈베라 드레이크〉는 전쟁의 상처가 아물지 않은 1950년대 영국의 성에 대한 억압과 뒷골목에서 무분별하게 자행되던 낙태에 관한 영화다. 마이크 리 감독은 낙태에 관한 어떠한 입장도 취하지 않은 채 단지 영화가 낙태에 관한 논쟁의 촉발점이 되게 하려는 의도를 잘 소화해 냈다. 영국 연극계에서 활약하고 있는 배우 이멜다 스턴톤이 무미건조하게 낙태 시술을 하는 연기로, 베니스 영화제에서 여우주연상을 수상했다.

House Rules)*] 비술[〈붉은 악녀〉(Little Witches)**, 〈해리 포터와 마법사의 돌〉(Harry Potter and the Sorcerer's Stone)]에 이르기까지 온갖 것들을 조장하는 영화들이 제작되었다.

　더구나 〈필라델피아〉(Philadelphia)***, 〈파 프롬 헤븐〉(Far from Heaven)****, 〈더 월 2〉(If These Walls Could Talk 2)*****와 같은 영화들을 통해 동성애자 관련 법안을 통과시키려는 수년간의 노력에 이어 할리우드는 이제 〈플로리스〉(Flawless)******, 〈버드 케이지〉(The Birdcage)*******, 〈트랜스아메리카〉(Transamerica)******** 같은 영화들을 통해 트랜스젠더의 생활방식을 정상적인 것(그래서 개인의 권리를 존중받아야 하는 것)으로 새롭게 정의한다.

　비스킨드가 자신의 저서에 상세히 기술했듯이, 뉴웨이브 영화 제작자들이 이루려고 했던 변혁은 스필버그나 조지 루카스 등의 또 다른 일단의 개혁

◆〈사이더 하우스〉 - 라세 할스트롬 감독, 토비 맥과이어, 샤를리즈 테론, 딜로이 린도 주연의 1999년도 영화. 대공황기의 미국 뉴잉글랜드 지방. 기차를 타고 가다 세인트 클라우드라는 동네의 고아원을 방문하는 고아들의 의사 윌버 라치 박사는 버려진 어린이들을 데려다 키우며 헌신적으로 보호하는가 하면, 버려지는 아이들이 없기를 바라는 심정으로 필요한 여성들에게 낙태 수술을 시행한다. 고아 중 한 명인 호머 웰스는 라치 박사가 어릴 적부터 특별하게 정을 준 어린이로 의료 기술을 전수하고 고결한 청년으로 성장하도록 도와준다. 라치 박사의 보호 아래 20년 동안 동네 밖으로는 나가보지 못하고 생활해 온 호머는 환자로 찾아왔던 아름다운 캔디와 그녀의 애인인 군인 왈리를 따라 고아원을 떠난다. 호머를 내보내는 라치 박사는 아들을 잃어버리는 기분으로 침체되지만 단호한 결정을 내린 호머를 붙잡을 수는 없다. 조용하고 사색적인 성격의 호머에게 외부의 모습은 모든 것이 진기하게 보이고 행복을 주는 조건으로 다가온다.

전쟁터로 떠나며 왈리는 호머에게 사과밭에 직장을 알선해 준다. 흑인들로 이루어진 과수원 인부들과 함께 호머는 사과 따기 작업을 배운다. 호머와 캔디는 사랑에 빠져 썰렁한 겨울 과수원에서 열정을 태운다. 과수원의 인부들 이야기를 다루는 서브플롯은 호머가 반대하는 낙태 수술의 필요성까지 암시하는 스토리로 전개된다.

◆◆〈붉은 악녀〉 - 제인 심슨 감독, 젤다 루빈스타인, 잭 낸스, 에릭 피어포인트 주연의 1996년 영화. 부활절 휴가를 기숙학교에서 보내게 된 제이미는 학교 성당 복원공사 중에 발견된 무덤을 몰래 살펴보다가 그곳에서 수백 년 전 악마와 교신하던 마녀들이 집회를 하고 제사를 지내던 곳을 발견한다. 호기심이 가득한 제이미는 라틴어로 된 주술책을 손에 넣고 악마를 되살릴 계획을 세운다. 제이미와 친구들은 무덤에 모여 부활절 하루 전인 수난일에 악마를 불러내기 위해 주문을 외운다. 신을 모독하는 이런 행위에 겁이 난 페이스는 제이미가 광적일 정도로 지나치게 이 일에 집착한다는 것을 깨닫는다. 악마를 불러내려는 제이미와 악마의 출현을 막으려는 페이스의 대결을 그렸다.

◆◆◆〈필라델피아〉 - 조너선 드미 감독, 톰 행크스, 덴절 워싱턴 주연의 1993년 영화. 에이즈에 걸려 회사로부터 부당해고를 당한 변호사가 자신의 명예를 되찾기 위해 소송을 벌여 승소하는 과정을 그린 영화다. 필라델피아의 유명한 법률사무소에서 일하는 촉망받는 변호사 앤드류는 동성연애자이자 에이즈 환자다. 그는 병을 숨긴 채 회사의 중요한 고객인 하이라인사의 변호를 맡는다. 그러던 어느 날 완성해 놓은 고소장이 어디론가 사라지고 그 일로 인해 앤드류는 회사로부터 해고당한다. 표면적인 이유는 능력 부족이었지만 진짜 이유는 자신이 에이즈에 걸렸기 때문임을 알게 된 그는 회사를 상대로 소송을 제기하기 위하여 이전의 라이벌이었던 변호사 조를 찾아간다. 앤드류의 신념과 확신에 이끌린 조는 법정에서 앤드류가 에이즈란 이유로 해고당했음을 밝혀내고 질병으로 인한 해고는 차별이며 위법임을 주장하여 재판에서 승소한다. 톰 행크스는 체중을 10여 킬로그램이나 줄여 가며 에이즈 환자 역할을 소화하여 제66회 아카데미영화제 및 베를린영화제, 골든글러브에서 남우주연상을 수상하였다.

◆◆◆◆〈파 프롬 헤븐〉 - 토드 헤인즈 감독, 줄리앤 무어, 데니스 퀘이드, 데니스 헤이스버트 출연의 2003년 영화. 수채화 같은 가을 풍경을 배경으로 단란하게 자리 잡은 코네티컷 마을의 가정들. 모든 사람의 얼굴엔 온화한 미소가 감돌고 여인들은 우아한 차림새로 자신의 만족감을 드러낸다. 단정한 곱슬머리에 실크 스카프를 걸친 캐시는 아름다운 저택에서 먼지 하나 없는 가구들처럼 흐트러짐 없이 제자리를 지켜왔다. 그녀는 늦게까지 회사에서 일하는 남편을 위해 도시락을 싸들고 사무실로 향한다. 반갑게 문을 연 그녀는 다른 남자와 키스하고 있는 남편을 발견한다. 남편은 오래전부터 다른 사랑을 갈망하고 있었다고 고백한다. 이런 상황을 도저히 용납할 수 없는 캐시는 이건 병이라고, 잠시 비정상인 상태로 있는 것이라고 믿는다.

****** 〈더 월 2〉 – 제인 앤더슨, 마샤 쿨리지, 앤 헤이시 감독, 바네사 레드그레이브, 매리언 셀즈 출연, 2000년 작품. 1972년. 이성애자들이 주도한 여성 해방 운동가들 사이에서 인정받고 싶어 한 페미니스트 린다는 학내의 여성 단체로부터 쫓겨나게 된다. 그 단체가 '레즈비언 그룹'으로 알려질까봐 두려워하기 때문이다. 실망한 그녀는 고민을 잊고자 그 마을에서 유일한 레즈비언 바를 찾아갔다. 남성다운 매력을 가진 에이미와 만나 사랑에 빠진다.

****** 〈플로리스〉 – 1999년에 제작된 조엘 슈마허 감독의 미국 영화. 로버트 드 니로, 필립 세이무어 호프만, 배리 밀러 출연. 동성애 공포증을 가진 월트 쿤츠가 치료의 일환으로 트랜스젠더인 이웃으로부터 노래 수업을 받으면서 서로의 편견을 극복해 가는 영화.

****** 〈버드케이지〉 – 마이크 니콜스 감독, 로빈 윌리엄스, 진 핵크만, 네이선 레인, 다이앤 위스트 주연의 1996년 영화. 플로리다 주 사우스 비치에 게이 바 '버드케이지'를 운영하고 있는 아먼드 골드먼은 그의 아내이자 클럽의 스타인 앨버트와 함께 살고 있다. 아먼드가 20년 전 단 한 차례 시도한 이성애자와의 관계로 생긴 아들 밸이 어느 날 아버지에게 18살의 애인인 바버라와 결혼하겠다고 선언하면서 소동이 벌어진다.

******** 〈트랜스아메리카〉 – 던컨 터커 감독, 펠리시티 허프먼, 케빈 지거스, 피오눌라 플래너건 주연의 2005년 영화. 여자가 되고 싶은 아빠 브리가 진짜 여자가 될 수 있는 수술을 일주일 앞두고 존재조차 몰랐던 아들을 만나는 이야기. 브리는 자신의 아들이라는 토비를 부인하고 싶지만 외면할 수도 없어 결국 토비를 찾아가고, 아빠를 찾아 LA로 가겠다는 토비를 양아버지에게 데려다 주려는 계획을 세우면서 이 둘의 특별하고도 위태로운 미국 대륙횡단이 시작된다. 브리 역을 맡아 열연한 펠리시티 호프먼은 트라이베카 영화제에서 극영화 부문 여우주연상을 수상했다.

가들에 의해 약화되었다. 이들은 정치적으로는 진보적이지만, 좌익적인 선동과 선전을 퍼붓기보다는 전통적인 선악 대결 구조의 이야기로 대중들에게 유흥거리를 제공하는 일에 더 관심이 많았다.

그 영화들로 인해 할리우드는 역사상 유례없이 부흥했다. 동시에 뉴웨이브의 뿌리를 버리고 싶어 하지 않는 상당수 영화계 인사들이 진보주의자들이 표현한 것처럼, 1970년 초에 제작된 영화들과 같은 방식의 '사회적으로 의식 있는' 영화들을 계속 제작했다. 대부분의 이런 영화들은 비평가들로부터 호평을 받고 오스카 상을 수상했지만 수익은 미미했다.

1992년 자신의 저서인 『할리우드 대 미국』(Hollywood vs. America)에서 마이클 메드베드(Michael Medved)는 뉴웨이브 시대로부터 이어져 온 전통적 가치에 대한 할리우드의 투쟁이 영화 관객들에게 어떻게 큰 반발을 불러일으켰으며, 이런 정치적 정당성을 표방한 작품들이 왜 관객들로부터 외면받았는지를 보여주었다. 많은 사람들이 오랫동안 사용된 그와 같은 소재에 넌덜머리가 나서 더 이상 극장에 가지 않게 된 것이다. 그런 종류의 수많은 영화들이 크게 실패하거나 부진했음에도 불구하고 할리우드는 여전히 다양한 하드코어 R등급 영화들을 제작하고 있다.

이런 현상은 동성애를 주제로 한 〈브로크백 마운틴〉과 〈카포티〉(Capote)*, 앞에서 말한 〈트랜스아메리카〉, 테러리스트를 동정하는 논조의 〈시리아나〉(Syriana)**, 〈뮌헨〉Munich*** 그리고 최우수 다큐멘터리 상 후보작이었던 〈천국을 향하여〉(Paradise Now)*, 인종 논쟁을 불러일으켰던 〈크래쉬〉(Crash)**,

---

* 〈카포티〉 – 베넷 밀러 감독, 필립 세이모어 호프만, 캐서린 키너 주연의 2006년 영화. 1959년, 미국 캔자스 주 한 농장의 일가족 네 명이 두 명의 남자에게 잔인하게 살해당한다. 신문에서 기사를 읽은 트루먼 카포티는 작가적 영감으로 친구 작가 하퍼 리와 함께 이미 사형선고를 받은 두 살인마를 만난다. 두 살인마 중 내성적인 페리에게 주목한 카포티는 자신의 작품을 완성하기 위해 감방에서 함께 생활하며 인간적인 접근을 시도한다. 페리는 결국 자신과 비슷한 불우한 성장기를 보낸 카포티에게 마음의 문을 열고 사건 당일 밤의 충격적인 사건의 전모를 털어놓기 시작하지만, 자신의 완벽한 기억력으로 사상 최초의 논픽션 소설을 쓰던 카포티는 페리가 결정적인 사실 한 가지를 숨기고 있다는 사실을 깨닫게 된다. 천재 작가의 이중심리를 잘 표현했다는 평가를 받았다.

** 〈시리아나〉 – 스티븐 개건 감독, 조지 클루니, 맷 데이먼, 아만다 피트 주연의 2005년 영화. 각기 다른 네 명의 이야기를 통해 석유 이권을 둘러싼 정치적 음모와 배신, 권력의 부패를 파헤친 음모 스릴러.

*** 〈뮌헨〉 – 스티븐 스필버그 감독의 2005년 영화로 아카데미 작품상 후보로 노미네이트되었다. 이 영화는 1972년 뮌헨 올림픽 참사와 그 이후 이스라엘의 보복을 소재로 삼는다. 에릭 바나, 대니얼 크레이그, 시아란 하인즈, 마티외 카소비츠, 한스 지슬러, 제프리 러쉬, 아이엘렛 조러 출연. 전 세계의 이목이 집중된 1972년 뮌헨 올림픽. 모두가 스포츠의 환희와 감동에 열광하는 가운데 끔찍한 인질 사건이 발생한다. 이 사건은 전 세계에 TV로 생중계되고, 팔레스타인 무장 조직 '검은 9월단'은 인질로 잡았던 이스라엘 선수단 11명을 살해한다. 전 세계는 엄청난 충격과 혼란에 휩싸이고, 팔레스타인은 이제 세계가 그들의 목소리에 귀 기울이게 되었다고 자축한다. 하지만, 팔레스타인에 대한 보복을 결심한 이스라엘은 '검은 9월단'이 했던 것처럼 세계인의 이목을 끌 수 있는 비밀공작을 준비한다. 모사드에서 일하는 에브너는 다섯 명으로 구성된 비밀조직의 우두머리가 되어 테러의 배후인물 11명을 찾아내 암살하라는 명령을 받는다. 요원들은 권총이나 폭탄을 이용해 목표물들을 하나씩 제거해 나가지만 그 과정에서 자신들도 쫓기게 되고 동료들도 하나둘 죽는다. 결국 에브너는 미국으로 건너온 가족의 품으로 돌아오지만, 악몽에 시달리며 그가 했던 임무의 가치에 의심을 품는다.

제약 산업을 신랄히 비판한 〈콘스탄트 가드너〉(*The Constant Gardener*)*******, 페미니스트 노동자들에 관한 드라마인 〈노스 컨츄리〉(*North Country*)********, 1950년대의 반공산주의 운동을 당당하게 변호한 앤 코울터(Ann Coulter)의 저서 『반역』(*Treason*)에 대한 조지 클루니의 대답인 〈굿 나잇 앤 굿 럭〉(*Good Night and Good Luck*)〉********* 등이 개봉되면서 최고조에 달했다.

이런 영화의 제작자들은 그들의 작품을 일종의 영화 르네상스로 칭송하고 1970년대의 뉴웨이브 가치의 복귀라고 환호하며 2005년을 맞이했다. 그러나 관객들은 명백히 다른 반응을 보였다. 그해의 최우수 작품상 후보였던 다섯 작품의 총 매표 수입은 지난 20년 동안 가장 낮았다. 그뿐 아니라, 전반적인 매표 수익도 6퍼센트라는 충격적인 수치로 하락했다. 이 사실은 경제신문의 주요 기사로 채택되었다.

◆〈천국을 향하여〉 - 하니 아부 아사드 감독, 카이스 나시프, 알리 슐리만 주연의 범죄영화. 2005년 작품. 이스라엘에 삶의 터전을 빼앗기고 그들의 압제와 차별정책, 절대적 빈곤 속에서 미래에 대한 희망도 없이 살아가는 팔레스타인의 젊은 청년들. 그들이 할 수 있는 저항이라고는 자신의 온몸을 산화시켜, 이스라엘인들에게 두려움을 주는 것뿐이다. 어릴 때부터 형제처럼 자라온 자이드와 할레드도 저항군 조직의 부름을 받고, 기꺼이 순교자의 소명을 받아들인다. 그러나 막상 가슴에 폭탄 띠를 두르고 이스라엘로 향하던 두 청년은 마음이 흔들리기 시작한다. 지옥 같은 현실에서 죽음과 같은 삶을 사는 것보다는 영웅적인 죽음을 택해 천국으로 가고자 했던 그들. 그러나 과연 끊임없이 죽이고 죽고, 보복에 보복을 거듭하는 이 저항방식이 승리를 가져다 줄 것인가, 다른 선택의 여지가 없는 것인가, 하는 의문들이 그들을 주저하게 만든다. 죽음을 눈앞에 앞둔 자이드와 할레드가 48시간 동안 겪는 극심한 혼란과 마음의 갈등을 묘사한 작품으로 2006년 골든글러브 외국어상을 수상했다.

◆◆〈크래쉬〉 - 폴 해기스 감독, 샌드라 블록, 브렌든 프레이저 주연의 2006년 영화. 인종 논쟁을 불러일으켰다. 사회적 지위와 인종이 서로 다른 15명의 인물들이 로스앤젤레스에서 겪는 36시간 동안의 이야기를 담았다. 백인 검사 릭과 아내 진은 두 흑인 청년에게 차를 강탈당한다. 그들은 집 열쇠를 수리하러 온 라틴 아메리카계 자물쇠 수리공 대니얼을 못미더워한다. 같은 시간, 흑인 방송국 PD 캐머런과 아내 크리스틴은 릭 부부가 강탈당한 차와 같은 차종의 차를 갖고 있다는 이유로 백인 경찰 라이언과 핸슨에게 검문을 당한다. 검문 도중 라이언은 크리스틴에게 성적 모욕감을 준다. 이에 핸슨은 라이언의 행동에 분노한다. 중동계 이민자인 파라드는 자신의 가게를 지킬 목적으로 총을 산다. 그의 가게에 도둑이 들고, 결국 대니얼의 어린 딸이 파라드의 총에 맞는다. 흑인 형사 그레이엄은 동생의 시체를 마주한다. 폴 해기스 감독은 우연한 만남과 행운으로 한데 엮이는 다양한 인물들의 이야기를 통해 피부색으로 사람을 평가하는 인종 편견의 문제를 다뤘다.

◆◆◆〈콘스탄트 가드너〉 - 페르난도 메이렐레스 감독, 레이프 파인즈, 레이첼 와이즈 주연의 2005년 영화. 적극적이고 열정적인 성격의 인권운동가 테사와 정원 가꾸기가 취미인 온화한 성품의 외교관 저스틴은 첫눈에 반해 사랑에 빠져 결혼한다. 그러나 거대 제약회사 쓰리비의 음모를 파헤치려는 테사와 그녀의 변화를 이해하지 못하는 저스틴은 충돌하고, 테사의 유산으로 그들의 갈등은 깊어만 간다. 어느 날 UN 관계자를 만나기 위해 동료와 함께 로키로 떠났던 아내가 싸늘한 시신이 되어 돌아오고, 대사관은 테사가 여행 도중 강도의 습격을 받은 것으로 사건을 서둘러 종결지으려 한다. 하지만 아내의 죽음을 받아들일 수 없었던 저스틴은 배후에 음모가 있음을 직감하고 아내의 죽음을 둘러싼 비밀의 단서들을 찾아간다. 거대 제약회사와 정부가 수백만 민간인 환자들을 대상으로 불법적인 실험을 하고 있다는 사실을 알게 된 저스틴은 그 자신마저 죽음의 위협에 놓인다.

◆◆◆◆〈노스 컨츄리〉 - 니키 카로 감독, 샤를리즈 테론, 프란시스 맥도맨드 주연의 페미니스트 노동자들에 관한 드라마. 2005년 작품. 미국 최초로 여성 피고가 승소한 성희롱 소송을 다룬 소설을 바탕으로 한 작품. 미네소타 이블레스 광산에 고용된 첫 여성 광부들은 견디기 어려운 작업 환경 속에서 일하며 끊임없는 성희롱을 당한다. 여성 광부들은 아주 힘들고 오랜 기간의 법정 싸움에 들어간다.

◆◆◆◆◆〈굿 나잇 앤 굿 럭〉 - 2005년 조지 클루니 감독, 데이비드 스트래던 주연. 1950년대의 반 공산주의 운동을 당당하게 변호한 앤 코울터의 저서 『반역』에 대한 조지 클루니의 대답이다. 뉴욕 1953년 10월 14일. 1940-50년대 미국은 공산권의 위협에 대한 위기의식이 팽배해 있었다. 상원의원 조셉 매카시는 미국 정부 내에 2백 명 이상의 현직 공산당원이 활동 중이라고 폭로하

였다. 하지만 그의 표적이 될 것을 두려워하여 매카시에 맞서는 언론은 거의 없었다. 1935년부터 1961년까지 미국의 메이저 방송사 가운데 하나인 CBS에서 뉴스맨으로 명성을 날렸던 실존인물 에드워드 R. 머로. 머로와 프로듀서 프레드 프렌들리는 인기 뉴스 다큐멘터리인 '씻 잇 나우'를 진행하며 매회마다 정치·사회적인 뜨거운 이슈를 던져 논란을 불러일으켰다. 이 영화는 1950년대 초반, 미국 사회를 레드 콤플렉스에 빠뜨렸던 맥카시 열풍의 장본인 조셉 맥카시 상원의원과 언론의 양심을 대변했던 에드워드 머로 뉴스 팀의 역사에 길이 남을 대결을 다루고 있다.

못다 한 이야기

희소식은 모든 사회에서 영화 산업의 상황이—아마도 서서히 그러나 동일하게—더 좋은 쪽으로 변하고 있다는 것이다.

첫째, 영화계 자체 내에서 변화가 일어나고 있다. 최근 몇 년 동안 그리스도인이 된 많은 스타들—스티븐 볼드윈(Stephen Baldwin), 패트리샤 히튼(Patricia Heaton), 커크 카메론(Kirk Cameron) 등—이 지금은 성경을 기초로 하거나 가족 친화적인 연예오락 프로그램을 제작하는 데 힘을 쏟고 있다. 많은 스타들 역시 신앙을 기초로 한 프로젝트로 돌아가는 모험을 감행하고 있다. 예를 들어, 멜 깁슨(〈패션 오브 크라이스트〉)과 로버트 듀발[〈사도〉(The Apostle)]은 할리우드 유력자들에게 자금조달과 배급을 의존하지 않고 자신들의 돈을 투자하여 영화를 대형 스크린에 올리는 수고를 했다. 듀발은 이전에 소규모 독립영화에 3백만 달러를 투자해 약간의 수익을 얻었었다. 앞서 언급했듯이 멜 깁슨은 패션(The Passion)이 일종의 문화적 현상이 되면서 수억 달러를 벌어들였다.

기독교 영화 텔레비전협회가 실시한 조사에 의하면 이 산업에서 모종의 뚜렷한 움직임이 일어나고 있다. 전통적인 주제를 가진 영화와 다큐멘터리에 상을 주는 영화제들이 출현하고, 기독교 사역 단체들이 시장에 뛰어들어 〈레프트 비하인드〉(Left Behind)나 〈오메가 코드 2-마게도〉(Omega Code)** 시리즈 같은 영화를 제작하고 있다. 그리고 사람들이 어떤 영화가 얼마나 가족 중심적인지, 또는 성경적으로 올바른지(정치적으로 올바른 것과는 반대로)를 기초로 한 등급과 추천 등급을 볼 수 있는 웹사이트(〈무비가이드〉 같은)를 사용하는 이들이 증가하고 있다. [〈무비가이드〉 리뷰 샘플을 보려면 부록에 나오는 윌리엄 윌버포스(William Wilberforce)의 이야기를 다룬 〈어메이징 그레이스〉(Amazing Grace)의 리뷰를 보라.]

* 〈사도〉 – 로버트 듀발 감독, 로버트 듀발, 파라 포셋, 미란다 리처드슨 주연의 1997년 영화. 텍사스의 오순절교회 선교사로 있는 소니의 부흥회는 마치 콘서트장을 방불케 하는 음악과 춤, 열성적인 설교로 인기가 높다. 그러나 소니의 삶은 그의 부흥회만큼 화려하지 못하다. 소니의 부인 제시가 젊은 남자와 사랑에 빠진 것이다. 어느 날 제시와 아이들이 그 남자와 함께 있는 것을 본 소니는 분에 못이겨 그를 야구방망이로 내리쳐 중태에 빠뜨린다. 소니는 자살로 위장하고 그동안 이룩한 명성과 가족들을 뒤로한 채 남부 루이지애나의 벽촌으로 잠적하여 새로운 삶을 시작한다. 그곳에서 심장병으로 은퇴한 목사 블랙웰을 알게 되고 그와 함께 사람들을 모아 새로 교구를 개척한다. 소니는 지방 라디오 방송국에 공짜 설교 시간을 얻어 선교활동을 벌인다. 그러던 중 라디오 방송국을 운영하는 엘모의 비서 투시를 만난다. 소니는 남편과 아이들로부터 떨어져 살고 있는 투시에게 동병상련을 느끼며 가까워진다. 그러나 절친한 친구 조로부터 자신이 중태에 빠뜨린 젊은 선교사 호레사가 죽었고 그의 어머니도 운명했다는 사실을 알고 괴로워한다. 그는 자신 안에 숨겨진 공격적이고 불 같은 근성과 자신의 아이들을 보고 싶은 욕망들과 싸우면서 동시에 죄책감과 비탄으로부터 벗어나고자 교회를 굳건히 하는 데 더욱 열정적으로 몸을 바친다.

** 〈오메가 코드 2-마게도〉 – 브라이언 트렌차드 감독, 스미스 마이클 요크, 마이클 빈 주연의 2001년 영화. 동생이 태어나며 엄마를 잃게 된 어린아이 스톤 알렉산더는 동생에 대한 증오심을 키워 나가고, 그 증오심으로 인해 수세기 동안 세상을 암흑으로 만들어 지배하길 바라며 살아왔던 악마가 씌우게 된다. 악마에 씌워 세상을 지배하려는 야욕을 불태우는 스톤과 세상을 지키려는 동생 데이비드의 혈투를 그린 영화.

오래 걸리기는 했지만 할리우드의 많은 거물들이 마침내 가족 중심적인 영화를 내놓는 것이 유익하다는 사실을 점점 더 많이 깨달아가고 있다. 〈캐러비안의 해적 2〉, 〈카〉(Cars) 같은 가족 영화가 엄청난 매표 수익을 거두었으며, 전반적으로 가족 중심의 영화들이 증가했다는 사실(1985년에 6퍼센트에 불과하던 것이 2002년에는 45퍼센트로 늘어났다)로 인해 이제는 완고하고 늙은 파수꾼이 된 뉴웨이브 영화 제작자들은 필사적으로 유력자들에게 매달리고 있다. 그러나 권력의 추는 그들에게 불리한 방향으로 기울고 있다.

할리우드의 새로운 계몽

근래에 할리우드는 대부분의 미국인들이 어머니와 함께 보면 당황스러울 정도로 노골적이고 외설적인 영화들을 옹호해 왔다. 그러나 온갖 과대광고에도 불구하고 매표 수입은 지난 3년간 계속 하락하는 추세다. 할리우드 경영자들은 왜 미국인들이 더 이상 과거처럼 극장에 모여들지 않는지 어리둥절해 하는 듯했다.

〈카〉 – 존 라세터, 브래드 루이스 감독, 오웬 윌슨, 마이클 케인 주연의 애니메이션. 2011년 작품. 최고의 스피드, 잘빠진 몸매를 자랑하는 레이싱카 라이트닝 맥퀸. 오직 제 잘난 멋에 살던 '싹퉁 바가지' 맥퀸을 정신 차리게 해 준 레디에이터 스프링스 마을 친구들. 여기에 핀 맥미사일, 홀리 쉬프트웰 등 새로운 캐릭터들이 대거 등장하고 아시아와 유럽을 넘나드는 화려한 로케이션이 더해지면서 더욱 흥미진진한 스토리와 다채로운 볼거리를 제공한다. 전편과 다른 새로운 차원의 액션과 어드벤처로, 애니메이션판 '미션 임파서블'이라 일컬어지는 초특급 첩보작전이 펼쳐진다! 이제 이들의 목표는 세계 그랑프리 우승이다. 그러나 우승까지 가는 길이 만만치는 않은 법. 각국의 내노라하는 레이싱카들과 그랑프리를 망쳐 버리려는 악당들, 그들을 저지하려는 첩보원들까지 뒤얽힌 험난한 경기가 펼쳐진다.

최근 몇 년 동안의 저조한 매표 실적은 미국인들이 폭력과 선정적이고 반미적인 내용으로 가득 찬 영화들에게서 흥미를 잃었음을 보여 주는 것 같다. 아마도 41퍼센트의 미국인들이 매주 교회에 출석하고[6], 92퍼센트의 사람들이 그리스도인이라고 말하는 상황[7]과 무관하지 않을 것이다. 심지어 비그리스도인 관객들조차도 깨끗한 도덕성을 보여 주는 주인공들이 등장하는 고무적이고 구속적인 스토리에 더 큰 호응을 보인다. 이런 가족 친화적인 인구는 단지 매표 수익에만 영향을 미치고 있는 게 아니다.

2006년 7월, 월트디즈니 사의 신임 사장 오렌 아비브(Oren Aviv)는 회사의 주요 개혁안을 발표하면서 디즈니 사는 더욱 가족 중심적인 영화에 집중할 것—디즈니 사의 최고위층에 있는 많은 내 친구들의 바람을 반영한 방침의 변화다—임을 밝혔다.

폭스 페이스[Fox Faith, 〈엔드 오브 스피어〉(End of the Spear)*를 배급했다], 소니 프라비던트[Sony Provident-Integrity, 〈가스펠〉(The Gospel)**과 〈두 번째 찬스〉(The Second Chance)***를 배급했다], 파라마운트 사[니콜라스 케이지가 주연

---

* 〈엔드 오브 스피어〉 – 짐 핸논 감독. 루이즈 레오나도, 채드 앨런 주연의 2006년 영화. 에콰도르 정글의 부족, 미카야니와 와오다니의 이야기다. 짐 엘리엇과 네이트 세인트 등 다섯 명의 젊은 선교사들은 1956년 와오다니 부족에게 죽임을 당한다. 그들의 죽음은 선교사들의 가족들의 삶뿐만 아니라 그들을 죽인 미카야니와 그들 부족들에게도 변화를 가져온다.

** 〈가스펠〉 – 롭 하디 감독. 보리스 코조, 클리프톤 파웰, 요란다 아담스, 오마 구딩, 프레드 해몬드, 노나 게예 출연. 2005년 영화. 아버지의 교회가 위기에 처하자 고향에 돌아온 젊은 가수의 이야기. 고향에 돌아온 그는 어린 시절 친구들과 함께 교회에 대한 새로운 비전을 만들고, 가족들의 어려움을 해결해야 한편, 가수로서의 경력을 포기해야 하는 상황에 부딪힌다. 이 기회가 그를 구원하는 전환점이 될 것인지, 파멸로 이끌 것인지 그는 혼란스러워한다.

한 긍정적인 믿음과 가치로 가득 찬 영화인 〈월드 트레이드 센터〉(World Trade Center)****를 배급했다]를 포함한 다른 영화사들 역시 믿음과 가치라는 시장을 탐색하기 시작했다. 디즈니 사와 마찬가지로 이 영화사들은 노골적인 내용을 담은 영화들이 기독교적 가치를 반영한, 도덕을 고양시키고 세상을 구원하는 내용을 가진 가족 친화적인 영화들보다 돈을 더 적게 번다는 사실을 깨닫기 시작했다.

영화사 경영자들과 월스트리트와 그들에게 투자한 해외 자본가들의 주요 관심사는 손익 계산이기 때문에 할리우드의 의사 결정자들은 더 이상 이런 사실을 무시할 수 없다. 그들은 그럴 만한 여력이 없다.

***〈두 번째 찬스〉 - 스티븐 테일러 감독, 마이클 W. 스미스, 리사 아린델 앤더슨 주연의 2006년 영화. 열정적인 두 목사의 이야기. 크리스천 위지위그 영화제 수상작. 에단 젠킨스와 제이크 샌더스는 같은 하나님을 섬기는 열정적인 목회자들이다. 백인인 에단은 대형교회의 미디어 사역 팀에서 음악으로 편안하게 사역을 하고, 제이크는 길거리를 배회하는 갱들과 십 대 미혼모들, 마약중독자들 사이에서 길거리 사역을 하는 흑인 목사다. 아무런 연관도 없어 보이는 그들이 갑자기 적대적인 환경 속에 던져져 함께 사역을 할 수밖에 없는 상황이 된다. 에단은 길거리와 성소의 구별이 없다는 것을 깨닫는다. 그들을 갈라놓는 뿌리 깊은 편견을 극복하고 새로운 기회를 활용해가는 이야기.

****〈월드 트레이드 센터〉 - 올리버 스톤 감독, 니콜라스 케이지, 마이클 페나, 매기 질렌할, 마리아 벨로 주연. 4남매를 둔 평범한 가장이자 뉴욕 도시를 순찰하는 업무를 담당하는 뉴욕, 뉴저지의 항만경찰청 경사 존 맥라글린은 비행기가 월드 트레이드 센터에 부딪히자 그곳으로 출동한다. 다급한 지원요청에 의해 그를 비롯한 네 명의 대원들은 사고가 난 건물로 들어가지만 순식간에 건물은 무너져 내리고, 건물의 잔해 더미 속에서 기적적으로 살아남은 사람은 맥라글린과 히메노 단 둘뿐이다. 시간이 흐를수록 감각을 잃어가는 다리와 매캐한 공기, 무거운 콘크리트와 철근 더미 속에서 죽음의 그림자는 점점 짙어만 간다. 사고 소식이 알려지자, 그들의 가족들은 남편과 아버지의 생사를 알 수 없는 상황에서 초조하게 기다리며 죽음 같은 시간을 보내고, 건물더미에 깔린 두 사람은 비참한 상황 속에서 서로를 의지하며 용기와 희망을 잃지 않으려고 애를 쓴다.

할리우드에 도래하고 있는 지진

― 데이비드 아우튼(David Outten)

할리우드와 연예오락 산업 전체가 그들이 딛고 서 있는 땅이 흔들리는 걸 감지하기 시작했다.

지금은 진동이 미미하지만 조금이라도 선견지명이 있는 사람이라면 누구나 연예오락 제작자와 관객 사이의 관계가 급격히 변할 것임을 알 수 있다.

이런 지진은 이번이 처음이 아니다. 텔레비전이 도입되면서 영화 산업이 흔들렸고 DVD의 출현으로 형세가 바뀌긴 했지만, 그다음에 일어날 혁명은 가장 의미심장할 것이다.

다른 것과 마찬가지로 이 혁명도 테크놀로지가 주도한다. 다른 것들과 다르게 이 혁명은 영화사의 지배 체제를 위협한다. 수천 개의 35밀리미터 필름을 프린트해서 극장에 배급하려면 엄청난 비용이 든다. 극소수의 영화사만이 그런 재원을 소유하고 있기 때문에 상대적으로 작은 경영자 집단이 프로젝트를 승인하고 추진할 힘을 가지고 있다.

이제는 영화를 제작해 인터넷 상에서 직접 관객들에게 판매하는 게 가능해졌다. 질도 떨어지고 아주 초기 단계여서 인터넷 영화 판매는 올해 매표액에 큰 위협이 되지는 않았다. 그러나 기술이 발달할수록 주요 영화사들은 더 이상 배급 시스템을 독점할 수 없고, 양질의 작품을 제작하는 것에 대한 비용도 줄어들 것이다.

게다가 더 의미심장한 것은 인터넷과 거실의 텔레비전이 통합될 것이라는 사실이다. 이 과정은 이미 시작되었지만 아직까지는 사용이 불편하고 비용도

비싸다. 조만간 아이팟을 사용하는 것만큼 간단해지고 아이팟보다도 더 인기가 많아질 것이다. 그것은 텔레비전 방송, 케이블 방송, 비디오 대여점(적어도 지금과 같은 형태의)에 종말을 가져올 것이다. 방송을 '주문'한다는 개념이 인터넷 영화를 파는 수천 개의 온라인 상점과 도서실로 확대될 것이다. 실제로 제작된 어떤 영화나 프로그램도 상당히 경쟁력 있는 가격에 살 수 있다. 많은 프로그램들이 무료로 보급될 것이다. 많은 교회가 이미 온라인 상에서 작은 비디오로 설교를 볼 수 있게 해놓았는데 화면 전체로 볼 수 있게 확대될 것이다.

중요한 것은 그 어느 때보다도 시청자가 프로그램의 감독(검사관)이 될 것이라는 점이다. 잘하면, 시청자가 더 많은 힘을 가지게 될수록 수준 높은 가족 오락물에 더 힘이 실리게 될 것이다. 〈무비가이드〉는 몇 년 동안 양질의 가족 오락물이 성과 폭력과 부도덕한 내용의 작품보다 더 많은 이익을 냈다고 보고한다. 더 많은 독립 가족 영화 제작자들이 생겨날 것이다. 픽사처럼, 그들은 앞으로 인기도 있고 수익도 좋은 영화사가 될 수도 있다. 그리고 멜 깁슨처럼 누군가가 매주 교회에 출석하는 수백만의 미국인들 사이에서 큰 성공을 거두는 영화를 제작할 것이다.

과거 어느 때보다도 주요 영화사와 거대 방송사들은 그들이 제작하고 있는 영화에 욕설, 극단적인 폭력, 노골적인 섹스, 저속한 농담, 그리고 다른 불쾌한 내용들이 꼭 필요한지 자문해 보아야 할 것이다.[8]

8장
비유의 힘

연예오락 미디어가 우리 아이들과 사회에 미치는 해악을 보여 주는 모든 연구를 보았을 때 내릴 수 있는 결론은 무엇인가? 우리 가정과 공동체에 날마다 쏟아지는 온갖 다른 미디어 제작물은 차치하고라도, 그리스도인들은 〈해리 포터〉, 〈반지의 제왕〉, 〈나니아 연대기〉와 같은 영화들에 대해 영적으로 어떻게 접근해야 할까?

예수 그리스도는 이야기의 힘을 아셨기에 비유로 제자들을 가르치시고 영감을 주셨다. 비유는 도덕적 원칙이나 종교적 교리를 예시하기 위해 꾸며

낸 짤막한 이야기다. 책과 영화 또한 도덕적 원칙과 하나님과 예수 그리스도에 대한 믿음을 포함한 종교적 교리를 예시할 수 있다는 점에서 비유와 유사하다. 무신론자도 신의 존재를 믿지 않는다는 점에서 신학-신에 대한 믿음-을 가지고 있다.

물론, 예수 그리스도는 기독교 세계관에 입각하여 선하고 진실되며 아름다운 도덕적 원칙과 종교적 교리를 가르치는 비유를 말씀하셨다. 그러므로 그리스도인들은 모든 이야기는 선하고 진실되며 아름다운 것을 가르쳐야 한다고 믿는다. 또한 이야기는 하나님이 모세에게 주신 하나님의 율법 안에 들어 있는 도덕적 원칙과 신약 성경에 기록된 예수님과 그분의 제자들이 가르친 도덕적 원칙을 포함하여, 성경이 가르치는 내용과 상충되어서는 안 된다고 믿는다.

더 나아가 그리스도인들은 모든 이야기는 신약 성경이 예수 그리스도, 도덕적 진리, 영적 진리에 대한 가르침과 상충되어서는 안 된다고 믿는다. 또 하나님께 영감을 받고 성령의 계시를 받은 저자들이 기록한 신약 성경을 제외하고는, 모든 이야기는 오류를 범할 수 있는 인간에 의해 만들어졌으므로 인간의 죄성과 실수를 저지르는 본성을 반영한다는 사실도 인정한다.

이런 입장에서 디모데전서 4장 7절 말씀에 주목하라. "망령되고 허탄한 신화를 버리고 경건에 이르도록 네 자신을 연단하라." 이 구절이 모든 이야기나 옛날부터 전해져 내려오는 이야기를 거부하라고 말하지 않는 것에 유의하라. 하나님의 존재를 부인하거나 완전히 거짓되고 사악한 것들만 이야기하고 있다.

그러나 자칭 그리스도인이라고 하는 많은 사람들(주요 교파와 교회들을 포함해서)이 성경적이고 그리스도 중심의 세계관에서 이탈했다. 그들은 성경의 많은 가르침을 받아들이지 않는다. 그들의 믿음은 구원에 필요한 본질적인 가르침과 상충할 수도 있다. 그런데 종종 그들은 특정 이슈에 대한 성경의 지식이 역사적으로나 과학적으로 오류가 있다는 말을 하며, 성경 본문에 대한 그들의 불완전한 믿음을 합리화하려고 한다. 그래서 그들이 아무리 성경의 기본적인 가르침의 일부를 지지하거나 아니, 설령 많은 부분 혹은 대부분의 가르침을 견지한다고 해도 그들은 기껏해야 애매하게 성경을 이해하거나 최악의 경우 이단적으로 성경을 해석할 뿐이다.

이것은 해리 포터 시리즈의 책이나 영화와 관련된 상황과도 유사하다. 그 책을 좋아하는 (또는 적어도 어린아이들에게 미칠 수 있는 영향을 우려하지 않는) 일부 그리스도인들은 『해리 포터』에 나오는 마술은 현대의 마술사들이나 스스로를 신이교주의자라고 칭하는 무리가 행하는 비술과는 다르다거나, 성경이 단죄한 마술이나 요술과는 다르다고 주장한다. 다른 그리스도인들은 톨킨의 책과 〈반지의 제왕〉 영화가 성경의 창조 이야기와 인간 역사의 서술과는 다른 신화적 판타지를 담고 있기 때문에 비난한다. 또 다른 그리스도인들은 『해리 포터』를 읽거나 영화를 본 아이들은 악마적 마술 의식이나 이교적 사교에 빠질 위험이 크다고 주장하면서 필요 이상으로 부모들에게 겁을 준다. 이런 태도는 모두 잘못된 것이다.

『해리 포터』와 『반지의 제왕』에 대한 잘못된 생각

많은 그리스도인들이 종종 제기하는 첫 번째 요점은 『해리 포터』에 나오는 마술이 성경에 나오는 것과 다르다는 것이다. 『해리 포터』가 마술을 좀 별나고, 대체로 유머러스하고 낯설면서 흥미롭게 과장한 어린이들을 위한 판타지 시리즈라고 하더라도 『해리 포터』에 나오는 마술이나 요술과 성경에서 죄라고 한 마술이나 요술 사이에는 근본적으로 차이가 없다.

성경은 분명하게 요술, 점, 마술, 주문 걸기를 정죄하고 있으며, 죽은 사람들에게 상담을 하는 사람들, 영매, 무당들을 비난한다. 『해리 포터』를 옹호하는 사람들의 말과는 달리, 이런 사악한 비술의 일부가 『해리 포터』 작품 속에서 벌어지고 있다. 더구나 이런 것들은 모두 실제로 현대의 마술, 신이교주의, 강신술에서 변형된 형태로 나타나고 있다. 실제로 그 출판사(Scholastic Books)의 웹사이트에 들어가 『해리 포터』와 관련된 내용이 나오는 페이지를 펼치면 마술과 신이교주의를 실제로 행하는 두 쌍둥이에 대한 시리즈인 T*Witch와 그것과 관련된 제품들을 파는 출판사의 웹사이트에 대한 안내가 나온다. T*Witch의 한 페이지에는 아이들에게 보호 주문, 사랑 주문, 숙제 주문 등 자기들이 만든 주문을 보내라는 내용이 나온다.

2003년 6월 10일에 그 페이지를 보았을 때, 우리는 일리노이 주에 사는 키키라는 열한 살짜리 소녀가 "해와 달, 바다와 불이여, 내 소원을 이루어 주소서"라고 쓴 것을 보았다. 이 외에도 텍사스에 사는 리즈라는 열두 살짜리가 쓴 주문도 보았다. 거기에는 "오 밤의 여신이여," "전능하신 태양의 신"과 같은 문구가 들어 있었다. 1) 그 출판사의 또 다른 페이지에는 초등학교 3학년 이상의 아이들에게 "너만의 마술 주문을 쓰라"는 권유가 있었다. 2) 그 외에 워너 브라더스 사의 『해리 포터』 웹사이트는 어린이들이 호그와트 마법학교에서 수업을 듣고 주술을 배울 수 있는 〈해리 포터와 마법사의 돌〉 CD-ROM을 제공하고 있다.

이러한 사실들로 미루어볼 때, 『해리 포터』의 판타지 세계에 빠져 있는 일부 어린이나 청소년들이 언젠가 현대의 마술이나 이교주의를 실제 행동으로 옮기거나 믿지 않으리라고 어떻게 장담하겠는가? 많은 어린이와 청소년들이 그런 유혹을 받지 않으리라고 워너 브라더스, 스칼라스틱 북스, 지역의 학교 게시판, 또는 J. K. 롤링이 보장할 수 있는가?

이 시점에서 누군가가 이렇게 말하는 걸 상상할 수 있다. "아이들이 경찰과 도둑 놀이를 한다고 해서 범죄자가 되지는 않지." 그러나 경찰과 도둑 놀이에서 도둑은 나쁜 놈이 되지만, 『해리 포터』 놀이에서 마법사나 요술사들은 좋은 사람들이고 비술을 사용하지 못하는 사람들, 비술을 사용하지 않는 사람들, 또는 그것을 사용하기를 거부하는 사람들이 나쁜 사람들로 비쳐지는 것이다. 결과적으로, 『해리 포터』는 선을 악으로, 악을 선으로 바꾸는 것처럼 보인다!

그렇다면 J. R. R. 톨킨과 『반지의 제왕』은 어떤가? 『해리 포터』에 나오는 마법이 성경에서 금지한 마법과 별개의 것이라고 할 수 없다면 등장인물들이 마술을 하는 반지의 제왕 역시 비난 받아야 할까?

사실, 톨킨은 (C. S. 루이스도 어느 정도는) 그리스도인들에게 마술에 대한 혼란을 일으켰다. 그렇지만 여기에는 중요한 차이가 있다. 톨킨의 신화와 그가 쓴 소설 『반지의 제왕』은 고결하고 겸손한 호빗 족, 요정, 난쟁이들과 인간들이 신에게 반역하여 사악하게 변한 초자연적인 세력을 물리치기 위해 하나님으로부터 온 초자연적 능력의 도움을 받는 과거의 신화적 판타지 속에서 벌어지는 이야기다. 또한 톨킨의 세계는 순전히 정신적이거나 마술적 힘에 의해 조종당할 수 없는 실재하는 물리적 세계로, 실제로 죄에 대한 응보가 존재한다. 톨킨이 창조한 세계에는 응보와 희망이 실재한다.

톨킨의 판타지는 성경의 역사를 대신하는 것이 아니라 성경과 하나님과 기독교를 우화 형식으로 암시하려는 의도를 가지고 있다. 따라서 『실마릴리

온』과 『반지의 제왕』 속에는 창조와 성부 하나님의 섭리와 성령과 예수 그리스도에 대한 상징적 은유가 담겨 있다. 톨킨은 옛날의 영웅적 신화, 전설, 로맨스의 형식을 빌려 창조한 판타지 속에 강력한 기독교적 의미를 불어넣었다. 그렇기 때문에 참으로 고무적이게도, 그가 창조한 영웅들은 공손하고 자비를 베풀 줄 안다.

그리스도인들이 흔히 갖는 그릇된 세 번째 입장은 『해리 포터』를 읽거나 영화를 본 어린아이들은 마법이나 이교적 제식에 빠질 위험이 있다고 생각하는 것이다. 점, 주문 걸기, 심령술, 저주 마법을 포함해 갖가지 형태의 마법을 정죄하기에 급급한 나머지, 일부 그리스도인들은 경솔하게 모든 형태의 마법과 신이교주의를 악마적인 것으로 분류했다. 모든 형태의 비기독교적 믿음 체제의 배후에는 분명히 사탄이 있지만 인간이 의지적으로 짓는 죄와 하나님에 대한 반역도 있다. 우리는 또한 사도 바울이 고린도후서 11장 14-15절에서 한 말에 주목할 필요가 있다. "사탄도 자기를 광명의 천사로 가장하나니." 그리고 사탄의 종들은 "자기를 의의 일꾼으로 가장"한다.

스스로를 마법사라 칭하는 많은 이들과 신이교주의자들은 그들이 악마나 귀신을 신봉한다는 주장을 비웃는다. 그들은, 만약 있다 해도, 의도적으로 사탄을 숭배하는 자들은 극소수라고 항변하는데 그 말이 맞다. 사실, 가장 과격한 사탄숭배자들도 실제로 또는 의도적으로 악마나 사탄을 숭배하지 않으며, 단순히 성경을 믿는 그리스도인들을 조롱하고 놀리기 위해 이런 부정적이고 악마적인 존재를 사용하는 음탕한 쾌락주의자들일 경우가 많다. 일부 현대의 마법사와 신이교주의자들 역시 많은 현대의 마법사와 이교도들이 달의 신이나 해의 신을 포함하여 어머니 여신이나 그녀의 배우자인 뿔을 가진 신, 또는 다른 신들과 여신들을 언급할 수는 있으나, 그들이 정말로 그런 신적 존재나 영을 믿는 것은 아니라는 점을 지적한다. 이러한 신적 존재나 영적 존재를 믿지 않는 마법사들과 신이교도들은 그 대신 자연을 찬양하고 사랑하고 교감하기 위해서 상징적 표현과 판타지를 사용하고 있다고 말한다.

실제로, 현대의 마법과 이교주의는 이교적 사교, 이교도의 종교, 뉴에이지 사교, 마법을 하는 사람들, 마술 숭배자들, 마법사와 요술사, 페미니스트 사교, 자칭 사탄숭배자, 단독 행위자들로 이루어진 다양하고 일정한 형태가 없는 집합체다. 이런 다양한 집합체가 점, 투시, 주문 걸기, 영계와의 교통, 약초 치료, 유체이탈, 심령술 등을 포함해 여러 가지 기술을 실행하고 가르침을 주고 있다. 그들이 실제로 믿는 것은 애니미즘(자연, 자연현상, 무생물에도 생명이 있다고 믿는 것), 다신론(여러 신들을 숭배하는 것), 택일신론(여러 신들 중에서 한 신을 선택하는 것), 범신론(모든 것이 다 신이라고 믿는 것), 일종의 이신론(신이 자기가 창조한 피조물에 간섭하지 않고 떨어져 있다고 믿는 것), 또는 이런 것들을 복합적으로 믿는 신앙을 포함한 다양한 신앙일 수 있다.

많은 마법사들과 신이교도들은 인간의 윤회와 업보(우리가 현세에서 한 행위가 다음 생에 영향을 미친다는 믿음)의 개념을 받아들이는 듯하다. 이런 미국화된 윤회와 업보에 대한 믿음은 1800년대 후반과 1900년대 초반에 특히 접신학 운동과 에드거 케이시(Edgar Cayce) 같은 사람들의 가르침으로 유행했던 신비주의와 심령술에 그 기원을 두고 있는 것 같다. 특히 성경과 기독교의 가부장적인 교리를 왜곡하여 종종 악의적으로 공격하곤 했던 급진적 페미니즘 역시 신이교주의 운동의 영향을 받았다. 그리고 현대의 생태운동도 그렇다. 그런 맥락에서 볼 때, 혼합주의(syncretism)나 다양한 조합이 이런 신이교주의 운동의 기본 특성 가운데 하나인 듯하다. 심지어 완전히 별개인 철학적, 종교적 믿음과 행동이 혼합된 경우도 있다. 사실, 신이교주의가 이렇듯 상충되는 이교와 사교의 난맥상에서 제외시킨 유일한 신앙 체계가 기독교다. 특히 성경을 진지하게 받아들이는 모든 기독교를 제외했다.

그렇다고는 해도 그리스도인들은 『해리 포터』나 현대의 마법이나 신이교주의 사교와, 악마화된 과도하게 강력한 사탄숭배를 섣불리 비교하지 않도록 주의해야 한다. 현대의 마법이나 신이교주의 사교가 사탄숭배자들과 어느 정도는 공유하는 부분이 있음을 알고 있다(그들은 하나님을 싫어하고 하나님의 자녀들을 싫어한다)고 해서 그들이 공모하고 있다고 봐서는 안 된다.

그럼에도 불구하고 그리스도인과 유대인 부모들은 『해리 포터』, 현대의 마법, 신이교주의와 같은 것들에 대해 반대하는 목소리를 계속 높여야 한다. 전 세계에서 가장 큰 몇몇 기업들이 수백만 달러의 마케팅 비용을 지불하고, 비록 의도는 좋았지만 관료주의 행태를 보이는 선생들과 도서실 사서들이 오도된 가르침을 아이들 속에 밀어 넣고 있는 지금, 이런 적극적 참여가 중요하다. 역설적이게도 바로 이런 많은 선생들과 사서들, 신이교주의자들은 그리스도인이 학교 게시판에 십계명 가운데 하나라도 적어 놓기를 원하거나 논문이나 졸업식에서 하나님이나 예수 그리스도에 대해서 언급하려고 하면 목에 핏대를 세우면서, 학생들이 호그와트에 다니는 해리 포터가 되거나 해리 포터처럼 마술을 하는 상상을 하는 걸 그냥 내버려둔다. 우리는 그러한 독선적인 이중 잣대를 거부해야 한다.

이들 위선자들과 똑같은 태도를 취하지 말고 그리스도인들은 『해리 포터』의 진짜 위험성을 담대히 객관적으로 지적하는 한편, 히스테릭하고 감정적인 논쟁은 피해야 한다. 『해리 포터』에서 가르치는 마술과 사교의 이교도주의에 대항하기 위해서, 사탄 숭배의식에 등장하는 섬뜩한 유령, 피를 뚝뚝 흘리며 바치는 인간 희생 제물, 사악한 악마에 대해 호들갑을 떨거나, 현대의 마녀들과 이교적 사교에 대한 믿음을 왜곡할 필요는 없다. 사실, 많은 마녀들과 신이교주의자들이야말로 기독교와 교회와 성경을 믿는 그리스도인들에 대해 신경질적인 비난을 퍼부을 때 그런 짓을 한다.

예를 들어, 몇 년 전 〈무비가이드〉의 편집자 가운데 한 사람인 톰 스나이더는 몇몇 친구들과 함께 샌프란시스코에서 열린 뉴에이지 환경축제를 살펴보러 갔다. 톰과 그의 일행은 그들이 임대한 부스에서 기독교와 진리의 본질에 대해 쓴 소책자와 논문들을 나누어 주었다. 그런데 하루는 티셔츠를 입은 불량스러워 보이는 사람이 중세 시대에 로마 가톨릭 교회가 저질렀던 악행들에 대해 소리치면서 부스로 돌진했다.

"우리는 가톨릭 교인이 아니라 개신교도들입니다." 톰과 친구들은 그 젊은이와 차분히 이야기해 보려고 계속 시도했다. 그러나 그 남자는 도통 들으려 하지 않았다. 그는 로마 가톨릭에 대해서 두서없이 핏대를 올리며 떠들어 대다가 금세 지쳐서 쿵쾅거리며 가 버렸다.

물론 다른 세계관을 가진 사람에게 말을 걸거나 전도를 하거나 논쟁을 할 때 이렇게 심하게 화를 내는 사람들을 만나는 그리스도인들은 극소수일 것이다. 그렇지만 많은 그리스도인들이 비그리스도인들에 대해 거짓말이나 근거 없는 소문(많은 경우 부지불식간에)을 퍼트렸다. 예를 들어, 어떤 무신론자 단체가 공중파 텔레비전에서 공개적으로 하나님이나 예수 그리스도에 대해서 언급하는 것을 검열하도록 연방정부에 청원했다는 유언비어를 퍼트렸다. 그런가 하면, 실제로 영국에서는 기독교인이 텔레비전 방송국을 소유하는 걸 금지하는 법규가 최근에 발의되었다. 몇몇 국가들은 동성애에 대한 하나님의 단호하고 절대적인 명령 같은 종교적 관점을 검열하는 '증오 연설' 관련법과 규제안을 마련하고 있는 중이다.

자유의 대가는 끊임없는 경계선 상에서 각성을 요구한다. 언론의 자유를 위해서도 동일한 대가를 치러야 한다. 우리가 반대하는 단체에 대해 거짓과 유언비어를 퍼트림으로써 언론의 자유를 남용한다면, 그것은 우리의 반대자들로 하여금 우리가 가진 언론의 자유를 박탈하도록 촉구하는 것이 될 수도 있다.

차이를 만드는 차이

지금까지 보았듯이 〈해리 포터〉에 나오는 과장된 마법과, 하나님과 예수님과 예수님의 제자들이 성경에서 정죄한 마법 사이에는 별반 차이가 없는 듯하다. 〈해리 포터〉에 나오는 과장된 마법과 신이교주의 운동에서 행하는 대부분의 마법 역시 거의 차이가 없는 것 같다.

그러나 〈해리 포터〉와 피터 잭슨과 그의 동료 영화 제작자들이 공들여 제작한 그리스도인 작가 J. R. R. 톨킨의 〈반지의 제왕〉 사이에는 큰 차이가 있다. 이 영화들은 최고의 배우, 최고의 구성, 최고의 특수효과로 이루어진 선과 악에 대한 멋진 서사적 판타지다. 다행스러운 점은 영화 제작자들이 톨킨의 강력하고 긍정적인 도덕적 세계관을 언급하지 않으면서, 기독교적인 내용을 성경적이고 우화적으로 많이 남겨놓았다는 사실이다. 그렇게 하기 위해 그들은 명확한 그리스도론을 내포하는 판타지와 모험을 멋지게 혼합하였다.

〈반지와 제왕〉과는 반대로, 이미 언급했듯이 〈해리 포터〉는 상당히 강한 사교적 내용을 담은 뚜렷한 이교적 세계관을 내포하고 있다. 이런 세계관은 어린이들에게 마법, 요술, 점술과 죽은 사람들, 또는 다른 '영혼'들과 이야기를 나누는 행위를 부추긴다. 부모의 적절한 지도가 없다면 어린아이들은 이런 반기독교적, 반성경적 신앙에 넘어가, 하나님의 능력을 부인하고 성경의 진리를 부인하는 이교적 생활이나 쾌락적 생활양식에 빠져들게 될지도 모른다. 〈해리 포터〉와 〈해리 포터〉시리즈를 둘러싼 미디어의 과대광고 역시 어린아이들이나 청소년들에게 인터넷 상의 여러 이교도나 마법에 대한 웹사이트를 찾아보도록 부추길 수 있다. 이러한 사이트들은 십 대들의 미성숙한 정신에 여러 신들이나 여신들, 요술, 성적 쾌락주의, 더 악한 것들에 대한 이야기를 주입하기 위해 마법이나 이교주의의 진정한 위험성을 더 매력적으로 다시 포장하려 한다.

아무리 〈해리 포터〉에 좋은 점이 많더라도 불순종하고 거짓말하며 규칙을 어기는 그의 성향은 의로운 영웅에 대한 성경적 모델에 반한다. 게다가 해리는, 일부 해설가들이 제시한 억지스러운 유추와는 반대로, 예수님 외에 인간의 아이에게서 나올 수 없는 초자연적인 능력을 가지고 있다. 〈반지의 제왕〉에 나오는 어떤 인간 등장인물도 그렇지 않으며, 톨킨의 이야기에 나오는 겸손한 호빗 족의 영웅 프로도와 샘도 그렇지 않다. 그것은 모든 인간 어린이는 하나님에 의해 독특하고 때로는 영특하게, 재능과 은사를 가진 존재로 창조되었고, 예수님을 주님과 구세주로 알게 된 모든 어린이는 그분의 성령과 그 성령이 그에게 주시는 은사로 채워진다는 것을 말했다. 이 은사는 해리와 그의 친구들이 가진 초자연적이고 과학적 설명이 불가능한 능력과는 다르다.

해리와는 대조적으로 프로도는 겸손하고 충성스러우며 정직하고 은혜와 자비로 성공하는 진실한 호빗이다. 〈해리 포터〉에서 해리는 뛰어난 능력을 가졌기 때문에 승리한다. 그는 비록 수년 동안 그 사실을 몰랐지만 특별한 존재로 태어났다. 그 사실을 모르고 보내던 세월 내내 해리는 비밀스럽고 불순종하는 데다 심지어 거짓말하는 성향까지 가지고 있다. 한편 프로도는 그를 돕는 간달프나 아르웬 같은 초자연적 존재들이 보이는 더 높은 은총을 힘입어 승리하는 평범한 일반인이다.

간달프는 인간 마법사가 아니라 조물주가 부여한 초자연적인 능력을 가진 천사 같은 존재다. 아르웬은 요정이며, 하나님이 창조하신 특별한 피조물 가운데 한 종족의 일원이다. 톨킨은 『실마릴리온』에서 요정은 천사보다는 지위와 능력이 조금 못하지만, 천사와 비슷한 존재라고 설명한다. 간달프의 인도로, 프로도는 자신에게 어떤 특별한 능력이 있어서가 아니라 옳은 일이기 때문에 자신이 모험을 한다는 사실을 이해하고 있다. 옳은 일을 하겠다는 그의 헌신이 더 큰 선에 대한 그의 자비와 긍휼과 믿음에 더하여져서 그에게 승리할 수 있는 힘을 준다.

『해리 포터』 시리즈의 처음 두 권과 영화에 제일 먼저 등장하는 악당들은 해리를 못살게 괴롭히는 해리의 머글(마법사가 아닌 사람들) 친척들과 보호자들이다. 해리의 머글 친척들에 대해서 책과 영화는 그들이 그리스도인들이라고 말하진 않지만 그들은 영국에 사는 중산층 가족이다. 유감스럽게도 그들은 종종 해리를 아무 이유 없이 방에 가둘 정도로 무정하고 못되게 군다. 또한 해리의 숙모와 삼촌은 그들의 못된 아들을 응석받이로 키우면서 해리에게는 허용하지 않는 것을 흥청망청 낭비하도록 허락한다. 그래서 해리는 특별한 마법의 능력을 소유한 자기와 같은 사람들과 함께 지내는 마법학교인 호그와트를 더 편안하게 느낀다.

두 편의 〈반지의 제왕〉 영화에서는 가족이 긍정적으로 묘사된다. 예를 들어, 파라미르라는 인물은 그의 형 보로미르를 염려한다. 앞서 언급했던 요정 아르웬은 자기 아버지 엘론드를 존경한다. 세오덴 왕은 사루만과 웜텅(사루만의 인간 동료)이 그에게 편견을 심어 주어 자기 아들을 죽게 만든 것에 대한 깊은 회한을 토로한다.

믿음, 소망, 사랑은 세 편의 〈반지의 제왕〉 영화에서 신의 섭리로 인도하는 긍정적인 힘으로 표현된다. 그러나 마법을 금하고 자비로운 권위자들에게 도움을 구하는 등의 기독교적 미덕이 〈해리 포터〉 영화에서는 부정적으로 나타나고 있다. 또한 해리와 그의 친구들은 빈번히 어른들의 감독을 피해 달아남으로써 어린이들에게 나쁜 예를 보여 준다. 〈두 개의 탑〉에 나오는 헬름 협곡에서는 이와는 대조적인 모습이 나오는데, 그곳에서는 부모들이 어린아이들을 보호하고 도와준다.

서사 양식의 영화, 비디오, 텔레비전 프로그램, 연극은 모두 이야기를 분석하면 전제를 찾을 수 있다. 〈반지의 제왕〉 3부작에서 친절하고, 겸손하고, 호감을 주는 호빗 족인 프로도는 비교적 평화로운 중간 세상에 지옥 같은 악몽을 풀어 놓을 수 있는 힘을 가진 고대의 절대반지를 파괴해야 한다. '권선징악'은 분명 이 3부작 영화의 전제임이 분명하다. 이 시리즈에서 선은 은혜, 자비, 명예, 충성, 사랑으로 표현되며, 악은 모든 생명체로 하여금 죄를 짓거나 신에게 반역하도록 유혹하는 마법의 반지로 표현된다.

그러나 〈해리 포터〉에서 해리는 악한 마법사인 볼드모트를 잠시 물리치기 위해 마법학교의 규율을 깨는 초자연적 능력을 가진 마법사로 나온다. 그러므로 〈해리 포터〉의 전제는 더 강력하고 더 매력적인 마법사가 더 약하고 매력이 덜한 마법사를 이긴다는 것이다. 그렇게 〈해리 포터〉의 전제는 거짓된 그노시스주의적 세계관—하나님의 말씀인 성경과는 명백히 상반되는 악한 세계관—을 반영하고 있다. 〈해리 포터〉의 그노시스주의적인 세계관은 악을 엄청난 능력을 가진 것으로 묘사하면서 영웅은 이런 사교적 힘을 가져야만 성공할 수 있다고 서술하고 있다. 한편, 〈반지의 제왕〉은 악을 아무도 모방하고 싶어 하지 않는 것으로 표현하고 있을 뿐 아니라 반역, 불순종, 죄는 부정적인 결과를 가져온다는 점을 분명히 보여 주고 있다.

많은 미디어 제작물들은 이야기를 논리적 귀결에 이르게 하는 전제뿐만 아니라 한두 개의 도덕적 진술을 담고 있다. 〈반지의 제왕〉은 겸손, 충성, 자비, 헌신은 귀중하다는 사실과, 수호하기 위해 싸울 가치가 있는 선한 것들이 존재한다는 사실 그리고 하나님의 섭리가 존재한다는 성경적으로 건전한 도덕적 진술을 내포하고 있다. 이에 반하여 〈해리 포터〉는 성공만 한다면 규칙을 어기는 것도 칭찬할 만한 일이며, 가족과 학교의 규율은 규제를 위한 것이며, 재미있기만 하면 다른 사람들을 놀리고 짓궂은 장난을 하는 것도 용서가 된다는 가르침을 내포한다.

그리스도인들과 유대인들은 실제적인 인식론을 믿는다. 그것은 하나님이 그들에게 말씀하시고 그들을 가르쳐 주시기 때문에, 또한 하나님이 모든 사람들에게 구원에 꼭 필요한 영적 진리를 이해하고 논리를 사용할 수 있는 능력을 주셨기 때문에 그들이 깨달음을 얻는다는 의미다. 하나님의 의로운 성품에서 나온 그분의 율법으로 전 우주를 다스리신다고 하나님이 우리에게 말씀하셨다. 따라서 우리는 자연과 이 세상에서 일어나는 모든 일이 그분의 율법과 성품에 귀속되어 있음을 안다. 〈반지의 제왕〉은 바로 이러한 실제적 인식론을 담고 있다.

〈해리 포터〉를 포함한 많은 미디어 제작물들은 우리가 진리나 선을 알 수 없고, 그러므로 예측불가능하고 두려운 세상 속에서 옴짝달싹하지 못한다고 단정한다. 사르트르의 유명한 희곡 『비상구가 없다』 같은 작품은 우리는 아무것도 알 수 없기 때문에 삶은 본질적으로 무의미한 것이라는 실존주의적인 관점을 취하고 있다. 그러나 그리스도인들과 유대인들이 가진 현실에 대한 성경적 관점은 다르다. 우리는 결코 무시하거나 없애 버릴 수 없는 실제적인 문제들, 실제적인 고통과 고난이 존재하는, 실재하시는 하나님에 의해 창조된 실제 세계 속에서 살고 있다는 것이다. 그리스도인인 우리를 위해서 창조주 하나님은 완전한 하나님이자 완전한 인간이신 그분의 독생자 예수 그리스도의 실제적 죽음과 부활을 통해 우리를 실제적인 악, 죄와 죽음에서 구원하셨다. 다른 존재론이나 존재의 본질에 대한 다른 관점 모두 복음을 부정하는 것이다.

그러므로 비록 〈반지의 제왕〉이 완벽한 작품은 아니더라도 〈해리 포터〉와는 실제적인 차이가 있다. 그것은 다른 결과를 낳는 실제적 차이다.

더 높이 그리고 더 깊이

C. S. 루이스의 『나니아 연대기』 역시 마찬가지로, 성경적인 존재론과 세계관이 표현된 이야기다. 거의 1억 명이 『사자와 마녀와 옷장』을 읽었는데 대부분의 책이 만 부 이상 팔리기가 어렵다는 점을 생각해 볼 때 놀라운 사실이다. 비록 많은 독자들이 그 책에 분명히 나타난 그리스도론의 암시를 놓쳤다고 말하지만, 그 책은 오랜 세월 동안 많은 사람들을 예수 그리스도께 인도했다는 인정을 받으며 전폭적인 사랑을 받고 있다.

C. S. 루이스는 이 이야기가 점점 득세하는 영국의 세속적 문화에 길들여진 어린이들의 마음을 사로잡고 있는 '감시하는 용'을 대체해서, 궁극적으로는 그의 독자들이 예수 그리스도의 복음을 이해하게 되기를 원했다. 그는 1961년

앤이라는 어린 소녀에게 보낸 편지에서 그의 방식을 밝혔다.

> 넌 아마 그 이야기 뒤에 더 깊은 뜻이 있다는 것을 알겠지. 나니아 이야기는 처음부터 끝까지 그리스도에 대한 이야기란다. 이를테면, 난 이렇게 물었어. "정말로 나니아 같은 세계가 있고 그 나라가 잘못되었다고 (우리가 살고 있는 세상처럼) 가정하고, 그리스도가 (이 세상을 구원하셨듯이) 그 세상에 와서 세상을 구원하시기를 원하신다고 가정하면 어떤 일이 일어날까?" 이 이야기는 그 질문에 대한 나의 대답이란다. 나니아는 말하는 짐승들이 사는 세상이기 때문에 나는 예수님이 그곳에서 말하는 짐승이 되실 거라고 생각했단다. 그분이 이 세상에서 사람이 되셨듯 말이야. 나는 그분이 그곳에서 사자가 되는 것으로 상상했어. 왜냐하면 (a) 사자는 짐승의 왕이고, (b) 성경에서 그리스도를 '유다의 사자'라고 불렀고, (c) 내가 이 작품을 쓰기 시작했을 때 사자에 대한 이상한 꿈을 계속 꾸었기 때문이야. 그 이야기는 이렇게 해서 만들어졌단다.
>
> 『마법사의 조카』는 천지창조가 어떻게 이루어졌고 악이 나니아에 어떻게 들어왔는지에 대한 이야기야. 『사자와 마녀와 옷장』은 십자가 처형과 부활에 관한 이야기란다. 『캐스피언 왕자』는 타락 이후 참된 교회의 회복에 대한 이야기고, 『말과 소년』은 이방인들에 대한 부르심과 회심에 대한 이야기야. 『새벽 출정호의 항해』는 영적인 삶(특히 리피치프)에 대한 이야기고, 『은의자』는 암흑의 세력과 계속되는 전쟁에 대한 이야기야. 『마지막 전쟁』은 적그리스도의 출현과 세상의 종말과 최후의 심판에 관한 이야기란다.[3]

따라서 『나니아 연대기』는 인간의 타락에서부터 그리스도의 죽음과 부활과 최후의 심판에 이르기까지 상세한 기독교의 알레고리를 담고 있으며, 이 세상에서의 중요한 성경적 사건들을 연대별로 기록한 것이다.

기독교의 알레고리

1950년대 C. S. 루이스는 나니아 시리즈의 첫 번째 책을 완성했다. 바로 『사자와 마녀와 옷장』이다. 제2차 세계대전을 배경으로 하는 이 이야기는 네 아이(피터, 수전, 에드먼드, 루시)가 폭격을 피해 런던을 떠나 시골로 가는 장면에서 시작한다. 아이들은 안전을 위해 도시에서 벗어나 커크 교수의 집에 도착한다.

새 환경에 적응해 가던 아이들은 숨바꼭질을 하기로 한다. 숨을 곳을 찾다가 낡은 옷장을 발견한 루시는 그 옷장을 통해 말하는 짐승들과 신화 속의 동물들이 나오는 세계인 나니아로 가게 된다. 루시는 몰랐지만, 사악한 하얀 마녀가 그곳을 통치하고 있었다. 그 마녀는 나니아를 크리스마스는 없고 영원히 겨울만 지속되는 곳으로 만들었다.

그 나라에는 한 가지 예언이 전해져 내려오는데, 아담과 하와의 후손인 네 아이가 나니아에 와서, 바다 너머 위대한 왕의 아들 아슬란이 하얀 마녀로부터 나니아를 해방시키는 일을 돕는다는 것이다. 그 예언이 성취되지 못하도록 하기 위해 하얀 마녀는 나니아의 동물들에게 아담과 하와의 아들과 딸들을 보면 그들을 자기에게 끌고 와야 한다고 명령한다. 루시를 만난 폰(반인반수)족인 툼누스는 처음에는 루시를 하얀 마녀에게 끌고 가려 한다. 그러나 곧 위험을 무릅쓰고 루시를 인간 세상으로 돌려보내기로 결정한다.

루시가 인간 세상으로 돌아왔을 때 오빠인 에드먼드와 피터, 언니 수전은 루시가 두 번째로 옷장을 통해 나니아로 가기 전까지 루시가 나니아에 갔었다는 사실을 믿지 않는다. 이번에는 에드먼드가 루시를 따라가고, 결국 에드먼드는 하얀 마녀의 인질이 되고 만다.

루이스의 우화에 나오는 하얀 마녀는 사탄처럼, 에드먼드에게 그가 이미 가지고 있는 것-나니아를 통치할 권위-을 제시하면서 가짜 성만찬인 터키 젤리로 그를 꼼짝 못하게 만든다. 그 일로 인해 에드먼드의 형제들은 그를 구출하기 위해 위대한 왕 아슬란을 찾아나선다. 그러자 아슬란은 하얀 마녀에게 에드먼드의 배신에 대한 형벌로 자기가 대신 죽겠노라고-그리스도가 인류의 죄를 위해 하신 것처럼-제안한다.

결국 아슬란은 마녀에 의해 거대한 돌 탁자 위에서 죽음을 맞이한다. 그러나 아슬란은 결백한 희생자가 자원해서 죽임을 당할 때 돌 탁자는 갈라지고 죽음은 되돌려질 것이라는 '심오한 마법'-구약의 암시-을 알고 있었다. 아슬란은 다시 살아나 마지막 전쟁에서 하얀 마녀의 폭정을 물리치고 나니아에서 그녀의 지배를 영원히 종식시킨다.

2005년 12월, 디즈니 사는 월든 디어와 제휴하여 〈사자, 마녀 그리고 옷장〉을 영화로 제작했다. 다행히 〈반지의 제왕〉 영화처럼, 디즈니와 월든 사의 경영진들은 단지 오락거리로서만이 아니라 원작의 정수와 그 안에 담긴 심오한 진리도 분명하게 담은 영화를 내놓기로 결정했다. 실제로 극소수의 사람들만이 영화와 루이스의 소설에서 다른 부분을 찾을 수 있을 것이고, 더 극소수의 사람들만이 아주 미세한 신학적 변화를 찾아낼 수 있을 것이다. 따라서 이 영화에 대한 좋은 소식은 그것이 잘 만들어졌으며, 그리스도인들과 교회가 사람들에게 예수 그리스도의 복음의 진리를 이해시키는 데 훌륭한 도구가 될 수 있다는 것이다.

　C. S. 루이스는 그의 저서가 영화화되기를 원한 적은 없지만 이 작품에 긍지를 느꼈으리라고 생각된다. 영화 역시 그의 전반적인 목표를 충족시킨다. 즉, 사람들을 복음으로 인도하는 기독교적인 '상상력'을 창조하는 것이다. "나니아는 이미 기독교계의 관심을 얻고 있다"고 한 평론가는 지적했다. "그리고 많은 교회 지도자들이 전도 도구로써 이 영화의 가능성에 주목하고 있다."[4]

　그러나 영화가 신학적 기초는 보존했지만 책 속에 내포된 신학의 일부분은 희석되었다. 하지만 이런 변화는 창조주보다는 피조물을 좀 더 강조한 것 정도로 경미하다. 예들 들자면, 바다 건너 왕에 대한 직접적인 언급이 없다. 또한 크리스마스의 아버지의 도래와 함께하는 성만찬과 성경의 선물은 크리스마스의 아버지와 함께 있는 장면으로 간단하게 처리되었다. 게다가 아슬란, 루시, 수전이 함께 싸우는 부활 전쟁은 생략되고, 영화는 나니아의 악에 대한 해결책으로서의 아이들의 존재에 더 초점을 맞추고 있다. 실제로는 이 세상 사람들과 마찬가지로 아이들은 아슬란이 돌 탁자 위에서 얻은 승리의 상속자이기 때문에 능히 이길 수 있었다. (그것은 예수님이 현실 세계의 십자가 위에서 우리 모두를 위해 얻으신 승리였다!)

　앤드류 애덤슨은 기억을 되살려 그 영화를 감독했다고 말했다. 그 책이 무척 얇았다고 생각했기 때문에 영화는 실제의 책이 아닌, 그 책에 대한 그의 기억을 반영하고 있다. 그는 희생과 구속에 관한 요소를 이해했으나 그가 관심을 가진 것은 아이들이 권력을 위임받는 것이었다. 그의 관점이 이 책의 명쾌함을 약간 변화시키는 데 영향을 준 것은 분명하지만, 원전을 사랑한 그는 궁극적으로 영화가 궤도에서 벗어나지 않도록 만들었다.

그러므로 책을 면밀히 보고 신학적으로 매우 예리하게 변화를 주시해야 한다. 사실, 이 영화는 예수 그리스도의 이야기에 대한 아주 분명한 그리스도론의 암시와 상상의 산물이다. 소소한 변경이 있었지만 그것은 죄와 저주의 영원한 겨울로부터 우리를 구원해 주시는 하나님의 아들 예수 그리스도를 찬미하는 루이스의 위대한 이야기에 담긴 근본적인 의미를 퇴색시키지 않는다.

우주적 전쟁

C. S. 루이스의 이야기는 우리가 사는 세상 속에서 날마다 벌어지고 있는 실제의 우주적 전쟁을 반영하고 있다. 성경은 우리가 우리 아이들과 우리나라 사람들의 영혼을 놓고 싸우는 우주적인 전쟁을 하고 있다고 분명히 가르친다. 이 싸움은 진실되고 선하고 아름다운 것들을 위한 우주적인 전쟁인 것이다. 또한 정의와 덕과 명예를 위한 우주적 전쟁이다.

이 전쟁의 주요 참여자는 모든 진리와 정의와 선과 아름다움의 궁극적 근원이신 하나님, 우리 죄를 위해 자신을 희생하시고 사탄의 머리를 짓밟으신 예수 그리스도 그리고 죄성과 죄로부터 돌이켜 하나님께로 돌아오라는 그분의 부르심 사이에서 괴로워하는 인간들이다. 그래서 우리 각자는 나름의 방법으로 예수님이 광야에서 사탄에게 받으셨던 시련을 그분과 공유한다.

마태복음 4장의 그 역사적 충돌을 보면 성령이 예수님을 광야로 이끄신다. 예수님은 40일 동안 아무것도 드시지 않아 몹시 주린 상태셨다. 사탄은 광야에서 예수님께 다가와 돌로 떡을 만들어 주린 배를 채우라고 제안한다. 예수님은 그 제안을 거부하시면서 신명기 8장 3절을 인용하신다. "사람이 떡으로만 사는 것이 아니요 여호와의 입에서 나오는 모든 말씀으로 사는 줄을 네가 알게 하려 하심이니라."

그다음에 사탄은 예수님을 예루살렘 성전의 가장 높은 곳으로 데려가 그곳에서 뛰어내려 천사들이 그를 구하게 하라고 말한다. 예수님은 그 제안 역시 거절하시며 신명기 6장 16절을 인용하신다. "너희의 하나님 여호와를 시험하지 말고."

마지막으로 사탄은 예수님께 세상 왕국의 찬란함을 보여 준다. 사탄은 말한다. "만일 내게 엎드려 경배하면 이 모든 것을 네게 주리라." 예수님은 신명기 6장 13절을 인용하여 대답하신다. "사탄아 물러가라 기록되었으되 주 너의 하나님께 경배하고 다만 그를 섬기라 하였느니라." 이렇게 강력한 성경말씀으로 대항하자 사탄은 예수님을 떠나고 천사들이 와서 그분을 수종든다(마 4:11).

이 대화는 아마도 성경 전체에서 가장 중요한 구절 가운데 하나일 것이다. 사탄이 예수님을 죄로 유혹할 때마다 성령 충만한 예수님은 하나님께 초점을 맞추고 그분의 말씀에 의지하신다. 더 나아가 사탄이 결국 빈손으로 떠나자 하나님의 천사들이 와서 예수님을 수종든다. 다시 말해, 진정한 능력은 하나님과 하나님의 말씀에 있으며, 예수님은 그 능력에 의지하신다.

마찬가지로, 우리가 일상 속에서 크든 작든 갈등을 겪을 때 성령으로 충만하고 예수 그리스도를 통해 하나님과 그분의 말씀만 바라본다면 우리 또한 천사들의 수종을 받을 수 있다. 그것이 우리가 사탄과 그 권세의 상징인 우리의 죄성을 이길 수 있는 최선의 방법이다. 우리에게는 일생 동안 우리를 가르치고, 우리에게 좋은 영향을 주며, 우리를 격려할 수 있는 하나님의 능력으로 가득 찬 거룩한 이야기가 있다. 이것이 하나님이 우리에게 주신 스토리텔링의 은사가 발휘하는 힘에 대한 완벽한 예다.

이야기는 바울이 빌립보서 4장 8절에서 언급한 순결, 의로움, 고결함, 사랑으로 하나님이 우리를 이끄시도록 사용하는 강력한 도구가 될 수 있다. 그러나 그것은 또한 하나님께 반항했거나 하나님의 말씀과 예수 그리스도의 복음을 거부한 죄 많은 인간들을 포함하여 우리를 악과 거짓으로 이끄는 사악한 세력이 사용하는 강력한 도구가 될 수도 있다.

궁극적으로 우리가 삶의 궁극적 기준으로 삼아야 하는 성경을 통해 스스로를 나타내신 분은 하나님이시다. 하나님은 우리를 높이시고 우리를 안팎의 적으로부터 보호하시는 반석이다. 시편 62편 1-2절과 11-12절은 이렇게 말한다. "나의 영혼이 잠잠히 하나님만 바람이여 나의 구원이 그에게서 나오는도다 오직 그만이 나의 반석이시요 나의 구원이시요 나의 요새이시니 내가 크게 흔들리지 아니하리로다…하나님이 한두 번 하신 말씀을 내가 들었나니 권능은 하나님께 속하였다 하셨도다 주여 인자함은 주께 속하오니 주께서 각 사람이 행한 대로 갚으심이니이다."

그러므로 우리는 언제나 하나님을 신뢰하고 우리의 마음을 다 바쳐야 한다(시 62:8을 보라). 우리는 그분의 말씀인 성경말씀을 따라야 한다. 성경은 하나님의 영감으로 쓰였으며 "교훈과 책망과 바르게 함과 의로 교육하기에 유익"하기 때문이다(딤후 3:16).

그렇다면 이것이야말로 우리가 연예오락 미디어의 부정적 영향으로부터 우리 가정과 지역사회를 보호하고, 연예오락 산업이 하나님의 말씀을 기초로 한, 더 높은 기준을 적용하도록 부단히 촉구하면서 우리가 취해야 할 영적 태도다.

이런 태도를 취하면, 우리는 아무리 무해하고 가벼운 영화나 비디오 또는 뮤지컬(또는 우화)이라도 그것이 어린아이들과 십 대들을 포함한 수백만, 또는 수십억 사람들의 사고와 행동에 영향을 미칠 수 있는 메시지를 전달할 수 있음을 인식해야 한다. 그러므로 우리는 어떤 종류의 연예오락 프로를 우리와 우리 가족이 소비할 것인지에 대해 참으로 현명한 판단을 해야 한다. 바울은 빌립보서 4장 8절에서 빌립보 교회에 이렇게 충고했다. "무엇에든지 참되며 무엇에든지 경건하며 무엇에든지 옳으며 무엇에든지 정결하며 무엇에든지 사랑받을 만하며 무엇에든지 칭찬받을 만하며 무슨 덕이 있든지 무슨 기림이 있든지 이것들을 생각하라."

천국에서 아버지의 우편에 앉아 모든 것을 감찰하고 계시는 예수님이 우리를 지켜보고 계시며 하나님은 우리의 이름을 적고 계신다.

4부

가치, 원칙 그리고 세계관

9장

세계관과 그 너머

우리 문화가 직면하고 있는 가장 큰 이슈 가운데 하나는 기독교 세계관을 이해하는 것이다.[1] 이것은 가난, 인종차별, AIDS, 부도덕한 연예오락, 저조한 SAT 점수, 예산 부족, 이혼, 사생아 출산, 가정 폭력, 심지어 낙태보다도 더 중요한 이슈다. 이것들 하나하나가 다 심각한 문제이긴 하지만, 그것들은 옳지 못한 세계관의 산물일 뿐이다. 삶의 모든 영역에서 우리가 성경적인 생각을 이해하고 받아들일수록 우리나라의 사회악은 줄어들 것이다.

미국에서는 심각한 사회 문제가 점차 증가하고 있는 추세다. 이런 현상은 하나님의 말씀이 우리의 지침이며, 이런 심각한 사회적 병리현상에 대한 치료책은 과거 우리나라에 영향을 미쳤던 성경적 교훈을 받아들이는 것이라는 사실을 분명히 인식하지 못하면서 벌어지고 있다. 과거에 하나님의 은혜와 자비가 우리 문화에 전반적으로 긍정적인 영향을 꽃피웠듯이, 그 영향력을 상실한 지금, 우리 문화는 점점 퇴보하고 있다. 학교에서 기도를 없앤 중대한 사건이 이러한 퇴보를 분명하게 보여 준다.

개혁신학교 교수인 로널드 내쉬(Ronald Nash) 박사는 기독교 세계관을 가르치는 것의 중요성에 대해 다음과 같이 말했다.

> 미국의 주류 교단들은 남북전쟁 이후 한 세기 사이에 사상의 세계에서 벌어지는 싸움에 졌기 때문에 자유주의와 불신앙에 무감각해졌다. 그리스도인들이 취해야 할 가장 중요한 단계는 기독교 세계관을 회복하는 것이다. 즉, 삶과 세계 전체에 대한 포괄적이고 체계적인 관점을 숙지하는 것이다. 세계관의 테두리 안에서 사고하도록 훈련을 받기 전에는 오늘날 어떤 신자도 사상의 각축장에서 진정한 승리를 얻을 수 없다.²

그렇다. 진리는 사람들을 자유롭게 한다. 그러나 하나님의 말씀인 진리는 그리스도의 몸으로 이해되고 적용되어야 한다. 예수님은 이렇게 말씀하셨다. "너희는 세상의 소금이니 소금이 만일 그 맛을 잃으면 무엇으로 짜게 하리요 후에는 아무 쓸 데 없어 다만 밖에 버려져 사람에게 밟힐 뿐이니라 너희는 세상의 빛이라 산 위에 있는 동네가 숨겨지지 못할 것이요"(마 5:13-14). 더 심각한 상황도 벌어질 수 있다. 교회가 구약과 신약에서 위임한 대로 진실하게 성경말씀을 따르지 않는다면, 부지불식간에 '또 다른 예수'와 가짜 복음을 방황하는 죄인들에게 제공하게 된다는 것이다.

교회가 이 문화 전쟁에서 이기려면 어떻게 해야 할까? 이 전선에 어떻게 더 지혜롭게 접근할 수 있을까? 첫째, 주님의 군대는 교회 명부에 교인을 더 해야 한다. 유화적인 교회는 새 교인들을 끌어들이지 못하고 있는 반면에 더 강경 노선의 '신흥' 종교들은 수적으로 성장하고 있다. 둘째, 진심으로 죄를 회개하고 그리스도의 군대에 들어온 사람들조차도 승리하는 군사가 되기 위한 무기를 얻을 수 있는 훈련인 성경 공부에 참여하지 않고 있다. 그들은 영원한 안식처는 확보했지만 현세의 일상적 삶에서는 패배하고 있다. 우리는 하나님의 '전신갑주'를 입어야 한다(엡 6:10-18).

대체로 현대 교회는 기대에 부응하지 못하고 있다.

무력한 기독교

데이비드 웰스(David Wells)는 『신학실종』(No Place for the Truth)이라는 그의 저서에서 이렇게 진술했다. "1960년대, 1970년대, 1980년대에 복음주의 신앙인이 그토록 크게 성장했던 점을 감안해 보면, 지금쯤 이들은 미국 문화에 혁명을 일으켰어야 한다. 현재 미국 성인의 3분의 1이 영적으로 거듭났다고 주장하는 현실을 감안하면, 강력하고 대안적인 세계관에서 나온 도덕의 강력한 역류가 이 나라의 이쪽 끝에서 저쪽 끝까지, 공장, 사무실, 회의실, 미디어, 대학과 전문인들 사이에 퍼졌어야 한다. 지금쯤이면 결과가 분명히 나타났어야 한다. 세속적 가치들은 흔들리고 그것에 동조한 이들은 곤경에 처했어야 한다."[3]

성경은 이렇게 말한다. "너희의 원수들을 쫓으리니 그들이 너희 앞에서 칼에 엎드러질 것이라 또 너희 다섯이 백을 쫓고 너희 백이 만을 쫓으리니 너희 대적들이 너희 앞에서 칼에 엎드러질 것이며"(레 26:7-8). 하나님의 백성들은 한 명이 백 명의 적을 대항하여 물리쳤다. 그런데 오늘날의 교회는 왜 2대 1의 비율(아마도 불신자 대 신자)로도 이기지 못하는가?

웰스의 말을 계속 들어보자. "이는 분명 기묘한 현상이다. 사회과학자들로부터 성장하는 방법을 배웠고, 종교의 쇼핑몰처럼 보이는 초대형 교회들이 출현하고 있으며, 내부적으로는 나름 돈 많고 세력이 있다고 간주되는 종교계의 일각이 있다. 그런데 그들은 별다른 반향을 일으키지 못하고 있다. 그리고 도덕적, 영적 측면에서 볼 때 과거 어느 때보다도 미국 문화가 소중히 간직했던 깨달음의 일부분을 뿌리째 뽑힐 위험에 처해 있는 이때에 그들은 자취를 감추고 있다. 왜냐하면 스스로 텅 비어 있음을 자각하고 있기 때문이다. 따라서 미국의 문화와 미국의 복음주의는 둘 다 같은 운명을 공유하기에 이르렀다. 양쪽 모두 입이 떡 벌어질 정도의 외적 성공을 누리고 있지만 그들의 중심은 공허하고 텅 비어 있다."[4]

교회가 섬기고 있는 것은 피상적이고 소금이 없는 복음이다. 비록 잃어버린 죄인들을 향한 깊은 긍휼과 훼손되고 있는 문화에 대한 부담을 담은 메시지가 전달되고 있다고는 하지만, 그 안에는 믿는 자들의 마음을 다듬고 행동을 재조정할 포괄적인 진리가 결여되어 있다. 삶의 모든 영역—특히 시민 정부, 경제 정책, 교육 커리큘럼, 교회와 국가와의 관계, 건강관리, 연예오락, 예술, 외교, 범죄의 구조와 역할 같은 중요한 분야에서—에 대한 성경적 원칙은 없고, 그 가운데 초신자들은 전쟁터를 멀리하고 있다.

십자가의 변화시키는 능력이 없다면 교회는 거짓 세력에게 백기를 들 수

밖에 없다. '겨울' 명절은 그리스도가 없는 가운데에서만 그분이 주목을 받고, 교육 커리큘럼에는 성경을 제외하고는 사실상 어떤 읽기 교재도 포함시킬 수 있는 상황에 이르렀다. 세상이 예수님을 볼 수 있도록 그분을 높이기는커녕 우리 문화의 전쟁터는 온전치 못한 거짓 평화를 누리고 있다. 그 평화는 죄로부터 자유로울 수 있는 소망과 주님의 피를 통한 구속과 우리가 성령님께 복종할 때 하나님 아버지와 함께 거할 수 있는 은혜를 부인함으로써 얻은 불완전한 것이다.

적의 약탈

죽음에 대해서 그리스도가 승리하셨다는 사실을 깨닫는 회심만을 촉구하는 복음은 신약에 제시된 역동적인 모델이 아니다. 이것은 교회의 순교자들과는 아무 관련이 없는 "내가 거기서 무엇을 얻을 수 있는가?"라는 메시지일 뿐이다. 초대교회 회심자들은 홀로 조용히 예수님을 믿지 않고 당시의 반기독교적인 세상의 권세자들에게 대항했기 때문에 순교를 당했다.

예수님은 이렇게 말씀하셨다. "나더러 주여 주여 하는 자마다 다 천국에 들어갈 것이 아니요 다만 하늘에 계신 내 아버지의 뜻대로 행하는 자라야 들어가리라 그 날에 많은 사람이 나더러 이르되 주여 주여 우리가 주의 이름으로 선지자 노릇하며 주의 이름으로 귀신을 쫓아내며 주의 이름으로 많은 권능을 행하지 아니하였나이까 하리니 그때에 내가 그들에게 밝히 말하되 내가 너희를 도무지 알지 못하니 불법을 행하는 자들아 내게서 떠나가라 하리라"(마 7:21-23). 대부분의 그리스도인들이 세계관이라는 개념을 가지고 생각하지 않는 주된 이유는, 어떻게 한 개인이 하나님 나라의 일원이 되는가에 대해 자기중심적인 사고방식을 가지고 있기 때문이다.

인간의 구속은 은혜로 이루어진다. "너희는 그 은혜에 의하여 믿음으로 말미암아 구원을 받았으니 이것은 너희에게서 난 것이 아니요 하나님의 선물이라"(엡 2:8). 아무리 그렇더라도 예수님은 구속받은 자들을 이렇게 정의하셨다. "누구든지 하늘에 계신 내 아버지의 뜻대로 하는 자가 내 형제요 자매요 어머니이니라"(마 12:50).

교회는 믿음을 선포할 뿐만 아니라 하나님의 사랑, 기쁨, 평화를 증거하여 얻은 열매로 인정받아야 한다. 매주 수십만 명이 천국에 귀의했다고 알려지지만, 이들은 사회에 영향을 미치기보다는 교회가 긴 휴식을 취하는 중이라고 생각하는 것 같다. 그러는 사이 적은 진영을 샅샅이 뒤지고 있다. 반성경적인 철학이 정부 도처에 퍼져 있고, 학교 교육은 어느 곳을 막론하고 실패하고 있으며, 결혼과 가족은 새 가정이 생겨나는 것보다 더 빠른 속도로 해체되고 있다. 최악의 부도덕이 여봐란듯이 활개를 치고 있으며, 그중에서도 가장 통탄할 일은 이러한 부도덕을 그리스도 몸의 특정 지체들이 허용하고 있다는 사실이다.[5]

'예수님을 영접하는' 전도가 급격히 성장을 보이면서 교회는 지역사회의 필요를 바탕으로 하는 시민 종교, 즉 보육 시설, 청소년 활동, 아이 봐주기, 20-30분 정도의 유화적인 설교를 제공하는, 이 시대의 분위기에 맞게 계획된 주 단위의 교재 장소로 변모하고 있다. 목회자들은 교회를 찾는 이들에게 신성한 예배, 신학적 성경 공부, 또는 죄에서 돌아서는 것이나 헌신에 대해 도전하지 않는다. 확고한 기독교 세계관으로 회귀하지 못한 채 기독교에 새 시대가 도래하고 있다.

잃어버린 세대

그리스도인 교육자들과 부모들은 젊은이들 중에서 집을 떠난 이후 교회 출석을 중단하는 비율이 매우 높다는 가슴 아픈 사실을 알고 있다. 많은 젊은이들이 주님을 매우 슬프게 하는 삶을 살고 있다. 스스로를 거듭난 그리스도인이라고 밝힌 3,500여 명의 대학 새내기들에 대한 한 조사에서 3분의 1에서 2분의 1 가량이 4학년 무렵에는 스스로를 더 이상 그리스도인이라고 생각하지 않는다고 밝혔다.[6]

한때 미국의 대학에서 교회는 불우한 사람들을 돕기 위한 조직을 창설하고 주 헌법의 초안을 작성하는 학구적인 정치가들을 배출하는 주류 세력이었다. 기독교 세계관이 영향을 미치던 200년 전과는 대조적으로, 오늘날 토론을 위한 의제 설정은 세속적이고 반기독교적 세력에 의해 형성된다. 대부분의 사람들은 교회의 임무는 사람들을 천국에 갈 준비를 시키는 것이라고 생각한다. 죽음보다는 사는 것에 대해 더 많이 생각하는 우리 젊은이들은, 교회가 입법회의나 입법부 같은 문화를 형성하는 기관에 영향을 미치려는 의욕이 결여되어 있다고 생각한다. 그들은 기독교 세계관이 없는 교회를 본다.

믿는 자들이 세상을 바꾸었다

교회가 창조, 인간과 하나님의 관계, 인간의 목적에 대한 성경적 해답 같은 영적 문제들에 대한 답을 가지고 있었을 때에는 존경받고 상당한 영향력을 가지고 있었다. 초대교회는 분명히 이런 위치에 있었기 때문에 사도행전에서는 믿는 자들을 "세상을 어지럽히는 자들"이라고 했다. 교회는 A. D. 476년 로마제국이 멸망하기 전까지 지속적으로 많은 영향을 미쳤다.

더 나아가 루터와 칼뱅의 지도 아래 종교개혁을 일으키던 시기에는 교회가 영적으로 영향력을 끼쳤을 뿐만 아니라, 정치적, 경제적으로도 영향력을 발휘했다. 그리고 (주로 칼뱅의 가르침을 통해) 대부분의 북유럽 국가들과 영국과 마침내는 미국에까지 중요한 영향을 미쳤다. 또한 그 세기 초에는 미국의 복음주의자 빌리 선데이의 복음 전파로 살롱과 도박장들이 장사가 안 돼 문을 닫기도 했다.

복음이 다시 한 번 정의의 기준으로 세워지기 전인 A. D. 700년에서 1200년 사이의 암흑기에, 교회는 총체적 부도덕에 굴복했다. 현대의 예로는, 1962년 대법원이 공립학교에서 기도를 금지한 것을 들 수 있다. 그것을 기점으로 젊은이들의 도덕성이 쇠퇴하고 있는 것이다.[7] 이 추세는 대법원이 켄터키 주의 학교 게시판에서 십계명을 떼어 낸 후 전국의 공립학교로까지 확대시켰던 1980년까지 이어졌다.

삶에 대한 포괄적인 관점 없이 사회적 삶이 타락하고 있는 동안 교회는 오로지 영적이고 영원의 문제에만 집착했다. 프랜시스 쉐퍼(Francis Schaeffer)는 이 점을 다음과 같이 지적했다.

> 지난 80여 년 동안 사회와 정부에 대해 이 나라의 그리스도인들이 가졌던 태도에는 근본적으로 문제가 있다. 그들은 숲을 보지 못하고 나무만을 보아 왔다. 그들은 성적인 자유방임, 포르노, 공립학교, 가족의 붕괴 그리고 마지막으로 낙태에 대해서 점차적으로 불쾌함을 드러내 왔다. 하지만 이런 문제를 총체적으로 보지는 못했다. 다시 말해 이 각각의 문제

는 더 큰 문제의 일부분, 또는 증상임을 보지 못했다. 그들은 이 모든 것이 세계관의 변화, 즉 전반적인 세상과 삶에 대한 사람들의 총괄적인 생각과 시각이 근본적으로 변화한 데서 기인했음을 깨닫지 못했다.[8]

미국은 스스로를 숭배하는가?

『미국의 종교』(The American Religion)라는 저서에서 예일대 교수 해롤드 블룸(Harold Bloom)은 미국의 포스트 기독교 시대의 출현에 대해 분석하면서, 우리가 예배하는 신은 다름 아닌 우리 자신이라는 사실에 주목했다. 블룸은 미국의 진정한 종교는 신비주의적인 그리스와 동양의 철학을 결합하여 인간이 지고의 천국에 가기 위해서는 특별한 지식을 얻어야 한다고 주장하는 엘리트주의적인 기독교 이단종파인 그노시스주의라고 진술하고 있다. 기독교는 하나님의 선물인 구원을 얻기 위해 필요한 것은 예수님이 죽음에서 부활하셨다는 사실을 믿는 믿음뿐이라고 단정한다.

성경적인 기독교의 믿음과는 다른 세계관들이 매스미디어를 통해 지나치게 제시되고 있다. 실재의 본질과 무엇이 진실인지를 인식하는 방법에 대한 다양한 인식법을 분간하기 위한 포괄적 견해가 뒤따른다. 얼마나 많은 세계관이 있는가? 엄격한 성경적 의미에서 보면 딱 두 개의 세계관, 바로 기독교 세계관과 반기독교 세계관만 있을 뿐이며, 다른 것들은 이교주의다. 이것이 예수님이 하신 말씀의 의미다. "나와 함께 아니하는 자는 나를 반대하는 자요 나와 함께 모으지 아니하는 자는 해치는 자니라"(마 12:30).

노출된 기독교 세계관

그리스도인들은 하나님이 세상을 창조하셨고 "세상을 이처럼 사랑하사 독생자를 주셨"(요 3:16)다고 믿는다. 모든 신실한 기독교 교회들은 하나님께 영광을 돌리기 위해 가능한 한 많은 영향을 세상에 끼치기 원한다. 그리스도가 교회에 모든 민족으로 제자를 삼을 권한을 주신 만큼, 삶의 모든 영역에 성경의 원칙을 적용하고 모든 일에 그리스도의 권위를 적용하는 것은, "우리의 목표는 바로 기독교 문명을 세우는 것이다"라고 말하는 것과 같다. 그리스도의 신부가 왕의 재림을 위해 영화로워지고 승리하리라는 것보다 더 적절한 세계관이 있을까?

이는 하나님이 사회의 모든 면, 특히 정부, 통상, 연예오락, 교육, 예술에서 인정받아야 한다는 뜻이다. 불가능하다고? 그냥 말만으로 우주를 창조하신 하나님과 그리스도로부터 "너희는 하나님께 속하였고 또 그들을 이기었나니 이는 너희 안에 계신 이가 세상에 있는 자보다 크심이라"(요일 4:4)는 말을 들은 교회에게는 불가능한 일이 아니다. 하나님의 능력과 그분의 말씀 안에 있는 포괄적인 지침을 가지고 교회는 세계 문명의 모든 면에 기독교적 사고와 행동을 제시할 수 있고 제시할 것이다. 우리는 이 점을 알고 그에 맞는 일을 해야 한다. 성령님이 주시는 능력으로 우리는 승리할 것이다.

예수님의 적들은 어떻게 패할까? 바울은 이렇게 대답했다. "평강의 하나님이 속히 사탄을 너희 발 아래에서 상하게 하시리라 우리 주 예수의 은혜가 너희에게 있을지어다"(롬 16:20). 이것이 반기독교적 사고를 날마다 파괴하는 교회다.

세계관이란 무엇인가?

　노먼 가이슬러(Norman Geisler)와 윌리엄 D. 와킨스(William D. Watkins)의 『분열된 세계』(*World Apart: A Handbook of World Views*)에 의하면 세계관이란 "모든 실재를 바라보고 해석하는 방식"이다.[9] 나중에 그들은 "그것을 통해, 또는 그것에 의해 삶과 세상의 정보로부터 의미를 도출하는 해석의 틀"이라고 덧붙였다.[10] 그와 같이 모든 포괄적인 세계관은 적어도 다섯 가지 요소를 공유하는 것처럼 보인다.

1. **우주론**: 물리적, 또는 물질적 우주에 대한 견해
2. **형이상학**: 우주 너머에 무엇이 존재하는지, 또는 존재하지 않는지에 대한 견해
3. **인류학**: 인간과 인간의 환경과 문화에 대한 견해
4. **심리학**: 인간의 영혼과 정신적, 정서적, 영적, 내적 삶에 대한 견해
5. **가치론**: 가치에 대한 철학

　일반적으로 좋은 세계관은 적어도 세 가지 요소를 가지고 있어야 한다. 내적 일관성, 설명력, 경험적 타당성, 또는 충족성이다. 즉, 그것은 논리적이어야 하고, 다양한 현상을 설명할 수 있어야 하며, 사실에 부합해야 한다.

어떻게 개인의 신학이 세계관을 형성하는가

여기 다양한 세계관을 평가하는 데 사용할 수 있는 중요한 교리적 질문들이 있다.[11]

하나님에 대한 교리

- 하나님이 우주를 지배하는 모든 능력과 권위를 가지고 있는가? 아니면 역사는 선과 악 사이의 전쟁인가?(이원론)
- 이 세상은 합리적이고 질서가 있는가? 정의, 선, 진리, 아름다움이란 무엇인가? 이것들이 어떻게 하나님의 성품을 반영하고 있는가?
- 인간성과 이 세상의 중요성에 대한 우리의 관점에서 "말씀이 육신이 되었다"는 진술은 어떤 중요성을 갖고 있는가?
- 유신론의 입장에서 하나님은 독립적이고 전능한 우주의 창조주인가? 아니면 하나님은 만유신교, 다신교, 일원론에서처럼 우주의 일부인가?

인간에 대한 교리

- 인간은 우연의 산물인가? 우리는 신의 일부분인가, 아니면 신의 피조물인가?
- 인간과 다른 피조물을 구분 짓는 것은 무엇인가?
- 하나님의 형상이란 무엇인가? 그리스도인이 아니라도 사람들은 아직 그 형상을 가지고 있는가? 우리가 비그리스도인들과 공유하고 있는 삶의 현장(일, 놀이 등등)에서 그것은 어떤 의미가 있는가?

다른 세계관에 대한 더 깊은 이해

– 피터 해먼드(Peter Hammond) 박사[12]

우리는 세계관의 전쟁이 벌어지고 있는 세상에서 살고 있다. 성경은 우리에게 경고한다. "누가 철학과 헛된 속임수로 너희를 사로잡을까 주의하라 이것은 사람의 전통과 세상의 초등학문을 따름이요 그리스도를 따름이 아니니라"(골 2:8).

의식적으로든 무의식적으로든, 일관적이든 일관적이지 않든, 모든 사람은 세계관-진리거나 부분적으로 진리거나 거짓일 수 있는 일련의 전제와 추론들-의 영향을 받는다. 우리의 세계관은 우리가 이 세상의 근원적 실체에 대해 가지고 있는 믿음과 전제들로 이루어져 있다. 우리의 세계관은 우리의 가치를 결정하고, 우리의 사고방식에 영향을 주며, 따라서 우리가 사는 방식을 이끈다.

삶에 대한 근본적인 질문들

우리의 세계관은 삶의 근본적인 질문들에 대한 답을 요구한다.

1. 실재란 무엇인가? 유물론은 물질적인 것을 초월하는 실재는 없다고 주장한다.
2. 무엇이 우리 지식의 기초인가? 이성주의는 인간의 이성만으로 현실의 구조를 찾아내려 한다. 경험주의는 이성만으로는 부족하며, 모든 지식은 우리의 감각이 제공하는 정보를 바탕으로 해야 한다고 주장한다.
3. 무엇이 옳고 그른지 어떻게 알 수 있는가? 실존주의는 모든 것을 주관

적인 개인의 경험을 토대로 평가한다. 불가지론은 인간 지식의 한계로 삶에 대한 근원적인 질문에 대한 답을 얻을 수 없다고 주장한다.

4. 인간이란 어떤 존재인가? 진화론자들은 인간은 움직이는 물질, 진화된 점액, 끈적거리는 어떤 것에서 시작하여 동물원을 거쳐 당신에 이르기까지 변화한 원숭이라고 주장한다. 진흙에서 원숭이로, 원숭이에서 인간이 나왔다. 우주적인 우연한 사건이고 무작위의 우연의 결과일 뿐이다.

5. 인간의 사후에는 어떤 일이 일어나는가? 힌두교에 의하면 우리는 우주적으로 재활용되는 일종의 영혼으로서 환생한다. 사다리를 올라가 거룩한 소가 되거나, 나쁜 업보를 쌓은 사람은 밑으로 떨어져 벌레가 될 수도 있다.

6. 역사의 의미는 무엇인가? 마르크스주의는 역사란 경제 결정론에 의해 움직인다. 포스트 모더니스트는 역사에는 일체 아무런 의미도 없다고 주장한다.

7. 왜 고통과 악이 존재하는가? 많은 신을 믿는 다신론자들은 여러 신들 사이의 다툼 때문이라고 말한다.

8. 인간이 존재하는 목적은 무엇인가? 쾌락주의자들은 우리는 자신의 쾌락을 위해서 살아야 한다고 주장한다. 유물론자들은 "가장 많이 가진 자가 인생의 승리자!"라고 선포한다. 인본주의는 궁극적으로 존재에 대한 모든 목적을 파괴한다. 무에서 왔으니 무로 돌아갈 것이다. 인생에는 아무 의미도 없다.

9. 어떻게 살아야 하는가? 무슬림들은 마호메트의 가르침과 관습인 이슬람 율법-코란과 하디스를 토대로 한-에 순종하며 살아야 한다고 주장한다.

성경적 세계관

그러나 성경적 세계관은 삶의 근본적인 질문들에 대해 다른 해답을 제시한다.

1. 성경은 하나님이 궁극적 실재이심을 분명히 밝히고 있다. "태초에 말씀이 계시니라 이 말씀이 하나님과 함께 계셨으니 이 말씀은 곧 하나님이시니라"(요 1:1).
2. 우리 지식의 토대는 하나님의 계시다. "옛적에 선지자들을 통하여…말씀하신 하나님이…이 모든 날 마지막에는 아들을 통하여 우리에게 말씀하셨으니"(히 1:1-2).
3. 우리는 하나님의 말씀을 통해 무엇이 옳고 그른지 알 수 있다. "모든 성경은 하나님의 감동으로 된 것으로 교훈과 책망과 바르게 함과 의로 교육하기에 유익하니"(딤후 3:16).
4. 인간은 하나님께 창조되었지만 인간의 본성은 죄로 가득하다. 우리는 하나님에 의해 창조되었기 때문에 아무리 사악한 사람이라도 약간의 선한 면을 가지고 있다. 그러나 인간은 타락했기 때문에 아무리 선한 인간에게도 악한 면이 있다. "우리는 그가 만드신 바라 그리스도 예수 안에서 선한 일을 위하여 지으심을 받은 자니 이 일은 하나님이 전에 예비하사 우리로 그 가운데서 행하게 하려 하심이니라"(엡 2:10).
5. 죽은 후에 우리는 모두 영원한 심판을 받게 된다. 우리는 천국에서 하나님의 은혜로운 보상을 누리거나 지옥에서 형벌을 받을 것이다. "한 번 죽는 것은 사람에게 정해진 것이요 그 후에는 심판이 있으리니"(히 9:27).
6. 하나님은 역사를 주관하신다. "그때에 지극히 높으신 이가 사람의 나라

를 다스리시며 자기의 뜻대로 그것을 누구에게든지 주시는 줄을 아시리이다"(단 4:25).

7. 고통과 악은 타락 이래로 하나님에 대한 인간 반역의 결과다. "스스로 속이지 말라 하나님은 업신여김을 받지 아니하시나니 사람이 무엇으로 심든지 그대로 거두리라"(갈 6:7).

8. 우리가 존재하는 목적은 하나님을 영화롭게 하고 영원히 그분을 예배하는 것이다. "그런즉 너희가 먹든지 마시든지 무엇을 하든지 다 하나님의 영광을 위하여 하라"(고전 10:31).

9. 우리는 그렇기 때문에 성경에 순종하며 살아야 한다. "오늘 네 하나님 여호와께서 이 규례와 법도를 행하라고 네게 명령하시나니 그런즉 너는 마음을 다하고 뜻을 다하여 지켜 행하라"(신 26:16).

다음에 나오는 것들은 우리가 알아야 할 몇몇 종교의 세계관이다.

인본주의

성경적 세계관과는 달리, 인본주의는 인간을 신성시하고 하나님을 권좌에서 몰아낸 종교다. 프란시스 쉐퍼는 인본주의는 "인간을 만물의 중심에 놓고 만물의 기준으로 삼았다"고 정의했다. 알렉산드르 솔제니친은 인본주의를 "인간보다 더 높은 모든 세력으로부터 인간의 독립을 선포하고 실천했다"고 표현했다.

- 인본주의 신학은 무신론이다. 신은 존재하지 않는다.
- 인본주의 생물학은 진화론이다. 인간은 진화의 우연한 산물이다.
- 인본주의 윤리는 무(無)도덕, 또는 상대주의다. 절대적인 도덕은 없다.

- 인본주의 심리학은 자아실현, 또는 실존주의다. 모든 것은 자아를 중심으로 돌아간다.
- 인본주의 사회학은 계급 없는 사회다. 전통적인 가족의 개념은 폐지되어야 한다.
- 인본주의 경제학은 사회주의다. 정부의 개입을 통해 부는 재분배되어야 한다.
- 인본주의 정치학은 세계화다. 단일 세계 정부가 구성되어야 한다.

많은 영화나 논문, 서적에서 인본주의자들은 다음과 같은 의제를 설정해 왔음을 확인할 수 있다.

- 인간은 우연한 진화의 산물이며 학교에서 이 이론을 과학적 사실로 가르쳐야 한다.
- 교육은 국가가 관장해야 한다.
- 교육은 세속적이고, 도덕적 절대주의에서 벗어나야 하며, 비기독교적이어야 한다.
- 성교육을 학교에서 의무화해야 한다.
- 포르노는 언론의 자유에 해당하므로 허용되어야 한다.
- 낙태는 여성의 권리다.
- 동성애는 허용될 수 있는 다른 생활방식이다.
- 범죄자들은 치료와 재활이 필요한 사회의 희생자들이다. 범죄자들을 벌하기보다 사회 전체가 벌을 받아야 한다.
- 자기 방어를 위해 총기를 취득하고 소유하고 사용할 수 있는 시민의 권

리는 제한되어야 하고 궁극적으로는 박탈되어야 한다.
- 모든 권력과 권위는 점진적으로 거대 정부로 집중되어야 한다.

인본주의의 결과는 근대사의 모든 페이지에 씌어 있다. 혁명, 동구 공산주의자들의 대량학살과 전체주의, 포르노라는 역병의 창궐과 마약의 유행, 범죄의 폭발적 증가, 심화되는 인플레이션, 낙태에 의한 대학살, AIDS와 성병의 유행을 포함한 서구 민주주의의 자유방임과 퇴폐. 이것이 인본주의로 인한 도덕적 혼란의 피할 수 없는 결과다.

애니미즘

애니미즘은 정령 숭배를 가리킨다. 애니미즘은 〈포카혼타스〉(*Pocahontas*)나 〈브라더 베어〉(*Brother Bear*) 같은 할리우드 영화로 널리 보급되었다. 애니미즘은 아프리카, 뉴기니, 태평양 도서 지역, 북남미, 호주, 뉴질랜드, 인도, 일본 전역에 흩어져 있는 수백만의 부족민들이 믿는 원시종교다. 많은 명목상의 무슬림, 불교 신자, 그리스도인들 역시 초보적인 애니미즘 요소를 신봉하고 있다.

애니미즘은 죽은 사람의 영혼을 숭배하는 **사자숭배**(死者崇拜)도 포함하고 있다. 부족민들은 세상을 떠난 조상들을 일족으로 여기고, 죽은 사람이 살아 있는 사람들에게 끼칠 수 있는 해악을 두려워한다. 그들은 특히 부자연적 방법으로 죽은 사람들이 다시 돌아와 그들을 괴롭힐 것을 두려워한다. 애니미즘은 땅, 공기, 불, 물, 나무, 산, 동물들 안에 있는 비인격적인 영적 세력뿐만 아니라 인격적 영혼이나 사탄의 존재를 믿는 정령숭배도 포함한다. 정령숭배자의 삶은 정령을 달래기 위한 수많은 터부와 의식이 지배한다.

애니미즘은 자연을 의인화하고 숭배하는 **자연주의**를 포함한다. 예를 들어, 고대 이집트에서는 태양을 숭배하고, 인도의 힌두교도들은 소를 신성시하며, 일본의 신도들은 산을 성스럽게 여긴다. 보통 자연주의는 다신교와 우상숭배를 포함하고 있다. 자연숭배에서 의식과 희생 제물은 풍요를 보장받기 위한 것이며, 인간을 희생 제물로 삼는 것은 자연숭배의 극단적 예라 할 수 있다.

애니미즘은 신성한 식물이나 동물과 부족과의 연합을 강조하는 토템숭배를 포함한다. 애니미즘은 **주물숭배**(부적이나 주물에 어떤 영적 에너지가 있다는 미신)도 포함한다. 보통 주술사들은 "혼령들을 달래기 위해 아프거나 병들었을 때 적절한 주문과 제물을 아는 전문적인 매개자들"인 무당으로 활동한다. 주술사들은 적의 상징물(부두교의 인형 같은)을 공격함으로써 적에게 해를 가하는 모방 주술이나 머리 자르기, 손톱 깎기, 땀 흘리기, 침 뱉기, 배설물 뿌리기 등으로 사람을 저주하는 감염 주술을 사용한다. 어떤 동물이나 사람(식인 풍습이 있는 경우에는)의 힘을 얻기 위해 동물(또는 사람)의 피를 마시기도 한다.

애니미즘의 특징은 진정한 사랑과 소망이 없다는 것이다. **절대적인 도덕이 없다**(죄는 개인의 윤리적 범죄가 아니라 문화나 관습이나 영적 세력을 거스른 것이라고 여긴다). 삶 전체에 만연한 공포에 의해 지배당한다. 애니미즘에는 운명론과 외부 세력에 대한 무력감이 깊이 스며 있다.

애니미즘은 신을 부정한다기보다는 주술 의식이나 제물을 통해 자연이나 신비한 악마의 능력을 숭배함으로써 신을 무시한다.

힌두교

힌두교는 사실상 애니미즘과 철학, 유일신과 다신, 채식주의와 제물을 혼합한 종교의 집합체라 할 수 있다. 힌두교는 종교적 믿음과 철학(자기실현)에서부터 베다(Veda, 고대 인도의 종교 지식과 제례 규정을 담고 있는 문헌으로 브라만교의 성전을 총칭하는 말로도 쓰인다-옮긴이)와 토속 힌두교(우상숭배, 사교와 애니미즘)를 망라한 다원적 네트워크 시스템으로 이루어져 있다.

힌두교는 제설 혼합주의(다른 여러 종교, 철학, 사상의 혼합)로, 접촉하는 모든 종교의 요소를 다 흡수한다. 관용의 종교로 널리 알려진 힌두교는 뉴에이지 운동과 하레 크리슈나(크리슈나 신을 믿는 힌두교) 운동에 이르기까지 전 세계에 중대한 영향을 미쳤다. 힌두교의 많은 개념들은 요가, 구루, 카르마, 윤회, 초월명상법을 포함한 21세기의 포스트모던 문화의 일부가 되었다.

힌두교의 신 개념은 **범신론**이다. 힌두교는 사상, 신앙, 신념과 실재의 집결체이기 때문에 사람과 지역에 따라서 다 다르다. 그러나 다음에 나오는 여섯 가지 큰 범주 안에서 이해될 수 있다.

1. **철학적 힌두교**: 베다와 우파니샤드[Upanishad, 바라문교(波羅門敎)의 성전 베다에 소속하며, 시기 및 철학적으로 그 마지막 부분을 형성하고 있기 때문에 베단타(Vedanta:베다의 말미·극치)라고도 한다]가 그 특징이다. 철학적 힌두교는 인간에게는 신성의 불씨가 있기 때문에 인간을 죄인이라고 하는 것은 신성모독이라고 가르친다. 따라서 구세주도 필요 없다.
2. **종교적 힌두교**: 아바타(신들의 화신)를 신봉한다. 힌두교는 3억 3천여 신들 중에서 섬기고 싶은 신을 자유롭게 선택할 수 있다. 그들은 지식, 헌신, 선행, 이 세 가지 방법 중 하나를 통해 구원을 얻을 수 있다고 가르친다.
3. **대중적 힌두교**: 조상의 전통, 동물숭배, 신전 제식, 주술과 엑소시즘의 영향을 받았다. 대중적 힌두교의 주 관심사는 신봉자들의 수호신으로부

터 축복과 번영을 얻는 것이다.
4. **신비주의적 힌두교**: 초자연적인 치유의 은사, 기적을 행하는 능력, 사람들의 속마음을 읽을 수 있는 능력, 예언의 능력을 소유하고 있다고 주장하는 사람들을 추종한다. 신비하고 영적으로 보이는 이 구루들(gurus)은 아바타로 인식된다.
5. **부족 힌두교**: 애니미즘, 심령술, 사교, 강령술, 동물숭배의 영향을 많이 받았다. 미지의 존재에 대한 두려움이 추종자들에게 본능적인 두려움을 일으킨다.
6. **세속적 힌두교**: 신앙은 명목상으로만 남고 종교적인 실천에는 점차 무관심해진다. 그들은 물질주의적인 성향에 맞는 관습만 따른다.

힌두교의 모든 행위, 종교적 활동, 사상의 저변에는 카르마(업보)의 교리가 깔려 있다. 힌두교 사상에 의하면, 모든 생명체는 이 법칙, 즉 업보의 법칙에 지배당한다. 전생에서의 행위가 현생의 운명을 결정하고, 현생에서의 행위가 앞으로 환생할 삶을 결정한다. 끊임없이 이어지는 탄생과 재탄생의 순환을 삼사라(*Samsara*, 윤회)라고 한다. 악한 카르마를 쌓는 사람은 윤회의 사다리를 내려가고, 선한 카르마를 쌓으면 위로 올라간다. 힌두교인은 자기의 카르마를 완성하고 윤회의 사슬에서 벗어나 목샤(*moksah*, 무지의 상태를 벗어나는 구원의 상태)라고 하는 자유 속으로 탈출할 수 있게 될 때 모든 임무를 마치게 된다.

힌두교는 다신론, 범신론, 제설 혼합주의로 이루어진 종교다. 힌두교인은 모든 종교를 통해 신에게 갈 수 있다고 믿는다. 따라서 그들은 종교를 바꿀 필요를 느끼지 못한다. 힌두교인은 또한 죄에 대한 개념을 거부한다. 비베카난다(Vivekananda, 인도의 종교 지도자—옮긴이)는 이렇게 말했다. "누군가를 죄인이라고 부르는 것이 바로 죄다."

힌두교에서 말하는 구원의 개념은 윤회에서 벗어나는 것이지 개인의 죄를 용서받는 것이 아니다. 힌두교의 구원 교리는 기독교의 교리와 근본적으로 다르다. 그리스도인이 거듭남에 대해 말하는 반면, 힌두교도는 환생을 이야기한다.

힌두교도에게 신의 존재를 변론할 필요는 없지만 다신교 사상 때문에 우리가 말하는 하나님이 누구인지 분명하게 밝히고 정의하는 것이 중요하다. 힌두교도는 성경을 포함한 경전에 깊은 경외심을 가지고 있다. 힌두교도들은 성경 해설을 주의 깊게 들을 것이다.

힌두교도들은 그리스도라는 인물에게도 깊은 경외심을 가진다. 그분이 맺은 사람들과의 관계, 그분의 가르침(특히 산상수훈), 고난과 대속 제물로 자신을 바친 그분의 특별한 희생, 이 모든 것에 힌두교도들은 깊은 감명을 받는다. 그리스도인으로서 우리는 그리스도에 대한 이런 기본적 경외심을 바탕으로 그리스도가 무엇을 가르쳤고, 어떤 분(말씀이 육신이 되신)이신지를 이해시켜야 한다.

힌두교의 카르마 교리는 구원의 개념을 이해하는 데 장애가 된다. 그러나 힌두교도에게 복음을 설명하는 가교로 사용될 수도 있다. 성경은 우리가 뿌린 대로 거둔다고 가르친다. 성경에 의하면, 우리가 지금 하는 일이 우리의 영원한 삶에 영향을 미치는 것이다. "한 번 죽는 것은 사람에게 정해진 것이요 그 후에는 심판이 있으리니"(히 9:27).

힌두교도들은 스스로 고난받으시고, 십자가에서 죽으셨으며, 죄를 이기셨고, 스스로를 모든 사람의 죄에 대한 희생 제물로 바치신 우리의 주님이자 구세주이신 예수 그리스도에 대해 들어야 한다.

이슬람교

　유대교와 기독교의 바탕 위에 세워졌다고 주장하는 유일신교인 이슬람교는 기독교와 일치하는 점이 많다. 기독교와 이슬람교는 다음과 같은 점이 일치한다.

- 하나님이 천국과 지옥을 포함하여 이 세상과 이 세상에 있는 모든 것을 창조하셨다.
- 하나님은 전지전능하시고 무소부재하시다.
- 하나님은 선지자들을 통해서 인류에게 자신을 드러내셨다.
- 하나님은 우리 삶을 통제하고 잘못된 행위를 하지 않도록 막아줄 율법을 우리에게 주셨다.
- 하나님은 모든 사람을 심판하실 것이며, 심판을 통해 어떤 사람들은 천국에, 어떤 사람들은 지옥에 떨어질 것이다.

　무슬림들은 진화론, 무신론, 포르노, 도박, 낙태를 반대하는 면에서 그리스도인들과 종종 뜻을 같이한다. 그러나 그들은 그리스도의 신성을 부인한다. 무슬림들에게 예수님은 선한 사람이지만 하나님의 아들은 아니기 때문이다. 이슬람교는 삼위일체와 십자가 상에서의 그리스도의 속죄를 부정한다. 사실, 하나님에 대한 죄인의 속죄나 화해는 없다. 이슬람교에서는 예수 그리스도의 희생이든, 다른 어떤 희생에 의해서도 죄를 용서받을 수 없다.

　코란은 많은 부분에서 성경 속의 이야기를 담고 있다. 그러나 대체로 내용은 곡해되어 있다. 이를테면 아담과 하와는 지상의 동산에서가 아니라 낙원에서 죄를 지어 이 땅으로 추방되었다. 노아는 아들을 하나만 두었고 홍수 때 물에 빠져 죽었다. 코란에서 모세는 바로의 딸이 아니라 바로의 아내에게 입양되었다. 코란은 모세가 27차례 바로와 대면한 내용을 열거하고 있지만 가장 중요한 부분인 유월절 이야기는 생략되었다!

코란에 의하면 바벨탑은 이집트에서 바로에 의해 건설되었다. 코란은 예수님의 어머니 마리아가 아론의 여자 형제이며, 예수 그리스도 탄생 1500년 전에 살았던 임란의 딸이라고 가르친다! 모든 무슬림이 믿어야 하는 다섯 가지 기본 교리는 다음과 같다.

1. 유일신, 알라
2. 천사의 존재
3. 계시된 책들(토라-구약, 특히 모세 오경, 자부르-다윗의 시편, 인질-신약, 특히 복음서, 코란)
4. 알라가 보낸 선지자들
5. 사후의 삶

다음은 이슬람교가 중요하게 여기는 여섯 가지 기둥이다.

1. 알라 외에는 다른 신이 없으며 마호메트가 알라의 선지자라는 공개적인 고백
2. 메카를 향한 하루 다섯 차례의 기도
3. 라마단 기간 동안 이루어지는 매일 밤 금식
4. 알름 헌납
5. 메카로의 성지순례
6. 성전(지하드)

무슬림들은 기독교를 박해해 왔지만 코란은 예수님이 처녀 잉태되었고 거룩하며 무오하다는 사실과, 그분이 메시아이며 하나님의 말씀이고 하나님으로부터 온 영이라는 사실, 그분이 생명을 창조하셨다는 사실, 병든 자를 고치시고 죽은 자를 살리시며 모든 인류에게 보내는 징표로서 분명한 증표와 기적을 가지고 오셨다는 사실, 천국에 승천하셨다가 다시 심판하러 내려오실 것임을 가르친다(수라 4:171, 5:113, 19:19-21, 91, 43:61).

코란이 예수님에 대해 가르치는 내용은, 먼저 무슬림들에게 접근하여 전도하는 데 유리하게 작용한다. 어떤 다른 선지자가 거룩하고 무오하며 병든 자를 고치고 죽은 자를 살리고 심판하러 다시 온다고 했는가?

개인의 세계관 평가하기

어떤 영화 제작자, 대본작가, 감독, 작가, 저널리스트, 또는 다른 누구라도 그들의 세계관을 평가하려면 다음의 질문들을 해 보라.

1. 인생에 대한 기본적인 믿음이 무엇인가?
2. 사실을 해석하기 위해 무엇을 사용하고 있는가?
3. 그의 세계관을 어떻게 실제적으로 암시하고 있는가?
4. 그의 세계관은 얼마나 일관되는가?
5. 그것은 나에게 개인적으로 무엇을 암시하는가?
6. 그것은 보편적으로 이 세상에 대해 무엇을 의미하는가?

이 외에도 특별한 질문을 할 수 있다.

1. 그의 믿음은 그 자신과 역사 속에서 자신의 위치에 대해 진실한가?
2. 그는 자기 몸을 잘 돌보는가, 학대하는가?
3. 그는 자기의 친구들이나 적, 부유한 자와 가난한 자, 강한 자와 약한 자를 어떻게 대하는가?
4. 그가 일을 하는 동기는 무엇이며 돈을 어떻게 사용하는가?
5. 그는 어떤 도덕적 기준과 의무에 따라 정의와 옳음을 판단하는가?

"만일 여호와를 섬기는 것이 너희에게 좋지 않게 보이거든…너희가 섬길 자를 오늘 택하라 오직 나와 내 집은 여호와를 섬기겠노라 하니"(수 24:15).

"너희는 이 세대를 본받지 말고 오직 마음을 새롭게 함으로 변화를 받아 하나님의 선하시고 기뻐하시고 온전하신 뜻이 무엇인지 분별하도록 하라"(롬 12:2)[11].

- 인간은 본성적으로 선한가, 악한가? 우리의 죄로 인해 우리는 어떻게 죽는가? 인간은 어떻게 하나님으로부터 분리되어 있는가? 원죄란 무엇인가?
- 정부와 법은 무슨 의미를 갖는가? 자유와 정의를 어떻게 양립시킬 수 있는가? 이상적인 사회 건설을 기대할 수 있는가?

구원에 대한 교리

- 구원은 영원한가, 아니면 일시적인가?
- 인간은 정말 구원이 필요한가? 무엇으로부터의 구원인가?
- 기독교 구원의 교리는 무엇으로 이루어져 있는가?
- 구원은 전적으로 하나님의 역사인가?
- 인간이 어떻게 스스로를 구원할 수 있는가? 인간이 스스로를 구원할 수 있다면 왜 예수님은 십자가에서 죽었다가 부활하셨는가?

교회에 대한 교리

- 우리는 세상으로부터 구원받았는가, 아니면 세상 속에서 구원받았는가?
- 교회는 세상으로부터 분리된 공동체인가, 아니면 세상 속에 있는 하나님에 대한 공동체인가?
- 교회는 진정으로 구원받은 사람들만의 공동체인가, 아니면 마지막 날에 비로소 가려질 그리스도인들과 위선자들이 섞여 있는 혼합체인가?
- 그리스도인으로서 떡, 포도주, 물로 하는 지상에서의 성찬식은 얼마나 중요한가?
- 나는 내가 받은 소명뿐 아니라 교회에 대해서 어떤 책임이 있는가?

역사와 미래에 대한 교리

- 창세기에서 계시록에 이르는 하나님의 구원 역사는 이 세상과 정상적인 인류 역사에서 벗어난 이야기인가, 아니면 역사적으로 실재하는 시대와 공간 속에서 벌어진 하나님의 섭리와 구속에 관한 이야기인가?
- 주님이 재림하실 때 사라져 버릴 세상 일에 관여하는 것은 시간 낭비인가?

실재에 대한 교리(존재론)

- 우리는 실재하는 세상 속에서 살고 있는가? - 존재론적 사실주의
- 아니면 환상이 만들어 낸 생각이나 상상 속의 세계에서 살고 있는가? - 존재론적 유명론

지식에 대한 교리(인식론)

- 숲 속에서 쓰러지는 나무처럼, 우리는 어떤 것이 존재한다는 사실을 알 수 있는가? - 인식론적 사실주의
- 아니면 어떤 것도 확실히 알 수 없기 때문에 그저 실재가 존재한다는 사실만을 믿어야 하는가? - 인식론적 유명론

우리는 무엇을 해야 하는가?

- 우리는 모든 영역에서 성경적으로 사고하고 행동해야 한다. 기도로 시작하고 우리의 근시안적 생각과 믿음 없음에 대해 용서를 구해야 한다.

삶의 전쟁에 대비해 우리를 무장시켜 달라고 하나님께 요청해야 한다.
- 기독교 세계관에 기초한 사상을 다룬 책을 읽으라. 미국의 건국에 기독교가 어떤 영향을 끼쳤는지 다룬 책도 읽으라. 이런 주제의 역사는 공립학교에서 학생들에게 가르치는 것이 금지되었다. 하나님의 섭리를 보여 주는 예들이 과거 수십 년 사이에 교과서에서 체계적으로 제거된 것이다.
- 기독교 교육을 재정적으로 후원하거나, 지역의 기독교 학교 위원회에 자원봉사로 도우라.
- 행정관 후보로 나선 성숙한 그리스도인들을 지원하라.
- 다른 사람들에게 기독교 세계관에 대한 공부 모임을 소개하고 교회에서 세계관 공부 모임을 시작하라.
- 가장 중요한 것은 주님 안에 있는 당신의 삶에 대해 감사하는 것이다. 당신을 구원해 주시고 그분의 왕국에서 일할 기회를 주심을 감사하라.
- 그리고 기독교 세계관에 의해 형성된 열매 맺는 삶을 마친 후에는 주님으로부터 이런 칭찬을 듣게 될 것이다. "착하고 충성된 종아 네가 적은 일에 충성하였으매 내가 많은 것을 네게 맡기리니 네 주인의 즐거움에 참여할지어다"(마 25:21). 그 사실을 알고 기뻐하라.

결론

기독교는 다른 모든 세계관보다 우월하다. 왜냐하면 기독교는 논리적이고 많은 다양한 현상들을 설명하며, 사실에 부합하기 때문이다. 기독교는 선과 악, 옳은 것과 그른 것, 진리와 거짓, 타당한 것과 타당하지 않은 것에 대해 합리적인 명분을 제공한다. 또한 인간에게 중요하고 진지한 사랑을 주며, 경험적이고 이성적으로 검증될 수 있는 문서인 성경을 우리에게 제공한다. 문학, 영화, 비디오, 텔레비전 작품 속의 세계관을 파악함으로써, 우리는 예수 그리스도에게 구현된 하나님의 말씀인 성경과 유일하시고 참된 하나님이 영감을 주신 신성한 전통 속에 묘사된 진리, 정의, 선, 사랑, 아름다움에 대해 그 작품이 어떤 단계에 도달했는지 분별할 수 있다.

10장

누가 우리 문화를 훔쳤는가?
– 윌리엄 S. 린드(William Lind)[1]

지난 반세기 동안 어느 시점에서 누군가 우리의 문화를 훔쳤다. 불과 50년 전인 1950년대에 미국은 멋진 곳이었다. 미국은 안전했고 점잖았다. 아이들은 공립학교에서 좋은 교육을 받았다. 노동자 계층의 아버지들도 중산층 수준의 소득을 올렸기 때문에 어머니들이 아이들과 집에 있을 수 있었다. 텔레비전 프로그램은 건전하고 전통적인 가치들을 반영했다.

이런 것들은 다 어디로 갔을까? 어떻게 미국이 지금 우리가 살고 있는 이런 너저분하고 퇴폐적인 곳이 되었을까? 너무나 달라져서 1960년대 이전에 성장한 사람들에게는 마치 외국처럼 느껴질 정도다. 이런 일이 아무 이유 없이 일어났을까?

이건 그냥 저절로 일어난 일이 아니다. 실제로 우리 문화를 훔치고 새롭고 완전히 다른 문화로 대체하기 위한 의제가 아주 계획적으로 설정되었다. 어떻게 그리고 왜 그런 일이 일어났는지에 대한 이야기는 미국 역사에서 가장 중요한 부분 중 하나다. 그리고 이것에 대해 아는 사람은 거의 없다.

한마디로, 서구의 유대 기독교를 바탕으로 뻗어나와 여러 세대를 거쳐 성장해 왔던 미국의 전통 문화는 이데올로기에 의해 제압당했다. 우리는 그 이데올로기를 '정치적 정당성'(차별적인 언어 사용이나 행동을 피하는 원칙—옮긴이) 또는 '다문화주의'로 익히 알고 있다. 이것은 사실상 문화 마르크스주의다. 즉, 경제적 용어에서 문화적 용어로 변형된 마르크스주의로, 1960년대도 아닌 제1차 세계대전 이전의 시대로 회귀하고자 하는 흐름이다. 믿기 힘들지도 모르겠지만 구소련의 낡은 경제적 마르크스주의가 쇠락하면서 새로운 문화 마르크스주의가 미국의 엘리트들을 지배하는 이데올로기가 되었다. 문화 마르크스주의가 탄생한 이래로 이들의 첫 번째 목표는 서구 문명과 기독교의 파괴였다.

어떤 것을 이해하려면 그것의 역사를 알아야 한다. 누가 우리의 문화를 훔쳤는지 알려면 정치적 정당성의 역사를 알아야 한다.

초기 마르크스주의 이론

제1차 세계대전 이전에 마르크스주의자들은 만약 유럽에서 전쟁이 발발하면 모든 유럽 국가의 노동자 계층이 폭동을 일으켜 정부를 전복하고 새로운 공산주의 유럽을 건설할 것이라고 주장했다. 그러나 1914년 여름에 전쟁이 발발했을 때 그런 일은 일어나지 않았다. 도리어 모든 유럽 국가의 수십만 명의 노동자들이 자기 나라의 적과 싸우기 위해 줄을 섰다. 마침내 1917년, 공산주의 혁명이 러시아에서 일어났다. 그리고 다른 나라로 혁명을 확산시키려는 시도를 했으나 노동자들의 호응이 없어 실패하고 말았다.

　1918년 제1차 세계대전이 종식된 후 마르크스주의자들은 자문하지 않을 수 없었다. 뭐가 잘못됐을까? 열렬한 마르크스주의자들은 마르크스주의가 틀렸다고 인정할 수 없었다. 그 대신 두 명의 마르크스주의 지성인 이탈리아의 안토니오 그람시(Antonio Gramsci)와 헝가리의 게오르크 루카치(Georg Lukacs, 루카치는 마르크스 이후로 가장 뛰어난 마르크스주의 사상가로 알려졌다)가 각각 동일한 대답을 내놓았다. 그들은 서구 문명과 기독교 계통의 종교가 노동자 계층의 눈을 멀게 해서, 그들이 진정한 마르크스주의자 계급에 대해 관심을 갖지 못하게 했기 때문에 이 두 가지가 없어지기 전에는 서구에서 공산주의 혁명은 일어날 수 없다고 말했다. 처음에 문화 마르크스주의의 목표로 설정된 이 목표는 지금까지 한 번도 변한 적이 없다.

새로운 전략

　그람시는 기독교와 서구 문명을 말살하기 위한 유명한 전략을 내놓았는데, 이는 매우 성공적인 전략임이 증명되었다. 그는 러시아에서처럼 대놓고 공산주의 혁명을 부르짖는 대신, 서구의 마르크스주의자들은 "학교, 미디어, 심지어는 교회와 문화에 영향을 미칠 수 있는 모든 기관을 통한 긴 행군" 후에 마지막으로 정치 권력을 취득해야 한다고 말했다. 미국은 특별히 1960년대 이후로 이 기관을 통한 긴 행군을 경험했다. 다행히, 무솔리니가 이 주장의 위험성을 인식하고 그를 감옥에 가둔 덕분에 그의 저서, 특히 『옥중 수고』(*Prison Notebook*)가 재발견된 1960년대 전까지 그의 영향력은 미미했다.

게오르크 루카치는 더 큰 영향을 미쳤다. 1918년 그는 헝가리에서 단명한 벨라 쿤(Bela Kun)의 볼셰비키 정권에서 인민위원회 대표가 되었다. 그는 "누가 우리를 서구 문명에서 구원해 줄 것인가?"라며 '문화적 테러리즘'이라는 기관을 조직했다. 그 기관의 주요 구성 요소 가운데 하나는 헝가리의 학교에 성교육을 도입하는 것이었다. 루카치는 그 나라의 전통적 성도덕을 파괴할 수 있다면 그 나라의 전통문화와 기독교 신앙을 괴멸시키는 데 큰 진전을 이루게 될 것임을 깨달았다.

그러나 헝가리의 노동자 계층은 루카치의 문화적 테러리즘을 중심으로 규합되기는커녕 그것에 격분하여 루마니아가 헝가리를 침략했을 때 벨라 쿤 정부를 위해 싸우지 않았고, 결국 정권은 붕괴되었다. 루카치는 자취를 감추었다가 얼마 후 1923년 독일에서 수십억의 재산을 물려받은 펠릭스 바일(Felix Weil)이라는 젊은 마르크스주의자의 후원을 받는 '마르크스주의자들의 학습 주간'에 모습을 나타냈다. 바일과 그 학습 주간에 참석한 사람들은 루카치의 마르크스주의에 대한 문화적 관점에 매료되었다.

프랑크푸르트 학파

바일은 자비로 독일 프랑크푸르트에 있는 프랑크푸르트 대학에 연구소를 세웠다. 원래 그것을 마르크스주의 연구소라고 명명할 생각이었으나 문화 마르크스주의자들은 그들의 진정한 본질과 목표를 숨기는 편이 훨씬 더 효과적일 수 있다는 사실을 깨닫고 바일을 설득하여 사회문제 연구소라는 중립적인 느낌의 명칭을 붙였다. 얼마 지나지 않아 그냥 프랑크푸르트 학파로 알려진 이 사회문제 연구소에서 지금 우리가 알고 있는 정치적 정당성이 만들어지고 발전했다. 프랑크푸르트 학파의 문화 마르크스주의자들이야말로 "누가 우리 문화를 훔쳤는가?"라는 질문에 대한 근본적인 대답이었다.

처음에 그 연구소는 주로 노동운동 같은 전통적인 마르크스주의의 이슈들을 연구했다. 그런데 1930년에 극적인 변화가 일어났다. 그 해 막스 호르크하이머(Max Horkheimer, 독일의 철학자이자 사회학자다. E. 프롬, H. 마르쿠제 등과 함께 프랑크푸르트 학파를 이루었다.—옮긴이)라는 젊고 뛰어난 지성을 가진 젊은이가 사회문제 연구소의 소장이 되었다. 게오르크 루카치의 영향을 크게 받았던 호르크하이머는 소장으로 취임하자마자 프랑크푸르트 학파를 루카치의 선구적 이론을 연구하는 곳으로 방향을 전환시켰다. 그곳에서는 문화 마르크스주의를 제대로 구현된 이데올로기로 발전시킬 수 있도록 연구했다.

이 일을 위해서 그는 프랑크푸르트 학파에 새 멤버들을 영입했다. 아마 가장 중요한 인물은 호르크하이머의 가장 창의적인 협력자가 된 테오도르 아도르노(Theodor Adorno)였을 것이다. 다른 새 멤버들로는 페미니즘과 모권사회 주창자들로 알려진 심리학자 에리히 프롬(Eric Fromm)과 빌헬름 라이히(Wilhelm Reich)와 젊은 대학원생 헤르베르트 마르쿠제(Herbert Marcuse)가 있었다.

문화 마르크스주의의 발전

이 젊은 인재들의 도움으로 호르크하이머는 문화 마르크스주의에서 세 가지 큰 발전을 이루었다. 첫째, 그는 문화란 경제적 요소로 결정되는 사회 상층부의 일부분에 지나지 않는다는 마르크스의 관점을 깨트렸다. 오히려 사회를 형성하는 데 있어 문화란 독립적이고 매우 중요한 요소라고 주장했다.

둘째, 이 또한 마르크스와는 반대로, 그는 미래에는 노동자 계층이 혁명의 주체가 되지 않을 것이라고 말했다. 누가 그 역할을 담당할 것인지―마르쿠제가 1950년대에 대답한 질문―는 미제로 남겨두었다.

셋째, 호르크하이머와 다른 프랑크푸르트 학파 멤버들은 서구 문화를 괴멸시키기 위해 가장 중요한 것은 마르크스주의에 프로이트의 이론을 접목하는 것이라고 결론지었다. 그들은 노동자들이 자본주의 아래서 신음하고 있듯이, 서구의 문화 아래서 모든 사람은 끊임없는 심리적 억압 상태 속에서 살고 있다고 주장했다. 그 억압으로부터 사람들을 해방시키는 것이 문화 마르크스주의의 중요한 목표가 되었다. 더 중요하게는, 서구 문화를 붕괴시키는 데 있어서 심리학이 철학보다 훨씬 더 강력한 도구를 제공한다는 사실을 깨달았다. 그것은 바로 심리적 조건 반사다(Psychological conditioning).

오늘날 할리우드의 문화 마르크스주의자들이 동성애 같은 것을 "정상적인 것으로 만들려면"(그래서 우리를 '억압'에서 '해방'시키도록), 텔레비전 프로그램에 계속해서 정상인처럼 보이는 백인 남성을 동성애자로 등장시키면 된다. 이게 바로 심리학에서 말하는 조건반사다. 사람들은 자기도 모르는 사이에 문화 마르크스주의자들이 가르치는 것을 흡수한다.

프랑크푸르트 학파는 정치적 정당성이라는 사상을 만들어 내는 작업을 착착 잘 진행해 나갔다. 그러던 중 돌연 운명적인 사건이 발생했다. 1933년 아돌프 히틀러와 나치당이 프랑크푸르트 학파가 활동하고 있던 독일에서 정권을 잡았다. 프랑크푸르트 학파는 마르크스주의자들로 이루어져 있었고, 나치주의자들은 마르크스주의를 혐오했다. 그뿐 아니라 대부분의 프랑크푸르트 학파 멤버들이 유대인이었기 때문에 그들은 독일을 떠나기로 결정했다. 1934년 독일 출신의 지도층 멤버들을 포함한 프랑크푸르트 학파는 컬럼비아 대학교의 도움으로 뉴욕에 다시 둥지를 틀게 된다. 그리고 곧 그들은 전통적인 서구 문화를 파괴하는 중심을 독일에서 미국으로 이동했다. 그리고 그것은 엄청난 성공을 거두게 된다.

새로운 발전

미국의 호의를 이용하여 프랑크푸르트 학파는 곧 문화 마르크스주의를 창시하기 위한 지적 작업을 재개했다. 독일에서 초창기에 이룬 성취에다 다음의 새로운 이론들을 더했다.

비판 이론

서구 문화를 부정하려는 목적에서 프랑크푸르트 학파는 비판 이론이라는 강력한 도구를 개발했다. 이것은 비판하기 위한 이론이었다. 프랑크푸르트 학파는 절대 무엇을 위해서인지는 밝히지 않고 무엇을 반대하는가만 밝히는 데 신중했다. 가족에서부터 시작하여 모든 전통적인 기관을 끊임없이 비판했다. 그렇게 비판함으로써 전통적 기관들을 붕괴시키려 했다. 비판 이론은 현재 미국 대학에서 '연구' 부서들의 근간을 이루고 있다. 이런 연구소들이 학문적인 정치적 정당성의 본거지라는 사실은 전혀 놀랄 일이 아니다.

편견에 대한 연구

프랑크푸르트 학파는 일련의 학문적 연구에서 '편견'과 같은 모든 이슈들에 대한 전통적인 태도를 정의하는 작업을 계속해 나갔다. 그 결과가 집대성된 것이 1950년에 출판되어 큰 반향을 불러일으킨 아도르노(Adorno)의 저서 『권위주의적 인격』(*The Authoritarian Personality*)이었다. 그들은 성 도덕, 남자와 여자와의 관계에 대한 전통적 믿음과 가족은 파시즘을 지지하기 위한 제도라는 암시를 흘리는 질문을 연결시키기 위한 목적으로 가짜 F스케일[아도르노, 브룬스윅(Frenkel Brunswik), 레빈슨(Daniel J. Levinson), 샌포드(Nevitt Sanford)에 의해 권위주의적인 인격구조를 해명하기 위한 목적으로 만들어진 것. F는 파시즘(Fascism)을 의미하고, 캘리포니아 F스케일이라고도 불린다. 그들은 우선 반유대주의, 자기민족중심주의, 정치·경제적인 보수주의 등을 기초로 파시즘 지향을 나타내는 사회적 태도를 측정하는 척도를 작성하여 이것을 기초로 권위주의적 성격의 특징인 9개의 징후를 찾아내고자 하였다.—옮긴이]을 창안했다. 오늘날 그들의 의견에 반대하는 사람들에 대해 그들이 즐겨 사용하는 정치적으로 정당한 용어는 바로 '파시스트'다.

지배

프랑크푸르트 학파는 또다시 모든 역사는 생산도구를 차지한 자들에 의해 결정된다는 교조적 마르크스주의와 결별했다. 그 대신 역사는 남자, 여자, 인종, 종교 등으로 규정된 집단이 권력을 갖거나 다른 집단을 지배하게 됨으로써 결정된다고 주장했다. 다른 집단들이 '희생자'로 규정되는 동안, 특정 집단들, 특히 백인 남성들은 '억압자'라는 꼬리표를 달아야 했다. 개인의 행위와는 상관없이 단지 그들이 어떤 집단 출신인지에 따라 그들 인격의 좋고 나쁨이 결정되었다. 희생자들은 무조건 선하고 억압자들은 악했다.

프랑크푸르트 학파의 구성원들은 마르크스주의자였지만 니체[전통적 도덕에 도전한 인물로 그들이 경외해 마지않던 또 다른 인물은 마르퀴스 드 사드(Marquis de Sade)였다]의 영향도 받았다. 그들은 자신들이 주장하는 문화 마르크스주의와 니체가 말한 "모든 가치의 전도"를 통합시켰다. 다시 말해, 과거에 죄라고 인식했던 모든 것이 미덕이 되고, 과거에 미덕이라고 인식했던 모든 것은 죄가 된다는 뜻이다. 동성애는 아무 문제 없고 선한 것이지만, 남자와 여자가 사회적으로 다른 역할을 가지고 있다고 생각하는 사람은 사악한 파시스트인 셈이다. 이것이 정치적 정당성이라는 명목 아래 현재 미국 전역의 공립학교에서 어린이들에게 가르치고 있는 것이다. (프랑크푸르트 학파는 미국의 공교육에 대한 글을 썼다. 그들은 학생들이 어떤 기술이나 지식을 배우는 것이 중요한 것이 아니라 특정 질문들에 대해서 올바른 '입장'을 취하고 있는 학교를 졸업하는 것이 중요하다고 주장한다.)

미디어와 연예오락

아도르노의 지도 아래서 프랑크푸르트 학파는 처음에는 그들이 '상품화된' 문화라고 생각했던 문화 산업을 반대했다. 그러다가 문화 마르크스주의가 대중들을 심리적으로 훈련시키려면 라디오, 영화 그리고 나중에는 텔레비전 같은 도구들을 사용할 수 있다고 주장한 호르크하이머와 아도르노의 절친한 친구인 발터 벤야민(Walter Benjamin)의 말에 귀를 기울이기 시작했다. 벤야민의 주장이 득세하면서 호르크하이머와 아도르노는 제2차 세계대전이 일어나고 있는 동안 할리우드에 머물렀다. 현대의 연예오락 산업이 문화 마르크스주의의 가장 강력한 무기가 된 것은 결코 우연이 아니다.

미국에서 마르크스주의의 성장

제2차 세계대전이 끝나고 나치가 패배한 이후 호르크하이머, 아도르노를 비롯해 프랑크푸르트 학파 대부분의 구성원들은 독일로 돌아와 미국 점령군의 도움으로 프랑크푸르트에 다시 터전을 마련했다. 문화 마르크스주의는 비공식적이긴 하지만 금세 독일에서 가장 우세한 이데올로기가 되었다.

그러나 지옥은 미국을 잊지 않았다. 헤르베르트 마르쿠제는 미국에 남아서 프랑크푸르트 학파의 난해한 학술 논문들을 미국인들이 쉽게 이해할 수 있도록 단순한 용어로 번역하기 시작했다. 프랑크푸르트 학파가 마르크스와 프로이트를 접목시키는 데 사용했던 그의 저서 『에로스와 문명』(*Eros and Civilization*)은 우리가 "다중 도착(polymorphous perversity, 프로이트는 성 충동이 파편화되어 다중적으로 존재하면서 동시에 도착적 성격을 띤다고 설명했다.—옮긴이)을 통해 번식력이 없는 에로스를 해방"시키기만 하면 놀이만 있고 노동이 없는 새로운 낙원을 건설할 수 있다고 주장한다. 『에로스와 문명』은 1960년대에 신좌파(New Left)들의 주요 교과서 가운데 하나가 되었다.

마르쿠제는 또한 프랑크푸르트 학파의 지적 연구의 지평을 넓혔다. 1930년대 초반 호르크하이머는 "누가 마르크스 혁명의 주체로서 노동자 계급을 대신할 것인가?"에 대한 질문을 미제로 남겨두었다. 1950년대에 마르쿠제는

1960년대의 학생 저항 운동의 핵심이자 오늘날 정치적 정당성의 신성한 '희생자 집단'인 학생, 흑인, 페미니스트 여성들, 동성애자들의 연합이 주체가 될 것이라고 말함으로써 그 질문에 답했다. 마르쿠제는 더 나아가 정치적 정당성을 주장하는 세력이 즐겨 사용하는 용어 중 하나인 '관용'에다 새로운 의미를 부여했다. 그는 좌파의 모든 사상과 운동에 대한 관용과 우파의 모든 사상과 운동에 대한 '불관용'을 '해방시키는 관용'이라고 정의했다. 오늘날 문화 마르크스주의자들이 '관용'을 외칠 때 그것의 참된 의미는 마르쿠제의 '해방시키는 관용'인 것이다(그들이 '다양성'을 부르짖을 때 그것이 자신들의 이데올로기에 대한 믿음의 획일성을 의미하는 것과 마찬가지다).

대부분이 베트남 전쟁 징병에 반대하여 일어난 1960년대의 학생 저항 운동은 마르쿠제에게 역사적인 기회를 제공했다. 아마도 프랑크푸르트 학파의 가장 유명한 지도자였던 그는 그들의 문화 마르크스주의를 베이비 붐 세대에게 주입시켰다. 물론 그들은 그것이 무엇인지 알지 못했다. 연구소가 시작되었을 때부터 그랬듯이 마르쿠제와 동료들은 정치적 정당성과 다문화주의가 마르크스주의의 한 형태임을 알리지 않았다. 그 효과는 놀라왔다. 미국의 모든 세대, 특히 대학을 졸업한 엘리트들이 미국의 전통 문화와 기독교 신앙을 말살하려는 유독한 이데올로기를 받아들이면서 문화 마르크스주의를 흡수했다. 미국의 모든 엘리트 기관을 운영하고 있는 그 세대가 이제는 모든 전통적 믿음과 기관들에 계속 대항하고 있다. 그들은 전반적으로 그 전쟁에서 승리했다. 그리고 대부분의 미국 전통 문화는 황폐해졌다.

대항 전략

이제 당신은 누가 우리 문화를 훔쳤는지 알 것이다. 문제는 그리스도인으로서 그리고 문화적 보수주의자들로서 우리는 그것에 대해 무엇을 해야 하는가, 하는 점이다.

우리는 두 개의 전략 중 하나를 선택할 수 있다. 첫째는 기존의 기관들-공립학교, 대학, 미디어, 연예오락 산업과 대부분의 주류 교회들-을 문화 마르크스주의자들로부터 되찾는 것이다. 그들은 우리가 그렇게 할 것을 예상하고 그것에 대비하고 있다. 우리는 그들에 비해 작은 목소리와 적은 자원을 가지고 정면으로 공격을 가하지만 그들이 이미 방어태세를 갖추고 있는 모습을 보게 될 것이다. 어떤 군인이라도 그 전쟁의 결과를 말해 줄 수 있다. 명백한 패배다.

여기 또 다른 좀 더 유망한 전략이 있다. 우리 자신과 우리 가족을 문화 마르크스주의자들이 지배하고 있는 기관에서 떨어져 나와, 우리가 전통적인 서구 문화를 반영하고 회복하도록 도울 수 있는 새로운 기관들을 만들 수 있다.

수년 전 동료 폴 웨이리치(Paul Weyrich)가 이 전략을 제안하는 공개서한을 보수 진영에 보냈다. 대다수의 보수 진영(진짜 공화당) 지도자들은 반대했지만 그의 편지는 보수적인 국민들 사이에서 큰 공감을 얻었다. 그중 많은 사람들은 이미 득세하고 있는 타락한 문화에서 탈피하여 그것을 대체하는 기관들-홈스쿨 운동 등-을 창설하려는 운동에 참여하고 있다. 유사한 움직임들이 소규모의 유기농 가족 농장을 일구거나, 이들 농장의 생산물을 판매하는 지역 장터를 개발하는 등 삶의 다른 측면에서 건전한 대안들을 제시하기 시작했다. 만약 멋진 신세계의 모토가 "생각은 세계적으로, 행동은 지역적으로"라면 우리의 모토는 "생각도 지역적으로 행동도 지역적으로"가 되어야 한다.

따라서 문화 마르크스주의가 미국에 행한 일을 바로잡기 위한 우리의 전략은 그람시가 오래전에 계획했던 것처럼 그들의 전략에 상응하는 어떤 대체물을 내놓는 것이다. 그람시는 마르크스주의자들에게 "기관들을 통한 긴 행군"을 요구했다. 우리의 대항 전략은 우리 나름의 기관을 창설하기 위한 긴 행군이 될 것이다. 그 일은 금세 또는 쉽게 이루어지지는 않을 것이다. 그들이 그랬듯이 그 일은 여러 세대에 걸쳐 이루어질 것이다. 그들은 역사의 불가항력적인 힘이 그들 편임을 알았기 때문에 인내심을 가지고 기다렸다. 역사의 주관자가 우리 편임을 아는 우리가 그들처럼 인내하면서 견디지 못하겠는가?[2]

11장

우리는
어디로 가고 있는가?

팻 뷰캐넌(Pat Buchanan)의 저서 『위기의 미국』(*State of Emergency: Third World Invasion and Conquest of America*)은 다음과 같이 시작한다.

로마 제국이 사라졌듯이 서구 사회도 동일한 원인과 방식으로 쇠퇴하고 있다. 다뉴브 강과 라인 강이 로마의 경계선이었듯이 리오그란데 강과 지중해는 미국과 유럽의 경계선이다. 이제 이 경계선들은 그 역할을 상실했다. 2006년에 출생한 어린아이들은 그들의 살아생전 서구의 몰락을

목격할 것이다.[1]

뷰캐넌은 문명의 몰락은 자멸의 결과라고 설명한다. 성경은 우리에게 선한 것을 붙잡으라고 말하지만 역사의 기록은 하나님을 경외하는 국가들이 먼저 사회 질서와 도덕성을 지탱해 주며, 그 사회의 생명을 유지해 주는 토대가 되는 성경적 직관을 붙잡지 못했음을 보여 준다. 그들이 스스로 타락하여 약해진 후에야 그들의 적은 그들을 침략할 수 있었다.

무엇이 우리의 견고한 토대를 허물고 있을까? 매스미디어가 우리 문화를 통해 정치적으로 정당한 자유주의 사상의 메시지를 전달하면, 대중들은 그것에 호응하여 기존의 표준을 잘못된 법률로 대체하고, 사회에 해를 끼치는 이 법률들을 실행하고 해석하는 사람들을 임명하는 정치가들과 국회의원들을 선출한다. 그리고 대부분의 이 지도자들은 우리 아이들에게 무분별한 교육을 제공하는 커리큘럼과 교육 행정을 책임진다.

만약 매스미디어가 노골적인 성, 생생한 폭력, 외설적인 언어와 사악함에 물든, 혼란스럽고 저속한 문화를 창조한다면 어떻게 될까? 그 결과 대다수의 미국인들이 지도력이 절실히 필요한 때인데도 건강한 사회를 보존할 수 있도록 분별력 있는 지도자들을 적재적소에 배치하는 주도권을 상실하게 된다면? 자유주의와 돈을 벌 수 있는 기회와 감상적인 의제로 혼란에 빠진 선거구민들은 영향력을 미칠 수 있는 자리를 똑똑하고 지적인 선거인단으로 채우는 일을 소홀히 할 수도 있다.

경각심을 주는 통계들

이제 미국이 이 같은 상황을 맞이하고 있다. 조그비 인터네셔널(Zogby International)이 최근에 실시한 조사에 의하면 74퍼센트의 미국인들이 코미디 그룹 쓰리 스투지스의 세 멤버의 이름은 댈 수 있는데 반해, 정부 부처의 명칭 세 개를 댈 수 있는 사람은 42퍼센트에 불과했다. 60퍼센트가 텔레비전쇼인 〈심슨 패밀리〉에 나오는 호머의 아들 이름이 바트임을 알고 있었지만, 그리스 시인 호머의 서사시 중 하나인 『일리아드』나 『오디세이아』를 아는 사람은 21퍼센트뿐이었다. 마지막으로 75퍼센트의 미국인들이 일곱 난쟁이들 중에서 적어도 두 명의 이름은 알고 있으면서 아홉 명의 대법원 판사들 중 두 명의 이름을 댈 수 있었던 사람은 25퍼센트뿐이었다.[2]

이 조사가 보여 주는 것은 우리 공교육이 미국의 근간이 되는 믿음과 가치를 지키는 임무에 적절하지 못한 사람들과 지적 소양과 능력이 떨어지는 사람들을 양산하고 있다는 사실이다. 매스미디어와 미국의 교육 시스템은 매우 지적이고 유능한 인재들로 가득 차 있음에도 불구하고, 그들의 지식은 걸핏하면 퇴보하려고 하는 세상 속에서 빛과 소금이 될 만한 이성의 힘이 결여되어 있다. 그들은 더 이상 로마서와 다른 신약 성경에 나오는 사도 바울이 말한 믿음으로 의롭게 되는 것에 대해 깊이 생각하지 않는다. 그리고 그들 중 십계명의 반이라도 알고 있는 사람이 몇이나 되겠는가? 도덕적 실체나 기준 없이 그들이 차별화된 어떤 명예를 갈망할 수 있겠는가?

오히려 보수 운동의 창시자인 러셀 커크(Russell Kirk)의 현대적 업적조차 무시하는 세태는 서구 문명의 문화적 근간을 형성하는 가치와 전통을 저해한다. 특히 미합중국의 국기에 경의를 표하는 공화국의 문화적 기반을 약화시킨다. 성경에서 말하는 하나님과 예수 그리스도의 복음을 거부하는 것이 학식 있고 논리적인 결정으로 간주된다고 하더라도, 그것은 성경적 원칙에서 벗어나는 편견을 만들어 낸 선전으로 뒤섞인 부족한 지식이라고 봐야 한다. 자료를 얻고 관리하는 일을 방치해 왔기에, 우리는 어떤 지식이 본질적이며 어떤 것이 사소하고 문명에 해로운 것인지를 분별할 수 있는 눈이 멀었다. 이것은 잠언 19장 2절에서 말하고 있는 것과 똑같다. "지식 없는 소원은 선하지 못하고."

보이지 않는 학대

우리는 마음속에서 우리의 영혼을 차지하려는 싸움이 벌어지고 있다는 사실을 종종 망각한다. 우리의 적은 물질주의, 세속주의, 인본주의 그리고 기독교와 상충하는 온갖 다른 '주의'로 우리 마음을 현혹한다. 우리가 우리의 가치, 감정, 욕망을 지키려 하지 않는다면 우리는 금세 연예오락 매스미디어의 유혹에 걸려들 것이다. 일단 한번 미끼를 물면 무거운 죄의식이 하나님의 적들만 보내기 위해 만들어진 지옥으로 우리를 끌고 갈 것이다.

많은 부모들이 가정에 초소 세우기를 포기하고 자녀들의 머릿속을 가득 채울 영화와 텔레비전 프로그램들이 무차별적으로 흘러 들어오도록 허용했다. 이런 부모들은 어떤 프로그램이든 일단 아이들의 주의를 끌 수만 있다면 그 내용은 아이들과의 소통의 필요를 채워 주거나, 적어도 아이들이 시청하기에 적절한 것일 거라고 단정한다. 이런 '가상현실'을 자녀들이 볼 수 있도록 허락하는 것은 어린이들의 감수성과 어떤 것에 대한 지침을 제공하는 매스미디어의 잠재력을 간과하는 것이다.

오로지 동물들만 덫에 걸려 보아야 덫이 무엇인지 이해할 수 있다. 인간은 발을 들여놓기 전에 대화, 상상, 문자로 쓰인 글, 또는 다른 부차적인 자료를 통해서 덫을 피하는 방법을 배울 수 있다. 그러므로 인간 지식의 영역은 인간의 두뇌가 받아들이는 모든 메시지만큼이나 광범위하다. 어떤 것이 옳은지 그른지를 아는 데 개인의 경험에만 의지하는 사람은 아무도 없다. 메시지로부터 추론된 것으로 어떤 행동이 허용될 수 있고 정상적인 것으로 간주될 것인지를 구성한다. 모든 인간 경험이 사회적 진보나 퇴보의 바탕이 된다. 따라서 미디어가 개인의 관심을 끌 정도로 얼마나 흥미로운가로 판단할 것이 아니라 먼저 그 내용이 검토되어야 한다.

진리 또는 결과

1장에서 처음에 언급했듯이 1966년(교회가 할리우드를 버린 해) 이후로 미국에서 폭력 범죄, 사생아 출산, 십 대 자살률이 치솟았다. 우리 문화가 쇠퇴하는 데 기여한 여러 요인들이 있지만 매스미디어가 행동에 중대한 영향을 미쳤음은 분명하다. 아동보호기금(Childen's Defense Fund)을 토대로 한 워싱턴 D. C.의 한 보고서에 의하면 미국에서는 날마다 이런 일이 벌어진다.

- 2,781명의 십 대 소녀들이 임신을 한다(1966년 이후 500퍼센트 증가).
- 5,314명의 십 대들이 구속된다.
- 135,000명의 아이들이 학교에 총을 가지고 온다.[3]

국가경제연구소와 스탠퍼드 대학과 제휴하고 있는 연구자들은 〈사이언스〉지에 요즘 미국 어린이들은 1960년대보다 상대적으로 체력이 약하고, 자살성향이 높으며, 더 폭력적이고, 표준 학력 시험에서 더 낮은 점수를 받았음을 지적했다.[4]

유럽의 해체

더 세계적인 시각에서 살펴보자면 피터 해먼드는 유럽이 이슬람교에 넘어갈 위험이 있다는 점에 주목한다. 확실하고 유일한 희망은 새로운 영적 각성이 활기차게 퍼져 나가는 것이다. 왜냐하면 참된 성경적 기독교만이 급진적인 이슬람교나 세속적 힌두교를 물리칠 수 있기 때문이다. 해먼드는 다음과 같은 점을 지적한다.

> 유럽은 문화적, 경제적 자살을 하고 있다. 유럽 도처에서 무슬림들과 결혼하고 모스크와 마드레사(종교 학교)를 건축하는 일이 비일비재하다. 유럽은 미래 세대들을 노예로 팔고 있다. 유럽에서 기독교의 쇠락은 재앙 수준이다…에서처럼, 그들은 장자권을 죽 한 그릇에 팔아넘겼다. 이제 유럽의 젊은이들은 이렇게 배운다. "너희는 무(無)에서 나왔고 무로 돌아갈 것이다. 삶은 무의미하다!"[5]

예수 그리스도의 복음이 한때는 유럽에서 생산성과 혁신을 일으키며 전 세계에 축복을 가져왔다. 서구 사회로 알려진 기독교 국가들은 의학을 발전시켜 사람들의 생명을 구하고, 국민의 예상 수명을 연장시켰다. 선한 청지기의 성경적 원칙을 적용하여 농업에 혁신을 이루어 생산성을 높임으로써 기근을 종식시켰다. 기독교 선교사들은 문자가 없던 사회에 문자뿐만 아니라 공화국 정부와 사회법에 대한 지식까지 보급했다. 하나님의 말씀과 예수 그리스도의 복음에서 비롯된 지혜가 전례 없는 축복과 번영을 일군 다양한 문화를 형성했다.

현재 유럽은, 기독교의 뿌리와 선교의 소명을 내던졌고 그로 말미암아 퇴보하고 있다. 피터 해먼드가 지적했듯이 유럽은 "생명의 근원에서 떨어져 나왔기 때문에 짧은 시간 동안 아름답다 시들어 버리는 잘린 꽃과 같다. 머지 않아 꽃잎은 시들어 떨어지고 가시만 남게 될 것이다."[6] 밀려드는 무슬림 이민자들에게 굴복하는 동안, 유럽 사람들은 태아를 낙태하며 그들의 미래도 낙태하고 있다. 또한 세속적이고 이교적인 사상으로 청소년들을 혼란에 빠뜨리고 있다. 유럽은 머리가 잘린 닭이 날뛰는 것처럼 보일 수도 있다. 그러나 그 머리이신 예수 그리스도는 아직도 살아계셔서 영적으로 죽은 이 닭에게 새 생명을 불어넣어주시려고 한다.

무슬림의 침입

A. D. 330년 콘스탄티누스 대제는 비잔티움을 새로운 기독교 로마 제국의 수도로 정하고 그곳에 '콘스탄티노플'이라는 새 이름을 지어 주었다. 1453년까지 콘스탄티노플은 세상에서 가장 멋진 도시였다. 그러나 무슬림 군대는 지상과 해상 양쪽에서 공격을 가해 성벽을 허물고 가장 웅장한 고대 교회 건

축물인 아야 소피아(Hagia Sophia)에서 신도들을 학살한 후 6만여 명의 포로를 노예로 팔고, 로마의 마지막 황제들을 자신들이 학살한 로마 제국민들의 시체 더미 속에 묻은 다음 건물을 파괴했다.

무슬림들이 세운 오스만 제국(현재의 터키) 시대에 요한계시록에 나오는 일곱 교회가 있던 지역들은 어땠을까? 무슬림들은 그리스도인들이 그들의 조국에서 소수 집단이 될 때까지 그리스도인들을 멸절시켰다. 1915년, 무슬림 튀르크 족들이 150만 명의 미국인 그리스도인들을 학살했다. 1922년에는 아시아의 마지막 기독교 도시인 서머나가 무슬림 터키 군에 의해 파괴당했다. 요한과 바울이 사역을 했던, 성경에 나오는 도시에서 30만 명의 주민이 몰살당했다.

온건한 무슬림?

2006년 8월 18일 저널리스트 돈 페더(Don Feder)는 그의 〈콜드 스틸 코커스 리포트〉(Cold Steel Caucus Report) 웹사이트에 다음과 같은 글을 실었다.

> 지난주 런던에 있을 때, 나는 그곳에서 평화의 종교(이슬람교)에 대한 진면목을 새롭게 깨달았을 뿐 아니라, 우리가 치르고 있는 전쟁에 대한 통찰을 얻게 되었다.
> 목요일 저녁, 러셀 스퀘어에 있는 호텔방의 침대에 누워 있었다. MI-5(영국의 핵심 정보기관-옮긴이)와 영국 경찰이 4천여 명의 목숨을 앗아갈 수 있는, 대서양 횡단 항공기 열 대 가량을 폭파하려는 테러 계획을 좌절시킨 지 채 24시간도 지나지 않았을 때였다. 당국자들은 그것이 "상상을 초

월하는 대량 살인" 기도였다고 설명했다. 내가 시청하고 있던 한 프로그램에서 어떤 BBC 기자가 체포된 24명의 테러 용의자들-모두 영국 태생의 무슬림들이었다-가운데 한 명의 이웃을 인터뷰했다.

우리는 종종 체포된 자살 공격 용의자나 폭탄 테러 용의자들이 최근에 이슬람교에 관심을 갖게 되었다는 얘기를 듣는데 이는 카발라(Kaballah, 아주 오래전부터 유대의 선택된 사람들에게만 전해져왔던 비밀의 가르침을 기록한 것으로 알려진 일련의 서책-옮긴이)나 팔괘(八卦) 같은 것에 심취하는 것과는 대조적이다. 그리스도인이 거듭났을 때에는 대체로 선행을 하거나 예수님에 대해서 증거하기 시작한다. 독실한 유대교인이 되면 율법에 맞는 음식을 먹고 안식일을 지키거나 토라를 공부하기 시작한다.

그러나 평화를 지향하는 종교의 독실한 신자들은 영이 그들을 감화시키면 응당 "상상을 초월하는 대량 살상"을 저지를 계획을 세우기 시작한다. 다시 말해서 종교와 상관없는 통근자들 가운데 52명의 사망자와 700여 명의 부상자를 낸 1년 전의 런던 지하철 폭발 테러범들과 마찬가지로, 지난주에 체포된 이들은 모두 본토박이 무슬림들이었다. 세 명이 이슬람교로 개종한 사람들이었다(미국인 탈레반 존 워커 린드와 신발 폭탄 테러범 리처드 리드처럼). 가톨릭 개종자가 최근에 뭔가를 폭파하려고 했던 게 언제였는가?

젊은 기병대 장교 시절, 수단에서 언월도를 가진 적군들과 교전을 벌였던 윈스턴 처칠은 1899년 그의 저서 『강의 전쟁』(*The River War*)에서 자신이 관찰한 것을 이렇게 기록했다. "무슬림들을 개인적으로 만나 보면 뛰어난 자질을 보여 준다. 수천 명이 모이면 여왕의 용감하고 충성스러운 군사들이 된다. 그들은 모두 어떻게 죽어야 할지 알고 있다. 그러나 종교가 그들에게 영향력을 끼치면 그 종교를 추종하는 사람들의 사회성은 마비되는 것 같다…이슬람교는 침체된 종교가 아니다. 오히려 호전적이고 적극적으로 전도하는 종교다. 이슬람교는 이미 중앙아프리카 전역에 퍼져서 가는 곳마다 대담무쌍한 전사들을 키워내고 있다."

전시 영국의 위대한 지도자는 유화되기 쉬운 영국의 다음 세대에게 경고했다. "만약 그대들이 정의를 위해 피 흘리지 않고 쉽게 이길 수 있는 싸움을 싸우지 않는다면, 승리가 확실하고 너무 많은 대가를 치르지 않아도 되는 싸움을 싸우지 않는다면, 생존 가능성도 희박하고 그대들에게 불리한 형세에서 싸워야 할 때가 올지도 모른다. 아니, 어쩌면 그보다 더 나쁜 상황이 될 수도 있다. 그대들은 승리의 희망이 전혀 없는 가운데서 싸워야 할지도 모른다. 노예로 살기보다는 죽는 게 더 나으니까."

다른 세기에, 다른 충돌을 겪으며 쓰였던 이 글의 암울한 전망이 또 다른 대서양 횡단 항공기를 타고 런던을 떠나는 내 뇌리에 떠올랐다.[7]

유럽을 유라비아(Eurabia)로

피터 해먼드는 만약 무슬림들이 대다수가 되면 그들은 모든 소수 종교를 핍박하고 결국에는 멸절시킬 거라고 주장했다. 해먼드는 무슬림들이 공공연히 유럽을 '유라비아'로 바꾸겠다고 말하는 것을 목격했다. 실제로, 유럽의 무슬림 공동체의 수는 빠른 속도로 증가하고 있다. 덴마크에서는 전체 인구의 4퍼센트에 불과한 무슬림들이 강간범의 75퍼센트를 차지하고 있으며, 사회복지금의 40퍼센트 이상을 수령하고 있다. 프랑스에서는 인구의 10퍼센트에 불과한 6백만 명의 무슬림들이 투옥된 범죄자들의 70퍼센트를 차지하고 있다. 독일에서는 무슬림 인구가 2백만 명에 달한다. 이탈리아에서는 강간범의 95퍼센트가 무슬림들이다. 스웨덴에는 40만 명의 무슬림들이 있으며 반유대주의 공격이 크게 증가하고 있다.

이 밖에도 최근의 보고서는 무슬림들이 대다수인 48개국 중에서 46개국이 독재국가라는 점에 주목했다. 사우디아라비아 정부는 비무슬림 국가들-대부분 유럽에 있는-에 1,500채의 모스크, 210개의 이슬람 센터, 202개의 대학교, 2,000개의 종교 학교를 건축하는 데 재원을 제공했다. 그 밖에도 유럽 여성들이 평균 1.5명의 자녀를 출산하는 반면, 유럽의 무슬림 여성들은 평균 7명의 자녀를 출산한다.

이슬람교의 유행

하나님이 주신 번영으로 찬양과 경배를 드리기는커녕, 인간들은 성 접촉을 통해서 전염되는 질병에 노출될 정도로 이기적이고 감각적인 쾌락을 추구했다. 신성한 결혼으로 인한 출산은 하나님의 선물로 여겨졌지만, 불법적 성관계로 인한 임신은 방탕하고 자기중심적인 어른들에게 원치 않는 짐, 방지하거나 낙태로 처리해야 할 불쾌한 부작용에 불과했다.

그 결과 출산율이 감소하고, 출산율의 감소는 인구 감소로 이어져 노동력, 소비자, 납세자 부족으로 인해 경제난이 발생한다. 서구 쾌락주의의 난행은 지속될 수 없다. 인구가 번성해야 미래가 있으며, 인구 감소는 문화적 붕괴의 전조다. 피터 해먼드는 이렇게 경고한다.

기독교의 유산을 버리고, 낙태를 허락하고, 쾌락주의와 타락에 빠지고, 개인의 자유를 무한정으로 요구함으로써 유럽은 이슬람교의 샤리아 법이 가하는 압제를 향해 가고 있다. 기독교를 거부함으로써 유럽은 이슬람교의 전체주의의 지배를 받을 위험에 처해 있다.

풍요로운 환경 속에서 급속도로 저하되고 있는 출생률의 영향으로 서유럽은 이제 북아프리카와 중동으로부터 수십억의 가난한 무슬림들을 끌어들이고 있다. 또한 현실적인 무신론이나 모호한 뉴에이지 영성을 받아들인 대부분의 유럽인들은 급진적 이슬람교를 잘 해결하기는커녕 이해하지도 못한다. 요컨대, 그것이 문제다.[8]

기억하라는 명령

성경을 통틀어, 하나님은 유대인들에게 기억하라고 명령하셨다. 하나님은 그분이 그들을 이집트에서 끌어낸 때를 기억하라고 하셨다. 그들로 하여금 홍해를 건너게 하신 때를 기억하라고 하셨다. 광야에서 그들을 먹이신 때와 약속의 땅으로 데려가신 때를 기억하라고 하셨다. 안타깝게도, 하나님의 택함 받은 백성인 유대인들은 거듭 그들의 주님과 그들이 받은 유업을 망각했다.

그러므로 해답은 기독교 신앙의 부흥, 쇄신, 혁신이다. 유럽은 16세기에 있었던 이슬람 확장 정책과 유사한 위협에 직면하고 있다. 유럽은 15세기 이전에 지금과 비슷한 이교도 신앙의 부흥을 겪었다. 피터 해먼드는 이렇게 지적한다. "위협은 똑같다. 그리고 해결책도 그때와 똑같다. 우리는 개혁이 필요하다!"[9]

우리는 우리 시대의 거짓 신들인 세속적 인본주의와 급진적 이슬람교를 분별하여 근절시켜야 한다. 하나님의 말씀을 공부하고 우리 구주 예수 그리스도의 이름으로 기도함으로써 창과 방패를 쓸 수 있다. 우리가 하나님께 반역함으로써 발생한 문제들을 파수꾼으로서 분별하고, 죄의 덫에 걸리면 필연적으로 엄청난 역경을 초래하게 된다는 사실을 사람들에게 이해시켜야 한다. 우리는 복음을 통해 우리의 구원자가 죄와 죽음을 이기셨다는 승리의 기쁜 소식을 선포해야 한다. 피터 해먼드는 다음과 같은 점을 언급했다.

- 우리는 정복하라는 명령을 받았다. 단지 생존하기만 해서는 안 된다. 번성해야 한다. 우리는 넉넉히 이기는 자가 되라는 소명을 받았다.
- 두려움을 극복해야 한다. "하나님이 우리에게 주신 것은 두려워하는 마음이 아니요 오직 능력과 사랑과 근신하는 마음이니"(딤후 1:7).
- 겁내지 말아야 한다. "너희가 주 안에서와 그 힘의 능력으로 강건하여지고 마귀의 간계를 능히 대적하기 위하여 하나님의 전신 갑주를 입으라"(엡 6:10-11).
- 무지를 극복해야 한다. "내 백성이 지식이 없으므로 망하는도다"(호 4:6).
- 불신을 이겨내야 한다. 우리는 믿음으로 세상을 정복해야 한다(요일 5:4).
- 우리는 지상명령을 성취하기 위해 더 용감하고 더 신실하며 더 유능해져야 한다. 인본주의는 자기 파괴적이다. 이슬람교의 시대는 얼마 남지 않았다. 이슬람교는 자유를 이기지 못하며, 코란은 비판적인 학문적 검토를 버티지 못한다.

• 우리의 적을 포섭해야 한다. 다윗은 골리앗을 죽였기 때문에 승리자였다. 예수 그리스도는 승리자 이상이셨다. 그분은 사울을 교회의 핍박자에서 교회의 위대한 사도로 변화시키셨다. 우리는 승리자 이상이 되라는 소명을 받았다. 우리는 이슬람교를 이해하고 무슬림들을 전도해야 한다. "하늘에 있는 자들과 땅에 있는 자들과 땅 아래 있는 자들로 모든 무릎을 예수의 이름에 꿇게 하시고 모든 입으로 예수 그리스도를 주라 시인하여 하나님 아버지께 영광을 돌리게 하셨느니라"(빌 2:10-11).[10]

A. D. 732년 카를 마르텔[Charles Martel, 프랑크 왕국의 궁재. 719년 이후 통일 프랑크왕국의 궁재로서 카롤링거 가(家)의 주도권을 잡았다. 732년 에스파냐로부터 침입해 온 아라비아 군을 격퇴하여 서유럽 그리스도교 세계를 이슬람 세력으로부터 보호했다. 737년 이후부터 왕국의 실권을 장악하여, 이후 그의 아들 소(小)피핀이 메로빙거 왕조를 몰아내고 카롤링거 왕조를 수립하는 기반을 구축했다.—옮긴이]이 투르 전투에서 무슬림들의 진출을 막았듯이, 교회가 일어나 우리의 무슬림 이웃들을 전도하고 무슬림의 유럽 진출을 막아야 한다. 그리스도인들이 루마니아, 헝가리, 불가리아, 그리스를 수세기에 걸친 튀르크 족의 압제에서 해방시켰듯이, 이슬람교의 기만적 행태로부터 우리의 이웃을 자유롭게 만들고 그들을 그리스도께로 인도해야 한다.

쇄신의 필요

국민들에게 하나님 아버지를 알게 하며, 그들의 구세주와 주님을 받아들일 수 있도록 해 주는 지식과 지혜로 인도하는 성경적 원칙으로 미국 문화 속의 이교적이고 반지성적인 가치를 쇄신하지 못하면 미국은 자멸하고 말 것이다.

그리스도인으로서 우리는 우리 지역과 사회의 지도자들과 교육자들에게 미치는 매스미디어의 영향을 우리 자신과 가족에게 가르쳐야 한다. 성경과 예수 그리스도의 복음에 나오는 역동적이고 심오한 진리를 공부해야 한다. 마지막으로 풍부한 학식을 가지고 사고할 줄 아는 사람이 되어, 매스미디어의 유해한 요소에 저항하고, 그것을 무력화시키며, 우리의 문화적 역사와 전통의 고귀한 아름다움을 회복시켜야 한다.

미국이여, 눈을 떠라. 우리의 정신과 영혼이 위태롭다. 이것은 슈퍼맨이 맡아야 할 임무가 아니다. 바트 심슨은 더더욱 아니다. 이것은 우리 모두가 제각기 맡아야 할 임무다.

5부

분별력을
키우는 방법

12장

미디어의 영향에 대해 올바른 질문하기

보이는 것의 힘을 알려면 친구들 앞에 서서 손을 뺨에 댄 채, 지켜보고 있는 친구들에게 손을 턱에 대라고 해 보라. 전부는 아니더라도 대부분의 친구들은, 당신의 지시보다는 보이는 대로 손을 뺨에 댈 것이다. 아이들이 가라사대 게임을 할 때처럼 말이다. 이것이 바로 시각적 영향력이다.

중국 속담 '백문이 불여일견'이 맞는 말이라면 그림과 음악 그리고 다른 소통 형식이 혼합된 연예오락 매스미디어는 거의 수소폭탄과 맞먹는 영향력을 가지고 있을 것이다. 이렇게 놀라운 영향력을 가진 매체가 우리 가족에 미칠 힘을 고려한다면 그것을 관리하기 위해 분별력과 지혜를 키워야 함은 당연한 일이다. 어떻게 분별력과 지혜를 키울 수 있을까? 올바른 질문을 함으로써 가능하다.

이 장은 어떻게 그런 지혜를 키우고 미디어의 함정을 피하면서 연예오락을 즐길 수 있는지에 대한 조언을 담고 있다. 이런 질문들은 당신이 세미한 메시지 속에 잠재된 영향력을 인식하지 못한 채 그냥 그것들을 흡수하지 않도록 적극적인 시청 자세를 갖추게 해 준다. 그럼으로써 미디어의 숨은 뜻까지 간파할 수 있게 도와준다. 우리의 문화를 형성할 수 있는 무해한 듯 보이는 세계관을 걸러내기 위해서는 진지한 사고가 중요하다. 기독교 세계관은 이 세상을 이처럼 사랑하사 그분의 말씀이신 아들을 우리에게 주셔서 누구든지 그를 믿는 자는 멸망하지 않고 영생을 얻게 하시는 하나님의 관점에서 이 세상을 보는 것이다(요 3:16을 보라).

미디어의 영향은 얼마나 강력한가?

1994년 디스커버리 채널은 1933년부터 1945년까지 나치 홍보부 장관이었던 요제프 괴벨스(Joseph Goebbels)가 어떻게 미디어를 이용하여 대량 학살을 용인하도록 영향을 미쳤는지 조사한 다큐멘터리인 〈살인 판매〉(*Selling Murder*)를 방영했다. 대다수의 독일인들이 안락사(살인의 완곡한 표현)를 반대할 때 괴벨스는 불치병으로 죽어가는 한 아름답고 지적인 여인이 자살을 허락해 줄 것을 간청하는 내용의 감상적인 영화인 〈나는 고발한다〉(*I Accuse*)를 제작했다.

영화를 관람한 후 관중들 대다수는 생각이 바뀌었다고 말했다. 병자와 장애인들에 대한 괴벨스의 영화 몇 편을 더 본 후에 독일 사람들은 대규모 안락사의 효과를 확신하게 되었다. 괴벨스는 유대인, 복음주의적 그리스도인들, 독일인 장애인들과 다른 집단들을 말살하기 위해 라디오, 언론, 영화와 극장을 활용했다.

폴 존슨(Paul Johnson)은 그의 저서 『모던타임스』(*Modern Times*)에서 매스미디어의 힘에 대한 통찰을 다음과 같이 보여 주었다.

> 히틀러는 시각적 이미지라는 측면에서 정치에 접근했다. 그는 레닌이나 더 비슷하게는 스탈린처럼 20세기의 가장 과격한 악, 사회공학-기본적으로 인간을 콘크리트처럼 주물러서 원하는 대로 만들 수 있다는 생각-을 직접 실천으로 옮기는 데 탁월한 행동가였다. 그러나 히틀러의 경우, 이러한 악마적인 계략을 언제나 예술적 차원으로 끌어올렸다. 히틀러의 예술적 접근이야말로 그가 성공할 수 있었던 가장 핵심적 요인이었다. 독일인들은 전 세계에서 가장 잘 교육받은 국민이었다(모든 역사가들이 동의한다). 그들의 정신을 지배하기란 매우 어려운 일이었다. 그러나 그들의 마음, 그들의 감수성은 손쉬운 타깃이었다.[1]

히틀러가 새 세대를 장악하는 데에는 특정 뉴스 영화와 영화를 사용한 세뇌가 주효했다. 게르하르트 렘펠(Gerhard Rempel)은 그의 저서 『히틀러의 아이들』(*Hitler's Children: The Hitler Youth and the SS*)에서 이렇게 말했다. "날마다 뉴스 영화로 하루가 시작되어서 여러 가지 형태의 훈련으로 이어졌다. 일요일 아침에는 사상에 관련된 프로그램이 교회 예배를 대신했고, 일요일 저녁은 영화를 보는 시간으로 정해져 있었다."[2]

〈살인 판매〉가 디스커버리 채널에서 방영되기 2주 전 한 텔레비전 프로그램이 그 당시 네덜란드에서 의사에 의해 자행되던 환자 살인에 대해 조사했다. 키보키언 박사(Dr. Kevorkian, 130여 명을 안락사시켜 '죽음의 의사'로 유명해진 미국의 의사), 낙태와 안락사에 대한 텔레비전 프로그램과 나치의 영상 제작물 사이의 유사성은 놀라웠다. 〈살인 판매〉는 연예오락 매스미디어를 사용해 사회적 행동에 어떻게 영향을 미칠 것인가에 관심을 가진 사람들이라면 반드시 보아야 할 다큐멘터리다.

광고 기업들은 십 대들을 공략하기 위해 어떻게 미디어를 이용하는가?

2001년 PBS 프런트라인 다큐멘터리 〈쿨의 상술〉(Merchants of Cool)은 거대 기업들이 매스미디어의 주 시청자들인 십 대들을 조종하기 위해 매스미디어를 왜 그리고 어떻게 이용하는지를 여과 없이 보여 주었다. 지금 세대처럼 연예오락 매스미디어에 많이 노출된 세대는 없었기 때문이다.

'왜'는 간단하다. 조사에 의하면 십 대들은 1999년에 천억 달러 이상을 소비했고, 거기에 더하여 부모들을 졸라 5백억 달러를 더 소비하게 만들었기 때문이다. '어떻게'는 〈쿨의 상술〉에서 말하는 차별화의 힘이다. 그 다큐멘터리는 어떤 식으로 기업 광고주들이 스타일 경향이나 유행을 조장하기 위해 영향력 있는 십 대들을 이용하는지를 보여 준다. 〈쿨의 상술〉은 멋있는 사람이 되려면 유행을 한발 앞서가야 한다고 지적한다. MTV, 매디슨 애비뉴(광고 회사들이 몰려 있는 미국의 광고 거리―옮긴이) 그리고 거대기업 출신들을 포함한 마케팅의 귀재들과의 인터뷰는 많은 점을 시사한다. 그들은 십 대 시청자들을 자기 손바닥 안에서 주무르겠다는 의도를 가지고 치밀한 계획을 짜고 있다.

〈쿨의 상술〉은 시청자들을 조종하는 작업을 폭로하기 때문에 십 대들에게 이것을 보여 주는 것도 미디어를 현명하게 이용하는 좋은 방법이 될 수 있다. 그것을 본 십 대들은 대부분 격분하겠지만 농락당하지 않으려면 어떻게 분별력, 지식, 이해, 지혜를 키울 수 있을지 생각하기 시작할 것이다.

이런 식의 농락을 십 대들은 어떻게 생각할까?

실제로 십 대를 포함한 대부분의 시청자들은 그들의 감정을 조정하거나 둔감하게 만드는 메시지를 회피하고 싶어 한다. 2006년 〈로스앤젤레스 타임스〉가 연예오락에 대해 실시한 여론조사에서 열두 살에서 열일곱 살 사이의 청소년 가운데 58퍼센트의 소년들과 74퍼센트의 소녀들이 프로그램의 성적인 내용 때문에 불쾌감을 느꼈다고 대답했다.[3] 그 조사에 대한 기사는 열두 살 난 멜리나 어칸의 말을 인용했다. "요즘 뮤직비디오를 보면 가끔 백댄서들이 아주 야한 옷차림을 하고 나오는 걸 볼 수 있는데, 보통 여자들은 그런 식으로 옷을 입지도 않고 그렇게 행동하지도 않아요…그런 장면이 나오면 내가 좋아하는 다른 채널로 돌려요." 미주리 주에 사는 스물한 살의 대학생인 한나 몬테스는 이렇게 말했다. "온갖 욕설과 성적인 암시로 가득한 말을 듣는 게 정말 넌더리가 나요."[4]

그 여론조사는 12-17세 사이의 청소년층 839명, 18-24세의 청년층 811명과 다수의 부모들을 대상으로 이루어졌다. 그 결과를 보면 조사대상 중 80

퍼센트의 부모들은 그들의 십 대 자녀들이 파티에서 알코올이나 마리화나를 하지 않는다고 생각했지만, 적어도 한 달에 한 번꼴로 파티에 참석하는 십 대들의 절반은 알코올이나 마약을 하거나 또는 두 가지를 다 한다고 대답했다.[5] 자녀들은 현명한 선택을 하고 싶어 하지만, 많은 부모들은 적절한 도움을 제공하는 데 있어서 획일화되어 있다.

아이들이 미디어를 올바로 이해하도록 어떻게 가르칠 수 있을까?

앞을 못 보는 장애인들이 각자가 알고 있는 코끼리의 생김새를 설명하는 이야기를 알 것이다. 코끼리의 코를 만졌던 사람은 이렇게 말했다. "코끼리는 나무 둥치같이 생겼어." 꼬리를 만진 사람은 이렇게 우겼다. "코끼리는 밧줄같이 생겼다고." 다리를 잡았던 사람은 이렇게 말했다. "코끼리는 기둥 같아." 우리가 매스미디어라는 괴물을 다 안아 볼 수는 없지만 다치지 않고 그것을 견제할 방법을 찾기 위해 우리가 시청하는 것을 규명하고 비교하고 고찰할 수는 있다.

부모들은 아이들이 미디어가 전달하는 메시지를 찾아내고 분별하고 숙고해 보도록 유도할 수 있다. 토론을 유도하거나 미디어에 대한 지식을 갖추게 함으로써, 긍정적인 문화 경험을 즐길 수 있는 능력을 키울 수 있다. 하나님의 말씀을 적용함으로써, 그 상황을 주님의 손에 맡기고 가족이 토론을 할 수 있다. 그로 인해 미디어에 빼앗긴 시간까지 되찾을 수 있다(엡 5:16을 보라). 게다가 성경의 가르침을 숙지함으로써 악한 영향력을 극복하면 하나님 말씀의 능력은 극대화된다. 결과적으로 성경의 교훈을 전달하는 데 시간을 사용하는 것은, 우리 자녀들을 영적으로 성장하는 사람으로 양육하기 위해 하나님이 주신 부모의 권위를 사용하는 것이다.

우선 부모들은 그들이 아이들과 다른 시각에서 연예오락 프로그램을 본다는 사실을 이해해야 한다. 부모들은 노출과 비도덕적인 내용이 얼마나 많이 나오느냐에 신경을 쓰는 반면, 대부분의 아이들은 단순히 액션과 특수효과만 본다. 그러므로 부모와 아이들은 이 격차에 대해 대화해야 한다.

미디어의 메시지를 항상 인식하지는 않더라도 아이들의 생각은 미디어가 전달하는 메시지들을 받아들일 준비가 되어 있다. 어린아이들은 곧잘 자기가 본 행동을 따라하거나 광고에 나온 상품을 사달라고 조른다. 이런 경우가 아이들의 생각이 위태로운 때이므로 부모들은 성경적 가치관을 주입시켜 아이들의 머릿속에 각인된 위협적이고 혼란스럽고 수치스러운 이미지들이 구속의 은혜와 위엄으로 다스려지도록 해야 한다.

미디어 교육이란 자녀들에게 메시지를 구성하는 요소들을 구별하는 방법과 명확한 정보를 얻는 방법을 가르치는 것이다. 미디어 교육은 아이들이 그들 나름대로 제대로 된 지식을 바탕으로 반응하게 함으로써, 그 메시지가 그들에게 의미하는 바가 무엇인지를 분별할 수 있게 돕는 것이다. 아이들로 하여금 그들이 보고 들은 것을 검토하고 비판하게 함으로써, 아이들은 적합한 영화, 텔레비전, 게임, 음악, 매스미디어 정보를 선택하는 방법을 배울 수 있다. 아이들은 미디어에 정통한 시청자가 되어서 미디어가 자신들의 행동에 미치는 영향을 결정할 수 있게 될 것이다. (이 장 끝에 있는 질문들을 사용하면 부모가 자녀들과 어떤 내용이 받아들일 만하고 어떤 것이 거부해야 할 내용인지에 대한 논의를 시작하기에 유용할 것이다.)

아이들이 어떻게 영화 속 메시지를 간파하도록 가르칠 수 있을까?

미디어 교육 과정에는 세 단계가 있다. 확인, 식별, 반영. 메시지를 형성하는 데 사용된 기본 요소로는 적어도 어떤 흥미로운 인물에 대한 독립적인 사실들, 타당한 환경, 점점 더 늘어나는 방해 요소에도 불구하고 계속 그가 하는 행동을 할 수 있게 만드는 동기 등이 있다.

첫 번째 단계는 등장인물들의 특성, 등장인물들의 환경과 행동을 지배하는 법칙, 그들의 행동 결과를 분석할 수 있도록 이러한 핵심요소들을 찾아내는 것이다. 시청자들은 이 요소들이 어우러져 일어나는 드라마에 몰두한다. 의도적이든 아니든, 모든 이야기는 어떻게 이 요소들이 최종적인 결과를 만들어 내는지에 대한 관점을 나타낸다. 이야기 속에서 벌어지는 일련의 사건들을 통해 더 넓은 세계관에 대한 사고의 씨앗이 뿌려진다.

모든 영화는 전제를 가지고 있다. 전제란 그 이야기가 시사하는 주제가 담긴 메시지의 간결한 서술이다. 어떤 상황에서든 전제는 이야기를 논리적 귀결로 끌고 가는데, 이는 이야기가 전달하는 메시지에 신빙성을 더한다. 따라서 전제를 찾아내면 미디어가 시청자들의 생각 속에 심으려고 하는 기본적인 사상을 알아낼 수 있다. 만약 전제가 권선징악이라면 그 드라마는 선한 영웅이 어떻게 악당을 이기는지를 시청자들에게 보여 줄 것이다.

명확한 메시지를 전달하기 위해서는 하나의 주요 전제가 있으며, 대부분의 전제들은 보편적인 진리를 표현하지 않는다는 것이 일반적인 법칙이다. 이를테면, 가난하다고 반드시 범죄자가 되는 것은 아니지만, 만약 그것이 전제라면 이야기는 그 전제를 뒷받침하는 정황을 제시할 것이다. 〈루터〉(*Luther*)와

〈레이디 제인〉(*Lady Jane*)에서는 믿음이 죽음을 이긴다. 〈맥베스〉와 〈콜래트럴〉(*Collateral*)에서 냉혹한 야망은 자멸을 초래한다.

조금만 연습하면 이야기를 분석해서 전제를 찾아낼 수 있다. 〈드라이빙 미스 데이지〉(*Driving Miss Daisy*)에서는 못된 성격 때문에 모든 사람과 소원하게 지내는 한 여인이 고용한 그리스도인 운전사가 그녀의 야비한 말투를 너그럽게 참아 주면서 결국에는 진정한 우정을 맺게 된다. 마음을 따뜻하게 해 주는 이 이야기는 기독교적 덕목이 화해를 가져온다는 놀랍고 강력한 전제를 입증한다. 전제를 발견하는 또 다른 방법은 결말에 이르러 영웅과 악당에게 어떤 일이 일어났는가를 묻는 것이다. 어떻게 일어났는가? 왜 그랬는가?

그 외에도 전제를 발견하는 작업을 하면 아이들은 인과관계의 사고가 발달된다. 그것은 이야기를 이해하는 데 있어 굉장히 중요한 부분이다. 첫 단계에서 일단 전제를 찾아내고 나면, 그 다음은 등장인물의 특성과 이야기의 배경에 초점을 맞추어야 한다.

아이들이 어떻게 올바른 가치를 가진 주인공을 구별하게 할 수 있을까?

전제가 성경적으로 올바르게 보여도 그것을 입증하는 방법이 올바르지 않을 수도 있다. 인기 있는 프로들을 보면 집중적으로 조명되는 한 명의 주인공이 있다. 아이들은 쉽게 이 주인공을 응원 대상으로 생각할 수 있다. 그러나 주인공의 행동이 적절한 것인지 분석하는 것이 중요하다. 〈반지의 제왕〉과 〈나니아 연대기〉에서 주인공은 하나님의 역사를 상징하는 초자연적인 힘의 도움을 받는다. 〈불의 전차〉와 〈인빈서블〉(Invincible)의 주인공들은 단지 그들이 우월해서가 아니라 옳은 일을 하기 때문에 승리한다. 기독교 세계관은 소망과 존엄성을 가지고 영원한 세계로 들어가게 해 주는 믿음이 만들어 내는 차이를 예시하기 위해 〈안네 프랑크의 일기〉에서처럼 주인공이 적에게 저항하지 못하는 상황을 보여 줄 수도 있다.

사악하거나 책임을 지지 않고 빠져나가거나 초자연적인 행동을 함으로써 승리를 얻는 주인공은 하나님 아버지의 궁극적인 책임을 부인하는 관점을 제시한다. 이기적이거나 물질주의적이거나 순전히 감정적인 만족만을 추구하는 것은 영구적인 가치를 가진 목표를 달성하기 위해 필요한 고결한 인품이나 성실성 같은 그리스도를 닮은 성품의 발달을 저해하는 반기독교적 세계관을 제시한다. 예를 들어, 앞서 언급했듯이, 〈해리 포터〉가 가진 최고의 장점은 주인공이 사교에 대한 관심에서 비롯된 속임수를 쓰는 성향을 보이기 때문에 퇴색할 수밖에 없다. 겸손한 호빗 프로도는 충성심이라는 동기를 가지고 은혜와 자비로 자신이 맡은 임무를 이루어낸다. 기독교 세계관에서 영적 은사는 신실한 종이 선한 일을 하기 위해 주어진다. 어린아이라도 자기가 속한 지역에 유익을 끼치는 주인공을 응원하는 것이 올바르며, 자신의 이익만을 도모하는 거짓말쟁이를 응원하는 것은 잘못임을 인식할 수 있다.

아이들이 어떻게 적대자의 동기를 이해하도록 도울 수 있을까?

많은 극작가들은 선하든 악하든 간에 주로 행동을 이끌어 가야 하는 주요인물을 주인공이라고 부른다. 반면에 적수는 주인공이 이뤄낸 결과물에 반대한다는 점에 주목하라.[6] 주인공과 적수는 둘 다 이야기에서 역학관계를 형성하며, 그들의 특성은 상세히 분석되어야 한다. 그러므로 적수의 특성을 알아보는 것은 중요하다. 기독교 세계관에서 악당은 속임수를 사용하고 공격성을 띠며 주인공에게 대항하는, 진짜 영웅보다 조금 못한 인물로 표현된다. 뉴스를 보면 재계 지도자들, 보수적인 기독교와 정치 지도자들이 종종 악당의 역할을 맡는다. 주인공과 악당에게 어떤 특성들이 부여되고 있는지 분별해야 한다.

『해리 포터』 시리즈의 첫 두 권과 영화에서 처음 나오는 악당들은 마술사가 아니라 해리를 못살게 구는 밉살스러운 해리의 친척들이었다. 그러나 진짜 악당은 의심의 여지없이 골수까지 타락한 마법사 볼드모트이며, 마법이 마법에 대항해 싸우기 때문에 선과 악의 근원이 불분명하다. 그러나 『반지의 제왕』에서 사루만과 사우론은 성경에 나오는 전형적인 악마 루시퍼와 같은 악한 존재임이 분명하게 나타난다. 그들은 교만, 탐욕, 시기심으로 가득 차 있다.

아이들이 어떻게 미디어 속 현실과 비현실을 구분하도록 가르칠 수 있을까?

영화와 텔레비전 프로그램의 성공 여부는 전제, 이미지, 효과에 달려 있다. 이미지와 특수효과는 시청자를 사로잡고 그들에게 영향을 미친다.

시각과 청각의 영향력을 비교한 조사에서 〈세서미 스트리트〉(*Sesame Street*)의 프로듀서가 실험 대상군인 시청자들에게 왜 개미는 코끼리만큼 커질 수 없는지를 설명한 단편 만화영화를 보여 주었다. 소리로는 개미의 골격이 그만한 중량을 지탱할 수 없다는 설명을 들려 주면서, 만화는 개미가 코끼리만큼 커지다가 터져 버리는 모습을 보여 주었다. 90퍼센트 이상의 조사 대상자들은 개미가 코끼리만큼 커질 수 있다고 대답했다. 사람들은 시각으로 본 것의 60퍼센트, 청각으로 들은 것의 40퍼센트 정도를 기억한다.

시청자들에게 전달되는 메시지는 그것이 포함하고 있는 것뿐만 아니라 그것이 포함하지 않고 있는 것으로도 영향을 미친다. 이러한 생략은 시청자들의 뇌리에 강력한 이차적 메시지를 만들어 낼 수 있다. 그중에서도 전자 미디어는 실재를 왜곡시키기가 더 쉽다. 편집, 클로즈업, 섀도샷, 역촬영, 그 외 여러 가지 카메라 기술이 얼마든지 진실을 조작할 수 있기 때문이다.

카메라의 시야 밖에 있는 것은 나오지 않으므로 시청자는 보고 있는 것을 실제보다 더 넓은 이미지로 해석한다. 다트머스 대학교 3학년 때, 학생들이 행정 빌딩을 장악하는 작은 소동이 있었다. 텔레비전 뉴스 팀이 그 장면을 너무 가까이서 찍는 바람에 일단의 국가방위군들과 그 빌딩을 점령한 30여 명의 학생과 몇몇 구경꾼들만 있었는데도 마치 큰 군사작전이라도 벌어지는 것처럼 보도되었다.

제리 맨더(Gerry Mander)는 그의 저서 『텔레비전을 버려라』(*Four Arguments for Elimination of Television*)에 이렇게 썼다. "텔레비전에서 보이는 어떤 것들은 '실재'이며 어떤 것들은 실재가 아니라는 믿음이 널리 퍼져 있다…우리 사회는 현실과 비현실이 같은 방식으로 전달되고 교차 편집되고, 여러 다른 장소로부터 각기 다른 시간에 전송된 것이 우리 집에 연이어 도착하여 거실에 있는 네모난 상자에서 나와 바로 우리 머릿속으로 들어가고 있는데도 사람들이 실재와 실재가 아닌 것을 구별할 수 있다고 생각한다."[7]

영화의 배경은 중요한가?

환경이 어떤 식으로 메시지를 전달하는지를 알기 위해서 아이들에게 특정한 시대와 장소 속에서 스토리가 전개되기 위해서 소도구들과 배경이 어떻게 쓰이고 있는지를 보여 줄 수 있다. 말과 마차는 그 이야기가 과거에 벌어진 일이라는 징표가 될 수 있다. 어린아이들이 세밀한 부분을 관찰하는 방법을 배울 때, 독서와 관찰은 경험을 더 풍성하게 만들 수 있다. 환경을 잘못 인식하면 당신이 그 연예오락 제작물의 배경과 주제를 보는 방식에 영향을 미친다. 다시 말해서, 카메라는 거짓말을 한다. 그리고 마이크와 컴퓨터도 그렇다.

배경이 되는 환경 문제는 매스미디어 프로그램에서 언어가 어떻게 사용되는가, 하는 질문과 깊은 관련이 있다. 티모시 제이(Timothy Jay) 교수는 '미국에서의 욕'(Cursing in America)이라는 제목의 연구에서 미국인의 7퍼센트만이 직장에서 욕을 하고, 여가 시간에는 12퍼센트만이 욕을 하는데 많은 영화와 텔레비전 프로그램들은 미국인들이 늘 욕을 한다고 믿게끔 오도한다는 사실을 밝혀냈다.[8] 한 마르크스주의 학파는 언어를 우리가 살고 있는 부르주아 사회를 공격하기 위한 무기로 생각했다(몇몇 아방가르드 극작가들이 이 학파에 속해 있다).[9] 아이러니한 것은 〈무비가이드〉가 지난 몇 년 동안 시청자들의 선호도를 조사해 온 결과, 영화에 욕설이 많이 나올수록 흥행이 저조했다는 사실이 밝혀졌다.

현대의 빈민가로부터 은하계 사이에서 벌어지는 공상과학에 이르기까지 어떤 환경 가운데 어떤 사회적 이슈라도 스토리에 영향을 미치는 환경적 요소를 가지고 있다. 심지어 가상의 우주라는 최고의 환경 속에서도 질서를 유지하는 법과 균형을 깨트려 충돌을 조장하는 위협이 필요하다. 환경은 어느 정도의 예측가능성과 논리를 제공해야 한다. 초자연적인 재능이 소개되더라도 그것은 더 큰 선을 위해서 사용되며, 악은 인간의 힘으로는 이길 수 없을 정도로 충돌을 심화시킨다. 기독교 세계관은 어떤 행동들의 결과로 나타나는 정의와 자비로 법이 안정적으로 수행됨으로써 환경이 질서를 찾게 된다는 사실을 보여준다. 비록 그 질서가 실낙원의 질서라고 해도 말이다.

영화 속에 드러나는 세계관

영화의 전제가 성경적 세계관과 일치하지만 그 전제를 보여 주는 방식이 반기독교적이거나 부도덕하거나 악하다면 그 제작물은 신실한 그리스도인들이 보기에는 문제가 있다. 예를 들어, 선이 악을 이기더라도 마술을 써서 이긴다면 그 전제를 풀어 나가는 방법(마법)은 비성경적이다. 이런 영화들은 모든 사교 마술이 악하다는 사실을 알지 못하는 사람들을 목표로 한 것이라고 생각할 수 있다. 전제가 완전히 성경적이어도 그 해결책은 그렇지 않을 수 있다.

왜 성경적인 세계관이 중요한가?

세계관은 성경의 교훈과 일치해야 한다. 만약 하나님 아버지가 싫어하실 만한 속임수, 마법, 평생을 헌신하는 이성애가 아닌 성관계, 불필요한 폭력 같은 행동을 보여야 한다면, 그런 행동들은 고난의 원인이 될 수밖에 없음을 깨닫게 해 주어야 한다. 또한 그 행동들은 구속적 사랑의 가능성을 내포하여 최대한 구원의 소망을 소개하기 위한 것이어야 한다. 그냥 묵과된다면 그 메시지는 명백히 하나님의 말씀에서 벗어난 것이다.

가난한 자들에 대한 관심이 더 잘사는 사람들을 정죄하거나, 불우한 사람들을 돕기 위해 도둑질 하는 것을 정당화하지 않는다. 성경은 사회를 변화시키는 것과 긍휼을 베푸는 것에 대한 지침을 제공한다. 예수님은 그분을 섬겼다고 주장하는 많은 사람들에게 "내가 너희를 도무지 알지 못한다"고 하실 것이라고 말씀하셨다(마 7:22-24). 그러므로 겉으로는 의로워 보이는 주인공들도 겸손, 자비, 사회적 책임과 같은 그리스도의 성품을 가지고 있는지 검토해 보아야 한다. 성경적 특성과 성품이 우리를 신나게 만들어 줄 즐거운 경험을 절대 손상시키지 않는다. 지금까지 제작된 많은 훌륭한 영화들은 사실 성경을 바탕으로 한 이야기였다.

그리스도인들과 유대인들에게 현실을 바라보는 성경적 관점이란, 우리는 실재하시는 하나님이 창조하신 실제 세상에 살고 있다는 것이다. 또한 그 실제 세상에는 우리가 결코 무시하거나 벗어날 수 없는 실제적인 문제와 고통과 고난이 존재한다는 것이다. 그리스도인인 우리를 위해서 우리의 창조주께서 실제로 하나님이자 실제로 인간이셨던 하나님의 아들 그리스도가 실제로 죽으셨고 부활하셔서 죄의 실제적 결과로부터 우리를 구원하셨다. 그 외의 다른 어떤 존재론이나 존재의 본질에 대한 견해도 실제 모습을 알지 못한다. 노아 시대에도 그랬지만 삶이 평범하게 흘러가는 듯 보일지라도, 그것은 결국 실재가 드러날 때까지만이다.

아이들이 미디어에 대한 분별력을 배울 수 있을까?

모든 매스미디어 생산물은 현실과 현실을 지배하는 법칙에 대한 관점이나 견해를 반영한다. 어떤 것은 인간은 해답을 얻을 수 없으므로 삶은 본질적으로 무의미하다는 것을 기본적으로 함축하고 있는 실존주의적 관점을 취한다. 또 어떤 것은 삼라만상을 지배하는 신성한 계획은 존재하지 않으므로 확실한 것은 아무것도 없고, 결국 모든 것이 헛되다는 의미를 담고 있는 진화론적 관점을 가지고 있다. 따라서 연예오락 프로그램을 분별 있게 선택하기 위해서는 미디어 생산물의 특성을 이해하는 것이 중요하다.

악의 문제를 잘못 이해하는 주된 원인으로는 이단적 교리가 있다. 인간은 기본적으로 선하다는 인본주의적 관점은 죄가 미치는 영향과 중생의 필요성을 부인한다. 뉴에이지 종교들은 악을 환상으로 여기기 때문에 그리스도가 십자가를 통해 제공하신 용서를 받아들여야 할 필요성이나, 하나님을 두려워하지 않는 의제에 대해 반대할 필요성을 제거해 버린다. 신비주의는 악은 더 높은 선, 즉 그리스도의 권위와 대등하게 강력하며, 그리스도에게 순복하지도 않는다고 생각한다. 악을 알아야지만 적절한 치유책도 취할 수 있는 것이다.

환경에 대한 부가적 자료는 미디어의 음향 이미지 도식을 통해 얻는다. 조금만 숙련되면 미디어 생산물에서 되풀이되는 주제와 숨어 있는 원칙들을 발견할 수 있다. 가장 빈번하게 사용되는 음향이나 이미지의 이름을 대기는 어렵겠지만, 일단 확인이 되기만 하면 이 정보는 마치 쓸모없는 진언처럼 머릿속에서 어떤 메시지를 암송하고 있을 것이다. 아이들은 맥도날드 광고에 나오는 노래를 계속 반복해서 부른다. 아이들에게 가사가 무슨 뜻인지 생각해 보라고 해 보라. 일단 그 의미를 의식하고 나면 아이들은 마음속으로나 생각 속에 그

가사를 담기 원하는지 원치 않는지 선택할 수 있다. 당신은 아이들에게 그들이 원치 않는 이미지들에게 떠나라고 명령할 수 있다는 사실을 알려 줄 수 있다.

아이들이 영화를 보고 무엇을 생각하는지 어떻게 알 수 있을까?

분별하기 위한 질문들은 쉽게 확인이 되는 요소들과 시청자들에게 전달된 철학적이고 신학적인 메시지들 사이의 역동적인 접점을 다룬다. 그 메시지들은 앞으로의 사색을 위해 저장된 기억에 대해 개인이 뭔가를 결정할 때 중요한 역할을 한다. 부모들은 연예오락 프로그램을 자녀들과 함께 고찰하여 그 메시지의 지속적인 영향력을 측정할 수 있다. 어떤 세계관에 대해 제시된 증거를 통해 알게 된 것이 행동으로 이어지는 기억을 만들어 내고, 그것은 우리가 살고 있는 문화를 형성한다. 이것이 우리가 선하고 진실하고 아름다운 것으로 우리 생각을 채우는 현명한 문화적 선택을 해야 하는 근본적인 이유다. 만약 잘못된 미디어를 선택하여 우리 생각이 둔감해지면 우리는 불경함을 정당화시키거나 무시하게 되고, 그런 다음에는 서서히 비기독교적 관점을 용인하도록 길들여질지도 모른다.

어린아이들은 대개 자기가 가장 닮고 싶어 하는 인물에 대해서 생각하고, 그들이 좋아하는 인물이 믿는 바를 받아들이는 경향이 있다. 토론을 통해서 부모들은 기독교 세계관과 일치하지 않는 메시지와 그런 인물들을 모방하는 행위 속에 잠재된 위험을 폭로하여 깨달음을 나눌 수 있다. 어린아이들이 어떤 인물을 좋아하거나 싫어하는 것은 그가 행한 결과에 좌우되는 경우가 많으므로, 아이들로 하여금 인물의 행동의 동기와 타당성 그리고 그 행동의 결과가 현실적인지 아닌지를 생각해 보도록 하는 것이 중요하다. 분별력을 가지고 행동을 보면 역할 모델을 모방하고 싶을 때 하나님의 뜻에서 멀어지려는 유혹을 물리칠 수 있다.

일부 미디어는 정직, 용기 그리고 다른 긍정적인 가치들을 전달한다. 그러면 아마도 당신의 아이는 그가 왜 어떤 인물을 좋아하는가라는 질문에 다음과 같이 대답할 것이다. "글쎄요, 그 여자는 저 남자의 좋은 친구였고 끝까지 그를 믿었으니까요." 이런 대답은 당신의 아이가 우정이나 충성심 같은 가치를 이해하고 있음을 알려 줄 것이다. 더불어, 등장인물이 당면한 문제들에 대해 좀 더 성경의 지침에 맞는 대안도 논의할 수 있다.

어린아이들이 자기 감정을 규명할 수 있도록 장려해야 한다. 영화를 본 후 아이들에게 질문을 하면 그들이 느끼는 감정이 어디서 비롯된 것인지 규명하는 데 도움이 될 것이며, 그들의 자존감도 커질 것이다. 부모가 아이들에게 의견을 물을 때마다 현실 세계에 참여하는 것에 대해 아이들에게 큰 자신감을 심어 주게 된다. 이야기에 대한 아이의 반응과 창의적인 감상을 지원하는 분위기를 만드는 것이 중요하다.

영화 속에서 가족은 어떤 모습으로 그려지는가?

한동안 영화는 결혼을 조롱하고, 정신이상자인 어머니와 무책임한 아버지를 보여 주면서 동성애와 구속되지 않는 성을 정상인 것처럼 표현했다. 이런 종류의 영화들은 우리 사회의 초석인 가족 제도를 흔들었다. 그러나 지금은 가족을 강화시키는 연예오락 매스미디어와 뉴스가 증가하고 있다. 낙태 반대, 가족 중심, 결혼 지지, 부권 옹호적인 내용의 영화인 〈신부의 아버지〉(Father of the Bride)와 〈12명의 웬수들〉(Cheaper by the Dozen)이 그 예다. 〈인크레더블〉(The Incredibles), 〈글로리 로드〉(Glory Road), 〈카〉(cars)와 같은 영화들이 흥행에 성공하면서 가족과 공동체를 긍정적으로 묘사하는 추세를 이어가고 있다.

뉴스를 읽거나 인터넷에 접속하면 가족이 어떻게 묘사되고 있으며, 그러한 기사나 미디어 생산물이 자치, 가족, 교회, 시민 정부 이 네 종류의 지배 체제를 모두 존중하고 있는지 유의해서 살펴보라. 매체에 나오는 기독교 교회는 구제를 베푸는 기관이라기보다는 지역사회에서 엄격하기만 하고 무능한 모습으로 표현될 때가 많다.

미디어 생산물은 물질주의, 에로티시즘, 쾌락주의, 인본주의, 냉소주의, 폭력적인 사교와 그 외 온갖 현대 이단 종교들 같은 악한 발상을 가진 종교들의 불협화음임을 반드시 기억해야 한다. 이런 종교들은 오랜 불신을 받았던 고대 사교로까지 그 기원이 거슬러 올라간다. 그들은 엄격히 의식을 준수하는 것에 모든 노력을 쏟아부으며 거기에 그들의 믿음과 궁극적 의미를 두었다. 행복한 할리우드 스타들이 기독교를 반대하는 점성술이나 다른 신앙의 미덕을 선전하는 모습은 흔히 볼 수 있다.

영화에 나오는 유머는 적절한가?

미디어는 도덕적, 사회적 상호작용의 실제를 와전시킬 뿐만 아니라 종종 성적인 내용이나 폭력적인 내용이 없는데도 인간관계에서 비현실적인 심리적

흥분을 기대하게 만든다. 물론 유머감각은 귀한 재능이다. 인간관계에서 어려움과 오해를 풀어나가기 위해서는 그리스도를 닮은 인내와 격려가 요구된다. 그러나 모든 문제에 대해 즉흥적이고 희극적인 해결책을 바라는 것은 실제적인 인간관계를 유지하는 것에 대해 관심을 잃게 만들 수 있다. 분별력은 우정과 결혼에 대해 잘못된 기대를 하지 않도록 보호해 주는 역할을 한다. 감정이 한껏 고양되는 경험은 대체로 더 광범위하고 더 안정된 상황 속에서 발생하는 단기적인 격렬한 상태일 뿐임을 깨닫게 해 주기 때문이다.

기록된 하나님의 말씀은 인류에 대한 하나님의 계시를 확립했다. 인간의 이해를 초월하는 선(善)과 의(義)와 참된 지혜를 가지신 유일하신 하나님 아버지의 눈으로 볼 때 우리는 모두 그분의 자녀들이다. 그렇기에 우리는 조롱과 유머, 옳음과 그름을 분별할 수 있다.

종교를 조롱하는 것은 결코 용인할 수 없는 행위다. 기독교 교회는 약하고 아첨하고 부패하고 어리석은 모습으로 빈번히 표현된다. 조롱은 오만의 표현일 뿐 진리를 높이려 하는 갈망이 아니다. 시편 1편 1절에서 말하듯이, 복 있는 사람은 오만한 자의 자리에 앉지 않는다. 조롱은 재앙을 부른다는 것을 역사는 증명해 왔다. 예를 들어, 히틀러는 괴상망측한 만화를 이용해 유대인들을 반대하는 캠페인을 시작했다.

이런 고찰은 정치가, 문화적 영웅들, 유명인사들의 인품과 그들이 얼마나 훌륭한 역할 모델인지를 확인하는 데 적용될 수 있다. 주인공이 어떻게 규율을 지키면서 성공할 수 있는지 그리고 그를 움직이는 동기가 무엇인지 논의하라. 또 무엇이 위태로운지 그리고 주인공이 가족과 친구를 보호하기 위해서 자기 생명을 걸었을 경우, 그렇게 위험을 무릅쓰는 것이 적절했는지에 대해 토론하라.

폭력적인 내용에 대해 부모는 어떻게 해야 하는가?

폭력적인 내용에 대해서 말하자면 드라마에서 감정을 자극하는 핵심은 대립이고, 가장 높은 단계의 대립은 폭력이다. 복음은 상상할 수 있는 가장 폭력적인 장면을 담고 있다. 바로 예수 그리스도의 십자가 처형이다. 폭력이 반드시 나쁜 것만은 아니며 사실 이따금 선과 진리를 장려하는 데 매우 중요할 때도 있다. 〈게티즈버그〉(*Gettysburg*)의 감독 론 맥스웰(Ron Maxwell)은 남북전쟁을 묘사할 때 폭력의 묘사는 불가피한 것이었지만 유혈이 낭자하거나 지나치게 끔찍한 장면은 배제했다고 말했다. 이러한 판단으로 인해 영화 〈게티즈버그〉는 더 많은 관객들에게 다가갈 수 있었다.

많은 현대의 영화와 텔레비전 프로그램들은 폭력을 극한까지 밀어붙이고 있다. 2004년 5월 아이오와 주립대학의 심리학자 더글러스 A. 젠타일(Douglas A. Gentile) 박사가 장기간에 걸쳐 연구한 결과에 의하면, 미디어 폭력물을 시청하는 아이들의 나이가 어릴수록 더 자라서 시청한 아이들보다 언어와 인간관계와 육체적인 면에서 보다 공격적인 성향을 보였다. 안타깝게도 텔레비전 뉴스마저도 마케팅 법칙에 따라 더 높은 시청률을 올리기 위해 폭력에 초점을 맞추고 있다. 피를 흘리는 기사가 주목을 받는다. 이러한 안목의 정욕에 대한 호소는 감수성이 예민한 어린아이들에게 유해한 영향을 미친다는 사실이 입증되었다.

성적인 내용은 어떻게 할 것인가?

폭력 외에도 주목을 끌 만한 힘이 없는 스토리의 부재를 성적인 내용으로 마구 채우는 경우가 허다하다. 사실 성은 그다지 잘 팔리지 않는다. 1995년에 제작된 36편의 영화에는 성적인 내용이 과도하게 담겨 있었다. 할리우드의 성을 다룬 영화 중에서 가장 많은 제작비가 들었던 〈쇼걸〉(*Showgirls*)과 〈스트립티즈〉(*Striptease*)는 엄청난 홍보에도 불구하고 수백만 달러나 손해를 보았다. 2000년에서 2005년 사이에 제작된 기독교 세계관과 강한 도덕적 내용을 다룬 영화들은 적나라하고 과도한 성적 묘사를 담은 영화들보다 평균 3배에서 16배의 수익을 올렸다. 혹자는 설사 그런 영화들이 세속적인 비평가들과 세계 영화제에서 갈채를 받는다고 해도 왜 연예오락 산업이 그런 작품들을 대중에게 강요하는지 의아해할 것이다.

〈사운드 오브 뮤직〉(*The sound of Music*), 〈미녀와 야수〉(*Beauty and the Beast*), 〈텐더 머시스〉(*Tender Mercies*), 〈센스 앤 센서빌리티〉(*Sense and Sensbility*), 〈나의 그리스식 웨딩〉(*My Big Fat Greek Wedding*)처럼 유익한 영화에는 도덕적 가치를 건전하게 추구하는 섬세하게 창조된 등장인물들이 나온다. 성경적이며 이성 간의 결합인 혼인 관계 속에서 일부일처제를 고수하며, 베풀고, 배려하고, 평생에 걸친 헌신을 수반하는 참된 사랑을 긍정적으로 묘사한다. 하나님의 사랑이 얼마나 아름다운지는 성경에 멋지게 예시되어 있기 때문에 어떤 미디어라도 책임지지 않는 성관계나 동성애로 신성한 사랑을 더럽힌다면 하나님의 백성들에게는 혐오의 대상이 될 수밖에 없다. 여러 시대를 초월한 명작 영화들 속에는 성경적인 역사가 분명하게 담겨 있었다.

〈무비가이드〉가 매년 개봉된 할리우드 영화들을 분석한 결과를 보면, 사람들은 성경이 동성애를 정죄하는 것에 대해 어떤 생각을 가졌든 상관없이 동성애를 노골적으로 보여 주는 〈브로크백 마운틴〉, 〈킨제이〉(Kinsey), 〈결혼합시다〉(Tying the Knot)와 같은 영화들을 싫어한다는 사실이 분명히 드러난다. 2005년의 경우 최고 흥행 순위 25위까지의 영화 가운데 노골적인 동성애를 담은 것은 하나도 없었고, 88퍼센트는 동성애와 관련된 내용이 전혀 없었다. 2004년에는 최고 흥행 순위 25위까지의 영화 가운데 단 한 편만이 동성애를 다룬 영화였다[〈피구의 제왕(Dodgeball)〉]. 2004년과 2005년에 제작된 영화들의 경우, 동성애에 관한 내용이 노골적일수록 흥행은 저조했다. 흥행 순위로 볼 때 동성애자들은 영화를 좋아하지 않거나 그 수가 인구의 1퍼센트가 채 안 된다. 연구에 의하면 동성애를 시도하는 많은 사람들이 동성애에 등을 돌리며, 동성애자로 살고 있는 많은 사람들이 동성애를 혐오한다.

아이들은 판타지를 보지 말아야 할까?

아이들은 순수해 보이는 것에 대해서도 혼란에 빠질 수 있기 때문에 어떤 영화들은 상상 놀이에서처럼 꾸며낸 것이라는 점을 강조하는 것이 중요하다. 특수효과나 판타지 형식을 빌리면 슈렉이 가진 외모에 대한 열등감과 같은 문제를 익숙한 용어로 표현할 수 있다. 그것은 민감할 수 있는 전제를 표현하기에 좋은 방법이다. 아이가 너무 어리다면 이렇게 말해도 된다. "저 주인공들이 무슨 흉내를 내고 있지?" 많은 아이들이 본 것을 흉내 내고 싶어하므로 무엇이 현실이 아닌지 짚어 주는 게 좋다.

영화 가운데 창작된 역사에 대해서 어떻게 말해 주어야 하는가?

미디어 제작자들은 대체로 잘 만들어진 전제를 통해 자기들의 사상을 표현하려고 이야기를 사용한다.[10] 제대로 된 전제가 없으면 매스미디어 제작자들은 이야기의 구성을 재미있게 만들기 위해 그 공백을 별 개연성 없는 내용으로 채운다.[11] 또 다른 형태의 조롱인 권위나 정부에 대한 불신은 인기가 많다. 이런 공격은 대부분이 사회주의나 공산주의를 지지하면서 보수적인 정부를 겨냥한다.

리히터와 로스만의 연구에서 리히터는 대다수의 미디어 제작자들은 하나님이 아니라 국가가 인류의 구원자라고 믿는다는 사실을 보여주었다.[12] 이것은 십계명을 세 개나 범하는 것이다. 첫째, 국가가 하나님보다 더 높아졌기 때문이고, 여덟 번째, 국가에 의한 부의 재분배는 동의 없이 개인의 재산을 취하는 것이기 때문이며, 열 번째, 사회주의의 전제는 탐욕을 바탕으로 하기 때문이다. 정부와 사기업이 어떻게 표현되고 있는지를 물어보면 숨겨진 정치적 의제를 간파하는 데 도움이 될 것이다.

미디어가 과거를 바꿀 때 우리 문명의 미래에 위태로운 상황이 연출된다. 제2차 세계대전 때의 가스실이 그렇게 많은 사람들을 죽일 수 없었고, 유대인 수용소가 사실은 위생시설이 잘 갖춰진 노동수용소였다는 주장과 더불어 사료에 기록된 홀로코스트를 미화하기 위해 역사의 개정이 많이 이루어졌다. 〈쉰들러 리스트〉(*Schindler's List*)가 홀로코스트의 공포를 여과 없이 그려내고 있다면, 〈잉글리시 페이션트〉(*English Patient*)의 주인공은 나치를 미화하고 불륜을 찬양하며 안락사를 조장한다.

민주주의와 기독교의 유산을 뒷받침하는 역사의 개정 역시 이와 마찬가지로 위험하다. 역사가인 캐서린 밀라드(Catherine Millard)는 자신의 저서인 『다시 쓰는 미국 역사』(The Rewriting of America's History)에서 미국의 기념물 가운데 기독교적인 내용의 인용문과 정보가 제거된 것과 국회도서관에서 미국 헌법 제정자들의 기독교 신앙을 담은 글들이 제거된 것을 연대별로 정리했다. 이 책은 기독교의 흔적을 없애려는 개정주의자들의 시도를 폭로하면서 역사적 사실을 근거로 미국의 기독교 유산을 보존하고 조명하려고 노력한다.

구원을 주제로 하는 영화는 불가능할까?

미디어 생산물은 세계관에서는 오류가 있으면서도 구속적인 내용을 담을 수 있다. 〈광고 대전략〉(Nothing in Common)은 자기 주변 사람들을 들볶고 만나는 모든 여자들과 놀아나는 한 젊은 회사 중역 이야기로 시작하지만 끝에 가서는 그가 자기 일과 과거의 삶을 포기하고 병든 아버지와의 관계를 회복하는 것으로 끝난다. 놀라운 것은 그의 상사가 "완전한 아들은 단 한 사람뿐이었다"라면서 그에게 직장을 그만두라고 충고한다는 점이다. 〈광고 대전략〉은 매우 강력한 구속적 메시지를 담고 있다. 〈에브리원 히어로〉(Everyone's Hero)나 〈요술 오토바이 소동〉(The Dirt Bike Kid) 같은 일부 어린이 영화도 사랑, 용기, 고결한 성품 같은 구속적 요소를 강조하는 반면에, 확신의 결여 같은 부정적인 내용도 담고 있다. 우리는 유해할 수도 있는 요소들을 반박하면서 메시지 속에 담긴 선을 알아채야 한다.

성경적인 세계관을 발전시키는 것에는 매스미디어, 교육, 정치, 종교, 가족, 법, 사업, 정부를 포함한 모든 영역의 사고에 접근하는 입장을 분명히 규정하는 것도 포함된다. 성경적인 원칙에 위배되는 메시지들을 간파해야 한다. 매스미디어는 수정헌법 제1항을 들먹이며 우리의 문화 상황에 적합하다고 주장하면서 비판을 피한다. 이것은 그럴듯한 구실에 지나지 않는다. 세상의 눈에 비친 하나님의 말씀에 의해서가 아니라 하나님의 눈을 통해 세상을 보도록 아이들을 교육해야 한다.

아이들의 생각을 유도하는 질문

다음의 질문들은 영화, 텔레비전, 혹은 또 다른 형태의 미디어 생산물을 볼 때 아이들에게 물을 수 있는 질문 목록이다.

확인을 위한 질문
- 주인공과 악당이 누구였는가?
- 어떤 이유에서 그들을 응원하거나 반대했는가?
- 그들은 어떤 방식으로 문제를 대면하며 그렇게 하도록 만든 동기는 무엇인가?
- 이야기 전개에 필요하지 않은 폭력이나 성이 있었는가?
- 이야기의 결말을 통해 무엇을 얻었는가? 어떻게 그랬는가? 왜 그랬는가?

분별을 위한 질문
- 그 주인공은 신뢰할 수 있는 인물이었는가?

- 규칙이 공평했고 그 공평성은 끝까지 지켜졌는가?
- 주인공의 행동이 현실적인가? 결과는 공평한가? 일어나는 사건들이 어떤 식으로 주인공을 성장하게 만드는가? 그런 변화가 주인공으로 하여금 더 그리스도를 닮게 하는가?
- 내용 중에 가족이나 어른들과 나누기 부끄러운 부분이 있었는가? 모든 사람을 다 존중했는가?
- 행위는 적절했고 결론은 상식적이었는가?

고찰을 위한 질문
- 등장인물들이 선이나 악의 본보기로 삼을 수 있는 인물들이었는가?
- 주인공과 같은 환경 속에서 산다면 편안하겠는가? 왜 그런가? 왜 그렇지 않은가?
- 등장인물은 행동에 대한 적절한 보상이나 응징을 받았는가? 너라면 주인공이 한 행동을 하겠는가? 주인공의 행동이 가족, 친구, 하나님과 같은 중요한 관계에 어떤 영향을 미쳤는가?
- 성적인 행위는 지나치지 않고 품위가 있었는가? 문제를 해결하기 위해 폭력이 필요했는가? 언어 사용은 적절했는가?
- 주인공의 성공이나 실패가 중요했는가? 누구에게 그랬는가? 왜 그랬는가?

일반적인 질문
- 어떤 부분이 가장 좋았는가?
- 등장인물들 중에서 누가 제일 좋았는가?

- 선이 악에 대항했는가?
- 누구처럼 되고 싶은가? 왜 그런가?
- 결말의 어떤 부분을 바꾸고 싶은가?

결론

우리가 쇄도하는 미디어 메시지에 압도당하고 있는 다른 사람들과 예수님께 관심이 있다면, 성경적인 세계관을 훼손시키고 우리 주님과 예수 그리스도를 조롱하는 어떤 소통 수단에도 대항해야 한다. 그분의 기록된 말씀을 바탕으로 하지 않은 모든 것은 우리와 그분의 관계를 부정한다.

이전 세기에 연예오락은 가끔씩 접하는 것이었다. 책을 소리 내어 읽거나 악기를 연주하거나 가끔 극장을 찾을 수 있었다. 오늘날 미디어는 이렇게 가끔 이용하는 도구가 아니다. 미디어는 일상과 분리되어 있지 않다. 미디어는 일상생활이 되었다.

미디어에 표현된 인물의 특성과 사회적 상호작용에 대해 정기적으로 이야기를 나누다 보면, 사고력이 예리해져 우리 문화에 긍정적인 영향을 미칠 수 있다. 미디어 메시지는 무의식적인 영향이 아니라 행동에 대한 하나님의 변치 않는 기준에 대한 분별력과 이해를 키우는 데 도움이 될 수 있다.

우리는 하나님의 말씀을 통해 사탄의 궤계를 물리치면서 우리의 모든 생각을 지켜야 한다. 그럼으로써 하나님의 기대에 부응하는 삶을 살고 우리의 시간을 되찾을 수 있다. 그리스도는 이미 전쟁에서 승리하셨다. 우리가 그분을 알아가고, 우리의 참된 나침반인 성경말씀을 따라서 걸으며, 그분의 이름을 높이는 데 마음을 합친다면 그분은 우리를 '넉넉히 이기는 자들'로 만들어 주실 것이다.

13장

현대 예술과
성경적 믿음 사이의 관계
– 덕 애덤스(Doug Adams)[1]

성경 속의 이야기와 인물들을 알면 모든 형태의 예술적 표현에 대한 통찰력을 키울 수 있다. 그림이나 조각상을 보면서 현대 예술을 이해하려면 우리가 알고 있는 성경 지식을 바탕으로 예술작품을 보아야 한다. 성경이야말로 서구 문화를 해석하는 가장 중요한 코드이기 때문이다.

20세기의 첫 반세기 동안 많은 예술가들이 더 추상적인 성향을 띠게 되었다. 그러면서 성경적 주제나 다른 역사적인 주제와 결별을 고했다. 그런데 지난 몇십 년 사이에 일부 주요 현대 예술가들이 성경적인 주제로 다시 돌아왔다. 1980년대에 조지 시걸[George Segal, 1924.11.26~2000.6.11. 미국의 조각가. 연극 형식의 공간적 공연을 계기로 현실의 인체에서 직접 본뜬 석고 인체상을 제작하기 시작했다. 1960년대 초에 주목을 끈 대중미술의 일익을 담당하였으며, 대도시 대중의 군상(群像)을 표현한 환경조각은 미국 풍경의 회화와 연계되는 독자적 작품으로 평가된다.-옮긴이]은 홀로코스트 기념물과 다른 조각상들 속에 아브라함과 이삭, 아담과 하와, 심지어는 십자가 처형까지도 포함시켰다. 제스퍼 존스(Jasper Johns)는 그뤼네발트(Grunewald)의 이젠하임 제단화*에 묘사된 십자가 처형과 부활에 대해 언급했다.[2] 이제부터 우리는 크리스토와 잔느 클로드(Christo and Jeanne-Claude)**의 최근 작품 '더 게이트'(*The gates*, Central Park, New York, 2005)과 주요 미술관에 순회 전시를 했던 키키 스미스(Kiki Smith)의 '게더링'(*A Gathering*) 속에서 성경적이고 신학적인 내용을 살펴보고자 한다.

---

*이젠하임 제단화 – 독일 르네상스기의 대표적인 화가 M. 그뤼네발트의 제단화. 현재 프랑스 알자스 주(州) 콜마르의 운털린덴 미술관에 소장되어 있다. 1511~1515년 이젠하임의 안토니우스파(派) 수도원 중앙 제단화로서 그려졌으며, 니콜라우스 폰 하게나우가 조각한 고딕식 목각 제단에 끼워져 있다. 가동식(可動式)의 다익(多翼) 제단화로서 2중 여닫이로 되어 있다. 닫혔을 때의 크기는 너비 3미터, 중앙에 십자가에 못 박힌 그리스도, 좌우에 성 안토니우스와 성 세바이젠하임스티아누스가 그려져 있다. 열린 상태에서는 중앙이 성모자와 천사, 좌우에 성고(聖告)와 부활 그리고 익부(翼部)를 열면 성 안토니우스의 유혹 등이 모두 9개 장면으로 그려져 있다. 철저한 사실주의와 후기고딕의 정열이 혼합된 뛰어난 수법의 제단화다.

**크리스토와 잔느 클로드 – 거대한 규모로 공공장소와 건물을 포장하는 대지미술가 혹은 환경미술가. 예술적 동지이자 부부인 두 사람의 공동작품인 '더 게이트'는 2005년에 완성되어 뉴욕 센트럴파크를 오렌지 빛으로 물들이며 도시민에게 새로운 예술적 경험을 선사하였다. 주요 작품에는 '계곡의 커튼'(콜로라도, 1970~1972), '둘러싸인 섬'(플로리다, 1983), '우산'(일본/미국, 1984~1991), '포장된 베를린 국회의사당'(베를린, 1971~1995), '더 게이트'(뉴욕 센트럴파크, 1979~2005) 등이 있다.

자유에 대한 인식: 크리스토와 잔느 클로드

40년의 공동작업을 통해 크리스토와 그의 아내 잔느 클로드는 대부분의 예술 비평가들이 이해하지 못한 자유에 대한 성경적, 신학적, 정치적 인식을 예술로 표현해 왔다. 그들의 몇몇 주요 작품들은 '계곡의 커튼'(*Valley Curtain*, Grand Hogback, Rifle, Colorado, 1970-72)에서 시작하여 '더 게이트'에서 절정을 이룬다. 이 작품들은 철의 장막과 베를린 장벽이 붕괴되고 브란덴부르크 문(Brandenburg Gate)이 영구 개방을 하게 된 데 담긴 정치적 의미를 표현할 뿐만 아니라, 출애굽과 부활이라는 성경적이고 신학적 의미에서의 자유를 표현하고 있다.

크리스토와 잔느 클로드는 2005년 2월 12일 뉴욕 시의 센트럴 파크에서 '더 게이트'를 개방했다. 37킬로미터의 산책로에 높이 4.87미터, 너비가 1.67미터에서 5.5미터에 이르는 7,503개의 선홍색 문들이 설치되었다. 문의 나일론 패널들이 지면 위로 2.3미터 높이까지 드리워져 있었다. 나는 물결처럼 일렁이는 천으로 된 수많은 문들을 통과하면서 400여 개의 슬라이드를 찍고 예술가들과 여러 사람들과 이야기를 나누기도 하면서 며칠을 보냈다. 나는 예술적, 정치적, 종교적 자유를 강조하고 있는 '더 게이트'를 보려고 세계 도처에서 온 사람들이 자유로이 공원의 이곳저곳을 거닐며 대화를 나누는 장면을 지켜보았다.

크리스토와 잔느 클로드와의 인터뷰를 통해 나는 그들의 정치적, 신학적 통찰을 분명하게 이해할 수 있었다. 1935년에 불가리아에서 출생한 크리스토는 동유럽이 히틀러의 지배 아래 있을 때를 거쳐 스탈린의 꼭두각시 노릇을 하던 때에 그곳에서 성장했다. 크리스토는 오스트리아로 탈출한 후 파리에서 잔느 클로드의 어머니의 초상화를 그리던 중 잔느를 만났다. 1962년에 결혼한 그들은 1964년 미국으로 이주한 후 줄곧 뉴욕에서 살았다.

1988년 4월 12일 처음으로 잔느 클로드와 전화로 가진 인터뷰에서 우리는 그녀의 남편이 크리스토라는 자신의 이름을 그토록 강조했는데도(그는 요바체프라는 중간 이름을 생략함으로써 '크리스토'라는 이름으로만 알려졌다) 왜 많은 사람들이 남편의 예술작품 속에서 신학과의 연관성을 읽지 못하는지 의아해했다. 며칠 후 그 부부가 전시회를 위해 GTU(Graduate Theological Union Library)에 왔을 때 우리는 '가로지르는 울타리'(Running fence, Sonoma, and Marin Counties, California, 1972-76)와 '우산'(Umbrellas, Japan-U.S.A., 1984-91)의 신학적인 면과 정치적인 면을 검토했다. 우리는 2003년 그들이 '포장된 스누피 하우스'(Wrapped Snoopy House)를 캘리포니아의 산타 로사에 있는 찰스 M. 슐츠 미술관에 전시하기 위해 다시 왔을 때 '더 게이트'의 계획을 함께 논의했다.

'더 게이트'의 의미

대부분의 작가들이 '더 게이트'와 크리스토와 잔느 클로드의 다른 전작들의 성경적, 신학적 의미를 읽어 내지 못했다. '게이트'라는 단어는 본래 '통로' 또는 '길'을 의미했다. 통로(대문과 문)는 유대교나 기독교 같은 종교에서 초월성으로 연결되는 통로를 표현하는 중심 이미지다. 유대교에서 모든 문은 하나님이 자기 백성들을 이집트의 노예로부터 해방시켜주신 출애굽을 생각하게 한다. 기독교에서 그리스도는 우리가 죽음에서 벗어나 부활에 이르는 통로(또는 그분은 문을 두드리거나 문간에 앉아 계신다).[3] 어떤 종교에서 아식스 문디(axis mundi,

세계의 중심축, 신적 존재를 지칭한다.-옮긴이), 또는 가시적 세계와 보이지 않는 세계가 연결되는 접점은 인간에게 순환적인 패턴을 따라가라고 거듭 초대하는 역할을 한다. 그러나 유대교와 기독교 같은 역사적 신앙에서 문이나 대문은 알려진 것을 초월하거나 새로운 영역으로 순례를 떠나는 입구다.[4]

'더 게이트'는 크리스토와 잔느 클로드의 이전의 연작들과 관련이 있다. 예를 들어, 그들의 1972년 작품 '계곡의 커튼'은 주황색 문(gates)과 형태와 색상이 비슷했다. '계곡의 커튼'의 녹빛은 철의 장막의 일종의 패러디였다. 그들은 바람에 의해 찢겨질 것을 알면서도 13,000제곱미터의 나일론 폴리아미드 커튼을 골짜기에 가로질러 걸어놓음으로써, 자유의 정신은 그 철의 장막이 오래 버티도록 놓아두지 않을 것임을 확언했다. 이제 철의 장막과 베를린 장벽은 그들이 상상했던 대로 무너졌다. '계곡의 커튼' 대신 크리스토와 잔느 클로드는 뉴욕의 센트럴파크에 사람들이 자유롭게 다닐 수 있는 7,503개의 문을 37킬로미터에 걸쳐 설치했다.

이 문들 사이를 자유롭게 왕래하는 행위는 이제 통합된 베를린의 동부와 서부 사이에 영구히 개방되어 있는 브란덴부르크 문을 자유롭게 오갈 수 있는 행위와 비슷하다. 그들의 1995년 작품 '포장된 베를린 국회의사당'은 공산 치하에 있던 반쪽의 옛 분단 독일이 붕괴되고 새 자유국가로 탄생한 통일 독일을 상징했다. 국회의사당은 공산주의 점령으로 쇠퇴한 동독의 민주주의와 관련이 깊다. 왜냐하면 그곳은 히틀러 통치 초기에 발생한 화재로 봉쇄되어 사용되지 않았기 때문에, 나치의 전체주의적 만행과 공산주의 통치에 물들지 않았던 것이다. 5백만 명이 넘는 독일인들이 베를린 장벽이 있던 곳 가까이에 서 있는 반짝이는 '포장된 국회의사당'을 보러 갔다. 그것은 더 민주화된 독일에게 주는 희망에 찬 생일 선물처럼 보였다.

가장 뜻밖의 장소에 출현한 자유

나는 10년 후에 뉴욕에서 '더 게이트' 사이를 걸어 다니다가 그것을 보러 뉴욕에 온 많은 독일인들을 만나면서 베를린에서 축하하던 독일 사람들을 떠올렸다. 2005년 2월에 '더 게이트'를 보러 센트럴파크에 왔던 무리들은 공원 어디에 있든 안전하다는 느낌을 받았다. 〈뉴스위크〉(Newsweek)에 쓴 기사에서 캐슬린 맥기건(Cathleen McGuigan)은 크리스토와 잔느 클로드의 전시를 "변화시키는 놀라운 힘을 가진 작품이다. 그것은 프레더릭 로 옴스테드(Frederick Law Olmstead, 센트럴파크를 조성한 조경가—옮긴이)가 의도했던 19세기의 낭만적인 공원 조경의 굽이진 곡선과 윤곽과 조망을 새롭게 바꾸었다. 그리고 더 중요한 점은, 그들의 작품이 좀처럼 보기 드문 활기찬 공동체적인 경험을 창출함으로써 도시생활을 재정의했다는 점이다. 영원히 테러 경보의 공포에 있는 도시로서 그것은 환영할 만한 일이다."[5]

크리스토는 관료주의나 법적 장벽 때문에 불가능할 것 같아 보이는 장소에서 자유와 공동체적인 체험이 가능하다는 사실을 보여 주기로 작정했다. 크리스토와 잔느 클로드는 26년 동안 센트럴파크에 수천 개의 문을 설치하기 위해 필요한 정치적 지원을 얻기 위해 고군분투하다가 마침내 마이클 블룸버그(Michael Bloomberg)가 시장이 되었을 때 지원을 얻어 냈다. 그들이 다른 곳에 그 문들을 설치했다면 더 빨리, 더 쉽게 할 수 있었을 것이다.

'포장된 국회의사당'의 경우 크리스토와 잔느 클로드는 독일이 통일되고 그들에게 협조적인 국회의장이 선출될 때까지 기다려야 했다. 40킬로미터에 이르는 '가로지르는 울타리'를 줄로 엮어 십여 개의 다른 행정구역을 가로질러 설치하는 행위는 여러 가지 정치적인 문제들을 야기했다. 그들이 농장이나 시골에 설치하면 충분히 피할 수 있었을 법한 문제들이었다. 그렇지만 크리스토에게 가장 중요한 목표는, 창작의 자유는 가장 불가능해 보이는 곳에서도 가능하다는 것을 보여 주는 것이었다. 1988년 4월 16일 저자와의 인터뷰에서 크리스토는 "자유는 나와 내 작품에서 가장 중요한 주제"임을 강조했다.

예술작품 설치를 위한 허가를 얻는 것 자체가 자유의 가능성과 전혀 다른 공동체들이 상호관계를 맺어 가는 과정을 의미한다. 이러한 상호관계가 예술 작업과 경험의 일부다. '가로지르는 울타리'의 설치를 지원하거나 반대하는 과정에서 많은 사람들이 처음으로 그들이 소유한 정치적 관할권을 인식하게 되었다. 그뿐만 아니라, 다른 지역이나 구 위원회 모임에서 제기되는 이웃 사람들의 의견도 생각해보게 되었다. 이런 식으로 예술 과정은 사람들로 하여금 그들의 이웃을 인식하게 해 준다. 크리스토와 잔느 클로드는 허가를 얻는 과정에서 많은 지역사회와 지속적인 우정을 맺어가면서 그들의 프로젝트를 하나하나 완성해 갔다. 그들의 작품은 주로 그 지역에서 오래 거주해 온 사람들이 사는 지역 옆에 설치되었다.

관계와 지역사회

몇몇 경우에서는 그들과 예술작품이 설치되었던 지역사회 구성원들 사이에 강한 유대감이 형성되었다. 1976년 당시, 자신들의 땅을 '가로지르는 울타리'가 지나도록 허락해 주었던 많은 농장주들은 십여 년 후인 1988년, GTU에서 열린 그 예술가들을 회고하는 전시회의 만찬에 참석했다. 그 농장주들은 크리스토와 잔느가 충분한 시간을 두고 기다려 주어서 그들이 그 프로젝트를 이해하고 허락해 줄 수 있었다고 설명했다. 또한 그 예술가들은 그 후로도 계속 그들과의 관계를 이어갔다.

크리스토와 잔느 클로드의 절친한 친구이며 만화가이자 복음주의 그리스도인인 찰스 슐츠(Charles Schulz)는 '가로지르는 울타리'의 허가를 얻는 과정을 실질적으로 도왔다. 슐츠는 그들을 산타 로사 지역에 있는 다른 사람들에게 소개했고, 슐츠가 죽은 후인 2003년에 크리스토와 잔느가 슐츠 뮤지엄에 '포장된 스누피 하우스'를 전시했을 때 슐츠의 아내와 친구들은 그들의 우정에 깊은 감사를 표했다. 2005년 나는 '더 게이트' 프로젝트에서 일했던 십여 명의 사람들과 대화를 나누었는데, 그들 중 많은 이들이 아직도 그 예술가들과 나눴던 깊이 있는 대화를 높이 평가하고 있음을 알게 되었다.

'우산' 아래서

크리스토와 잔느 클로드의 몇몇 다른 예술작품들은 그들의 정치적, 종교적 입장을 구체적으로 밝히고 있다. 그들의 1991년 작품 '우산'에서는 직경이 8.67미터인 3,100개의 우산이 캘리포니아와 일본에 세워졌다. 역사를 보면 일본이나 유럽에서는 정치나 종교 지도자의 머리 위에 우산을 들리우고는 했다. 그러나 3,100개의 거대한 우산을 세움으로써 크리스토와 잔느 클로드는 더 민주적인 정치와 모든 믿는 자들이 성직자라는 주장을 표현한 것이다.

교회 예술을 보면 중요한 성경의 인물들의 머리 위에 천개가 있는 것을 종종 볼 수 있다. 멜기세덱, 아브라함, 이삭, 모세, 사무엘, 다윗의 머리 위에 천개가 있는 13세기에 지어진 샤르트르 대성당의 북문도 마찬가지다. 그 시대부터 그 이후로 예배를 드릴 때 주교와 다른 주요 교회와 국가 지도자들이 앉는 자리 위에 천개가 고정되어 있었다.

그렇게 중요한 인물이 교회 안팎을 다닐 때에는 사람이 따라다니며 머리 위에 우산을 받쳤다.[6] '우산' 프로젝트가 전시되고 있을 때 수천 명의 사람들이 캘리포니아의 로스앤젤레스 북쪽 100킬로미터 지점에 있는 주간 고속도로 5번과 나란히 달리는 골짜기에 30킬로미터에 걸쳐서 서 있는 1,760개의 노란 우산과 일본의 도쿄 북쪽 120킬로미터 지점에 있는 골짜기에 20킬로미터에 걸쳐서 산재해 있는 1,340개의 파란 우산 밑에서 피크닉을 즐겼다.

이와 비슷한 것으로 크리스토와 잔느 클로드가 1976년에 전시한 '가로지르는 울타리'는 베를린 장벽(길이가 24킬로미터였다)에 대한 풍자이자 지구가 하나님의 선물이라는 공언이기도 했다. 이것은 101번 하이웨이 동쪽의 협곡에서 시작되어 보데가 베이 인근의 태평양 속으로 잠겨 들어가기까지 40킬로미터가 이어지는 작업이었다. 크리스토와 잔느 클로드는 '포장된 해변'(*Wrapped Coast, Little Bay, Australia, 1969*) 같은 작품들이 지구를 선물처럼 포장한 것같이, 그 울타리를 '빛의 리본'이라고 불렀다.

'포장된 쿤스트할레'(*Wrapped Kunsthalle, Bern, Switzerland, 1968*)를 3일, 혹은 3주 동안 하얀 덮개에 쌌다가 덮개를 제거한 후에 다시 보는 것처럼, 이 땅이나 건축물을 바라봄으로써 우리는 죽음과 부활을 떠올린다.[7] 햇빛과 바람을 변화시키는 크리스토와 잔느 클로드의 예술작품 속에서 변화는 분명하게 드러난다. 구름 뒤에 있는 '더 게이트'와 같은 색의 태양은 짙은 주황색이었다가 모습을 드러낼 때에는 밝은 노란색으로 변한다. 바람이 없을 때에 '더 게이트'의 천은 사람들 머리에서 30-60센티미터 정도 위에 걸려 있다가 바람이 세게 불면 패널의 아랫면이 문틀 위 3미터 높이까지 날려 올라간다. 1972년의 '계곡의 커튼'과 1976년의 '가로지르는 울타리'의 경우처럼, 2005년 작품 '더 게이트'에서 바람은 종종 바람으로 묘사되는 성령을 떠올리게 해준다.

비전의 확장

예술의 자유를 지키기 위해 크리스토와 잔느 클로드는 정부나 기업의 기금을 절대 받지 않는다. 그래서 전시회 전에는 그림과 콜라주를 판매하고 전시회 후에는 필름을 판매해서 2,100만 달러가 소요된 '더 게이트'를 포함한 모든 프로젝트의 기금을 마련했다. 그 작업에 소요된 날짜들을 보면 그들의 과정미술(process art, 작품이 진행되어 가는 과정을 완성된 결과보다 중요시하는 미술 경향으로 1960년대 중반부터 1970년대 초반까지 미국과 유럽에서 성행하였다.-옮긴이)이 그곳 주민들로부터 허락을 얻어내기 위해 얼마나 오랜 시간이 걸렸는지를 알 수 있다. '가로지르는 울타리'(1972-1976), '우산'(1984-1991), '포장된 베를린 국회의사당'(1971-1995), '더 게이트'(1979-2005). 크리스토와 잔느 클로드는 끈질겼다. 그들은 처음 작품을 구상하고 무려 26년 후인 2005년 2월에야 '더 게이트' 프로젝트를 완성했다. 또한 '더 게이트'에 사용된 모든 재료는 '우산'에 사용되었던 재료들이 그랬듯(접어서 스미소니언 박물관에 기증한 노란색과 파란색 우산 하나씩을 제외하고) 모두 재활용되었다.

이러한 예술 프로젝트의 영향력을 실감하는 데는 시간이 걸리는 반면에, 실제로 그것이 전시되는 기간이 짧은 것(2-3주)은 크리스토가 '우산' 전시 설명회에 모인 사람들에게 말한 바와 같이 죽을 수밖에 없는 인간의 운명을 강조한다.[8] 미술관에 있는 예술품은 불멸의 환상을 줄지는 모르나 현실에서 영원히 존재하는 예술품은 없다. '우산'은 국경의 중요성이나 영속성에 질문을 던진다. 우산은 그리스도가 초기 그리스도인들에게 사마리아인과 백부장과 다른 이방인들이 등장하는 이야기를 들려주면서 국경을 초월해서 볼 수 있게 해주셨던 것처럼, 우리의 시선이 경계선을 넘어 더 높은 곳을 향하게 한다. 일부 정치가들은 일본을 경제적인 적으로 맹렬히 비난하지만, 크리스토와 잔느 클로드는 동경과 로스앤젤레스 북쪽에 우산을 세워 국경의 차이를 무색하게 만들었다. 크리스토는 이렇게 말했다. "전반적인 개념은 이 두 곳에서 함께 진행된 프로젝트를 보면서 우리 시야를 확장시키는 것입니다. 그 프로젝트의 모든 것은 그 비전을 강조하기 위한 것입니다."[9]

앞으로 크리스토와 잔느 클로드는 콜로라도에 있는 아칸소 강의 수면 27킬로미터 위에 파란색 천으로 된 캐노피를 펼쳐 놓는 '강 너머'(*Over the River, Project for the Arkansas River*)를 계획하고 있다. 1992년에 시작된 그 계획은 '진행 중'인 프로젝트 목록 속에 포함되어 있다. 따라서 크리스토와 잔느 클로드의 변화를 이끌어 내는 정치적, 신학적 예술 탐구는 앞으로도 계속될 것이다.

힘의 초상: 키키 스미스

1954년 여배우이자 오페라 가수인 제인 스미스(Jane Smith)와 조각가이자 화가인 토니 스미스(Tony Smith) 사이에서 태어난 키키 스미스는 우리 시대의 대표적인 예술가 가운데 한 명으로 성장했다. 그녀는 성경적 통찰로 영적이고 신성한 것에 대한 가톨릭의 해석을 우리가 알고 있는 육체의 역할에 대한 관심과 접목시킨다. 그녀의 작품 전시는 2005년 말 샌프란시스코 현대미술관

(Museum of Modern Art in San Francisco)에서 시작하여 2006년 봄 미니애폴리스의 워커아트센터(Walker Art Center)로 이동했다. 여름에는 휴스턴 현대미술관(Contemporary Art Museum in Houston)에서 전시회를 가졌고, 그다음 2006년 11월 16부터 2007년 2월 11일까지 뉴욕 휘트니미술관(Whitney Museum)에 전시되었다.

키키 스미스는 '막달라 마리아'(Mary Magdalene, 1994), '릴리스'(Lilith, 유대 전설에서 하와에게 쫓겨난 아담의 첫 아내-옮긴이, 1994), "이브"(Eve, 2001) 같은 작품을 통해 성경에 나오는 여인들의 강인함을 일깨워 준다. '막달라 마리아' 같은 일부 작품들은 청동으로 제작되었지만 부서지기 쉬운 밀랍으로 만들어졌거나, 모슬린 천에 수를 놓은 작품들도 있다. 사람이 옆을 지나가기만 해도 펄럭이는 태국산 박엽지에 실크스크린을 이용해 그려넣은 백여 명의 아기 모습은 보는 사람들에게 얼마나 많은 어린아이들이 쉽게 죽임을 당하는지를 상기시킨다. 모세 시대에 남자 아기들을 죽였던 바로에 의해서건, 예수님 시대에 죄 없는 아기들을 학살했던 헤롯에 의해서건, 오늘날 아이들을 귀찮은 존재로 생각하는 사람들에 의해서건 말이다.

멜 깁슨의 〈패션 오브 크라이스트〉를 무색하게 만드는 가죽이 벗겨진 '동정녀 마리아' 같은 일부 작품들은 밀랍으로 된 육체에 깊이 새겨진 고통에 스미스가 얼마나 감정이입이 되어 있는지를 보여준다. 그러나 메틸 섬유소로 제작된 '무제'의 십자가 상은 인물이 허리를 깊이 숙여 머리카락이 발에 닿은 채로 팔을 십자가의 가로대처럼 양 옆으로 뻗어 강인함을 표현하고 있다. 부활을 표현한 '아이스 맨'(Ice Man)은 왼팔과 다리를 높이 뒤틀어 올려 몸이 위로 들려진 모습이어서 매우 고무적이다. 이 부활을 형상화한 조각상은 미켈란젤로의 부활 그림 중 하나를 상기시킨다.

'막달라 마리아'는 몇 가지 방법으로 인간에게 자유를 주는 복음을 제시한다. 마리아의 오른쪽 발목의 끊어진 사슬과 앞으로 내딛는 왼발, 마치 과거를 뒤로 밀어 버리는 듯 손바닥을 뒤로 향하고 양 옆으로 내려뜨린 팔, 얼굴이 위와 앞을 볼 수 있도록 들어올린 머리. 이런 해방은 새로운 미리암으로서의 막달라 마리아와 새로운 모세로서의 예수님을 이어주는 한편, 최후의 만찬은 새로운 유월절 축제가 되고 부활은 새로운 출애굽이 된다.[10] 마리아의 말년이 광야에서 기도에 전념한 경건한 은둔자로 그려졌듯이 전신을 거의 다 덮고 있는 머리카락은 전통적 예술 표현이다. 그녀의 이런 모습을 플로렌스에 있는 도나텔로(Donatello)의 '막달라'(1455년)와 그보다 더 앞선 작품으로 베니스의 '세례 요한'(1453년)에서 볼 수 있는데 두 작품 모두 목각상이다.

도나텔로의 '막달라'의 몸은 후면이나 옆면은 젊어 보이는데 정면에서 본 얼굴은 무척 나이가 들어 보인다. 그러나 스미스의 '막달라 마리아'는 앞모습이나 탄력 있는 봉긋한 가슴을 볼 때 훨씬 더 젊어 보인다. 대부분의 문화에서 가슴은 어린 생명에게 영양을 공급하는 주요 원천이며, 많은 기독교 예술품에서 성모 마리아는 아기 그리스도나 관람객에게 생명을 유지시켜 주는 원천으로써 한쪽 가슴을 드러내 놓고 있다. 미국의 대표적인 18세기 칼뱅주의 신학자인 조나단 에드워즈(Jonathan Edwards)는 하나님의 은혜가 "꿀"이나 "여인의 젖"으로 예시되었다고 기록했다. 성경은 약속의 땅을 "젖과 꿀이 흐르는 땅"으로 표현하고 있으며, 이는 키키 스미스가 밀랍이나 여인의 가슴 등을 매개체와 주제로 선택한 것과 관련이 있다.

현대 예술과 성경적 믿음

크리스토, 잔느 클로드, 키키 스미스를 비롯해 다른 많은 현대 예술가들의 작품이 성경과 깊은 연관이 있음을 볼 수 있다. 비록 이들의 작품에 전반적으로 스며 있는 성경적인 의미가 자주 묻히기는 하지만 언론과 주요 미술관으로부터 크게 주목받고 있다. 현대 예술을 볼 때 성경에 나오는 인물들과 이야기에 대해 우리가 아는 지식을 총동원하라. 왜냐하면 현대 예술과 성경적 믿음은 많은 경우 서로에게 깊은 영향을 미치기 때문이다.

14장

아이들에게 하나님의 명령을 깊이 새겨 주기

– 다이오네트 메이어(Dyonette Mayer)[1]

아이들에게 분별력을 길러 주기 위해 취해야 할 중요한 단계 가운데 하나는 우리가 믿고 있는 것이 무엇인지를 제대로 아는 것이다. 우리 스스로도 이해하지 못하는 것을 가르칠 수는 없다. 하나님은 자녀들에게 순종을 가르칠 뿐 아니라 어떻게 순종해야 하는지를 분명하게 가르치라고 부모들에게 명령하고 지도하신다. 그리스도인 부모로서 우리의 목표는 우리 아이들이 성경에 기초한 신실한 믿음을 갖도록 돕는 것이다. 그러면 우리 아이들은 성장하고 성숙해가면서 삶을 대하는 방식과 현대 문화를 받아들이는 태도를 변화시킬 것이다. 그러기 위해서 우리가 해야 할 중요한 방법 가운데 하나는 우리가 믿는 바를 명쾌하게 정리하는 일이다. 다시 말해서 기독교 세계관을 이해하는 것이다. 우리가 가르치려 하는 것이 무엇인지 알면 가야 할 길이 더 분명하게 보인다.

부모에게 아이들을 훈육하는 방법을 가르치는 유용한 서적들이 많이 있다. 올바른 관계가 성립되지 않은 채 하는 훈육은 반항을 낳는다. 신명기에 나와 있듯이, 부모로서 우리의 목표는 우리 마음에 하나님의 명령을 새기고 우리가 처한 상황과 문화 속에서 삶의 여정을 걸어가면서 우리 아이들에게도 그것을 심어주는 것이다. 성경은 또 이렇게 말한다. "너희 자녀를 노엽게 하지 말고 오직 주의 교훈과 훈계로 양육하라"(엡 6:4). 이것은 주님의 교훈과 율법을 확실히 아는 것에서 시작한다. 우리가 믿고 있는 것이 무엇인지를 먼저 아는 것은 대단히 중요하다. 그러면 기독교 세계관을 일상의 상황과 경험에 적용하기가 한결 수월해진다. 우리는 자녀교육 전문가들이 "내가 하는 대로 하지 말고 내가 말하는 대로 하라" 하는 식의 태도는 효과가 없다는 말을 자주 듣는다. 아이들은 부모가 말로만 아니라 행동으로 가르쳐 주기를 원한다.

미디어가 미치는 영향력 이해하기

분명한 것은 매스미디어가 우리 아이들의 삶에 큰 영향력을 미치는 중요한 원천이라는 사실이다. 기술이 계속 발전함에 따라서 우리 아이들에게 미치는 미디어의 영향 또한 계속 증대되고 있다. 흥미로운 점은 그런 신기술 때문에 부모가 아이들을 감독하는 것이 더 어려워지고 있다는 사실이다.

나는 내 사무실에 있는 부모들이 새로운 기술에 뒤처지지 않고 아이들이 접근할 수 있는 정보를 관리하느라 애쓰는 모습을 종종 본다. 아이팟과 인터넷 등이 그 예다. 중학생, 고등학생, 사춘기에 접어들고 있는 아이들 중에서 아이팟을 모르는 아이들이 있는지 찾아보라. 여덟 살짜리 내 딸아이도 벌써 자기가 가진 싸구려 아이팟 모조품에 음악을 다운받을 줄 안다.

우리 아이들은 무료 음악을 쉽게 다운받을 수 있고 다운받은 노래들을 듣는 데 엄청난 시간과 노력을 들인다. 아이팟에 헤드폰을 끼고 음악을 듣기 때문에 부모들은 아이들이 무슨 음악을 듣는지조차도 알 수 없다. 결국 우리 아이들은 우리가 알지 못하는 음악을 듣고 있는 것이다. 과거 부모들은 아이들이 방에서 외설적이고 거친 음악을 시끄럽게 듣는다고 불평했었다. 자녀가 듣는 음악의 질이나 가사가 어떤지 부모가 알아보기 위해 어떤 노력을 기울일 필요도 없었다. 오늘날에는 부모가 아이들이 어떤 음악을 선택하고 듣는지 알려면 훨씬 많은 시간과 노력을 투자해야 한다.

많은 부모들은 아이들의 인터넷 사용도 감독하기가 힘들다고 토로한다. 대부분의 중학교와 고등학교는 컴퓨터실과 도서실에 청소년들이 아무 감독도 받지 않고 마음대로 만들어서 운영할 수 있는 마이스페이스 같은 웹사이트에 접속할 수 있게 되어 있다. 이러한 신기술의 발달은 분별력을 발휘하는 방법을 아이들에게 가르쳐야 할 필요만 증가시켰다. 부모의 직접적인 영향력이 미치지 않는 영역이 갈수록 늘어 가고, 우리 아이들은 점점 더 어린 나이에 그런 영역에 들어간다. 부모로서 우리는 그저 그런 영역에서 우리 아이들의 선택을 믿어야 한다.

두 살에서 일곱 살까지의 어린아이들은 매주 약 25시간을 매스미디어에 노출되며, 여덟 살에서 열세 살이 되면 매주 48시간 이상 노출된다.[2] 또한 여덟 살 이하의 아이들 54퍼센트와 여덟 살에서 열두 살 사이의 아이들 73퍼센트가 인터넷을 이용하고 있다.[3] 연예오락 산업과 기술이 발달하고 있다는 사실과 아이들이 컴퓨터를 사용할 수 있는 기회와 능력과 관심이 커지고 있다는 사실을 근거로 볼 때 이 수치는 더 커질 수밖에 없다. 과거 어느 때보다도 우리 아이들에게 분별력을 갖추도록 훈련시키고 힘써야 할 때다.

어떻게 시작할 것인가?

우리가 취해야 할 첫 단계는 스스로를 점검하고 목표를 명확히 아는 것이다. 그러기 위해서 유용한 연구 자료들과 성경을 검토하고, 목표가 무엇인지 규명하라. 하나님이 우리에게 부모의 역할을 주셨으며 그분의 이름을 위해서 그분을 영화롭게 하려고 노력하면 그분이 지혜와 권위를 주실 것을 명심하라. 하나님은 우리에게 상급 받는 삶을 살려면 부모를 공경하라고 명령하셨다.

다음으로는 미디어가 어떻게 우리 삶과 선택에 영향을 미쳤는지 진지하게 살펴보라. 미디어를 선택할 때 분별력을 발휘하는 방법을 숙지하라. 아마도 발견한 사실에 놀랄 것이다. 일례로, 나는 절대 공포 영화나 괴기 영화를 보지 않는다. 나는 무서운 것을 좋아하지 않으며, 성경에서 하나님은 여러 차례 우리에게 두려워하지 말라고 명령하신다. 이것은 어떤 미디어를 선택해야 할 것인가를 용이하게 할뿐더러 우리 아이들을 이해시키고 설명하기 쉬운 논거이기도 하다.

또한 우리가 선택한 미디어 가운데 어떤 것들은 우리 신앙을 대변하지 않는다는 것을 알게 될 것이다. 우리가 먼저 분별력 있는 선택을 하지 않으면서 아이들에게 분별력을 가지라고 요구할 수 없다는 사실을 알아야 한다. 우리는 아이들에게 우리가 스스로의 삶에 대해 책임을 지고 그것을 가치 있게 만들고 있는 모습을 보여야 한다. 우리가 모범을 보이면 자녀들에게 가장 확실하게 가치를 전달할 수 있다. 그들은 우리가 생각하는 것보다 더 면밀히 관찰하고 있다. 다음의 질문들로 간단히 점검해 보라.

1. 나는 어떤 미디어에 끌리는가? 내 선택은 내 삶에 부정적인 영향을 주는가, 긍정적인 영향을 주는가? 그것은 내 신앙을 대변하는가?
2. 나는 미디어의 어떤 영역에 유혹을 받는가? 그것은 어떤 유형의 영화, 텔레비전 프로그램, 음악 장르, 인터넷인가?
3. 이런 유혹을 받을 때 나는 어떻게 하는가?
4. 과거에 어떤 행동을 하면 현명한 선택을 하는 데 도움이 되었는가?

양육 방법 규정하기

목표를 가진 부모가 되기 위해서는 아이들에게 가르쳐야 할 가장 중요한 것이 무엇인지 알아야 한다. 이 시대의 문화는 경계가 극히 모호해서 아이들로 하여금 또래집단에서 소외되지 않기 위해서는 그들의 믿음이나 가치를 굽힐 수 있고 그래야 한다고 믿게 만들 수 있다.

자녀들에게 확고한 태도를 보여 주는 것이 중요하다. 당신이 선택한 자녀교육 방식에 대해 대답할 준비를 하라. 대단히 많은 부모들이 자녀들에게 어떻게 한계를 정해 주어야 할지 고심한다. 이런 부모들 가운데 너무나 많은 부모들이 문제가 발생한 후에야 반응하는 소위 말해 '헬리콥터'식 자녀 교육으로 고전하고 있다.

올해 우리 첫째 아이인 알렉산드라가 채식주의자가 되겠다고 나에게 허락을 구했다. 나는 딸아이에게 대답을 해 주겠다고 말했다. 자녀들에게 바로 대답하지 않고 시간이 좀 걸려도 상관없다. 그들은 신중하게 생각한 뒤에 얻은 대답을 들을 자격이 있으며, 결과를 생각하기 전에 바로 대답을 하는 것이 현명하지 않다는 사실을 배울 필요가 있다. 나는 딸아이가 채식주의자가 되는 것을 허락하지 않으리라는 것을 금방 알았지만 내 논거를 아이에게 명확하게 전달하고 싶었다.

상황을 신중하게 생각해 본 뒤에 나는 딸에게 가서 말했다. "알렉산드라, 나는 부모로서 너를 성인으로 키워야 할 의무가 있단다. 그 속에는 네가 현명한 선택을 할 줄 알고, 좋은 교육을 받고, 주님과 그분의 명령을 알게 하는 것이 포함되지. 그것은 또 네가 가능한 가장 건강한 육체를 갖도록 해 주어야 한다는 의미이기도 하단다. 아직도 성장하고 있는 네 두뇌는 단백질이 필요하고 네 몸은 철분이 필요해. 소아과 의사에게 물어보았는데 네가 채식주의자가 되는 것은 좋은 결정이 아니라고 하더구나. 네가 성인이 되면 네 마음대로 결정할 수 있지만 네가 아직 집에 있고 내 보살핌을 받고 있는 동안에는 고기를 먹어야 해."

딸아이는 "알았어요, 엄마"라고 대답했다. 문제는 해결되었다. 딸아이는 부모로서의 내 사랑과 관심과 책임을 이해했다. 아이는 내가 조급하게 결정을 내리지도 않았고 애정 없이 내린 것도 아니라는 사실을 알았다. 그렇기 때문에 비록 그것이 아이가 원하던 결정이 아니었다고 해도 받아들일 수 있었다.

내 설명 또한 아이가 이해하기 쉽고 명확했다. 이런 경우에 할 수 있는 질문들을 적어 보았다.

1. 우리 아이들이 성인이 될 때까지 배우기 원하는 가장 중요한 교훈은 무엇인가?
2. 우리 아이들의 인터넷이나 아이팟 사용에 대해 나는 어떻게 생각하는가? 아이들이 좋아하는 음악이나 비디오 게임을 하는 시간에 대해 어떻게 생각하는가?
3. 우리 아이들에게 미디어가 영향을 미친 것을 본 경험이 있는가? 아이들이 특정 영화를 보고 나서 잠드는 것을 더 힘들어한 적이 있는가? 특정 음악을 듣고 나서 더 불손해졌는가? 특정 음악회에 갈 때에 옷을 더 야하게 입거나 화장을 더 짙게 하는가? 특정 비디오 게임을 하고 난 후에 행동이 더 거칠어지는가?
4. 내가 한 선택이 내가 확실히 심어 주고 싶어 하는 교훈과 가치를 정립하는 데 어떻게 도움이 되거나 방해가 되는가?

당신이 누구이며 당신의 목표가 무엇인지를 알면 좋은 모범을 보이는 데 도움이 되고, 문제가 발생했을 때 더 준비될 수 있다. 그것은 또한 당신이 의미 있는 토론을 하고, 이 타락한 세상 속에서 당신의 기독교 세계관을 대변하는 의미 있는 삶을 사는 고충을 말하는 데 도움이 될 것이다.

부모가 흔히 할 수 있는 실수 가운데 하나는 부모가 개인적으로 시달렸던 죄나 유혹이 무엇이었는지 그리고 어떻게 그 유혹을 극복할 수 있었는지에 대해 말하기를 주저하는 것이다. 부모가 그런 이야기를 나누면 아이들은 부모들이 그들의 고충을 이해하고 어느 정도 공감한다고 생각하여, 더 편하게 부모에게 말할 수 있게 된다. 문화를 잘 분별하는 지혜로운 삶을 살려면 개인의 희생이 필요하다. 그것은 사람들이 좋아하지도 않고 쉬운 선택도 아니다. 당신이 믿는 것을 옹호할 때 당신은 집단으로부터 비난받고 외면받을 수 있다. 당신의 고충을 나누는 것이야말로 자녀들과 유대감을 돈독히 하는 좋은 방법이다.

바로 오늘 아침에 여덟 살 난 딸 헬레나가 이따금씩 마음속에 떠오르는 '나쁜 생각들'에 대한 두려움을 나누며 하나님이 자신을 벌하실지 궁금해했다. 나는 아이에게 예수님도 유혹을 받으셨지만 죄를 범하지 않으셨기 때문에 순결을 지키셨다고 설명해 줄 수 있었다. 유혹을 받는 것은 죄가 아니다. 그 유혹을 행동에 옮길 때 죄를 짓는 것이다.

헬레나와 나는 무엇이 유혹을 더 나쁘고 강하게 만드는지에 대해 이야기를 나누었다. 딸아이는 이따금 나에게 '건방진' 대답을 하고 싶은 유혹을 받는다고 말했다. 나는 딸에게 어디서 다른 사람들이 건방지게 말하는 것을 보았냐고 물었다. 헬레나는 학교나 캠프나 교회나 때로는 텔레비전 프로그램에서 아이들이 작은 소리로 건방진 말을 중얼거리는 것을 들었다는 전형적인 대답을 했다.

이 대화로부터 얻은 결론은 올바른 선택을 하는 데 있어서 아이가 자기에게 어떤 책임이 있는지를 깨달을 수 있었다는 점이다. 헬레나는 그 무엇보다도 자기 마음을 지켜야 한다는 사실을 깨우쳤다. 그로 인해 아이는 믿는 자로 사는 것에 대해 자기가 책임을 져야 한다는 사실을 이해할 수 있었다. 딸아이는 유혹에 대항하는 것은 자기 책임이라는 것을 이해했고, 이 대화를 통해 그 애는 그렇게 할 수 있는 방법들을 실행에 옮길 수 있었다.

영적 근육을 키우는 흥미로운 방법들

　부모로서 당신의 의무는 자녀들이 굳게 서는 데 도움이 될 영적 근육을 키우도록 돕는 것이다. 그러기 위해서는 먼저 아이들이 나쁜 생각이나 충동에 대해 이야기할 수 있을 만큼 부모와의 관계에 안심할 수 있어야 한다. 그러려면 당신은 먼저 당신의 적을 알아야 한다.

　나는 이것에 도움이 되는 여러 가지 게임들을 제안할 수 있다. 우리가 자동차와 저녁 식탁에서 하는 게임은 '시나리오' 게임이다. 어떤 사람이 유혹에 빠질 수 있는 시나리오를 제시하면서 아이들에게 그런 상황에 처하면 어떻게 하겠냐고 묻는다.[4] 그런 다음 우리는 그런 상황에서 예수님은 어떻게 하셨을 거라고 생각하는지 묻고 성경을 찾아본다. 이 게임은 우리가 실제 삶에서 난처한 상황이 발생했을 때 어떻게 대응해야 할지 대책을 세우는 데 도움이 된다.

　또 다른 게임은 아이들에게 한 사람씩 차례로 그날 자기가 양보해야 했던 일이 있었는지 묻는 것이다. 예를 들어, 나는 친구가 나에게 못되게 굴어서 그 친구에게 나쁜 말을 해 주고 싶었는데 그렇게 하지 않고 그 친구를 위해서 기도해 주고 다른 친구들과 어울렸던 이야기를 나누었다. 이 게임은 아이들이 때로는 옳은 일을 하는 게 힘들 수도 있다는 사실을 이해하는 데 도움이 된다.

　나는 성숙이란 "우리가 어떻게 느끼든 옳은 일을 하는 것"이라고 정의한다. 우리는 그 순간에 나를 기분 좋게 만드는 일을 하라고 강하게 부추기는 문화 속에서 살고 있다. 그러나 우리의 감정은 끊임없이 변하기 때문에 이것은 성경적이지도 않고 건강하지도 않은 가치다. 따라서 우리 행위의 기초를 좀 더 지속적이고 안정된 것 위에 두는 게 중요하다.

　아이들과 미디어의 영향에 대해 토론하는 시간을 갖는 것도 재미있을 것이다. 그러기 위해서 영화의 밤을 정해 놓는 것도 좋은 방법이다. 극장에 가서 영화를 볼 수도 있고(좋은 영화가 상영되고 있다면) 집에서 좋은 영화를 빌려 볼 수도 있다. 영화가 끝나면 어떤 점이 좋았고 어떤 점이 좋지 않았는지 대화를 나누라. 다음과 같은 질문을 하라. 이 영화에서 암시하는 의미가 있는가? 이야기 전개에 무리가 없었는가? 영화에서 어떤 부정적인 메시지를 읽었는가? 긍정적인 메시지는 무엇인가?

나는 주로 아이들에게 먼저 싫었던 점을 묻고 나서 좋았던 점을 묻는다. 다섯 살짜리 우리 아들 크리스천이 지난밤에 〈토이스토리 2〉(Toy Story2)를 봤다. 오늘 아침에 일어나서 아이는 이렇게 말했다. "그 영화에 좋은 메시지가 있었어요." 내가 물었다. "뭔데?" 아이가 대답했다. "좋은 친구들은 어려운 일이 생겼을 때 친구를 돕는다는 거요!" 나는 미소를 지으며 좋은 친구와 좋지 않은 친구들에 대해서 그리고 어떻게 그 차이를 구분할 수 있는지에 대해서 아이와 이야기를 나누었다. 어린 자녀들로부터 영감을 얻을 수 있다는 게 얼마나 놀라운 일인지 모른다. 더 나이가 많은 아이들 역시 좋은 메시지와 나쁜 메시지를 분별하고 찾아내는 방법을 배울 수 있다.

관계의 중요성

인터넷 상에 떠도는 이야기 가운데 세 명의 십 대 아이를 둔 아버지가 PG-13이나 R등급의 영화를 보지 못하게 한 이야기를 나는 좋아한다. 그 아이들은 PG-13등급인 어떤 영화를 보고 싶어 했다. 그들은 친구들과 다른 교인들에게 그 영화에서 거슬리는 부분이 무엇인지 물었다. 그들은 아버지의 허락을 받아내는 데 사용하려고 그 영화에 대한 장점과 단점 목록을 작성했다.

단점은 그 영화에 세 번의 욕설이 나오고, 한 번의 건물 폭파 장면(텔레비전에서 늘 볼 수 있는)이 나오며, 한 쌍의 남녀가 성관계를 갖는 것을 암시하는 장면(실제로 성관계를 갖는 장면이 나오지는 않고 암시만 되어 있었다)이 나온다는 점이었다. 장점은 그것이 인기 있는 영화라는 점이었다. 그 영화를 보지 않은 아이들이 거의 없어서 영화를 보지 않으면 친구들이 그 영화에 대해 이야기를 나눌 때 소외감을 느낄 정도였다. 실제로 많은 교인들도 그 영화를 보았고 나쁘지 않다고 말했다. 그 영화는 좋은 줄거리와 멋진 모험과 환상적인 특수효과들이 조합된 영화였다. 영화배우들은 할리우드에서 가장 재능 있는 배우들이었고, 아마도 몇 개 분야에서 수상 후보로도 오를 것이었다. 이렇게 단점보다 장점이 더 많았기 때문에 아이들은 이 영화에 대해서만은 보는 걸 허락해 달라고 아버지에게 부탁했다.

그 아버지는 목록을 보고 잠시 생각에 잠겼다. 그는 아이들에게 잠시 그들의 요구에 대해 생각해 보라고 말했다. 그리고 그는 결정을 내리기 전에 하루 정도 생각해 볼 시간을 달라고 했다. 다음날 저녁 그 아버지는 의기양양한 미소를 짓고 있는 세 아이를 거실로 불렀다. 거실의 테이블 위에 브라우니 한 접시가 놓여 있었다. 아이들은 어리둥절했다. 아버지는 아이들에게 그들의 요청에 대해 생각해 보았고 만약 그들이 그 브라우니를 하나씩 먹으면 영화를 보러 가게 해 주겠다고 말했다.

영화와 마찬가지로 그 브라우니에는 좋은 점과 나쁜 점이 있었다. 좋은 점은 그것이 양질의 초콜릿과 맛있는 호두로 만들어졌다는 것이었다. 브라우니는 촉촉하고 신선하고 표면에 초콜릿 크림이 입혀 있었다. 아버지는 요리대회에서 상을 받은 요리법을 보면서 사랑의 손길로 그것을 직접 만들었다. 그런데 그 브라우니에는 나쁜 점이 딱 하나 있었다. 그가 거기에 개똥을 아주 조금 넣은 것이다. 그렇지만 반죽을 잘해서 섞었기 때문에 개똥 맛은 전혀 나지 않을 것이고, 350도로 구웠기 때문에 박테리아나 세균도 다 죽었을 터였다. 그 아버지는 아이들 중 아무라도 '극히 소량의 똥'이 포함된 브라우니를 먹고 아무런 영향도 받지 않을 수 있다면, 아이들이 '약간의 음란한 내용'이 포함된 그 영화를 보고도 전혀 영향 받지 않으리라는 확신을 가질 수 있을 거라고 말했다. 아이들의 득의만면하던 미소는 사라졌다.

아이들이 분별력을 가진 성인으로 성장하도록 영향을 미치고 준비시키는 데 가장 중요한 도구는 관계다. 기술이 발달하고 부모의 통제가 점점 더 어려워질수록 분별력이 더욱 더 요구될 수밖에 없다. 부모에게 영향을 주는 온갖 철학들이 홍수를 이룰 것이다. 어떤 어머니는 '화장실 유머'를 절대 반대하는가 하면, 또 어떤 어머니는 그런 종류의 농담에는 관대하지만 폭력에 대해서는 강한 반감을 가질 수도 있다. 교회 내에서조차 사람들마다 각기 다른 경계와 한계를 설정할 수 있다.

당신이 할 수 있는 가장 중요한 일은 공부해서 제대로 아는 것이다. 질문하고 독서하고 당신이 높게 평가하는 다른 부모들과 이야기를 나누라. 아이들과 당신 자신의 이야기, 당신의 삶에서 무엇이 유익했고 무엇이 유익하지 않았는지에 대해 이야기 나누기를 두려워하지 말라. 분별이야말로 당신이 몇 세대에 걸쳐 자녀들에게 줄 수 있는 선물이다.

15장

주류 미디어는
공정하고 균형 잡혀 있는가?
― 프레드 반스(Fred Barnes)[1]

　　이번 장은 우리 시대의 미디어에 대한 논쟁을 할 때마다 등장하는 세 가지 용어를 정의하는 것으로 시작하겠다. 첫 번째 용어는 '객관성'이다. 이는 이야기를 어느 한쪽으로 치우치게 만드는 개인의 정치적 견해나 직관을 배제한 상태에서 뉴스를 전달한다는 의미다. 어느 누구도 완전한 객관성을 갖기는 힘들지만 근접할 수는 있다. 그다음으로 '공정성'이 있다. 공정성이란 뉴스가 약간 치우칠 수는 있음을 인정하지만, 정직하고 자기와 동의하지 않는 사람들을 오도하지 않을 것을 요구하는 것이다. 그리고 마지막으로 '균형'이다. 이것은 어떤 이슈나 일반적인 정치에서 양 진영-또는 둘 이상일 경우에는 모든 당사자-모두가 발언의 기회를 얻는 것을 의미한다.

내 요점은 주류 미디어-〈워싱턴 포스트〉, 〈뉴욕 타임스〉, 〈월 스트리트 저널〉, 〈USA 투데이〉처럼 전국적인 영향력을 가지고 있는 신문사들, 〈마이애미 헤럴드〉, 〈시카고 프리뷴〉, 〈로스앤젤레스 타임스〉처럼 영향력 있는 지역 신문사들, 방송사와 CNN 같은 케이블 뉴스 방송국들 그리고 현재는 연합통신사로 정리된 통신사들-가 언론을 가늠하는 두 잣대, 즉 공정성과 균형을 어떻게 맞추고 있는가 하는 것이다. 내 생각에는 그들이 그다지 잘하고 있는 것 같지 않다.

20년 전에 나는 〈뉴 리퍼블릭〉(The New Republic)에 '미디어 재편'이라는 글을 썼는데, 요지는 자유주의적인 관점에 편향되어 있던 주류 미디어가 중립적 관점을 회복하고 있다는 것이었다. 당시는 레이건 대통령이 집권하던 시기였다. 나는 그때 창간한 지 5년 된, 레이건의 경제회복정책을 지지하던 〈USA 투데이〉 등을 지적했다. 당시에 그보다 더 연륜이 짧았던 CNN도 지금과는 상당히 달랐다. 테드 터너(Ted Turner)가 사주였지만 그가 좌지우지해서 딴판으로 만든 훗날과는 달리 당시 그는 CNN을 조종하지 않았다. 401K(미국의 투자형 기업 연금제도-옮긴이) 혁명의 와중에서 경제 뉴스가 갑자기 중요해졌고, 증시의 호황으로 사람들은 이익을 많이 벌어들이고 있었다. 내가 몸담았던 〈뉴 리퍼블릭〉은 1930년대에는 친스탈린주의를 표방했는데 1980년대에는 친레이건 노선을 펼쳤고, 외교적으로는 반공산주의를 택했다. 나는 조지 윌(George Will) 같은 신진 보수 컬럼니스트들이 주목받는 사실도 언급했다. 그러나 지금 그 글을 보면 그것이 너무나 잘못되었음을 알 수 있다. 주류 미디어가 중립 쪽으로 이동하고 있다는 생각은 신기루였다. 실제로 내가 1980년대에 쓴 내용과 비교해 볼 때 오늘날의 주류 미디어는 더 자유주의적이고, 더 엘리트주의적이며, 더 세속적이고, 더 편견이 많으며, 보수진영과 공화당에 더 적대적이고 더 독선적이다.

자유주의와 완고함

자유주의는 이 시대 주류 미디어의 특징이다. 〈뉴스위크〉의 편집 부국장이자 가장 정직한 자유주의 언론인 중 한 명인 에번 토머스(Evan Thomas)는 뒤에서 논의할 2004년 대통령 선거를 다룬 기사에서 바로 이 점을 지적했다. 그는 존 케리(John Kerry, 변호사로 활동하다가 민주당 4선 상원의원이 되었다. 상원의원으로 활동하면서 베트남과 국교를 정상화하는 데 많은 기여를 했으며 노동·교육·환경 개선에 활동의 중점을 두었다. 2004년 민주당 대통령 후보가 되었다.-옮긴이)가 승리하기를 원하는 대다수의 미디어가 기사를 편향적으로 작성하는 게 분명하다고 지적했다. 그리고 실제로 미디어가 하는 모든 여론 조사마다 그들이 자유주의이고, 세속적이며, 기타 등등임을 보여 준다. 2004년 대선에서 누구를 뽑았는지에 대한 〈워싱턴 프레스〉의 여론 조사를 예로 들면, 언제나 십중팔구는 민주당에 표를 던졌음을 보여 준다. 최근에 〈올랜도 센티넬〉을 떠난 칼럼니스트 피터 브라운(Peter Brown)은 몇 년 전 전국의 신문사 직원들-대형 신문사뿐만 아니라 중소 신문사들까지도-을 대상으로 여론 조사를 실시하여 이러한 불균형이 도처에 존재한다는 사실을 밝혀냈다.

이런 현상은 쉽게 변할 것 같지 않다. 캘리포니아의 법률가이자 블로거이며 라디오 프로그램 진행자인 휴 휴잇(Hugh Hewitt)은 최근에 미국에서 최고의 저널리즘 학교로 손꼽히는 컬럼비아 저널리즘 스쿨에서 며칠을 보냈다. 그는 그곳에서 몇 번의 강연을 하며 학생들에게 누구를 뽑았는지를 묻는 설문 조사를 했다. 그가 강연했던 모든 반에서 부시에게 표를 준 학생은 단 한 명 뿐이었다. 〈위클리 스탠다드〉의 기자이자 뛰어난 젊은 작가인 스티브 헤이스(Steve Hayes)는 컬럼비아 저널리즘 스쿨에 다녔을 당시 수백 명의 학생들 가운데 자신은 두세 명에 불과한 보수주의자 중 하나였다고 말한다.

그렇다고 해서 뛰어난 젊은 보수주의 저널리스트들이 많지 않다는 말은 아니다. 그러나 그들은 주류 미디어에 고용되기가 쉽지 않다. 내가 〈뉴 리퍼블릭〉에 몸담고 있던 10년 동안, 직원으로 채용되어 흥미로운 기사를 써서 글을 좀 쓴다 하는 명성을 얻은 젊은 기자들은 너나 할 것 없이 바로 〈뉴욕 타임스〉나 〈뉴스위크〉, 〈타임〉 등의 다른 거대 신문사들이나 방송국에 스카우트되었다. 그런데 내가 현재 일하고 있는 〈위클리 스탠다드〉에서는 그런 일이 일어나지 않는다. 우리 회사의 젊은 작가들 중에는 내가 30여 년 동안 저널리즘 일을 하면서 만났던 그 어떤 사람들보다도 더 재능 있는 사람들도 있다. 그런데도 그들은 그런 제의를 받지 못한다. 왜일까? 왜냐하면 그들이 보수적인 잡지사에서 일하고 있기 때문이다. 물론 유명한 예외가 한 번 있었다. 지금은 〈뉴욕 타임스〉에서 일하는 보수 칼럼니스트인 데이비드 브룩스(David Brooks)가 그 경우다. 그러나 그는 아마도 〈위클리 스탠다드〉에서 가장 덜 보수적인 인물이었을 것이다. 보수주의자들은 대부분의 사설 면에서 유물이 되었고, 이런 현상은 CNN이나 MSNBC 등의 방송국과 케이블 뉴스 채널에서도 마찬가지다. 물론 나는 FOX 뉴스에서 일하고 있으므로 기득권을 누리고 있지만, FOX에서 일하는 아주 많은 자유주의 논평가의 수와 다른 방송국의 보수주의자들의 수와 비교해 본다면 내가 하는 말이 무슨 뜻인지 이해하게 될 것이다.

현실은 주류 미디어는 보수주의자들을 원하지 않는다는 것이다. 그들이 실력 있는 기자이든 작가이든, 그런 건 중요하지 않다. 주류 미디어는 고의로 그들을 채용하지 않는다. 이것은 20년 전에도 그랬고 지금도 여전한 사실이다. 이러한 완고함이 보수주의자들이 대체 미디어-전화 토론 프로그램, 블로그, 보수주의 잡지와 FOX 뉴스-를 설립할 수밖에 없었던 이유다. 이런 것들이 연합하여 주류 미디어를 대체하는 실제적인 인프라를 형성한다. 그러나 이러한 것들은 아직은 너무 작고, 영향력도 미미하며, 대체로 반발적인 것이지 주류 미디어와 동격이라고 할 수 없다.

강력하고 불공정한

어떻게 미국에서 계속 회자되는 이야기들이 만들어지고 꾸며지는지를 보면 주류 미디어의 불공정한 힘을 볼 수 있다. 좋은 예가 있다. 2005년 여름의 신디 시핸(Cindy Sheehan)*에 관한 이야기다. 시핸 이야기는 주류 미디어의 완전한 창조물이다. 그리고 그 이야기를 만들면서 미디어는 파렴치하게 시핸의 성품을 거짓으로 묘사했다. 미디어는 그녀를 이라크에서 죽은 아들 때문에 부시 대통령을 만나려고 했던 가련한 여인으로만 묘사했다. 우선, 그녀는 벌

---

*신디 시핸 - 미국의 반전운동가. 아들 케이시 시핸이 이라크에서 군복무를 하다가 전사한 후, 이라크 침공의 부당함을 알리기 위해 반전운동에 뛰어들었다. 2005년 8월 부시 대통령이 휴가차 텍사스 주 크로포드의 농장에 왔을 때, 이라크 침공에 반대하는 1인 시위를 벌이면서 유명해졌다. 미국 언론에서는 신디 시핸을 피스 맘(Peace Mom)이라고 부르기도 한다.

써 부시 대통령을 만난 적이 있었다. 또한 주요 기사에서는 절대 다루지 않았지만, 그녀는 사람들을 참수하고, 죄 없는 여인들과 어린이들을 살해하는 이라크 반군을 지지했다. 그녀는 그들 편이었고 스스로도 그렇다고 말했다. 그녀는 또한 이스라엘에 대한 깊은 적대감으로 가득 차 있었다. 그럼에도 미디어는 그녀를 동정적인 태도로만 다루면서 그녀는 숨길 의도가 없었던 그녀의 신념에 대해서는 보도하지 않았다. 어쨌든 신디 시핸의 이야기는 2005년 여름 후반기 동안 가장 큰 뉴스가 되었다. 여전히 주류 미디어만이 뉴스를 크게 이슈화할 수 있는 힘을 가지고 있다.

주류 미디어의 세계관이 얼마나 왜곡될 수 있는지를 보려면 밸러리 플레임(Valerie Plame)의 '누설' 사건을 다룬 언론의 기사를 보면 된다. 이 사건에 대한 NSA(국가안보국)의 보도를 비교해 보라. 플레임은 CIA 요원인데 로버트 노박(Robert Novak)이라는 기자의 칼럼에 그녀의 이름이 언급된 후, 미디어는 그녀를 신분이 노출된 비밀 CIA 요원으로 묘사했다. 그러나 진실은 단순했다. 그녀는 더 이상 비밀 요원이 아니었고, 해외에 있지도 않았다. 거기에는 아무런 국가 안보에 영향을 미칠 만한 내용이 전혀 없었다. 전혀. 그러나 칼 로브(Karl Rove)*가 기소될 것이라는 사실무근의 희망을 가지고 이야기를 엄청나게 부풀린 미디어로서는 거기서 이야기를 끝낼 생각이 없었다. 그들은 그 기사를 간헐적으로나마 절대 중단하지 않을 기세로 일면에 계속 내보냈다. 한편 역시 미디어에 의해 제기된 NSA 감시 이야기에는 엄청난 국가 안보와 관련된

---

* 칼 로브 – 미국 정치 역사상 가장 유명한 킹 메이커로서, 조지 부시 대통령을 2번이나 당선시킨 공화당 선거 전략가.

정보가 내포되어 있었다. 이번에는 진짜 누설에 의해서였고 그중 하나는 명백한 위법 행위였다. 결국 그 사건은 폭탄 테러로 미국인들을 대량 살상하려는 음모를 파헤치기 위해 진행 중이던 중요한 프로그램과 기밀을 폭로했다. 그로 인해 아마도 그 프로그램은 더 이상 추진할 수 없었을 것이다. 이 중대한 이야기가 허위로 작성된 밸러리 플레임의 기사와 동일선상에서 다뤄졌을 뿐만 아니라, 대부분의 미디어는 국가 안보에 미치는 영향에는 조금도 관심을 갖지 않았다. 오히려 미디어는 그 사건을 부시 행정부의 초헌법적 월권행위라고 주장하면서 '국내 스파이 스캔들'로 오도했다. 그러나 그 사건의 진상은 국내 스파이 사건이 아니었다. 감시를 받고 있었던 자들은 해외에서 전화를 사용하고 있던 알카에다 대원들이었다. 그들이 미국 안에 사는 사람들과 전화를 할 때에만 감시를 당했다. 그러나 미디어는 고집스럽게 계속 이야기를 날조했다.

이 사건으로 인해 나는 미디어에 불공정과 불균형이라는 딱지를 붙이게 되었다. '급진적 자유주의'라는 용어를 듣거나 읽은 적이 있는가? 만약 있다면, 얼마나 자주 읽거나 들어 보았는가? 나는 한 번도 듣거나 읽어 본 적이 없는 것 같다. '극단적 보수주의'라는 용어는 많이 보고 들었어도 '급진적 자유주의'라는 말은 보지도 듣지도 못했을 것이다. 급진적 자유주의자들이 많이 있음에도 불구하고 말이다. 널리 통용되는 또 다른 용어로 '행동주의자'라는 말이 있다. 건설 중인 쇼핑센터를 가로막고 있거나 월마트에 대항하는 운동을 벌이는 사람들을 '행동주의자들'이라고 부른다. 물론 '행동주의자'란 용어는 자유주의자라는 뜻이다. 그러나 보수주의자들은 미디어에서 보수주의자들로 불리는 반면에 자유주의자들은 '행동주의자들'로 불린다. 수년 동안 우리는 법관 지명자들에 대해 논의할 때 이와 비슷한 현상을 보았다. 대체로 많은 보수적인 법관 지명자들과 관계가 돈독한 연방주의자 협회는 항상 보수적인 연방주의자 협회로 언급된다. 마치 그것이 공식 명칭의 일부인 것처럼 말이다. 그러나 보수주의자 지명자에 반대하는 단체들이 자유주의자로 규정되는 일은 매우 드물다. 연방주의자 협회와는 다르게 그들은 어떻든지 객관적이라는 인상을 주려는 것이다.

    이와 관련해, 나는 보수주의자들은 많은 경우 비열하고 악의에 차 있는 사람들로 규정된다는 점을 지적하고자 한다. 자유주의자들은 비판하지만 보수주의자들은 증오한다는 식이다. 미디어는 부시를 싫어하는 개인이나 단체를 절대 그런 식으로 묘사하지 않는다는 사실을 눈치챘는가? 부시를 비판하는 사람들은 있어도 부시를 혐오하는 사람들은 없다. 반면에 클린턴 집권 시에는 대통령을 비판하는 사람들이 종종 클린턴을 싫어하는 사람들로 언급되었다. 1990년대에 클린턴을 싫어하는 사람들이 없었다고 말하는 게 아니다. 그런데 MoveOn.org와 같은 급진 좌파 단체들은 사실상 기존의 단체들 중에서 가장 맹렬히 클린턴을 반대하는 목소리를 높일 정도로 혐오감을 동력으로 움직이는 단체임에도 불구하고 미디어는 그들을 오늘날의 주류 미국 정치 속에 수용될 수 있는 단체로 취급했다.

세속적이고 당파적인 편견

    주류 미디어는 종교, 특히 기독교를 반사적으로 위험하고 유해한 것으로 취급한다. 내가 아직 〈뉴 리퍼블릭〉에서 일할 당시인 1990대 초반 워싱턴에서 마리오 쿠오모(Mario Cuomo)와 함께하는 만찬에 초대되었다. 그는 당시 뉴욕 주지사였는데 대선에 출마할 생각을 품고 몇몇 기자들을 만찬에 초대했었다. 그날 밤 그는 자기 아이들에게 하나님 중심의 우주관을 가르치고 싶어서 뉴욕 주에 있는 가톨릭 학교에 보냈다고 말했다. 그 말은 그가 전심으로 공립학교를 지원한다는 말을 하던 중에 나왔다. 그런데 그 말을 들은 사람들은 마치 그가 일주일에 한 번씩 사무실에 뱀을 가져와서 뱀이 자기의 어떤 부위를 무는지에 따라서 정책을 결정한다고 말한 것 같은 반응을 보였다. 결국 그는 두 가지 이유로 언론의 질타를 받았다. 첫째, 아이들을 종교적인 학교에 보낸다는 것, 둘째, 그 사실을 언급한다는 것은 참으로 부적절한 행위라는 이유였다. 놀라웠다. 가장 엄격한 형태의 교육·종교 분리 정책이 이 시대의 주류 저널리즘의 기준대로 가결되고 있다.

부시 대통령도 종교에 지나치게 집착하는 인물로 취급되고 있다. 도대체 부시가 어떻게 하기에 그러는가? 그는 매일 성경을 읽는다. 내 생각에는 일 년에 성경을 일독하려는 것 같다. 그리고 기도한다. 나는 이렇게 하는 사람들을 수도 없이 많이 알고 있다. 수억 명의 사람들이 그렇게 한다. 그런데도 미디어는 부시를 광신자로 취급하면서 그걸 증명해 줄 부정확한 이야기를 찾아다닌다. 다시 말하지만 여기에도 역시 파벌적 편견이 분명히 관련되어 있다. 왜냐하면 실제로 부시는 다른 대통령들보다도 신앙에 대해 공개적으로 말하는 경우가 훨씬 적기 때문이다. 부시의 종교에 대해 쓴 폴 켄거(Paul Kengor)의 좋은 책이 있다. 폴 켄거는 클린턴 대통령이 한 말을 일일이 조사해 클린턴이 부시 대통령보다 더 많이 성경을 인용하고 하나님과 예수 그리스도라는 말을 했다는 사실을 밝혀냈다. 우리는 절대 주류 미디어로부터는 그런 정보를 얻을 수 없을 것이다.

주류 미디어의 편파성이 지난 대선 때보다 더 확실히 드러났던 적은 없었다. 미디어는 누구랄 것 없이 대통령 후보자들을 잔인하리만치 신랄하게 비판하곤 했다. 공화당 후보든 민주당 후보든 상관없이 모두 공격을 당하게 마련이다. 그런데 이제는 더 이상 그렇지 않다. 워싱턴에 있는 미디어 공무 센터(Center for Media and Public Affairs)의 로버트 리히터(Robert Lichter)는 거의 20년째 대선 후보자들을 다루는 태도를 포함하여 모든 종류의 방송 뉴스를 점검하고 있다. 그런데 이 시기에 어떤 대선 후보가 방송 매체로부터 가장 호의적인 대접을 받았는지 짐작하는가? 존 케리다. 세 개의 방송국이 그에 대해 내보낸 뉴스의 77퍼센트가 호의적인 것이었다. 부시의 경우는 34퍼센트에 불과했다. 케리가 베트남전 참전을 민주당 전당 대회의 기조연설 주제로 사용한 몇 주 후에, 케리와 함께 베트남전에 참전했던 64명의 스위프트 보트 참전 용사들이 케리의 말이 거짓이라고 주장했음에도 불구하고, 이것은 사실로 굳어졌다. 그것은 엄청난 기삿거리였지만 주류 미디어는 몇 주가 지나도 그것을 다루기 원치 않았고 다루지도 않았다.

존 오닐(John O'Neill)이라는 사람은 그 사실에 대해 놀라울 정도로 문서 증거를 아주 잘 갖춘 책을 썼다. 그는 스위프트 보트의 참전용사로서 왜 존 케리가 받은 세 개의 퍼플 하트 훈장(미국에서 전투 중 부상을 입은 군인에게 주는 훈장-옮긴이)을 받을 자격이 없는지 등에 대해 자세히 기술하였다. 그것은 우익의 장광설일 거라고 생각할 수도 있지만 실제로 읽어 보면 그렇지 않다. 그 책은 주장하는 바를 증거로 입증하고 있다. 저널리즘에서는 통상 어떤 사람이 유명인사를 심각하게 비난하면 기자들은 그것이 사실인지 아닌지 밝히기 위해 그 내용을 자세히 조사한다. 비난이 사실이 아니면 기자들은 거짓 고발의 저의를 조사한다. 예를 들어서, 누군가가 거짓 고발을 하는 사람에게 돈을 주었다든지 하는 내용을 밝히는 것이다. 그런데 이 경우, 미디어는 그렇게 하지 않았다. 〈뉴욕 타임스〉는 그들의 말이 진실인지 아닌지를 밝히려 하기보다는 재빨리 스위프트 보트의 재정 상태를 조사했다. 결국, 블로거들과 FOX 뉴스가 도저히 그냥 지나갈 수 없을 정도로 길게 그 기사를 보도한 뒤에야 주류 미디어가 마지못해 그 기사를 보도했다. 그런데 그들은 스위프트 보트 측의 주장을 반박하는 데 모든 노력을 기울였다.

이 사건과 2004년 9월 8일 댄 래더(Dan Rather, 미국 CBS의 유명 앵커로 활동한 언론인-옮긴이)가 부시 대통령이 특혜로 텍사스 국가 방위군에 입대했을 뿐만 아니라 그조차도 끝까지 복무하지 않았음을 증명한다고 말한 서류를 보도했을 때와 비교해 보라. 바로 다음날 아침 그 기사—왜냐하면 CBS가 그 서류 중 하나를 웹사이트에 올렸기 때문에—는 완전히 오보임이 드러났다. 리틀 그린 풋볼(Little Green Footballs)이라는 웹사이트에서 한 블로거가 30여 년쯤 전에 타자기로 작성되었다고 하는 그 서류를 자기 컴퓨터에 복사해서 현대의 컴퓨터로 제작된 가짜임을 증명했기 때문이다. 그런 망신을 당한 지 불과 몇 주 후에 CBS는 이라크에서 미군이 400톤의 탄약 은닉처를 무방비 상태로 방치하여 반군들의 수중에 들어가게 했다는 기사를 보도했다. 그에 이어서 〈뉴욕 타임스〉도 가세했다. 그런데 실제로 그들은 반군이 탄약을 가져갔는지, 또 정말 미군이 그것을 가지고 있었는지조차 몰랐다는 사실이 밝혀졌다. 이들 주요 뉴스 매체들이 이 입증되지 않은 기사를 터트린 것은 대략 선거 일주일 전이었고, 이것은 과거의 선거 유세 때는 상상도 할 수 없는 일이었다. 그들은 왜 그랬을까? 왜 댄 래더는 전문가적 식견으로도 알 수 있는 가짜 문서들을 공개하려고 했을까? 왜 CBS와 〈뉴욕 타임스〉는 불과 몇 주도 지나지 않아 폭발적이지만 입증되지 않은 탄약고 기사를 들고 나왔을까? 그 이유는 단 한 가지다. 그들은 부시 대통령이 재선에서 패배하기를 원했다. 그것 외에 저널리즘에서 반드시 필요하다고 가르치는 경계해야 할 모든 것을 무시하게 만든 다른 동기는 없다.

작별의 말

그래도 나는 긍정적인 끝맺음을 하려고 한다. 40년 전 저명한 자유주의 하버드 경제학 교수인 존 케네스 갤브레이스(John Kenneth Galbratith)는 보수주의는 그것을 뒷받침하는 서적이 없기 때문에 쇠멸했다고 생각한다고 말했다. 보수주의자들은 책을 출간하지 않았다. 그리고 그 당시에는 그것이 어느 정도 사실이었다. 그러나 이제는 그렇지 않다. 보수주의자들은 저술 작업도 많이 하고, 책의 구매력도 증가했다. 이제 랜덤하우스와 다른 출판사들은 별도의 보수적인 서적 출판을 시작했다. 근래에는 베스트셀러 목록에 두서너 개의 보수주의 서적들—더러는 시시한 것도 있지만 어떤 것들은 매우 훌륭하다—이 올라 있는 것을 흔히 볼 수 있다. 보수주의자들이 얼마나 제대로 행동하고 있는지를 서적을 통해서 본다면, 적어도 미디어 계통의 출판 분야에서는 잘하고 있다고 하겠다. 우세하지는 않지만 과거보다는 월등히 잘하고 있다.

6부

정답 찾기

16장
넉넉히 이기는 자

 자 이제 모험을 시작하자! 숱한 신학자들이 주목했듯이, 하나님의 말씀은 우리에게 전 세계의 문화를 바꾸라고 하신다. 먼저 사람들에게 예수 그리스도를 알려 구원에 이르게 하고, 그 다음에 하나님의 기록된 말씀인 성경을 통찰력 있게 적용하면서 그분의 제자들을 가르침으로써 바꿀 수 있다. 마태복음 28장 18절에서 하나님은 이 여정으로 우리를 파송하셨다.

 예수께서 나아와 말씀하여 이르시되 하늘과 땅의 모든 권세를 내게 주셨으니 그러므로 너희는 가서 모든 민족을 제자로 삼아 아버지와 아들과 성령의 이름으로 세례를 베풀고 내가 너희에게 분부한 모든 것을 가르쳐 지키게 하라 볼지어다 내가 세상 끝날까지 너희와 항상 함께 있으리라 하시니라.

하나님은 또한 사도행전 1장 8절에서 땅끝까지 가라고 말씀하셨다. "오직 성령이 너희에게 임하시면 너희가 권능을 받고 예루살렘과 온 유대와 사마리아와 땅 끝까지 이르러 내 증인이 되리라 하시니라." 그리스도는 우리에게 성령의 능력을 힘입게 하실 뿐만 아니라 성경의 모든 책에서 자신의 이름으로 하라고 명하신 모험을 "두려워 말라"거나 "무서워하지 말라"고 말씀하신다.

왜 하나님은 "두려워 말라"고 말씀하시는가? 왜냐하면 "이 모든 일에 우리를 사랑하시는 이로 말미암아 우리가 넉넉히 이기느니라"(롬 8:37)고 말씀하시기 때문이다. 그러므로 "사망이나 생명이나 천사들이나 권세자들이나 현재 일이나 장래 일이나 능력이나 높음이나 깊음이나 다른 어떤 피조물이라도 우리를 우리 주 그리스도 예수 안에 있는 하나님의 사랑에서 끊을 수 없으리라"(38-39절).

고린도후서 2장 14절에 쓰인 바대로 우리는 이미 승리했다. "항상 우리를 그리스도 안에서 이기게 하시고 우리로 말미암아 각처에서 그리스도를 아는 냄새를 나타내시는 하나님께 감사하노라." 한 목사가 청소년들에게 이것을 설명하면서 세계 헤비급 챔피언 권투선수인 조지 포먼(George Foreman)의 예를 들었다.

은퇴 후에 조지는 권투를 통해 휴스턴의 불우한 환경에 있는 어린이들과 십 대들을 돕고자 청소년 회관을 건립했다. 돈이 필요하자 그는 사람들에게 도움을 요청하지 않고 은퇴한 지 10년이 지난 후에 다시 링으로 돌아가기로 결정했다. 스포츠 해설가들은 조지가 너무 나이가 많고 몸도 예전 같지 않다고 생각했지만 그는 컨디션을 은퇴 전으로 되돌리기 위해 매일 운동했다. 1987년부터 1994년까지 조지는 또 다른 타이틀에 도전하기 위해 열심히 노력했다. 45세에 조지는 26세의 마이클 무어러(Michael Moorer)를 10회에 KO시켰다.

조지는 상금을 센터의 아이들과 청소년들에게 가지고 돌아왔다. 그들은 훈련을 받거나 싸울 필요 없이 그냥 상금을 받으면 되었다. 예수 그리스도를 영접한 우리 모두도 이와 같다. 예수님이 십자가에서 고난받고 승리하셨기에 그분의 왕국을 물려받는 창조주 하나님의 양자가 된 우리에게 새 생명을 선물로 주실 수 있었다.

그러므로 전 세계의 문화를 구원하기 위해 나아갈 때 두려워할 필요가 없다. 우리는 골리앗을 대적하는 다윗과 같은 상황에 처해 있지만, 하나님은 예수 그리스도를 통해 우리를 능히 이기는 자로 만드셨다. 그렇게 능력을 받은 사도들과 그리스도인들은 예로부터 지금까지 세상을 변화시켜왔다.

예를 들어, 많은 역사가들은 국가가 행한 역사상 유일한 자선 행위는 1833년에 영국이 노예제도를 폐지한 것이었다고 말한다. 역사가들은 노예제도가 문명이 시작된 이래로 모든 나라에 존재했었고 모든 국민이 노예제도의 혜택을 받고 있었기 때문에 그 제도를 폐지함으로써 얻을 수 있는 경제적 이익은 전혀 없었다는 점에 주목했다. 젊은 하원의원인 윌리엄 윌버포스(William Wilberforce)가 스물다섯 살에 예수 그리스를 만났을 때 하나님은 그에게 영국의 노예제도를 폐지하고 도덕을 쇄신하라고 명하셨다. 1791년 그가 제안한 노예무역 금지안에 대한 첫 표결 결과는 완전한 패배 그 자체였다. 의회가 노예제도 폐지에 찬성하기까지 42년이라는 긴 세월이 흘렀다. 윌리엄 윌버포스는 의회에서 박수를 받으며 흐느꼈다. 눈물의 이유를 묻는 질문에 그는 자기는 죄인이지만 예수 그리스도는 자기 죄보다 더 크신 하나님이시라고 대답했다. 결국, 하나님의 주권적 은혜로 윌리엄 윌버포스는 두 번째 대각성 운동에 불을 지폈다. 타락한 영국의 도덕성은 신령과 진정으로 하나님을 예배하면서 병들고 갈 곳 없고 가난한 자들을 돌보는 사람들로 인해 고결해졌다.

이제 당신과 당신의 친구들과 가족들은 전 세계로 나가 문화를 구원하고 문명을 소생시키라는 하나님의 도전을 받아들일 멋진 기회가 주어졌다. 이 명령을 실행할 때에 하나님을 사랑하는 자들에게는 모든 일이 합력하여 선을 이룬다는 사실을 기억하라.

다른 신을 섬기지 말라

유행을 따르는 어쭙잖은 예술 애호가들은 영화나 다른 매스미디어 생산물은 예술이며, 예술의 이름으로 어떤 것도 용납될 수 있다고 버젓이 말한다. 그들은 예술은 진리를 표현한 것이므로 모든 예술은 감상할 가치가 있다고 말한다.

연예오락 산업은 사람들의 본능적 감정에 호소하여 그들이 피땀 흘려 번 돈을 착취하는 연간 천억 달러의 시장이다. 그 돈의 일부는 변태적 성과 폭력이 난무하는 미디어 생산물로부터 벌어들인 것이다. 그런 것들은 십 대 소년들의 호르몬을 겨냥해서 만든 것이기 때문에 연예오락 산업에서는 그것을 '호니 보이(horny boy, horny에는 '성적으로 흥분되는'이라는 뜻이 있다-옮긴이)'라고 부른다.

모든 연예오락 미디어에는 어느 정도 예술적 요소나 소통적 요소가 담겨 있다. 그러나 때로는 생산물의 돈벌이 수단으로서 가치를 높이기 위해 이런 요소들이 사용되기도 한다. 예술 그 자체는 진리가 아니다. 예술은 인간이 창조한 산물이다. 또는 아리스토텔레스의 말대로, "예술은 자연을 거스르는 것이다." 예술은 때로는 진실하고, 때로는 거짓되며, 많은 경우 진실도 거짓도 아니다.

우리는 예술을 숭배해야 할 거룩한 것으로 신성시해도 안 될 뿐만 아니라 연예오락 산업이 마치 선악의 기준을 초월하는 대상인 것처럼 그것을 하나님의 율법과 별개로 놓고 생각하는 행태를 중단시켜야 한다. 예술, 언론, 연예오락에 대해 예술이라는 이름으로 하나님의 율법을 무시하는 처사는 하나님이 지극히 싫어하시는 도덕률 폐기주의를 표방하는 이단이다. 예술의 이름으로 그런 방종을 용인하는 자들은 우리 사회의 도덕적 쇠퇴를 묵과하고 있는 것이다.

예술과 연예오락을 우상으로 삼는 행위가 우리 사회를 좀먹고 있다. 그리스도인들은 세상의 유혹-육신과 사탄-과 맞서 싸우며 우리가 믿는 것을 옹호해야 한다. 우리가 단합하여 흥행 수입에 영향을 미치면 미디어 지도층에 영향력을 행사할 수 있다.

반기독교 정서

연예오락을 숭배하는 우리의 잘못된 태도 외에도, 미디어가 우리 문화를 피폐하게 만드는 데 성공하고 있는 또 다른 이유는 우리 사회에 만연한 크리스토포비아(Christophobia, 반기독교 정서) 때문이다. 바로 이 혐오증 덕분에 전도가 감소하고 성경적 세계관에 대해 그토록 무지해졌다. '크리스토포비아'는 수년 전 로스앤젤레스에 있을 때 신문에 기고한 글에서 예수 그리스도와 기독교에 관련된 것이라면 무엇이든지 비이성적으로 두려워하거나 적대감을 보이는 사람들을 지칭하면서 만들어 낸 용어다. 그 증상은 매우 단순하고 잘 드러나지 않는다. 이 비정상적인 증상들에는 다음과 같은 것들이 있다.

- 공공연히 불경하게 예수님의 이름을 들먹이는 것 말고는 예수님의 이름을 사용하기를 병적으로 꺼려하는 증상
- 공적으로 성경적 원칙을 토론하기를 꺼려하는 증상
- 누군가가 공개적으로 기독교 신앙을 드러내거나 그것에 대해 토론하려는 것에 대한 공포증
- 모든 주어진 상황 속에서 옳고 그름을 판단하고 결정하는 데 성경적 기준을 사용하는 것을 끔찍이 싫어하는 증상
- 성경에 대한 도착적 공포

이 외에도 학교, 미디어, 정부에서 크리스토포비아가 그 추악한 머리를 내미는 이런 역기능적 상황과 증상들은 많이 있다. 예를 들어보겠다.

- 크리스마스는 이제 겨울 명절로 불린다.
- 부활절 방학을 없애면 학기 간의 균형이 깨지는데도 불구하고 부활절 방학을 없애고 있다.

- 신문들은 그리스도인들에게 인용한 성경구절 삭제를 요청한다.
- 법원은 성경적 관점을 고려하기를 거부한다.

이렇듯 파괴적인 혐오증은 그리스도인들이 기독교를 가장 혐오하는 사람들이 될 정도로까지 우리 문화 전반에 퍼져 있다. 크리스토포비아 증상을 보이는 그리스도인들은 다음과 같은 태도를 보인다.

- 누군가 성경적 관점을 들고 나오면 노발대발한다.
- 존경하는 태도로 예수님의 이름이 언급되면 사과한다.
- 그리스도인들이 단결하면 불평한다.
- 일부 그리스도인들이 그들의 신앙을 드러낼지도 모른다고 염려한다.

흔히 이들 크리스토포비아 증상에 걸린 그리스도인들은 옳고 그름을 판단하는 데 성경적 기준을 사용하는 것에 대해 안달한다. 그들은 이런 기준들이 살인, 간통, 거짓말, 남색, 하나님의 말씀이 정죄한 다른 죄악들 같은 흔한 '문제들'에 적용될지도 모른다는 생각에 무서워 떤다.

이런 혐오증이 지금처럼 지속된다면 그것은 우리 시대 사람들을 가장 허약하게 만드는 이상 심리가 될 것이다. 크리스토포비아는 많은 이들로 하여금 자기의 기독교 신앙을 숨기게 하고, 기독교 신앙을 부인하게 하며, 기독교를 맹렬히 공격하게 만든다. 어쩌면 그것은 이미 널리 퍼진 그리스도인들에 대한 핍박을 개시하고 우리 사회의 기독교적 뿌리를 부인하게 만들지도 모른다. 역사는 세상 모든 문제의 원인이 그리스도인이라고 비난하는 내용으로 수정될 것이고, 성경이 정죄한 부도덕들이 문제들에 대한 해결책으로 각

광받을 것이다.

이런 비정상적인 심리 상태는 너무 늦기 전에 우리의 정신에서 뿌리 뽑아야 한다. 그리스도인들은 다른 사람들이 이 병의 역기능적 측면을 이해하도록 돕고, 이 병에 시달리고 있는 사람들에게 예수 그리스도를 소개하며, 성경적 세계관의 이로운 면을 가르쳐 그들을 구원해야 한다.

자기혐오와 자기파괴의 번식

미국의 상위 10위권 대학 중 하나인 신학교에서 강의를 하면서 나는 목사 안수를 받으려는 대부분의 학생들, 가장 똑똑한 학생이나 가장 관대한 학생들까지도 자기 문화에 대한 혐오감을 가지고 있다는 사실을 알게 되었다. 그들은 백인 남성, 기독교, 서구 문명을 혐오한다.

2006년 9월 1일자 〈로스앤젤레스 타임스〉는 영국의 국내 문제에 대해 '그들 안의 적'이라는 제목의 일면 기사를 실었다. 그들은 바로 "파키스탄의 파괴적(테러리스트) 네트워크와 유대하고 있을 뿐만 아니라 영국 여권과 자원과 서구적 방식을 수반하는" 호전적인 무슬림 개종자들이다. 기사는 유럽 태생의 급진주의 무슬림들은 "개방된 국경, 관대한 법과 사회적 단절"의 결과라고 강조했다.[1] 정치적 정당성을 표방하는 〈로스앤젤레스 타임스〉가 오늘날 기독교가 당면하고 있는 문제의 근원을 이토록 정확히 인식하리라고 누가 상상이나 했겠는가?

이런 사회적 단절 현상은 지난 50년간 미국을 공격했던 학교와 대학들에서 일부 그 원인을 찾을 수 있다. 또 일부는 서구 문명과 미국, 교회, 백인들, 기업, 기독교를 공격하는 내용의 〈탤러데가 나이트〉(*Talladega Night*), 〈다빈치 코드〉, 〈대통령의 죽음〉(*The Death of a President*), 〈라스트 사무라이〉(*The last samurai*)〉, 〈화씨 9/11〉(*Fahrenheit 9/11*), 〈세이브드〉(*Saved!*), 〈갱스 오브 뉴욕〉(*Gangs of New York*), 〈지저스 캠프〉(*Jesus Camp*), 〈킹덤 오브 헤븐〉(*Kingdom of Heaven*) 같은 영화들의 연이은 출현 덕분이었다.

    1960년대에 마르크스주의적인 관용과 정치적 정당성을 주창했던 좌익의 스승인 헤르베르트 마르쿠제도, 서구 사회가 그들 자신을 혐오하고, 자신들의 문화를 혐오하고, 자신들의 나라를 혐오하는 아이들을 키워냈으며, 마침내 문명의 붕괴를 초래했다는 것을 알면 기뻐할 것이다. 마르쿠제는 이러한 젊고 소외된 급진주의자들이 그리스도인들만 제외하고 성도착자들과 살인자들을 포함해 모든 사람에게 관용을 베풀어야 한다고 주장하는 정치적 정당성이라는 교의를 발전시켰다. 미국과 유럽의 너무나 많은 어린이들이 그의 교훈을 잘 배웠다.

    좌익적인 영화나 텔레비전 프로그램들은 할리우드의 일각에서 배출되고 있고, 연예오락 산업 문제의 일부분일 뿐이다. 미국의 많은 젊은이들이 이 영화와 프로그램들 속에 들어 있는 사악한 선동과 의도를 부지불식간에 받아들이고 있다. 예를 들어, 영국에서는 대다수가 런던 지하철 폭파 사건의 원인이 호전적인 이슬람이나 이란과 같은 테러리스트 국가가 아니라 영국 정부라고 생각한다.

    이보다 더 우려되는 사실이 있다. 올해 초 런던의 〈선데이 타임〉지는 14,200명의 토지 소유자, 유명인사들, 주요 국가 설립자들의 자손을 포함한 영국 최고의 '엘리트'들이 근래에 이슬람교로 개종했다고 보도했다. 전 BBC 회장이었던 브릿 경의 무슬림으로 개종한 아들 야햐(Yahya, 과거에는 조너선이었다) 브릿에 의해 실시된 〈타임〉지의 조사에 의하면, 많은 개종자들이 찰스르 게이 이튼(Charles Le Gai Eaton)의 글에서 영감을 받았다고 한다. 이튼은 전 외무부 외교관이며 『이슬람과 인간의 운명』(Islam and the Destiny of Man)의 저자다.

이튼은 이렇게 말한다. "나는 현대 기독교의 우유부단한 기준에 싫증이 난 사람들로부터 편지를 받았습니다. 그들은 현 세계와 지나치게 타협하지 않는 종교를 찾고 있습니다."

위대한 기독교 변증론자인 C. S. 루이스는 고유의 색깔을 잃은 기독교는 아무에게도 유용하지 않다고 말한 적이 있다. 그는 또한 교회가 세상 밖으로 나가 대학의 지성인들과 다른 문화권의 지도자들에게 기독교 신앙을 전할 것을 촉구했다. 왜냐하면 그들이야말로 다음 세대에게 그들이 나아가야 할 방향을 가르치는 사람들이기 때문이다.

그러나 우리 시대의 교회와 미국의 많은 학교들은 공공장소에서 자기의 신앙을 능숙하게 변호하는 데 필요한 도구를 갖지 못한 미숙한 반주지주의자들로 가득 차 있다. 대부분의 그리스도인들은 신약 성경의 헬라어 원문의 무오설조차 믿지 않는다. 대다수의 유대인들도 모세오경인 토라의 신성한 권위를 믿지 않는다.

그 때문에 우리의 젊은이들이 그토록 쉽게 이 세상과 우리의 학교와 어디에나 존재하는 매스미디어 생산물 속에 있는 광신적 무슬림, 급진주의적 마르크스주의자, 성적 쾌락주의자들의 먹이가 되는 것이다.

서구 사람들은 자기혐오를 중단하고 성경적, 종교적, 정치적, 도덕적, 문화적 전통을 담대히 옹호해야 할 때다. 이 시대에 자유가 이토록 남용될 만큼 서구 문명을 강하게 만든 것도 바로 이런 전통들이다.

검열

그리스도인들이 사로잡혀 있는 또 다른 잘못된 생각이 있다. 누군가가 수준 낮은 연예오락에 대항하는 목소리를 높일 때마다 나오는 검열에 대한 거짓된 외침이다. 검열은 정부에 의해 공개가 금지되는 것으로, 힘을 합쳐 외설과 부도덕을 이용해 돈을 벌지 못하게 하는 것과는 엄연히 다르다. 그리스도인들은 종종 검열을 외치는 소리에 속아 자유주의 언론이 하나같이 모든 검열에 반대한다고 생각한다. 그러나 매스미디어는 많은 경우 부도덕한 발언을 조장하며 기독교적 발언에 대해서는 검열을 지지하면서 성경적 도덕을 적용한 데에만 반대한다. 하나님은 우리가 말장난에 속는 바보가 되지 말고 분별력과 지혜를 갖추라고 명령하신다.

투표

보호자 주권은 무엇을 보고 무엇을 보지 말아야 할지를 결정하는 보호자의 권리로서, 할리우드는 예로부터 보호자 주권을 추천했다. 자유 사회 속에 살고 있는 우리는 도덕적이고 우리를 고양시키는 결과물을 생산하도록 연예오락 산업에 영향을 미칠 수 있는 자유를 행사할 수 있다. 성, 폭력, 반기독교 메시지를 좋아하는 할리우드 제작자들의 개인적 기호에도 불구하고 그들이 결국 관심을 갖는 것은 돈을 얼마나 벌 수 있는가 하는 점이다. 만약 그리스도인들이 좋은 영화를 지원하고 부도덕한 영화를 배척한다면 우리의 영향력은 할리우드에 금세 나타날 것이다.

적은 대다수의 경우, 우리는 아무 힘이 없다고 믿게끔 만든다. 미디어에 대해서 불만을 말하고, 선택을 회피하는 것 외에 우리가 할 수 있는 것이 별로 없다는 잘못된 믿음을 심어 준다. 그러나 우리는 큰 힘을 가지고 있다는 것이 진실이다. 우리는 연예오락의 본질을 바꿀 수 있다.

지금 이 세상에서 가장 강력한 힘은 하나님이시다

도덕적인 많은 미국인들은 우리가 압도적으로 불리한 상황에서 난공불락의 세력과 대면하고 있다고 믿는다. 전 NBC 부사장인 폴 클라인(Paul Klein)은 이렇게 말했다. "텔레비전은 오늘날 세상에서 가장 강력한 힘이다."

천만의 말씀이다. 텔레비전, 원자력, 공산주의, 자본주의, 미국, 죄, 사탄, 인간 그리고 모든 다른 세력들을 합해도 그 중요성과 영향력은 하나님의 능력과 비교하면 아무것도 아니다. "만물이 그로 말미암아 지은바 되었으니 지은 것이 하나도 그가 없이는 된 것이 없느니라"(요 1:3).

해답

하나님은 우주에서 가장 강력한 힘이시며 예수님은 해답이시다. 그분만이 우리를 죄와 죽음에서 구하실 수 있다. 오직 성령의 검인 그분의 기록된 말씀만이 우리가 이 세대에 영향을 미치고 있는 악에 대해 승리할 수 있게 해 준다.

예수 그리스도는 소통의 대가셨다. 그분의 극적인 비유에 나오는 그림을 보는 듯한 서술은 2천 년 전에 그랬듯이 이 시대에도 잘 맞는다. 그리스도는 소통의 힘과 어떻게 사상이 문명을 형성하는지를 이해하셨다. 그분의 말씀은 역사상 가장 영향력 있는 문명 가운데 하나인 로마 제국을 붕괴시켰고, 오늘날까지 계속 세상을 변화시키고 있다.

우리는 그분의 몸이다

좋은 소식은 하나님이 우리에게 "너희는 그리스도의 몸이요 지체의 각 부분이라"(고전 12:27)고 말씀하신다는 것이다. 그리고 그것은 예수 그리스도의 십자가 상에서의 승리 덕분이라고 확인하신다. "그러나 이 모든 일에 우리를 사랑하시는 이로 말미암아 우리가 넉넉히 이기느니라"(롬 8:37).

따라서 우리는 부도덕한 미디어를 포함한 적의 책략에 대항하기 위해 하나님의 전신갑주를 입고 그분의 가르침에 자신 있게 대답할 수 있다. 우리는 악한 미디어에 저항하기 위해 연합할 권리가 있을 뿐만 아니라, 그리스도의 사랑 안에서 그런 악을 책망할 힘과 소명을 받았다. 더 나아가 우리 아이들과 이웃들을 염려하는 마음도 우리의 동기가 된다.

그러므로 우리는 복음의 능력을 전 세계에 전파하여 모든 생각이 그리스도께 사로잡히게 되도록 하나님과 이웃을 돌아보아야 한다. 남녀노소 누구나 접하는 미디어를 통해 성경적 진리를 담은 복음을 전파할 수 있도록 효과적인 소통의 원칙을 배워야 한다.

더 나아가 허망한 상상이 아닌 선과 진리와 아름다움이 전 세계에 선포되도록 문화를 구원해야 한다. 그리스도인들은 하나님의 기록된 말씀에 순종하여 여러 방면의 선두에 서서 다음과 같은 방법으로 그리스도를 위해 문화를 교화해야 한다.

- 문화에 영향을 미치기 위해 그리스도인의 의식을 고양시켜야 한다.
- 복음을 증거하고 모든 사람을 제자 삼아야 한다.
- 고급 매스미디어 연예오락, 예술, 문화를 생산해야 한다.

그러면 어떻게 변화를 일으킬 수 있을까? 할리우드와 미디어(〈무비가이드〉 같은 출판물은 미디어에 대해 분별력을 갖는 데 도움이 될 수 있다)에서 무슨 일이 일어나고 있는지 알아야 한다. 연예오락물을 소비하는 데 지혜롭게 지출하라. 영화 티켓을 사거나 다른 연예오락물에 돈을 지출할 때마다 그와 같은 것을 더 만들라고 표를 던지는 것임을 기억하라. 또한 책임자들에게 우려하는 바를 말하라. 제작자, 배급사, 기획사들에게 편지를 쓰라. 당신이 반대한다는 것을 알리는 유일한 방법은 그들에게 말하는 것이다. 마지막으로 성경에 위배되는 행동을 하는 회사들을 반대하는 운동에 적극 참여하라.

부흥의 징후

비관적인 목소리들은 기독교의 황금시대는 끝났다고 말한다. 기독교 신앙은 이슬람교와 다른 신앙이 대체하고 있다고도 주장하지만, 기독교는 세계에서 가장 빠르게 성장하고 있는 종교다. 로잔통계특별위원회(The Lausanne Statistics Task Force)는 비그리스도인과 성경을 믿는 그리스도인의 비율이 현재 6.8대 1이라고 보고했는데, 역사상 가장 낮은 비율이다. 전 세계적으로 복음주의 운동은 전 세계의 인구보다 세 배나 빨리 성장하고 있다!

더구나 매스미디어가 그리스도인들을 편협하고 촌스러운 것과 연결시키려 애쓰고 있음에도 불구하고 바나 리서치 그룹은 교육 수준과 교회 출석이 정비례한다고 말한다. 마지막으로 선도적인 위치에 있는 연구자들은 전 세계에 부흥의 조짐이 보이고 있다고 말한다.

위대한 선교사이자 탐험가인 리빙스턴 박사는 검은 대륙에 복음을 전하고 아프리카 사람들을 노예무역에서 구원하기 위해 젊은 나이에 영국을 떠나 아프리카로 갔다. 그는 수년 동안 매일 설교했지만 큰 성과가 없었다. 그는 말라리아를 무려 60번 이상 앓았고, 흑인 친구를 구하려다 사자에게 한쪽 팔을 잃기도 했다. 그리고 그는 전인미답의 정글 속으로 사라졌다.

스탠리라는 한 혈기왕성한 〈뉴욕 헤럴드〉 기자가 리빙스턴 박사를 찾기 위해 파견되었다. 1년 후 하나님의 은혜로 그 기자는 리빙스턴이 파산시킨 노예무역상의 보살핌을 받고 있는 그를 찾아냈다. 임종을 맞이하면서도 리빙스턴은 그 기자에게 예수 그리스도를 전했다.

스탠리가 쓴 기사로 인해 아프리카는 선교사들에게 문호를 개방했고, 3년이 채 못 되어 포르투갈 국왕은 노예무역을 폐지하는 칙령에 서명했다. 리빙스턴이 하려고 했던 모든 일이 성취되었지만, 그 전에 그는 먼저 예수 그리스도의 순결한 복음을 담는 그릇이 될 수 있는 겸손한 성품의 사람이 되어야 했다. 마찬가지로, 우리도 구원의 복음을 들고 세상에 나가려면 그리스도께 먼저 순복해야 한다. 주님의 이름을 거룩하고 영화롭게 하기 위해 우리가 하나님의 편에 서서, 우리 안에 두신 그분의 뜻을 우리를 통해 이루시도록 우리 함께 기도하자.

17장

아이들을 위하여
- 팻 분

테드 바워는 신사이고 좋은 사람이다.

오랫동안 그를 알아 온 사람으로서 내가 장담할 수 있는 것은, 그가 하는 일은 모두 어떤 식으로든지 점점 더 심해지는 이 시대 문화의 탁류를 부모들이 아이들과 함께 헤쳐 나가도록 돕는 일과 관련되어 있다는 것이다. 나보다 나이 많은 부모들이 이런 말을 하는 걸 수도 없이 들었다. "요즘처럼 부도덕, 마약, 폭력, 성적 자유가 만연한 세상에서 아이를 낳아 키우는 부모들이 불쌍해요." 테드는 용감하게 부모들을 돕고, 다른 한편으론 미디어계의 주요인사들이 책임 있는 행동을 하도록 설득시키면서 이 혼란에 대해 끊임없이 무언가를 해오고 있다. 나는 그를 진심으로 존경한다.

내가 이 책의 끝맺는 말을 써도 될지 묻자, 그는 흔쾌히 승낙해 주었다. 나는 아버지들에게(그리고 어머니들에게도) 온건한 테드보다는 더 강하게 말해야 할 필요를 느낀다. 그러니 부디 아직은 이 책을 덮지 마시기를.

우리는 모두 창조주 하나님 앞에 서서 우리가 인생을 어떻게 살았는지에 대해 그분의 심판을 받을 순간에 날마다 더 가까이 가고 있다. 성경은 우리는 모두 제각각 "육신 가운데서 행한 일"에 대해 설명해야 한다고 분명하게 말한다. 당신도 그렇고 나도 그래야 할 것이다.

그때 하나님은 내가 제작한 영화나 황금레코드 상을 받은 내 노래, 내가 얼마나 돈을 많이 벌었는지, 또는 내가 유명한지 무명인지에 대해서는 관심이 없으실 것이다. 그분은 우리가 그분의 아들 예수님을 영접하고 순종했는지 그리고 우리가 부모로서 책임을 다했는지에 가장 큰 관심을 가지실 것이라고 성경은 말하고 있다.

> 아비들아 너희 자녀를 노엽게 하지 말고 오직 주의 교훈과 훈계로 양육하라. 엡 6:4

나는 이 구절의 리빙 바이블 번역을 좋아한다. "그들(자녀들)을 권고와 **신실한 충고**로 주님이 친히 허락하신 사랑의 **훈육**을 하라"(볼드 부분 저자 강조).

친구들이여, 이것은 하나님의 영감으로 씌어 보존되었다가 21세기의 부모들에게 전달된 하나님의 말씀이다. 나는 벌써 그분이 나와 당신에게 물으시는 소리가 들린다. 우리가 우리 아이들 앞에서 신실한 모범을 보였는지, 습관,

언어, 행동, 도덕이 개인적으로 훈련되도록 가르치고 요구했는지를.

그것이 쉬운 일은 아니라는 걸 나도 안다. 그러나 그렇게 하는 것이 당신이 살고 있는 곳에서 어렵다면 할리우드 한복판에 살면서 아이들을 키우고 있는 나와 내 아내 셜리에게는 어땠을지 생각해 보라. 나는 숱한 영화를 제작했고, 제작한 영화가 흥행 순위 10위 안에 든 적도 있었지만 아내와 나는 몇몇 인기 있는 대작 영화를 보다가 우리 딸들을 데리고 나온 적이 있다. 그 가운데 몇 편은 뮤지컬이었는데, 독선적이고 불쾌한 태도로 그렇게 행동한 것은 아니다. 우리는 우리가 볼 수 있는 거대한 '연예오락' 매체가 우리 딸들에게 악영향을 미칠 거라고 생각하고 그냥 조용히 그곳을 나왔다. 아이들도 우리가 옳다는 것을 알기 때문에 불평하지 않았다. 우리 가족 모두가 시간이 지날수록 점점 더 불편해졌기 때문에 극장을 나오는 게 차라리 나았다.

많은 텔레비전 쇼들도 마찬가지다. 아내는 서구에서 가장 빠른 리모컨을 가지고 있다. 외설적인 행위가 나오려고 하거나 언어가 거칠어지면 그 프로그램은 그것으로 끝이다! 우리 집에서는 늘 그래 왔다. 여느 부모들과 마찬가지로 우리도 숱한 실수를 했지만 우리는 우리 가정과 우리 아이들의 마음속에 흘러들어가는 것에 대해 높은 기준을 세우려고 진심으로 노력했다.

나는 진심으로 내가 어떤 아버지였는지, 어떤 남편이었는지에 대한 심판의 목소리를 들어야 할 순간이 다가오고 있음을 믿는다. 나는 아이들이 내 보살핌과 감독 아래 있었을 때 아이들이 보고 듣고 흡수해도 괜찮다고 허락한 것에 대해서 심판을 받을 것이다. 내가 성실하게 기도하면서 "권고와 신실한 조언"을 했는지, 또는 많은 사람들이 말하듯 "글쎄요, 내가 어떻게 할 수 있겠어요? 시대가 변했고, 아이들을 항상 감시할 수도 없잖아요. 게다가 어차피 학교에서 죄다 이야기할 테고, 어쨌든 조만간 그런 걸 다 접하게 될 텐데요.

그렇지 않나요?"라고 말했는지에 대해서 심판받을 것이다.

맞다. 그러나 하나님은 우리 부모들이 미리 아이들에게 '그 모든 것'을 어떻게 대할지 그리고 빈번히 '현대 문화'의 탈을 쓴 타락하고 오염된 세상 속에 자신을 지키지 못한 채 맹목적으로 휩쓸리지 않도록 가르치기를 원하신다. 우리가 그렇게 중요한 책임을 저버린다면 우리는 하나님께 그에 대한 대가를 치를 것이다.

그러니 서투른 변명은 하지 말라. 우리는 이 책에서 전반적인 개요와 지침을 제공했다. 그것을 사용하라. 그러면 부모로서 당신의 자녀들이 문화의 탁류를 헤쳐 나가도록 돕는 게 더 수월해질 것이다. 그리고 하나님은 테드 바워와 〈무비가이드〉가 우리 아이들이 접하게 될 대부분의 작품들을 보고 평가하느라 엄청난 수고를 했다는 것을 아신다. 그것은 당신과 나에게 제공되었고, 우리는 그것을 사용하여 우리 아이들과 손자들에게 더 나은 부모, 더 나은 안내자와 동반자가 될 수 있다. 주님께 "저는 어쩔 수 없었습니다"라는 말로 발뺌할 수 없다. 우리는 할 수 있는 일이 있다. 그리고 해야 한다. 우리 아이들을 위해서. 그리고 우리 자신을 위해서.

〈무비가이드〉의 〈어메이징 그레이스〉에 대한 감상평

평점: ★★★★

추천 평점: +4

경고 코드

언어: 약간의 욕설과 불경스러운 언어(1-9개 내외)

폭력: 경미한 폭력

성: 없음

신체 노출: 없음

개봉일: 2007년 2월 23일

상영 시간: 111분

장르: 역사극

대상 관객: 초등학교 고학년부터 성인

주연: 이안 그루퍼드, 앨버트 피니, 마이클 갬본, 베네딕트 컴버베치, 로몰라 가레이, 시아란 하인즈, 루퍼스 스웰, 톰 나이트

감독: 마이클 앱티드

제작자: 켄 웨일즈

작가: 스티븐 라이트

배급사: 새뮤얼 골드윈 영화사와 로드사이드 어트랙션

내용

노예제도 폐지, 가난한 자들을 돌보고 굶주린 사람들에게 음식을 주는 등, 실천하는 깊은 신앙을 보여 주는 실제적인 영화로, 매우 강력한 도덕적 내용과 강한 기독교 세계관을 담고 있다. 목적을 위해 전통을 버리고 속임수를 쓰는 것이 언급되기도 하지만 대부분은 행동에 옮겨지지 않는다. 여섯 번의 가벼운 욕설과 약간 불경스러운 표현이 네 번 나온다. 한 남자가 육체적 고통과 병으로 고통받는 장면, 노예들을 가혹하게 다루는 장면, 사람들이 말을 때리는 장면이 있다. 성적인 장면은 없으나 상류층 남자의 벗은 몸과 여성의 가슴골, 음주, 흡연(통증 때문에 아편을 사용한다), 도박 장면이 있다.

감상

〈어메이징 그레이스〉는 한 그리스도인, 노예 폐지론자이자 개혁가였던 윌리엄 윌버포스에 대한 훌륭한 영화다. 이 영화는 인간의 죄성, 예수 그리스도의 구원, 예수 그리스도의 신성에 대한 심오하고 영혼을 흔드는 기독교적인 내용을 유명한 찬송가인 '어메이징 그레이스'와 함께 잘 전달하고 있다.

윌리엄 윌버포스는 18세기 영국에서 노예제도를 폐지하기 위한 투쟁을 선도

했다. 젊은 시절을 방탕하게 보낸 윌리엄은 스물다섯 살의 나이에 그리스도께 나아갔다. 그는 하나님으로부터 영국의 노예무역을 중단시키고 도덕적 개혁을 하라는 부르심을 받았다고 믿었다.

영화는 윌리엄이 친구인 영국 수상 윌리엄 피트에게 도덕 개혁과 노예제 폐지의 필요성에 대해 말하는 것으로 시작하여, 과거의 회심 장면으로 전환된다. 영화는 일단의 그리스도인들이 노예제도 폐지에 관심을 갖게 되어 윌버포스를 따르게 된 과정과 회개한 전 노예무역상인 존 뉴튼('어메이징 그레이스'의 작사가)이 사람들을 감화시키는 과정을 보여 준다. 이들은 힘을 합쳐 오랜 세월 동안 불굴의 의지로 영국 의회가 노예제도를 폐지할 때까지 노력을 멈추지 않는다.

이 영화는 신실함에 초점을 많이 맞추고 있다. 영화는 윌리엄이 허약한 체질과 만성적인 통증으로 고통당하는 모습, 아편제(아편을 원료로 한 약)와의 고투, 의회로부터 받은 극렬한 반대를 보여 준다. 도덕성의 회복과 노예제도의 폐지를 위하여 싸우는 와중에도 윌리엄은 결혼생활로 기쁨과 행복을 찾는다. 그의 아내는 그가 역경을 극복하도록 돕는다.

이안 그루퍼드('이언 그리피스')는 윌버포스 역을 멋지게 소화했다. 실제로 이 영화의 연출과 연기는 탁월하다. 그러나 그 시대에 맞지 않는 내용이 두 번 나온다. 예를 들어, 윌버포스가 키우는 애완용 토끼가 백만 년 전부터 있던 것이라고 말하는데 그 시대에는 아무도 지구가 생긴 지 백만 년이 되었다고 생각하지 않았다.

〈어메이징 그레이스〉는 재미도 있고 기독교적 내용이 감동적이다. 〈패션 오브 크라이스트〉 이후로 그렇게 강력하게 기독교를 증거하는 영화는 없었다. 무엇보다도 가장 좋은 점은, 사로잡힌 자들을 풀어 주고, 굶주린 자들을 먹이며,

도움이 필요한 자들에게 도움을 베풀고, 행동하는 신앙이 있는 현실적이고 깊이 있는 기독교를 보여 주었다는 점이다. 이 영화는 별 4개의 평점을 받기에 충분하고 칭찬받아 마땅하다.

그렇긴 하지만, 이 영화는 역사 영화이고 줄거리가 역사를 정확하게 따르고 있어서 필요한 극적 구성이 미흡하다. 편집에 조금 더 신경을 썼다면 영화가 더 박진감 있고 드라마틱해졌을 것이다. 그러나 그런 단점에도 불구하고 〈어메이징 그레이스〉는 훌륭한 영화이며 모든 관객들에게 감동을 줄 것이다.

주

1장

1. "2004 전 세계 AIDS 전염에 대한 보고," UNAIDS, 2004, no. 52. http://www.unaids.org/en/(2006년 12월 접속).

2. Michael Specter, "Traffickers' New Cargo: Naïve Slavic Women," *The New York Times*, 1998년 1월 11일 자.

3. Dr. Ken Boa and Bill Ibsen, *The Decline of Nations*, www.KenBoa.org에서 볼 수 있음.

4. 교황청 평의회 사회 홍보부(Pontifical Council for Social Communications), 바티칸 시티, 2000년 6월 4일, 세계 소통의 날 (cf. 바티칸 평의회 ll, Inter Mirifica, 3; 교황 바오로 6세, Evangelii Nuntiandi, 45; 교황 요한 바오로 2세, Redemptoris Missio, 37; Pontifical Council for Social Communications, communion et Progressio, 126-134, Aetatis Novae, 11).

5. Leslie Moonves 인터뷰, Associated Press, 1999년 5월 19일 자.

2장

1. George Barna, *The Frog in the Kettle*(Ventura, CA: Gospel Light Publications, 1990)을 보라.

2. "Harry Potter's Influence Goes Unchallenged in Most Homes and Churches," *The Barna Update*, 2006년 5월 1일. http://www.barna.org/FlexPage.aspx?Page=BarnaUpdate&BarnaUpdateID=237 (2006년 12월 접속).

3. David Kinnaman, "Teens and the Supernatural," The Barna Group, 2006

년 1월 23일. http://www.barna.org/FlexPage.aspx?page=Resource&ResourceID=208(2006년 12월 접속).

4. 주요 기관에 대한 갤럽 조사, 2006년 6월 1-4일. 오차 범위 ±3 퍼센트 내의 전국 1002명의 성인들을 대상으로 한 조사.

5. "Congressional Testimony of Darrell Scott, Father of One of the Columbine Shooting Victims-Truth!" *TruthOrFiction.com*. http://www.truthorfiction.com/rumors/d/darrellscott.htm(2006년 12월 접속).

6. Darrel Scott, 국회법사위원회의 범죄 소위원회에서 한 증언, 1999년 5월 27일. http://www.truthorfiction.com/rumors/d/darrellscott.htm(2006년 12월 접속).

3장

1. George Barna, "Americans Draw Theological Beliefs from Diverse Points of View," *The Barna Update*, 2002년 10월 8일.

2. 같은 책.

3. John Ross와 Jerold Aust, "World News and Trends: An Overview of Conditions Around the World," *Good News*. http://www.gnmagazine.org/issues/gn52/worldnewstrends52.htm(2006년 12월 접속).

4. 리처드 니버(H. Richard Niebuhr), 『그리스도와 문화』(*Christ and Culture*, IVP).

5. Terry Lindvall, *The Silents of God*(Lanham, MD: Scarecrow Press, 2001).

6. The Motion Picture Production Code of 1930(Hays Code), *Wikipedia.com*. http://en.wikipedia.org/wiki/Production_Code(2006년 12월 접속).

7. Margaret H. DeFleur, Ph.D.와 Melvin L. DeFleur, Ph.D., "The Next Generation's Image of Americans: Attitudes and Beliefs Held by Teenagers in Twelve Countries: A Preliminary Research Report," 2003, College of Communication, Boston University.

8. 같은 책.

9. 같은 책.

10. 각각의 매체는 텔레비전 프로그램을 제작하고 방송하는 데 필요한 하드웨어와 소프트웨어, 정교한 카메라, 녹음기, 편집기, 인공위성에 대한 짧은 글을 쓰는 종이와 연필에서 나온 한 가지 이상의 도구로 구성되어 있다는 사실에 유의하라.

4장

1. Jerome Kern and Dorothy Fields, "The Way You Look Tonight," ⓒ Aldi Music Company and Universal Polygram International, 1936.

2. Terrence Dashon Howard, "It's hard Out Here for a Pimp," ⓒ Atlantic/Wea, 2005.

3. Dana Blanton, "Fox Poll: Courts Driving Religion Out of Public Life; Christianity Under Attack," *Fox News*, 2005년 12월 1일. http://www.foxnews.com/story/0,2933,177355,00.html(2006년 12월 접속).

4. Neil Young, "Let's Roll," Silver Fiddle Music, ⓒ 2001.

5장

1. James Scott Bell, *Los Angeles Times* 사설, 2002년 10월 19일. 제임스는 로스앤젤레스에 사는 작가이자 소설가다(www.jamesscottbell.com을 보라). 허락 하에 게재.

2. Jennifer Loven, "Survey: Teens Crave Family, *Ventura County Star*, 2001년 8월 8일.

3. "70퍼센트의 미국 청소년들이 성경의 메시지와 그들의 삶 사이에 연관 관계가 있다고 생각한다." American Bible Society 보도자료, 2006년 7월 17일: The American Bible Society, *Weekly Reader Research*, Christian Post, 2006년 7월 18일.

4. Bell, *Los Angeles Times*.

5. Jim Impoco, "TV's Frisky Family Values," *U. S. News and World Report*,

1996년 4월 15일, pp.58-62.

6. 같은 책.

7. 〈무비가이드〉 vol. 9에 보고된 Teenage Research Institute, Wheaton, Illinois에 나오는 자료.

8. Ted Baehr, *What Can We Watch Tonight?*(Grand Rapids, MI: Zondervan, 2004), pp. 19-20.

9. Jean Piaget, *The Origins of Intelligence in Children*, Margaret Cook, 번역(New York: W.W. Norton Co., 1963), David Elkind, *Children and Adolescents: Interpretive Essays on Jean Piaget*(New York: Oxford University Press, 1970)과 Robert Morse, Ted Baehr의 *Media-Wise Family*(Colorado Springs, CO: Chariot Victor Publishing, 1998), pp. 115-117에 인용됨.

10. 피아제는 이 단계를 감각운동기라고 불렀다.

11. 피아제는 이 단계를 전조작기라고 불렀다.

12. Dr. Donna Mumme, Tufts e-news, 2003년 1월 22일.

13. 다음의 자료는 Barbara J. Wilson, Daniel Lynn, Barbara Randall의 "Applying Social Science Research to Film Ratings: A Shift from Offensiveness to Harmful Effects," *Journal of Broadcasting and Electronic Media*, Fall 1990, vol. 34, no. 4, pp. 443-468에서 발췌한 것임. *MovieGuide* vol. 12, no. 14, 15, 920724를 허락 하에 게재.

14. 같은 책, C. Hoffner와 J. Cantor, "Developmental Differences in Responses to a Television Character's Appearance and Behavior," *Developmental Psychology*, 1985, vol. 21, pp. 1065-1074 인용.

15. 같은 책, P. Morison과 H. Gardner, "Dragons and Dinosaurs: The Child's Capacity to Differentiate Fantasy from Reality," *Child Development*, 1978, vol. 49, pp. 642-648 인용.

16. 같은 책, G.G. Sparks, "Developmental Differences in 'Children's Reports of Fear Induced by Mass Media," *Child Study Journal*, 1986, vol. 16, pp. 55-66 인용.

17. 같은 책, W.A. Collins, "Interpretation and Inference in Children's Television Viewing" in J. Bryant과 D. R. Anderson, eds., *Children's Understanding of Television: Research on Attention and Comprehension*(New York: Academic Press, 1983), pp. 125-150 인용.

18. 같은 책, G. Comstoc과 H. J. Paik, *Television and Children: A Review of Recent Research*(Syracuse, NY: Syracuse University, 1987), report no. XX 인용.

19. 같은 책.

20. 같은 책, A. Bandura, "Influence of Models' Reinforcement Contingencies on the Acquisition of Imitative Responses," *Journal of Personality and Social Psychology*, 1965, vol. 1, pp. 589-595; A. Bandura, D. Ross, S. A. Ross, "Vicarious Reinforcement and Imitative Learning," *journal of Abnormal and Social Psychology*, 1963, vol. 67, pp. 601-607; M. A. Rosekrans와 W. W. Hartup, "Imitative Influences of Consistent and Inconsistent Response Consequences to a Model on Aggressive Behavior in Children," *Journal of Personality and Social Psychology*, 1967, vol. 7, pp. 429-434 인용.

21. 같은 책, A. Bandura, "Influence of Models' Reinforcement Contingencies on the Acquisition of Imitative Responses," pp. 589-595 인용.

22. 같은 책, Potter and Ware, 1987 인용. 다음의 자료는 Barbara J. Wilson, Daniel Lynn, Barbara Randall, "Appling Social Science Research to Film Ratings: A Shift from Offensiveness to Harmful Effects," *Journal of Broadcasting and Electronic Media*, Fall 1990, vol. 34, no. 4, pp. 443-468에서 발췌. 허락 하에 MovieGuide vol. Vll, no. 14, 15, 920724에 게재.

23. 같은 책, A. Bandura, "Influence of Models' Reinforcement Contingencies on the Acquistition of Imitative Responses," pp. 589-595 인용.

24. 같은 책, W. A. Collins in J. Bryant와 D. R. Anderson, eds., *Children's Understanding of Television: Research on Attention and Comprehension*, pp. 125-150 인용.

25. 같은 책, C. K. Atkin, "Effects of Realistic TV Violence vs. Fictional Violence on Aggression," *Journalism Quaterly*, 1983, vol. 60, pp. 615-621과 S. Feshbach, "The Role of Fantasy in the Response to Television," *Journal of*

Social Issues, 1976, vol. 32, pp. 71-85 인용.

26. 같은 책, A. Bandura, *Social Foundations of Thought and Action: A Social Cognitive Theory*(Englewood Cliffs, NJ: Prentice-Hall, 1986) 인용.

27. 같은 책, L. R. Huesmann, K. Lagerspetz와 L. D. Eron, "Intervening Variables in the TV Violence-aggression Relation: Evidence from Two Countries," *Developmental Psychology*, 1984, vol. 20, pp. 746-775 인용.

28. 같은 책, W. A. Collins in J. Bryant와 D. R. Anderson, eds., *Children's Understanding of Television: Research on Attention and Comprehension*, pp. 125-150 인용.

29. 같은 책, L. Berkowitz, "Some Aspects of Observed Aggression," *Journal of Personality and Social Psychology*, 1965, vol. 2, pp. 359-369와 T. P. Meyer, "Effects of Viewing Justified and Unjustified Real Film Violence on Aggressive Behavior," *Journal of Personality and Social Psychology*, 1972, vol. 23, pp. 21-29 인용.

30. 같은 책, M. A. Liss, L. C. Reinhardt와 S,. Fredrickesen, "TV Heroes: The Impact of Rhetoric and Deeds," *Journal of Applied Developmental Psychology*, 1983, vol. 4., pp. 175-187.

31. 같은 책.

32. 같은 책, A. Bandura, *Social Foundations of Thought and Action: A Social Cognitive Theory* 인용.

33. 같은 책.

34. 같은 책.

35. 같은 책.

36. John Rosemond, "Pre-Schoolers Who Watch TV Show Symptoms of Learning Disabilities," *The Atlanta Constitution*, November 16, 1983, p. 12-B.

37. Lawrence Kohlberg, "Stage and Sequence: The Cognitive-Developmental Approach to Socialization," *Handbook of Socialization and Research*(New York: Rand McNally, 1969), p. 391.

38. Robert W. Morse, The TV Report(New York: The Regional Religious Educational Coordinators of the Episcopal Church, 1978)와 Baehr, *Media-Wise Family*, p. 107.

39. "The UCLA Television Violence Monitoring Report," UCLA Center for Communication Policy, 1995년 9월.

40. Victor Cline, "Pornography Effects: Empirical and Clinical Evidence"(Paper delivered at the NFF Media Workshop, Pittsburg, PA, 1990년 11월).

41. "The UCLA Television Violence Monitoring Report," UCLA Center for Communication Policy, September 1995.

42. Walter Reich, "The Monster in the Mists," *New York Times* Book Review, Sunday, 1994년 5월 15일. *New York Times*에는 이 이슈를 주제로 한 기사가 최소한 네 개 있다. 그중에는 일면에 실린 세 권의 신간 서적에 대한 장문의 평론과 "Father Wins Suit Against Memory Therapists"라는 제목의 뉴스 기사가 있다. *The Atlanta Journal/Constitution*도 전국의 다른 신문사들도 그랬듯 이 몇 편의 기사로 이 소송을 다뤘다.

43. V. B. Cline, R. G. Croft와 S. Courrier, "Desensitization of Children to Television Violence," *Journal of Personality and Social Psychology*, 1973. The UCLA Television Violence Monitoring Report, UCLA Center for Communication Policy, 1995년 9월에 인용됨.

44. National Institute of Mental Health news release, 2006년 5월 29일.

45. 같은 책.

46. William J. Bennett, "Quantifying America's Decline," *Wall Street Journal*, March 19, 1993.

47. *MovieGuide* vol. 12, no. 3, 920214에 인용됨.

48. 연예오락 산업의 의사결정자 6,300명에게 서면으로 보내 13.76퍼센트의 응답률을 보인 1994 UCLA Center for Communication Policy/U.S. *News and World Report*의 여론 조사에 기초한 자료.

6장

1. Edward E. Ericson, Jr., "Solzhenitsyn-Voice from the Gulag," *Eternity*, October 1985, pp. 23-24.

2. Peter H. Klopfer, Shameet N. Bakshi, Richard Hockey, Jeffrey G. Johnson, Patricia Cohen, Elizabeth M. Smailes, Stephanie Kasen과 Judith S. Brook, "Kids, TV Viewing, and Aggressive Behavior," *Science*, 2002년 7월 5일; 297: 49-50.

3. Ted Baehr, *Media-Wise Family*(Colorado Springs, CO: Chariot Victor Publishing, 1998), p. 63, 1992년 7월 7일 자 Associated Press 기사에서 인용.

4. Baehr, *Media-Wise Family*, p. 67, The New York Guardian, 1993년 12월 인용.

5. *Movieguide* vol. 7, no. 10920522.

6. Baehr, *Media-Wise Family*, p. 67, 1992년 3월 26일 Associated Press 기사 인용.

7. 같은 책, p. 68, 1993년 9월 29일 자 *The Vancouver Sun* 인용.

8. Mark Yerkes, "The Effects of Sex and Violence on Captive Minds: An Insider's Perspective," *Movieguide* vo. 7, no. 21, 921102

9. Stephen Farber, "Why Do Critics Love These Repellent Movies?" *Los Angeles Times*, 1991년 3월 17일 자.

10. Michael Medved, "Hollywood's 3 Big Lies," *Movieguide* vol. 11, no. 1 960101, 1월 A, 1995년 10월판 *Reader's Digest*에서 재판.

11. American Psychological Association, "Big World, Small Screen: The Role of Television in American Society"(Lincoln, NE: University of Nebraska Press, 1992).

12. 같은 책.

13. Bill Moyers, "World of Ideas: David Puttnam," PBS television, 1990년 4월 7일.

14. Robert Kubey, "Media Use and Its Implications for the Quality of Family Life," 1990년 11월 NFF Media Workshop 발표 논문.

15. Baehr, *Media-Wise Family*, p. 83과 National Institute of Mental Health(NIMH)의 Behavioral Sciences Branch of Extramural Research Programs의 부장인 David Pearl이 *Broadcasting*에 실린 "Under the Gun: Hill Examines TV Violence" 1984년 10월 29일 p.33 인용.

16. Rebecca L. Collins, Marc N. Elliott, Sandra H. Berry, et al, "Watching Sex on Television Predicts Adolescent Initiation of Sexual Behavior," *Pediatrics*, vol. 114, no. 3, 2002년 9월.

17. Jube Shiver, Jr., "Television Awash in Sex, Study Says," *Los Angeles Times*, 2005년 11월 10일.

18. Susan J. Landers, "Doctors Can Bridge Sex knowledge Gap for Teens," *American Medical News*, 2004년 8월 23/30일.

19. 같은 책.

20. Ridgley Ochs, "Casual Sex, Serious Health Consequences," *Los Angeles Times*, 2004년 3월 8일.

21. Kelsey Blodget, "Pornography Becomes More Socially Accepted," *The Dartmouth*, 2006년 5월 4일.

22. Dr. Judith A. Reisman, *Soft Porn Plays Hardball*(Huntington House, LA, 1991), p. 56.

23. Katharine Debrecht, "Teens Emulate Hollywood Idols on MySpace Which Make Them Easy Prey for Predators," *Movieguide*, vol. 21, no. 18/19: 060912=2006년 9월 A/B. Katharine DeBrecht는 *Help Mom! Hollywood's in My Hamper*(Los Angeles, CA: World Ahead Publishing, Inc., 2006)의 저자다.

24. Jesse J. Holland, "Groups Link Media to Child Violence," Associated Press, 2000년 7월 25일.

25. 제1회 국제 교육 평가, 1989년, Educational Testing Service of Princeton, New Jersey.

26. Abbie Jones, "When the Telly In On Babies Aren't Learning," *Chicago Tribune*, 1996년 3월 10일, section 13, p.1.

27. 같은 책.

28. 테레사 수녀, 국가조찬기도회, 1994년.

7장

1. Patrick J. Kiger "Chew. Spit. Repeat. The Movie Industry Consumes Carpetbagging Investors Like Prime-Cut Steak. What's the Appeal of Being Eaten Alive?" *Los Angeles Times*, 2004년 2월 29일.

2. Patrick Goldstein, "The Big Picture: Where They Root for Failure," *Los Angeles Times*, 2001년 8월 7일.

3. Dan Glaister, "Apocalypto Now: Gibson's Next Big Gamble," *Guardian News*, 2006년 12월 5일. http://film.guardian.co.uk/news/story/0,,1964042,00.html?gusrc=rss&feed-1(2006년 12월 접속).

4. William C. Taylor와 Polly Labarre, "How Pixar Adds a New School of Thought to Disney," *The New York Times*, 2006년 1월 1일, 9일.

5. Tom Flannery는 WorldNetDaily.com, *Newsday, The Los Angeles Times, Christian Networks Journal* 등에 칼럼을 쓰는 평론가다. 그는 News Corp/The new York Post로부터 우수 오피니언 저널리즘에 수여하는 Eric Breindel Award와 여섯 차례의 Amy Awards를 비롯하여 다수의 상을 수상했다.

6. "Annual Survey of America's Faith Shows No Significant Changes in Past Year," *The Barna Update*, 1999년. http://www.barna.org/PressNoSignificantChanges.htm; Laurie Goodstein, "As Attacks' Impact Recedes, a Return to Religion as Usual," *New York Times*, 2001년 11월 26일. http://www.nytimes.com/2001/11/26/.

7. "Barna Identifies Seven Paradoxes Regarding America's Faith," *The Barna Update*, 2002년 12월 17일. http://www.barna.org/FlexPage.aspx?page=BarnaUpdate&BarnaUpdateID=128.

8. David Outten은 *Movieguide*의 편집장이다. 그는 한때 지역 신문을 발행했고 디즈니사의 엡콧 센터(Epcot Center)의 아티스트였으며, 파일메이커 소프트웨어를 디자인했다.

8장

1. "Spellbook," Scholastic Books. http://www.scholastic.com/titles/twitches/spellbook.htm (2006년 12월 접속).

2. "Write Your Own Magic Spell," Scholastic Books. http://www.scholastic.com/schoolage/activities/3up/magicspell.htm(2006년 12월 접속).

3. Walter Hooper, ed., "Bluspels and Flalansferes: A Semantic nightmare," *Selected Literary Eassays*(London: Cambridge University Press, 1969), p.426.

4. Abram Book, "The Lion, the Witch, and the Marketing Plan, *Christianity Today*, 2005년 10월 14일. http://www.christianitytoday.com/leaders/special/narnia.html(2006년 12월 접속).

9장

1. 이 장의 첫 3분의 1은 Dan Smithwick가 *Media-Wise Family*에 쓴 장을 개정한 것이다. 1986년 Dan은 기독교 교육자들에게 기독교 세계관 평가와 훈련 서비스를 제공하기 위해 느헤미야 연구소를 설립했다. Dan은 국제적으로 기독교 세계관의 원칙에 대한 이해를 평가하는 프로그램으로 사용되는 PEERS Test의 저자다.

2. Ronald H. Nash, *Worldviews in Conflict*(Grand Rapids, MI: Zondervan Publishing House, 1992), p. 9.

3. David F. Wells, 신학 실종(*No Place for Truth*, IVP).

4. 같은 책, pp. 293-294.

5. 최근의 예가 콜로라도 덴버에서 열린 United Methodist's 1996 General Conference로, 동성애에 대한 현 교회의 기준에 대한 고통을 표현한 15명의 주교들의 보고가 있었다.

6. Gary L. Railsback, "An Exploratory Study of the Religiosity and Related Outcomes Among College Students," Doctor of Philosophy in Education 논문, 1994.

7. *Engel vs. Vitale*, 370 U.S. 421 (1962).

8. Francis A. Schaeffer, 『기독교 선언』(A Christian Manifesto, 생명의 말씀사).

9. Norman Geisler와 William D. Watkins, *Worlds Apart: A Handbook of World Views*(Grand Rapids, MI: Baker House, 1989), p.11.

10. 같은 책, p. 246.

11. Michael S. Horton, "My Father's World," *Movieguide* vol. 12, no. 22, 921116에서 허락 하에 게재.

12. Dr. Peter Hammond는 모잠비크, 앙골라, 수단의 교전지역에 지원활동을 개척해 온 남아프리카 선교사다. 그는 Frontline Fellowship의 설립자이며 *Faith Under Fire in Sudan; In the killing Fields of Mozambique; Slavery, Terrorism and Islam; The Greatest Century of Missions; The Greatest Century of Reformation*의 저자다. Frontline Fellowship, PO Box 74, Newlands, 7725, Cape Town, South Africa, www.frontline.org.za로 그와 연락할 수 있다.

10장

1. William S. Lind는 Dartmouth College 역사학과를 졸업하고 Princeton University에서 역사학과 대학원을 졸업했다. 그는 워싱턴 D.C.에 있는 Center for Cultural Conservation of the Free Congress Foundation의 국장과 그의 고향인 오하이오 주의 클리블랜드에 있는 St. James Anglican Church의 교구위원으로 섬기고 있다.

2. 문화 마르크스주의와 정치적 정당성의 유래에 대해 더 많은 것을 읽기 원하면 Free Congress Foundation 웹사이트(www.freecongress.org)에서 이 주제에 대한 짧은 책자들과 주석이 달린 관계 서적 목록을 찾아볼 수 있다. Free Congress는 프랑크푸르트 학파의 역사에 관한 다큐멘터리 비디오도 20달러에 판매한다. *Adorno*라는 짧은 제목의 Lorenz Jäger의 Theodor Adorno의 새 전기는 프랑크푸르트 학파의 가장 중요한 사상가에 대한 읽기 쉬운 입문서다.

11장

1. Pat Buchanan, *State of Emergency: Third world Invasion and Conquest of America*(New York: Thomas Dunne Books, 2006), 서두 단락.

2. Melissa DeLoach, "A Lesson on Civic Duty," Zogby Intenational, 2006년 9월 18일. http://www.zogby.com/soundbites/ReadClips.dbm?ID=13689.

3. William J. Bennett, "Quantifying America's Decline," *The Wall Street Journal*, 1993년 3월 15일.

4. Movieguide vol. 6, no. 10,910524 인용.

5. Peter Hammond, "Reformation or Islamisation?" ReformationSA.org. http://www.reformationsa.org/articles/Reform%20or%20islam.htm(2006 년 12월 접속).

6. 같은 책.

7. Don Feder, "London Journal-Moderate Muslims behaving Badly," Cold Steel Caucus Report, 2006년 8월 18일. http//www.donfeder.com(2006년 12월).

8. Peter Hammond, "Reformation or Islamisation?"

9. 같은 책.

10. 같은 책.

12장

1. Paul Johnson, 모던타임스(*Modern Times: The World from the Twenties to the Nineties*, 살림, 2008년).

2. Paul Rempel, Hitler's Children: *The Hitler Youth and the SS*(Chapel Hill, NC: The University of North Carolina Press, 1989), p. 76.

3. Robin Abcarian과 John Horn, "Underwhelmed by It All: for the 12-to-24 Set, Boredom Is a Recreational Hazard," *Los Angeles Times*, 2006년 8월 7일.

4. 같은 책.

5. *Los Angeles Times*, 2006년 8월 18일 자에 발표된 *Los Angeles Times/Bloomberg poll*.

6. 이런 견해를 가진 극작가로 명문 영화 학교들에서 필독서로 선정된 *The Art of Dramatic Writing*(New York: Simon and Schuster, 2004)이라는 대본작법에 관한 텍스트를 쓴 Lajos Egri가 있다.

7. Gerry Mander, *Four Arguments for Elimination of Television*(New York: Harper Perennial, 1978).

8. Timothy Jay, *Cursing in America*(Philadelphia, PA: John Benjamins Publishing Company, 1992).

9. 유명한 마르크스주의자인 소르본 대학의 마르쿠제 교수는 무기로서의 언어 사용을 주장했다. 그는 20세기의 가장 명망 있는 공산주의 혁명가들에게 영감을 주었다. 제인 폰다도 그와 함께 공부했다.

10. Lajos Egri, *The art of Dramatic Writing*, p. 6을 보라.

11. '미디어 제작자'(media maker)라는 용어가 여기서는 시나리오 작가, 감독, 제작자, 현장 감독, 그 외에 연예오락 산업에 참여하는 사람들을 포함하여 영화를 제작하는 일에 관련된 모든 사람들을 일컫는 말로 사용되고 있다.

12. Robert Lichter, Linda Lichter, Stanley Rothman, *The Media Elite*(Washington, DC: Adler and Adler, 1986). Lichter Rothman의 연구에 대해 탁월하게 분석한 Donald Wildmon의 *The Home Invaders*(Wheaton, IL: Victor Books, 1985), pp. 18-23도 보라.

13장

1. Doug Adams는 Pacific School of Religion의 교수이며 Graduate Theological Union, Berkeley, California에 있는 "Art and Religion"의 주임교수다. 그는 8권의 저서를 집필했고, *Transcendence with the Human Body in Art: George Segal, Stephen De Stabler, Jasper Johns, Chrsito and Eyes to See Wholeness: Visual Arts Informing Biblical and Theological Studies in Education and Worship Through the Church Year*를 포함한 20권의 책을 편집했다.

2. 이 작품들은 Doug Adams의 *Transcendence with the Human Body in Art: George Segal, Stephen De Staebler, Jasper Johns, and Christo*(New York: Crossroad Books, 1991)에 상세히 설명되어 있다.

3. 이 주제에 대해 더 깊이 접근하고 싶다면 Doug Adams의 *Eyes to See Wholeness: Visual Arts Informing Biblical and Theological Studies in Education and Worship Through the Church Year*(Prescott, AZ: Educational Ministries Inc., 1995)를 보라.

4. 예술 역사학자 Jo Milgrom은 Doug Adams와 Diane Apostolos-Cappadona가 편집한 그의 저서 *Art as Religious Studies*(New York: Crossroad Books, 1987)를 보라.

5. Cathleen McGuigan, "Orange Alert," *Newsweek*, 2005년 2월 21일, p. 64.

6. Doug Adams, Eyes to See Wholeness, 24장, "Uplifting umbrellas and the importance of All Persons"를 보라.

7. 이에 대한 더 깊이 있는 논의를 보려면 Doug Adams의 *Transcendence with the Human Body in Art: Segal, De Staebler, Johns, and Christo* 4장을 보라. 이 포장된 작품들에서 부활에 대한 암시를 읽은 또 다른 예술 역사학자는 Lominique Laporte로서, 그녀는 자신이 "부활에 대한 장막 증후군 또는 환영"이라고 부른 것을 통해 기독교 전통과의 분명한 연관성을 인지했다. Abby Pollack이 번역한 Dominique G. Laporte의 *Christo*(New York: Pantheon books, 1988), p. 67을 보라.

8. *The Bakersfield Californian*, 1991년 10월 6일, p. 46.

9. 같은 책.

10. "The Biblical Code Versus The Da Vinci Code," *Church Educator*, 2006년 6월을 보라.

14장

1. Dyonette "Dee Dee" Mayer는 18여 년 동안 여자, 어린이, 결혼, 가족의 정서적이고 영적 건강을 위해 헌신해온 임상 사회복지사다. Dee Dee는 웨스트 레이크 빌리지의 Calvary Community Church에서 200여 명의 여성들을 사역하는 Club 31의 지도자이자 교사, 강사로 섬기고 있다. 어린이와 가족에 대한 헌신과 열정으로 Dee Dee는 현재 Ted Baehr와 함께 이 시대의 복잡한 미디어 세상 속에서 미디어에 대한 혜안과 교육을 제공하는 것을 목적으로 하는 텔레

비전 프로그램을 공동 진행하고 있다.

2. Henry J. Kaiser family Foundation, "Kids and Media," 1999년 11월.
3. EPM Communications, "Reserch Alert Yearbook," 2003, pp. 7-102, 317-326.
4. 시나리오에 대한 좋은 저서로는 Betsy Schmitt의 *Sticky Situation*(Carol Stream, IL: Tyndale Kids, 2006)이 있다.

15장

1. Fred Barnes는 *The Weekly Standard*의 편집장이다. 1985년에서 1995년까지 그는 *The New Republic*의 고참 편집자이자 백악관 통신원으로 일했다. 1979년 *Baltimore Sun*으로 옮기기 전까지 *Washington Star*에서 대법원과 백악관을 취재했다. 그는 *Sun*에서 국가 정책 기고가로 일했고, American Spectator에 Presswatch 칼럼을 기고했다. 그는 Mort Kondracke와 함께 FOX News의 Beltway Boys의 진행을 맡고 있으며 Brit Hume과 함께 Special Report에도 정기적으로 출연한다. Barnes는 버지니아 대학을 졸업했고, 하버드 대학의 기성 언론인 연구과정인 니만 펠로우(Neiman Fellow)를 마쳤다. 이 장은 2006년 2월 22일 플로리다의 팜 비치에 있는 Hillsdale College National Leadership 세미나에서 21세기의 뉴스 미디어에 대해 강연했던 원고를 고쳐 쓴 것이다. 이 글은 Hillsdale College(www.hillsdale.edu.)의 국가 연설 다이제스트, IMPRIMIS의 허락을 얻어 게재했다.

16장

1. Sebastian Rotella, "The Enemies in Their Midst," *The Los Angeles Times*, 2006년 9월 5일.